高等院校电子商务专业"互联网+"创新规划教材

电子商务概论（第 3 版）

杨雪雁　编著

内 容 简 介

本书是电子商务的入门教材,分为导论篇、技术篇和应用篇。本书主要介绍电子商务的概念与发展趋势,从不同视角理解电子商务给不同领域带来的变化,以及电子商务发展的基本原理;同时讨论在数字经济背景下新基建和新技术如何再次颠覆商业模式,对电子商务产生影响;最后从实践角度引导学习者开展电子商务初级和全面应用。本书理论体系完整、切合实践应用、案例丰富。

本书可以作为高等院校通识课教材,也可作为电子商务相关专业的教材,还可作为电子商务实践者的参考用书。

图书在版编目(CIP)数据

电子商务概论/杨雪雁编著. —3 版. —北京:北京大学出版社,2022.7
高等院校电子商务专业"互联网+"创新规划教材
ISBN 978-7-301-33211-5

Ⅰ.①电… Ⅱ.①杨… Ⅲ.①电子商务—高等学校—教材 Ⅳ.①F713.36

中国版本图书馆 CIP 数据核字(2022)第 142849 号

书　　名	电子商务概论(第3版) DIANZI SHANGWU GAILUN(DI-SAN BAN)
著作责任者	杨雪雁　编著
策划编辑	郑　双
责任编辑	黄园园　郑　双
数字编辑	金常伟
标准书号	ISBN 978-7-301-33211-5
出版发行	北京大学出版社
地　　址	北京市海淀区成府路 205 号　100871
网　　址	http://www.pup.cn　新浪微博:@北京大学出版社
电子信箱	pup_6@163.com
电　　话	邮购部 010-62752015　发行部 010-62750672　编辑部 010-62750667
印 刷 者	北京圣夫亚美印刷有限公司
经 销 者	新华书店
	787 毫米×1092 毫米　16 开本　19.5 印张　468 千字 2010 年 2 月第 1 版　2015 年 8 月第 2 版 2022 年 7 月第 3 版　2022 年 7 月第 1 次印刷
定　　价	55.00 元

未经许可,不得以任何方式复制或抄袭本书之部分或全部内容。
版权所有,侵权必究
举报电话:010-62752024　电子信箱:fd@pup.pku.edu.cn
图书如有印装质量问题,请与出版部联系,电话:010-62756370

第 3 版前言

从 20 世纪 60 年代 EDI 电子商务兴起，到 1995 年电子商务的标志性公司亚马逊的图书销售平台上线，电子商务在各行各业的应用越来越成熟。电子商务技术日新月异，特别是 5G 进入商用并普及，移动电子商务在改变网民行为习惯的同时，也提供了更多的机会。

本书自 2010 年初版以来，得到不少读者的关注，本次在 2015 年第 2 版的基础上，结合电子商务发展再次进行修订，更新和替换了书中相关数据和案例，并着重增加了电子商务新模式(如社交电子商务、直播营销、跨境电子商务等)，以及电子商务新技术(如物联网技术、App 开发、5G 技术等)。

本书分 3 篇，共 10 章。

第 1 篇为导论篇，介绍电子商务的概念及其发展情况，并从不同角度深入探讨如何看待和理解电子商务所带来的变化。其中，第 1 章讨论什么是电子商务，以及如何正确理解电子商务，并介绍了不同层次的电子商务框架。随着跨境电子商务步伐的加快，了解不同地区的电子商务发展和应用特点也非常重要。第 2 章从不同视角分析电子商务带来的影响和变化，首先是经济视角，讨论电子商务是如何对传统经济学提出挑战的，探讨了正反馈效应、长尾效应和六度分隔理论对电子商务的影响；其次是企业视角，介绍了企业应用电子商务可能发生或正在发生的诸多变化；最后是社会视角，从政策角度探讨电子商务的发展给政策制定者带来的难题。电子商务应用后对法律提出的挑战已经是一个重要的问题，第 3 章专门对此进行探讨，针对电子商务发展中不断出现的知识产权问题进行了着重介绍，特别是 2017 年以来，中国的电子商务相关法律法规不断完善，2018 年全国人大常委会通过的《中华人民共和国电子商务法》具有里程碑意义。

第 2 篇为技术篇，系统地介绍电子商务应用过程中涉及的相关技术。其中，第 4 章介绍现代电子商务的运行基础，即计算机网络技术，介绍了计算机网络结构、网络协议、VPN 技术、互联网 IPv4 和 IPv6 技术等，增加了物联网、5G 网络和移动互联网的基本知识。第 5 章介绍网站建设的技术及不同技术的差异、数据库技术的应用，以及移动网站建设。第 6 章着重讨论安全问题及其解决方案，介绍现有的网络安全技术、加密技术、认证技术等是如何保证电子商务安全需求的，以及移动网络安全问题和安全防范手段。电子商务是离不开网络支付的，第 7 章介绍当前主要的网络支付技术，针对第三方支付和移动支付在近几年的快速发展，介绍了新的电子货币等内容。物流技术的深入应用对电子商务的发展也起到了促进作用，第 8 章重点介绍供应链管理与各种物流技术，介绍了仓储机器人等最新的物流技术，同时还介绍了跨境电子商务物流方式。

第 3 篇为应用篇。尽管电子商务的应用非常广泛，但电子交易和网络营销仍是电子商务最重要的两类应用。因此第 9 章探讨了电子交易的几种模式，介绍了基于专用网的 EDI 电子商务发展历史，探讨基于传统互联网的 B2C 电子商务的商业模式选择问题、B2B 电子商务分类、跨境电子商务的发展等，并介绍了基于移动互联网的移动电子商务、社交电子商务等。第 10 章介绍网络营销的基本理论和知识,以及网络营销的新模式,如新媒体营销,同时还探讨了网络营销效果评价等。

  近几年越来越多的高校将电子商务相关课程作为全校通识课程或者创新创业的个性发展课程,因此,本次修订将继续坚持前面两版的写作思路,考虑通识性和普适性,结合多年的电子商务实践和教学经验,通过大量案例提高学生对电子商务的理解水平,编写一本适合不同专业、不同年级学生的教材,帮助他们系统地了解电子商务的相关理论,并从本书的学习中获得启发,即如何将电子商务结合到自己的专业中去。为了更好地阐述本书的观点,各章尽量选用最新案例来增强读者的理解;在每章后的思考与练习中,不仅设置了选择题,而且加入了思考和讨论题,另外还有实践题,实践题要求读者联系实际进行解题,使读者可以更深入地理解电子商务。

  本书为新形态教材,融合线上线下的资源,方便读者随时拓展和延伸学习,包括在线学习资源,基于建设完善的省级一流在线课程的慕课资源;采用新形态模式,在相关知识点处加入二维码,读者可通过手机微信扫码进入网络资源学习各个知识点。这些资源也能帮助使用教材的教师,将课程翻转,上好具有高阶性、创新性和挑战性的高水平课程。

  本课程的理论教学建议在 32 学时,配备 16 学时的实践课,以提高学生的实践能力。下表是按照章节分的理论和实践教学学时的建议。

章　节	理论学时	实践学时	章　节	理论学时	实践学时
第 1 章　电子商务概述	2		第 6 章　电子商务安全	4	2
第 2 章　不同视角下的电子商务	4	2	第 7 章　电子商务支付	2	2
第 3 章　电子商务法律	2		第 8 章　电子商务物流	2	2
第 4 章　计算机网络技术	4	2	第 9 章　电子商务模式	4	2
第 5 章　电子商务网站建设	4	2	第 10 章　网络营销	4	2

  本书由杨雪雁编著,并得到了王志强、汪燕青、高晓玮等老师的鼎力相助。在编写过程中,还参阅了大量专家、学者的有关著作,引用了国内外相关企业的实例,已尽可能在参考文献中列出,在此对相关人士表示衷心的感谢。

  由于编者的学识水平和实践知识所限,书中难免存在不当之处,恳请广大读者批评指正。

杨雪雁
2022 年 4 月

资源索引

目 录

第 1 篇 导论篇

第 1 章 电子商务概述 ... 3
1.1 电子商务的定义及理解 ... 6
1.2 电子商务的发展 ... 9
1.3 电子商务的分类与系统框架 ... 17
本章小结 ... 23
思考与练习 ... 24

第 2 章 不同视角下的电子商务 ... 26
2.1 电子商务对经济规律的影响 ... 29
2.2 电子商务对企业战略的影响 ... 34
2.3 电子商务组织结构与管理机制的影响 ... 43
2.4 电子商务对政策的影响 ... 47
本章小结 ... 50
思考与练习 ... 51

第 3 章 电子商务法律 ... 53
3.1 电子商务法概述 ... 55
3.2 国内外电子商务立法 ... 57
3.3 电子商务基本法律制度 ... 63
3.4 电子商务相关法律制度 ... 72
本章小结 ... 79
思考与练习 ... 80

第 2 篇 技术篇

第 4 章 计算机网络技术 ... 85
4.1 计算机网络概述 ... 88
4.2 Internet 基础 ... 97
4.3 移动互联网与物联网 ... 109
本章小结 ... 114
思考与练习 ... 115

第 5 章 电子商务网站建设 ... 117
5.1 电子商务网站的基础知识 ... 119
5.2 电子商务网站建设流程 ... 123
5.3 电子商务网站开发的支撑平台 ... 127
5.4 Web 编程语言 ... 132
5.5 电子商务网站数据库技术 ... 138
5.6 手机网站和 App 开发 ... 146
本章小结 ... 151
思考与练习 ... 153

第 6 章 电子商务安全 ... 154
6.1 电子商务安全概述 ... 157
6.2 信息加密与数字签名 ... 161
6.3 电子商务认证技术 ... 164
6.4 网络安全技术 ... 169
6.5 电子商务安全管理 ... 177
本章小结 ... 180
思考与练习 ... 182

第 7 章 电子商务支付 ... 183
7.1 网络支付与电子商务 ... 185
7.2 网络支付平台 ... 186
7.3 电子货币的产生 ... 188
7.4 网络支付方式 ... 191
7.5 网络支付的安全问题 ... 198
7.6 第三方支付与移动支付 ... 200
本章小结 ... 204
思考与练习 ... 205

第 8 章 电子商务物流 ... 207
8.1 电子商务物流的基本概念 ... 209
8.2 物流技术 ... 216

8.3 电子商务物流模式 231
8.4 跨境电子商务物流 235
本章小结 240
思考与练习 241

第3篇 应用篇

第9章 电子商务模式 245

9.1 电子商务的特征和分类 247
9.2 基于专用网的EDI电子商务模式 249
9.3 基于传统互联网的电子商务模式 256
9.4 基于移动互联网的电子商务模式 267

本章小结 270
思考与练习 272

第10章 网络营销 273

10.1 网络营销概述 275
10.2 网络营销策略 279
10.3 网络营销工具 286
10.4 网络营销效果评价 298

本章小结 302
思考与练习 303

参考文献 305

导论篇 第1篇

第1章 电子商务概述

第2章 不同视角下的电子商务

第3章 电子商务法律

电子商务概述

第1章

学习目标

通过本章的学习,掌握电子商务的定义及其不同角度的理解;对电子商务在全球的发展有全面的了解;掌握目前电子商务应用中的主要分类;了解电子商务系统框架。

教学要求

知识模块	知识单元	相关知识点
电子商务知识导引	电子商务基础知识	(1) 电子商务的定义 (2) 电子商务的"三流"
	电子商务的发展	(1) 电子商务的发展阶段 (2) 全球电子商务的发展 (3) 中国电子商务的发展
	电子商务的分类与系统框架	(1) 电子商务的分类 (2) 电子商务系统框架

思维导图

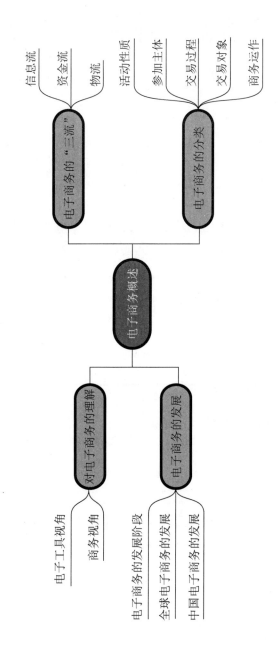

第1章 电子商务概述

章前导读

近几年移动电子商务、跨境电子商务、社交电子商务等各种电子商务模式快速发展,很多企业也将电子商务提升到战略层面,利用电子商务创业的创业者也不计其数。本章重点介绍对电子商务的理解,电子商务发展历程中出现的各种新模式,以及电子商务在全球的发展情况。

引例

2021年年中大促的数据解析

据星图数据(Syntun)监测22个平台后统计,2021年的"618"大促,全网GMV(Gross Merchandise Volume,网站成交金额)达到5784.8亿元,同比增长26.5%。天猫、京东、拼多多分列销售额前三。2021年年中大促期间,直播带货总额高达645亿元,新零售模式销售额达到178亿元。交易额排名第一的是家用电器(图1.1)。

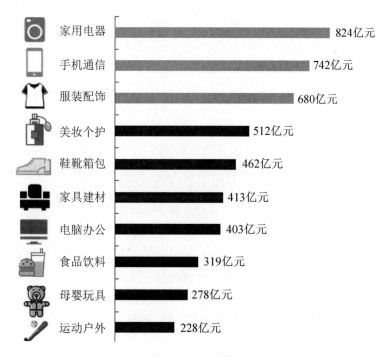

图1.1 2021年年中大促期间销售额排名前十的行业

注:数据仅为全网B2C平台,不含淘宝网,时间段为2021.6.1—6.18。

数据显示,1995—2009年出生的"Z世代"(也称"网生代")已经逐渐成为线上主要消费力。各平台也提出"限量""主理人""种草"等"Z世代"黑话,甚至设置专区与年轻群体沟通。"国潮""IP合作""定制礼盒""盲盒"等成为潮流新风向,同时也成为品牌创新的主要方式,不仅迎合用户的高端化、品质化需求,还满足了用户的趣味性、可玩性需求。

数据还显示，各大电商平台通过线上线下联动，通过各种优惠及线下互动，覆盖更多人群参与大促狂欢。例如，京东接入餐饮店、鲜花店、电影院、潮玩博物馆、主题乐园等众多线下业态，通过"618门店随手拍"等多种活动吸引用户走进门店。

资料来源：星图数据。

1.1 电子商务的定义及理解

1.1.1 电子商务的定义

国际各类组织、各国政府、企业和专家对电子商务的理解既有区别又有相似之处，了解这些将有助于更全面地理解电子商务的实质。

(1) 经济合作与发展组织(Organization for Economic Cooperation and Development，OECD)对电子商务的定义为：电子商务是利用电子化手段从事的商业活动，它基于电子处理和信息技术，如文本、声音和图像等数据传输，主要是遵循TCP/IP和通信传输标准，遵循Web信息交换标准，提供安全保密技术。

(2) 国际商会在1997年召开的世界电子商务会议上给出了关于电子商务较权威的概念：电子商务是指对整个贸易活动实现电子化。从涵盖范围方面可以定义为：交易各方以电子交易方式而不是通过当面交换或直接面谈方式进行的任何形式的商业交易。从技术方面可以定义为：电子商务是一种多技术的集合体，包括交换数据(如电子数据交换、电子邮件)，获得数据(如共享数据库、电子公告牌)及自动捕获数据(如条形码)等。

(3) 美国政府在其《全球电子商务纲要》中指出：电子商务是通过互联网进行的各项商务活动，包括广告、交易、支付、服务等活动。

(4) IBM公司将电子业务(E-Business)分为三个部分：内部网(Intranet)、外部网(Extranet)、电子商务(E-Commerce)。它所强调的是在网络环境下的商业化应用，不仅仅是硬件和软件的结合，也不仅仅是通常意义下的强调交易的狭义的电子商务，而是把买方、卖方、厂商及其合作伙伴在互联网、内部网和外部网中结合起来的应用。它同时强调这三个部分是有层次的。只有先建立良好的Intranet，建立好比较完善的标准和各种信息基础设施，才能顺利扩展到Extranet，最后扩展到E-Commerce。

(5) 美国学者卡拉科塔和惠斯顿认为，从广义上讲，电子商务是一种现代商业方法。这种方法通过改善产品和服务质量、提高服务传递速度，满足政府组织、厂商和消费者降低成本的需求。

(6) 中国电子商务专家李琪教授从内在要素角度对电子商务进行了定义：电子商务是在技术、经济高度发达的现代社会里，掌握信息技术和商务规则的人，系统化地运用电子工具，高效率、低成本地从事以商品交换为中心的各种活动的总称。该定义突出了电子商务的前提、中心、重点、目的和标准，指出它应达到的水平和效果。该定义从系统的观点出发，强调人在系统中的中心地位，将环境与人、人与工具、人与劳动对象有机地联系起来，用系统的目标、组成来定义电子商务，从而使它具有生产力的性质。

1.1.2 对电子商务的理解

综合以上各类表述可以看出,在对电子商务的理解上,有两个视角的广义和狭义之分。

理解电子商务

1. 电子工具视角的狭义与广义

应用于商务的电子化工具,包括19世纪的电报、电话,到20世纪的电视、计算机、计算机网络、国家信息基础设施、全球信息基础设施、传统互联网,再到21世纪的移动互联网、物联网等。

(1) 电报。1844年5月24日,摩尔斯用他倾注十余年心血研制成功的电报机,向巴尔的摩发出了人类历史上的第一份电报。当时的电报只能传递一般音频信号,而现代的电报还可以传递文字、照片、图表等。随着社会的进一步发展,又产生了智能用户电报。智能用户电报是在具有某些智能处理功能的用户终端之间,经公用电信网,以标准化速率自动传送和交换文本的一种电信业务。从本质上说,智能用户电报是基于计算机的文本编辑、文字处理与通信技术相结合的产物。

(2) 电话。电话因其采用语音通信,实现了即时双向交流,因而从它1876年诞生以来就迅速发展成为一种被广泛使用的电子商务工具,甚至到今天仍是重要的电子商务工具之一。在非标准的交易活动中给人们的商务沟通带来了极大的便利。早期的电话通信局限于两人之间的声音交流,如今用可视电话进行可视商务对话已经成为现实。

(3) 电视。电视诞生于20世纪20年代,是一种利用电磁信号将视频信号和音频信号同步传递与接收的系统,利用电视接收机,人们可以获取大量多媒体信息。电视广告和电视直销在商务活动中曾占有重要地位。早期电视是一种"单通道"的通信方式,消费者不能在电视上主动寻求出售的货物或者与卖家谈判,但今天的数字电视能实现上网和双向交流的功能。

(4) 计算机。计算机首先在军事、科技、教育等领域中使用。从20世纪50年代起,计算机在商务领域里获得了广泛的使用。20世纪60年代,人们就开始用计算机处理电报报文、发送商务文件。20世纪70年代,人们开始采用电子数据交换作为企业之间电子商务的应用技术,对国际、国内的贸易单证进行标准化处理,从而大幅度地提高了贸易的效率,降低了贸易费用,减少了纸张等物质的消耗。

(5) 计算机网络。计算机网络是将不同地理位置,具有独立功能的计算机、终端及各种附属设备,用通信链路连接起来,实现软硬件资源共享、数据共享,进行信息传输、集中处理和分布式处理。

(6) 国家信息基础设施(National Information Infrastructure, NII)。NII是由美国政府于1993年提出的一项计划,它动员了企业界的大量投资,该计划是要建立一条信息高速公路。所谓信息高速公路,是指时空全覆盖的高速计算机通信网络。1993年9月15日,美国参议院通过了由田纳西州的参议员戈尔先生提出的一项计划,这项计划要求在此后的5年中,由联邦政府出资10亿美元在美国铺设光导纤维并加强巨型机及其程序软件的研究。该项计划宣布以后,日本等国不甘落后,纷纷筹划建立自己的信息高速公路,从此在全球范围内掀起建设信息高速公路的热潮。

(7) 全球信息基础设施(Global Information Infrastructure, GII)。在概念上, GII 是从 NII 延伸出来的。从信息技术应用的实际情形看, 信息的流通必须有跨国界的需要, 因此当世界各国分别推出 NII 之后, 自然而然就需要讨论 GII 的课题。因为各国的标准不一致, 将会影响彼此的互联互通。

(8) 传统互联网。20 世纪 90 年代, 在全球信息高速公路互联互通的基础上, 互联网迅速走向普及化, 逐步从大学、科研机构走向企业和家庭, 其功能也已从信息共享演变为一种大众化的信息传播工具。随着互联网被应用于商业贸易活动, 电子商务开始获得飞速发展, 并迅速成为 20 世纪 90 年代初期美国、加拿大等发达国家的一种崭新的企业经营方式。

(9) 移动互联网。移动互联网是移动通信网络与互联网的结合, 指用户使用移动设备(如智能手机、掌上电脑、平板电脑等)通过移动通信网络(如 3G、WiFi、GPRS 等)访问互联网, 进行信息搜索、信息浏览、程序下载、网络办公、在线交易、社交互动等活动。随着移动设备, 特别是智能手机的不断普及, 4G 等高速移动网络的资费不断降低, 移动互联网作为电子商务的电子工具的地位越来越凸显。

(10) 物联网。物联网又称泛互联, 意指物物相连, 万物万联, 是指通过各种信息传感器、射频识别技术、全球定位系统、红外感应器、激光扫描器等信息传感设备, 按约定的协议, 把任何物品与互联网相连接, 进行信息交换和通信, 以实现对物品的智能化识别、定位、跟踪、监控和管理的一种网络。它基于互联网, 让所有能够被独立寻址的普通物理对象形成互联互通的网络。物联网的概念最早是比尔·盖茨在 1995 年出版的《未来之路》一书中提及的。到 2005 年 11 月 17 日, 在突尼斯举行的信息社会世界峰会上, 国际电信联盟(International Telecommunication Union, ITU)发布了《ITU 互联网报告 2005: 物联网》, 正式提出了"物联网"的概念。报告指出, 无所不在的"物联网"通信时代即将来临, 世界上所有的物体从轮胎到牙刷、从房屋到纸巾都可以通过互联网主动进行交换。

广义的电子商务可理解为使用各种电子工具从事商务或活动。狭义的电子商务认为电子商务是主要基于传统互联网、移动互联网及物联网的商务或活动。

2. 商务视角的广义和狭义

狭义的电子商务将商务理解为交易, 即 Commerce, 因此狭义电子商务又被称为 E-Commerce。

广义的电子商务认为商务是全部的商业活动, 从泛商品(实物与非实物, 商品与非商品化的生产要素等)的需求活动, 到泛商品的合理、合法的消费, 除去典型的生产过程后的所有活动。因此广义电子商务又被称为 E-Business)。利用移动终端进行的电子交易, 称为移动电子商务(Mobile E-Commerce), 是狭义电子交易的一种重要形式。三者的关系如图 1.2 所示。

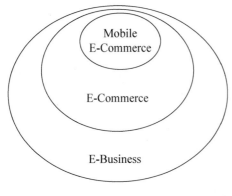

图 1.2　电子商务关系

1.1.3 电子商务中的"三流"

电子商务是利用先进的电子网络技术和电子工具开展的商务活动,也是一种经济活动。任何经济活动都离不开一些要素的流动,交易的完成需要有必备的人、财、物各要素,交易就是围绕这些要素的流动展开的。而电子商务也不例外,电子商务活动中,最基本的要素流动包括信息流动、资金流动和商品时空流动,即电子商务的"三流":信息流、资金流、物流。

电子商务"三流"关系

1. 信息流、资金流和物流的概念

信息流是电子商务交易各个主体之间的信息传递与交流的过程。资金流是资金的转移过程,包括支付、转账、结算等,资金的加速流动,具有财富的创造力,商务活动的经济效益是通过资金的运动来体现的。物流是因人们的商品交易行为而形成的物质实体的物理性移动过程,它由一系列具有时间和空间效用的经济活动组成,包括包装、存储、装卸、运输、配送等多项基本活动。

2. 信息流、资金流和物流的相互关系

以信息流为依据,通过资金流实现商品的价值,通过物流实现商品的使用价值。物流应是资金流的前提和条件;资金流应是物流的依托和价值担保,并为适应物流的变化而不断进行调整;信息流对资金流和物流活动起指导和控制作用,并为资金流和物流活动提供决策的依据。

1.2 电子商务的发展

1.2.1 电子商务的发展阶段

1. 早期电子商务(1844年开始)

在 1.1.2 节中提到,电子工具可以追溯到 1844 年电报的使用,这是电子商务的萌芽期,后来随着电话、电视等电子工具的诞生,电子工具得到进一步的扩充。

电子商务的发展

2. 近代电子商务——EDI电子商务(20世纪60年代开始)

电子数据交换(Electronic Data Interchange,EDI)首先出现在 20 世纪 60 年代末 70 年代初的美国。

第二次世界大战结束后,国际贸易的增长率明显高于世界经济的增长率,从而带来各种贸易单证、文件数量的激增,雪片般的贸易单证在各个国家的无数个公司之间传递。据估计,平均每做成一笔生意需要 30~40 份的纸质单证。纸质单证的处理工作非常繁重,并且容易出错,虽然计算机及其他自动化办公设备的出现,在一定程度上减轻了人工处理的负荷,但是纸质文件成本高、传递慢、需要重复处理等,已经成为阻碍贸易发展的相当突

出的问题，提高商业文件的传递速度和处理速度成了贸易链中所有成员的共同需求，这种需求刺激了信息技术及其应用的飞速发展。

以计算机、网络通信和数据标准化为基本框架的EDI技术应运而生。EDI最初只是在贸易伙伴之间运用，靠点对点的连接实现，由于一个公司的贸易伙伴不只一家，这种直接连接的方式费用极高，因此早期使用EDI的大都是有实力的大公司。此后一些公司开始开发EDI增值网络并投入使用，如美国通用电气公司等。1976年，第一个主要的专用EDI系统投入运行，就是美国医院供给网。

美国运输业是最早引入EDI技术的行业。20世纪60年代后期，美国航空运输业竞争激烈，美国航空公司及时地开发了计算机联网订票系统——SABRE，可以在全国各地预订机票，各售票点无须分配座位；该系统使美国航空公司的市场份额大增，逐渐被推广到其他运输公司。

1968年，美国加利福尼亚州的多家银行联合起来研究用某种无纸交换支票交换金融信息的可能性，这就是今天所使用的电子资金转账(Electronic Funds Transfer，EFT)系统的开发基础。银行之间采用安全的专用网进行电子资金转账，极大地提高了资金交换的效率，并产生了目前广泛使用的EFT的变种产品，如借记卡等。1972年，第一个自动票据交换所系统建立，美国政府开始用自动票据交换所系统来处理政府的支出。

EDI电子商务要求双方的计算机系统采用相同的数据报文标准和相关软件，因此EDI报文标准非常重要。标准首先出现在不同的行业中。1975年，美国运输数据协调委员会(Transportation Data Coordinating Committee，TDCC)发布了第一个EDI标准，是当今EDI的基础。

跨行业的交易需要跨行业的国家标准，因此1978年X12委员会成立，从事EDI国家标准的开发。1981年，美国国家标准协会(American National Standard Institute，ANSI)出版了第一套EDI国家标准ANSI X12。各国也竞相开始EDI标准制定工作，但是各标准互不统一，于是美国与欧洲同行开始研究国际标准；1985年11月在纽约召开了EDI标准协调会，这次会议为EDI国际标准的产生奠定了基础。1989年12月，EDI国际标准——EDIFACT(Electronic Data Interchange for Administration，Commerce and Transport，行政、商业和运输行业电子数据交换)出台，并每年进行修订。

3. 当代电子商务(20世纪90年代至今)

如前所述，在互联网成为传输电子商务交易信息的平台被广泛应用以前，企业已经开始使用其他的信息和通信技术(Information Communication Technology，ICT)设施，包括EDI、内部组织信息系统(Inter-Organizational Information System，IOS)和法国的Minitel图文系统的公共IT平台等。它们既可以使公司的内部组织相连，也可以向外连接公司的供应商、客户和第三方合伙人。但由于这些ICT设施或多或少都是私有的，所以系统实施的费用就非常高，且大多在EDI的相对封闭的计算机网络中运行，因此很难广泛适应每个公司的个体需要。

随着互联网的发展，电子商务借助互联网得到了更广泛的应用。据有关资料统计，电话的普及用了38年，电视用了13年，而互联网仅用了4年(1993—1997年)，可见互联网的发展速度之惊人。网民的快速增长,构成了一个庞大的虚拟市场。这个市场的发展也经历了新技术应用到商业中必然经历的兴起、繁荣、崩溃和稳固发展阶段。

以纳斯达克(NASDAQ)指数为例,互联网的发展带来了2000年前后的一次网络泡沫,如图1.3所示。在NASDAQ的上市公司涵盖所有新技术行业,包括软件和计算机、电信、生物技术、零售和批发贸易等,如微软、英特尔、美国在线、雅虎这些家喻户晓的高科技公司,特别是20世纪90年代以来大量的网络股在NASDAQ上市,因而成为美国"新经济"的代表。

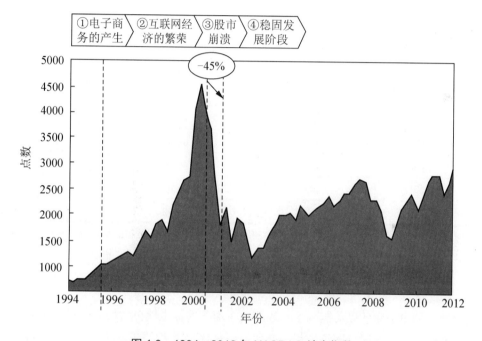

图1.3 1994—2012年NASDAQ综合指数

互联网带来了电子商务的繁荣。尽管难以严格界定繁荣确切从何时开始,但1995年亚马逊的建立还是被很多业界人士视为电子商务繁荣的起点。NASDAQ强势增长,尤其是在20世纪90年代后期,NASDAQ的市盈率达到了62,而在1973年到1995年市盈率从未超过21。在那段时期,网络公司的盈利率、经济增长性和商业模式并不被看得很重要。相反,"点击率"或者"眼球的数量",也就是访问站点的人数却成了媒体关注和股市成功的主要因素。

然而到了2000年3月,NASDAQ崩盘,从2000年3月10日到4月14日,NASDAQ下跌了1727点,跌幅达34%。该阶段被称为"网络泡沫"时期。在这段泡沫期,许多没有成熟的盈利和运营计划的网络企业纷纷倒闭。

但有一些企业生存下来了,凭着更冷静地实施电子商务,以及将焦点重新转移到为客户创造价值的基础动力上,到2003年冬电子商务复苏,进入了新技术发展的稳定期,即佩雷兹提出的"黄金时代"。

1.2.2 全球电子商务的发展

电子商务在各国发展并不均衡。中国、美国、英国、日本、韩国、德国、法国、加拿大、印度和俄罗斯是全球十大电子商务市场。表1.1是eMarketer在2019年发布的全球电子商务零售额排名前十的国家情况。这种不均衡与各国的电子商务发展历史密切相关。

表1.1 2018—2019年全球电子商务零售额排名前十的国家

单位：10亿美元

排名	国家	2018年	2019年	增长率
1	中国	1502.10	1934.78	27.3%
2	美国	514.84	586.92	14.0%
3	英国	127.98	141.93	10.9%
4	日本	110.96	115.40	4.0%
5	韩国	87.60	103.48	18.1%
6	德国	75.93	81.85	7.8%
7	法国	62.27	69.43	11.5%
8	加拿大	41.12	49.80	21.1%
9	印度	34.91	46.05	31.9%
10	俄罗斯	22.68	26.92	18.7%

注：数据包含通过任何设备利用互联网的产品和服务的交易，包含旅游和活动门票，账单支付、纳税和资金转账、餐饮消费等。

1. 北美地区电子商务的发展

北美地区的电子商务以美国为主。当代电子商务的标志性公司如亚马逊和eBay均为美国企业，这归功于美国信息网络建设，推动了信息化、数字化的发展。例如，从1996年起，美国电视系统逐步实现从模拟式到数字式的转型；从1998年开始，通过立法规定联邦政府机构的全部经费开支实行电子化付款。前者为电视、电话、计算机三网合一打下了基础，而后者则加快了美国电子商务的发展。到20世纪90年代初，克林顿政府将"信息高速公路"建设作为其施政纲领，1996年提出"国际互联网二代"计划，目的是将网络传输速度提高100~1000倍，以解决互联网过分拥挤的问题。美国还重点在政府网络建设、公益性机构的网络建设、政策法规的制定、普及宣传与培训方面进行投入；同时重点资助信息技术的研究与开发。

在政府和各种投入的引导和刺激下，美国的电子商务发展迅猛。除了前面提到的B2C(网络零售)的成绩外，在B2B(企业之间的电子商务)方面，根据B2BecNews统计，在2018年，通过网站、企业电子采购软件和EDI三种电子渠道的交易额达到7.579万亿美元。而到2019年，美国B2B电商销售额达到9万亿美元，同比增长10.9%。

2. 欧洲电子商务的发展

欧洲的信息基础也很好，特别是法国。截至1993年年底，法国已铺设的光缆有82万千米，到2000年达到200万千米，所有法国城市都用光缆连接起来，大城市甚至要用两根光缆连接。德国在通信基础设施、远程通信和市内通信上也全部采用光缆，截至1994年年底，已有140万千米的光缆投入远程通信，并且德国电信局还是世界上第一个为用户电话机配备光缆通信网的经营者，从全球市场来看，德国的计算机及信息通信技术行业也有相当重要的地位。

　　欧洲电子商务的发展还与欧洲联合体的统一政策和支持密不可分。欧共体(欧盟前身，1993年11月1日欧盟正式成立)1985年便通过了"欧洲信息技术研究与发展战略计划"；到1997年，欧盟提出"欧盟电子商务行动方案"，规定了信息基础设施、管理框架和商务环境等方面的行动原则，以提高欧洲的全球竞争力；欧洲委员会先后成立了三个小组来研究欧洲的信息高速公路计划。1993年12月，欧盟公布了《发展、竞争、就业：今天的挑战及通向21世纪之路》的白皮书，建议建立欧洲信息高速公路，组成了"本杰曼小组"。欧洲也是近代电子商务应用——EDI的发源地之一，在西欧各国有许多行业性的EDI网络，为适应欧洲经济一体化和全欧单一市场发展的需要，欧共体自20世纪80年代后期开始着手建立贸易电子数据交换系统(Trade Electronic Data Interchange System，TEDIS)，投入3680万埃居(欧洲货币单位，简称ECU)。该系统支持的行业有汽车工业、化学工业、电子及数据处理设备业、分销和零售业、保险业、运输行业，并将这六大行业网连网，形成统一大市场的区域贸易网。其后，欧盟在网络开放、平等接入、知识产权保护、安全认证等方面制定了一系列法规性文件和指令。

　　欧洲在网络零售方面的电子商务在2009年到2016年之间的发展增速放缓，与北美、亚太之间的差距逐渐拉大。但近几年，英国、德国、法国开始快速增长(表1.1)，这几个国家的网络零售交易额进入全球前十位。此外欧洲电子商务的地区不均衡明显，比如英、法、德三国差不多占据欧洲电子商务交易额的一半以上。

　　3．亚太地区电子商务的发展

　　亚太地区消费者是全球最大的网络购物群体，但各个国家和地区的发展很不均衡。亚洲电子商务的发展主要集中在东亚及东南亚诸国，如日本、韩国及新加坡，以及近几年快速发展起来的中国。

　　日本在政策和基础设施上的投入主要在20世纪90年代中期。日本通产省从1996年起还大力开发新型(光速)电子商务，日本各省也制定了相关的电子商务法律，如日本法务省出台了《数字签名法》。1996年，日本成立了电子商务促进委员会(Electronic Commerce Promotion Council of Japan，ECOM)，加强同美国在电子商务方面的切磋与合作。2000年5月，日美发表联合声明，对关税、税收、隐私权、身份识别等问题提出一些原则看法。可见日本很早就把电子商务作为国家经济发展的策略，并很快取得了成效。从表1.1可以看到，日本电子商务零售额位居全球第四。

　　新加坡在20世纪90年代末曾是世界上电子商务发展极为迅速的国家之一，《2000年世界竞争力年鉴》把新加坡的电子商务基础设施列为亚洲第一、世界第四。新加坡电子商务的迅速发展得益于互联网基础设施普及率高和政府的高度重视。根据新加坡信息资讯通信发展管理局(Info-communications Development Authority of Singapore，IDA)统计，2008年新加坡家庭拥有计算机的比例达80%，在家上网的比例达76%，网上购物者的比例为36%。

案例 1-1

新加坡政府对电子商务的重视

首先是政策和法律的构建。新加坡的经济是外向型的，国际贸易在其国内生产总值中占有重要地位。新加坡政府在20世纪90年代初，就着手制定了一套详细的法律和技术框架，以鼓励当地企业和跨国公司使用电子商务。

其次是对电子商务基础设施框架的建设。1998年5月，新加坡提出了电子商务基础设施框架，新加坡国会于1998年6月29日通过了《电子交易法》。1997年，新加坡政府实施"新加坡一号"计划，目的是让所有人都有可能使用电子通信；政府还设立了20亿美元的基金来建立一个系统，目的是让所有学生都可以通过该系统完成30%的学习任务，并实现每两个学生有1台计算机的构想。

此外还借助电子政府的发展推动企业参与电子商务进程。从2009年1月1日起，所有在新加坡注册的实体机构，如商业机构、地方企业、有限责任公司、社团、代表处、医疗机构和工会，都将拥有一个唯一实体号码(Unique Entity Number，UEN)作为其身份号码，此号码将被用于与政府机构的通信和互动。位于新加坡的实体机构如果要与新加坡政府开展业务，则必须登录UEN发证机构注册后，才能登录政府电子商务中心网站。自2008年11月1日起，政府不再接受任何纸质的付款发票。供应商与政府部门、法定委员会和学校进行结算时，需向Vendors@Gov网站提交电子发票，这也是政府电子商务系统有关政府采购条款规定的一部分。这一完整的电子化流程使投标书和报价提交工作随时随地都能够完成，节省了成本和时间，也让供应商享有更大的安全保障。

4．中国电子商务的发展

(1) 中国电子商务的发展阶段。

与全球电子商务发展经历了兴起、繁荣、崩溃与稳固阶段一样，中国电子商务也经历了大致相似的发展阶段，经历了萌芽起步期、冰冻调整期、复苏回暖期、崛起与高速发展期，以及转型升级期，到今天已经进入黄金发展时期。而针对1999—2019年的二十年，中国互联网经济研究院提出，可以分为(图1.4)：2005年之前是培育期，出现了8848、易趣、携程、网易等互联网公司，不断探索各种模式；2005—2015年是创新期，网络普及率提高，人口红利凸显，开始形成生态系统，业界有京东系和淘宝系之称；2015年之后进入引领期，内容和社交成为主导，电商向各个行业渗透，如根据星图数据的分析发现，2021年一些粮油调味等民生用品品牌(如五芳斋等)，在天猫和京东的行业销售中均排名第一。

(2) 中国电子商务的发展环境。

中国电子商务(零售)交易规模位居全球第一，与中国的电子商务发展环境密不可分。

① 电子商务发展的信息化基础设施和应用环境越来越完善。根据工业和信息化部发布的数据，截至2019年7月，三家基础电信企业固定互联网宽带接入用户(仅指光纤接入FTTH/0)总数突破4亿，其中城市宽带接入用户超过3亿，农村超过1.3亿；而移动互联网用户则达到了13亿。

第1章 电子商务概述

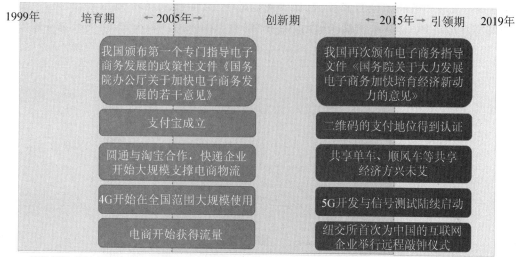

图 1.4 1999—2019 年中国二十年电商发展阶段划分

资料来源：中央财经大学中国互联网经济研究院。

② 国内政策支持与引导不断加大。政府各部门不断出台法律法规促进电子商务健康快速发展。早在 2012 年，国家发改委、财政部、商务部、人民银行、海关总署、税务总局、工商总局、质检总局八部委联合发布了《关于促进电子商务健康快速发展有关工作的通知》；工业和信息化部规划司发布了《电子商务"十二五"发展规划》；国家邮政局针对《快递市场管理办法(修订草案)》公开征求意见；工业和信息化部还发布了《互联网信息服务管理办法(修订草案征求意见稿)》，对实名制、网站准入条件、公民个人信息安全等问题做出了明确规定；国家发改委发布了《关于鼓励和引导民间投资进入物流领域的实施意见》，明确支持民间资本进入物流业重点领域，创造公平规范的市场竞争环境。在"十三五"期间，全国各省、市均制定了"十三五"电子商务激励政策。从 2010 年起，几乎每年的中央一号文件都提出发展农产品和农村电子商务。

③ 传统企业纷纷触网，电商企业加速转型。传统企业使用互联网的比例在 2014 年已经达到 78.7%，企业开展在线销售、在线采购、网络营销推广的数量不断增加。与此同时，新的电商模式也层出不穷，如"互联网+本地服务业"出现了 O2O 电子商务，本地生活服务业和商业服务业通过互联网紧密结合，线下企业成为互联网消费经济中重要的一环，还出现了"互联网+大数据+零售"的新零售模式。

④ 网民的消费行为和习惯已经改变。对于许多中国人来说，上网已经成为一种习惯，而对于"90 后"和"00 后"而言，在线消费更是不可或缺。电商企业频繁的低利润促销也持续激发用户的使用热情，天猫的"双 11"、京东的"618"、苏宁的"818"已经成为中国电子商务领域创造的一个个消费节日，甚至有向国外渗透的趋势。

(3)中国电子商务的发展趋势。

在这样的发展环境下，中国电子商务的发展趋势表现出四大特点。

① 交易的移动化。图 1.5 是 2012—2018 年中国移动互联网流量增长情况(不包含 WiFi)，

得益于 4G 发展和智能手机的普及，相比于 4 亿宽带用户，移动互联网用户已经达到 13 亿，网民交易开始从 PC 端向手机端转移，而随着 5G 大范围应用，移动端交易将成为主要方式。

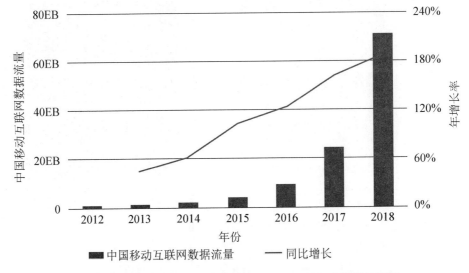

图 1.5　2012—2018 年中国移动互联网数据流量增长情况

资料来源：中华人民共和国工业和信息化部统计数据。

②　市场的跨境化。从 2014 年开始，在市场多样化需求和国家"一带一路"倡议带动下，中国跨境电商进入了爆发期。根据海关总署统计数据，2018 年中国跨境电商零售进出口交易额达到 1347 亿元，同比增长 50%。在跨境进口电商方面，天猫国际 2019 年发布进口商品扩容计划，要将跨境商品数量扩大至 100 万种以上，因为大数据显示，消费者购买进口商品的需求越发多样化，尤其以"95 后"为代表的年轻一代成为跨境消费的主力军，呈现多元化消费新趋势。而海外各经济主体也表现出对中国产品的浓厚兴趣，俄罗斯、巴西等国家成为中国跨境出口电商的主要交易对象。

③　渠道的下沉趋势。在以往的二十年间，由于各种因素的限制，中国电商的主要消费者是城市居民。但随着一线城市购买力的饱和、农村消费能力的提高、电商平台渠道的下沉，以及移动互联网在农村地区的提速等多种因素的作用，乡村和小镇居民的电商消费在扩大，增速明显，影响了许多行业，如家电行业。

案例 1-2

消费渠道下沉促使家电市场潜力大增

中国电子信息产业发展研究院副总工程师安晖表示，在消费升级和消费下沉两大因素推动下，2019 年上半年家电市场彰显出较强的市场韧性。

中国电子信息产业发展研究院发布的《2019 上半年中国家电市场报告》(以下简称《报告》)显示，2019 年上半年中国家电市场规模达 4297 亿元，内销进一步扩大。《报告》显示，由于移动互联网大规模应用，线上渠道家电销售贡献进一步扩大，首次超过 40%，相比去年同期高出 7.5%，而在销售渠道中，线上渠道京东、苏宁易购分别以 22.7% 及 21.1% 占据前两名，天猫以 10.1% 位列第三。

村镇市场的拉动更为明显,消费渠道下沉初见成效,乡村消费潜力不断释放。《报告》显示,2019年上半年,中国家电网购零售额中来自村镇级市场的贡献尚不到20%,但是增幅达到96%,远高于上半年中国家电网购市场19%的增长水平。

资料来源:新华网。

④ 科技在赋能。电子商务与高科技的结合越来越紧密。大数据、人工智能,甚至机器人在电商领域的应用已经越来越多。例如,2018年的"双11",借助大数据的分析和预测、大规模机器人仓群建设、分单准确率达99.99%的人工智能分单、可节省15%以上的包装耗材智能打包算法,成功在短时间内完成单日超过10亿个包裹的物流配送任务。

1.3 电子商务的分类与系统框架

1.3.1 电子商务的分类

可以从以下不同角度对电子商务进行分类。

1. 按电子商务活动性质分类

(1) 电子事务。

电子商务的分类

虽然企业是电子商务的主角,大多数人也认为电子商务的主要使用者是企业,但由于企业总是与消费者、政府、其他事业性组织打交道,而且消费者、政府、其他事业性组织也并非只与企业打交道,这样就形成了网络技术及计算机技术在各种行业中的运用,即电子事务的概念。

① 政府的电子事务——电子政务。各级政府机构作为经济、文化和社会活动的参与者、管理者和服务者,直接面临着迅速的变化:一方面,政府肩负着制定法律法规和调控管理的责任;另一方面,政府面向企业和社会的服务职能也面临着改变。随着政府机构内部信息系统建设的不断完善,各级政府部门拥有大量宝贵的信息资源,也具备了对外提供信息和应用服务的条件。企业和个人对诸如工商登记、缴纳税款、统计数据、司法诉讼、社会保障等信息的需求和信息获取方式提出了新的要求。企业与政府或行业主管部门信息交换方式的网络化,能够减少很多不必要的人工往返和重复工作,能够大大提高各方面的办事效率,这些都表明政府的政务电子化和信息化应用具有极大的发展空间,并将带来巨大的社会效益和经济效益。

② 教育的电子事务——电子教务。电子教务营造了一个网络环境,能够为远程教育提供方便。一个以学生为中心的教育环境,由于使用了以网络为基础的教学方法,学生的学习方法变得更灵活。这种教学方法能够满足学生特殊的个性化教育需求。传统的远程教育机构将会逐渐被网络教育所替代,从而创造出新兴的、虚拟的教育事业。网上远程教育机构更经济、更具效率,MOOC(Massive Open Online Courses,大型开放式网络课程)时代已经到来。

案例 1-3

MOOC 的发展历程

2007 年 8 月,大卫·怀利在犹他州州立大学教授早期的大型开放式网络课程,是一个开放给全球有兴趣学习的人来参与的研究生课程。在成为开放课程之前,这门课原来只有 5 名研究生选修,后来变成有 50 名来自 8 个国家的学生的选修课。

2011 年秋天,大型开放式网络课程有了重大突破:超过 16000 人透过赛巴斯汀·索恩新成立的知识实验室(现称 Udacity)参与索恩和彼得·诺威格所开设的人工智能课程。

2012 年,美国的顶尖大学陆续设立网络学习平台,在网上提供免费课程,Coursera、Udacity、edX 三大课程提供商的兴起,给更多学生提供了系统学习的可能。

2013 年 2 月,新加坡国立大学与美国公司 Coursera 合作,加入大型开放式网络课程平台。新加坡国立大学是第一所与 Coursera 达成合作协议的新加坡大学,它于 2014 年率先通过该公司平台推出量子物理学和古典音乐创作的课程。

MOOC 采用同侪审查(Peer Review)、小组合作、客观、自动化的线上评量系统(如随堂测验、考试等)促进教学互动。MOOC 成功实现了一种高端的知识交换,网络课堂可以让每个人都能免费获取来自名牌大学的资源,可以在任何地方、用任何设备进行学习,这便是 MOOC 的价值所在。

根据 Coursera 的数据显示,2013 年在 Coursera 上注册的中国用户共有 13 万人,位居全球第 9;而在 2014 年达到了 65 万人,增长幅度远超其他国家。Coursera 的联合创始人和董事长吴恩达称,每 8 名新增的学习者中,就有 1 名来自中国。

香港中文大学也投入了一些项目在 Coursera 平台上;清华大学正式加盟 edX,成为 edX 的首批亚洲高校成员之一。2014 年 5 月,由网易云课堂承接教育部国家精品开放课程任务,与爱课程网站合作推出的"中国大学 MOOC"项目正式上线。

资料来源:百度百科。

③ 军事的电子事务——电子军务。电子商务产生的基础网络互联网起源于 1969 年美国国防部建立的 ARPANET。世界各国往往是将当代最先进的技术首先用于军事,将互联网、卫星定位系统、光纤通信、卫星通信、信息技术,与军事战略指挥作战和后勤供给、武器研制购买等信息的接收、加工、传递、存储、检索结合起来形成电子军务系统。

(2) 电子贸易。

电子贸易如网上销售、网上购物和网上交费等,不仅方便消费者,而且还降低企业运营成本,减少交易环节,增强企业的竞争能力。随着近几年移动互联网的快速发展,人们进行电子贸易的终端不再限于计算机,手机、平板电脑等成为人们常用的通信工具和电子商务的交易终端。

2. 按电子商务参加主体分类

(1) B2C(Business to Customer)是企业与消费者间电子商务,即企业通过互联网为消费者提供一个新型的购物环境,实现网上购物、网上支付。

(2) B2B(Business to Business)是企业间电子商务,即企业之间通过互联网或专用网进行电子商务活动。

(3) B2G(Business to Government)是企业与政府间电子商务,这种商务活动覆盖企业与政府间的各项事务,如政府网上采购等。

(4) G2C(Government to Customer)是政府与个人间电子商务,即政府通过网络实现对个人相关方面的事务性处理,如网上报税、收税等。

(5) C2C(Customer to Customer)是消费者间电子商务,即消费者之间利用互联网进行的个人交易,如个人拍卖形式。

(6) C2B(Customer to Business)是消费者对企业的电子商务模式,即先由消费者提出需求,后由生产企业按需求组织生产。通常情况为消费者根据自身需求定制产品和价格,或主动参与产品设计、生产和定价,生产企业进行定制化生产。为了解决实现个性化需求和控制生产成本的矛盾,C2B 采用聚定制或模块定制的方式。聚定制即通过聚合客户的需求组织商家批量生产,如聚划算、团购、"双 11"的节前预售都属于这种形式;模块定制则是分解产品和服务,从而实现个性化定制生产和服务。C2B 还可以分为实物定制、服务定制和技术定制。

(7) B2B2C(Business to Business to Customer)是供应商—平台—消费者的电子商务。第一个 B 是生产商、供应商,第二个 B 是电子商务网站(网络销售商),C 是消费者。作为中间的 B,一方面要实现供应商的批发,另一方面要实现对消费者的零售。这种模式可以省去物流和库存,又具有清晰的盈利模式,最早的 B2B2C 模式应用案例是亚马逊的店中店。据报道,亚马逊有 40%的利润来自 B2B2C。淘宝的品牌商城,以及卓越、当当的柜台外包部分等也属于这种模式。

(8) SNS-EC(Social Network Services E-Commerec)是社交电子商务,这是电子商务的一种新的衍生模式。它借助社交媒介、网络媒介的传播途径,通过社交互动、用户自生内容等手段来辅助商品的购买和销售行为。比较知名的社交电子商务网站有 Kaboodle、Thisnext、美丽说等,通过用户在社交平台上分享个人购物体验、在社交圈推荐商品的应用软件;社交团购网站 Groupon,通过社交平台直接介入商品的销售过程;法国的 Zlio、中国的辣椒网 Lajoy,让终端用户介入商品销售过程,通过社交媒介来销售商品。

3. 按交易过程分类

(1) 交易前电子商务——为交易做的准备工作。该阶段主要是指买卖双方和参加交易各方在签约前的准备活动。这些活动包含市场调研与分析、选品分析、品类计划、备货、品牌注册、确定物流系统等。

(2) 交易中电子商务——签订合同到履行之前。该阶段主要是指买卖双方对所有交易细节进行谈判,将双方磋商的结果以文件的形式确定下来,即以书面文件形式和电子文件形式签订贸易合同。交易双方利用现代电子通信技术,经过在线谈判和磋商,将双方在交易中的权利,所承担的义务,对所购买商品的种类、数量、价格、交货地点、交货期、交易方式和运输方式、违约和索赔等合同条款,以电子交易合同和数字签名的方式确认。

(3) 交易后电子商务——履行合同。该阶段包括买卖双方签订合同后到合同开始履行办理各种手续的过程。交易中要涉及有关各方,如中介方、银行金融机构、信用卡公司、海关系统、商检系统、保险公司、税务系统、运输公司等。索赔是交易后当电商出现违约时,受损方要向违约方索赔。

4. 按电子商务交易对象分类

(1) 有形商品电子商务。有形商品是指占有三维空间的实体类商品，这类商品的交易过程中所包含的信息流和资金流可以完全实现网上传输，但交易的对象必须由卖方通过某种传统运输方式送达指定地点，该商品才能发挥其使用价值。电子商务的跨地域的特性决定了有形商品电子商务的货物配送范围大、送货点松散、批量小、送货及时性要求高等特点。对商家而言，这些特点会使销售成本大大增加。

(2) 无形商品电子商务。无形商品是指软件、音像、信息服务等可以数字化的商品。无形商品与有形商品的区别在于，前者可以通过网络将商品送达用户手中。

5. 按商业活动的运作方式分类

如果按照交易对象、商务过程及运行机构三个维度是虚拟(无形)的还是传统(有形)的来区分电子商务(图1.6)，可以将电子商务划分为以下几类。

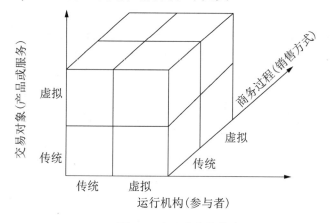

图 1.6　电子商务的维度

(1) 完全电子商务。完全电子商务是指一个虚拟运作的企业通过电子商务方式实现和完成全部交易的交易行为和过程。换句话说，完全电子商务是指商品或服务的完整过程都是在线完成，三个维度的运作模式都是虚拟(Virtual)的。完全电子商务能使双方超越地理空间的障碍进行电子交易，可以充分挖掘全球市场的潜力。完全电子商务组织被称为虚拟组织(Virtual Corporation)。

(2) 不完全电子商务。不完全电子商务是指不能完全依靠电子商务方式实现和完成全部交易的交易行为与过程。不完全电子商务要依靠一些外部因素，如运输系统等。也就是说，三个维度中至少有一个维度的运作模式是传统(Traditional)的。不完全电子商务组织被称为砖块加水泥组织(Brick and Motar Organization)。

在不完全电子商务模式中，O2O(Online to Offline，线上到线下)已经成为当今中国电子商务发展中的重要模式。O2O是指把线上的消费者带到现实的商店中去，即在线购买线下的商品和服务，再到线下去获得商品和享受服务。

1.3.2　电子商务的系统框架

电子商务的应用需要应用系统的支持，只有建立了完善的电子商务系统，才能开展各种电子商务活动。电子商务系统是电子商务的技术支持环境,是实现电子商务的具体组织和表现形式。电子商务系统不是孤立的,需要和外界进行信息交流。这种交流一方面是与上下游企业的交流;另一方面是与其他相关的组织或系统的交流,如银行、政府等。同时,电子商务系统与外界能否顺畅地交流,还离不开许多支持环境,如网络环境和政策环境等。

许多学者提出了不同的电子商务框架模型。著名学者 Kalakota 和 Whinston 在其合著的《电子商务前沿》(*Frontiers of Electronic Commerce*)一书中提出了 K-W 模型的电子商务系统框架。该框架描述了全面的电子商务应用需要有相应层面的基础设施和众多支撑条件构成的环境,这些环境要素从整体上可分为四个层次和两个支柱,如图 1.7 所示。

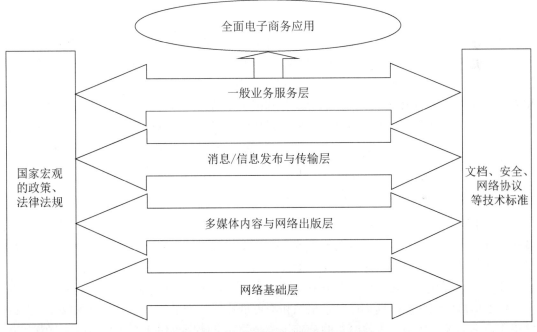

图 1.7　K-W 模型的电子商务系统框架

从基础的技术到电子商务的应用,需要具备四个层面的基础设施,分别是网络基础层、多媒体内容与网络出版层、消息/信息发布与传输层、一般业务服务层;还需要两个支柱条件,分别是文档、安全、网络协议等技术标准和国家宏观的政策、法律法规。四个层次依次代表电子商务顺利实施的各级技术及应用层面,而两边的支柱则是电子商务顺利应用的坚实基础。这几个因素组合起来构筑了电子商务应用环境,为全面电子商务应用提供了有利条件。

1. 网络基础层

该层提供了商务信息传输的基本线路设施。网络基础设施包括电信网、有线电视网、无线网等。这些网络共同形成高速传输系统,即所谓的"信息高速公路"。数据信息经过整合压缩后,能通过电话线、无线设备与有线电缆进行传输,非同步传输技术使声音和数据得以结合,并使人们可以通过宽带高速接入互联网,轻松快捷地获取各类信息。网络基础层是电子商务系统框架的底层,是其他各层和各种电子商务应用的物质前提。今天,网络基础层还增加了移动通信网,为日益增长的移动终端用户提供网络接入服务。

2. 多媒体内容与网络出版层

有了网络基础设施，信息就具备了传输的通路，可是信息存在的形式多种多样，有文字、有声音还有图像，而机器(以电子计算机为主)只能识别简单的代码语言。怎样使这些信息表现出来呢？这就需要进行各项信息内容的"出版"(Publication)，最常用的工具有超文本标记语言(HyperText Markup Language, HTML)、Java 语言和万维网(World Wide Web, WWW)等。HTML 可以将文本、图像、声音、动画等多媒体信息集于一体予以发表；Java 语言是一种功能强大的网络编程语言；万维网则是信息内容的展示平台，是制作产品并将其出版的分配中心。

3. 消息/信息发布与传输层

具备了基本的传输网络的出版环境，信息就可以无障碍地传输了。然而信息的发布、传输形式并不是单一的，不同的场合、不同的要求需要采用不同的方式，这就构成了消息/信息发布与传输层。实践应用中，消息/信息的发布与传输基础设施包括 EDI、电子邮件与超文本传输协议等多种形式。开展电子商务的根本是达成商务目的，商务活动会提出原始性、真实性、及时性等要求，因此信息要及时传递到目的地，同时还必须保证确实是原始信息，没有被截取、修改或复制。消息/信息必须在各种通信设备、介质和网络间畅行无阻并准确传输。

4. 一般业务服务层

为了保证交易顺利完成，所有的企业、个人在商务活动中必须要接受一些基本的服务，这就构成一般业务服务层。一般业务服务基础设施主要包括安全、认证、电子付款、电话簿、商品目录、价目表等。互联网是一个开放的环境，开放意味着扩大了选择集合，同时也增加了受干扰概率。为了保证商务活动的持续进行，必须保证交易安全有效地进行，即保证传递信息的保密性、真实性、完整性和不可抵赖性。为了使买方能够付款成功，并确保相关信息的安全传递，付款服务的基础设施必须建立起完善的认证体系，运用具有加密及身份鉴别的技术方法，为电子商务提供安全的服务。

以上四个层面构成了电子商务的基础设施环境。

5. 国家宏观的政策、法律法规

这是指与电子商务相关的公共政策和法律法规等内容，如消费者权益保护、网络隐私权、知识产权、网络税收和电子合同等。电子商务目前着重要解决的是基本政策和法律问题，联合国国际贸易法委员会(United Nations Commission on International Trade Law, UNCITRAL)于 1996 年通过了《电子商务示范法》，制定了《电子签名统一规则》。世界各国对信息领域，尤其是电子商务方面的立法工作非常重视，出台了相关法律，如英国的《国际与国内商务电子签名法》《统一电子交易法》《统一计算机信息交易法》，澳大利亚的《电子交易条例》，新加坡的《电子交易法》，韩国的《电子商务基本法》，马来西亚的《电子签名法》，印度的《电子商务支持法》等，对电子商务签名、原件、书面形式、数据电文、信息系统和有关的技术范畴等均做出了规范。我国政府在电子商务方面的立法也已经有所行动，2004 年 8 月《中华人民共和国电子签名法》在全国人大常委会通过，2005 年 4 月正式生效执行。这些政策、法律法规明确清晰地确定了电子商务活动的边界,确保了电子商务健康、有序的运行。

6. 文档、安全、网络协议等技术标准

为了确保整体网络的兼容性,在发展各项基础建设及各项电子商务应用时,对于各种应用工具、信息出版、用户界面与传输协议等的技术进行标准化十分必要,也非常紧迫。EDI 标准、TCP/IP、HTTP、SSL 协议、SET 协议等不断出现并逐步发展完善,为电子商务全面应用并走向成熟奠定了坚实的基础。

以上两项构成了电子商务必备的外部支撑条件。

7. 全面电子商务应用

在前面介绍的四大基础设施和两大支撑条件的基础上,就可以全面开展电子商务的应用,如在线营销、在线购物、电子采购、远程服务、供应链管理、信息服务等。

本 章 小 结

从本章的学习中可以发现电子商务在全球各行业和企业中的应用趋势,不仅如此,电子商务对宏观政策也产生了重要的影响,因此,电子商务引起了国内外各大组织机构、著名学者的格外关注。电子商务理论来自于实践的应用,而理论的发展又促进了电子商务的快速发展。

 关键术语

电子商务(Electronic Commerce, EC)
国家信息基础设施(National Information Infrastructure, NII)
全球信息基础设施(Global Information Infrastructure, GII)
电子数据交换(Electronic Data Interchange, EDI)
企业与消费者间电子商务(Business to Customer, B2C)
企业间电子商务(Business to Business, B2B)

 案例研讨

"甜蜜"的电商创业路

大学毕业后的麻功佐,最初做的是女装电商。几年后因缘际会决定回乡创业。

麻功佐的爷爷很早开始古法养蜂(模仿野生土蜂的生活习性,用传统木质圆桶养殖和现代化科学方箱活框养殖产出成熟封盖蜜),所采蜂蜜汇集四季花,长期食用对咽喉炎、鼻炎、口腔炎有缓解功效,还可以润肤、润肠通便、补中益气、解毒、养阴、润肺止咳等。

但是在山区里销路问题很难解决,于是麻功佐决定开创家乡特色产业土蜂蜜电商。他说"给我一根网线,我能开辟全新的疆土"。当时团队对未来有着清晰的规划:建成三个以蜜蜂旅游为主题的养殖基地,未来逐渐向企业化、品牌化、产业化方向发展。

麻功佐的创业团队有一群年轻人,如张俊杰,从国企辞职,21岁就同表哥麻功佐做蜂蜜电商,目前也是团队中短视频拍摄的主角,在抖音上拥有大量粉丝;再如退役军人包文俊,是个细心的男孩,负责最需要耐心的客服工作,忙的时候,需要在9部手机的消息中穿梭回复顾客消息。

2014年,团队先创建金铭中华蜂养殖专业合作社,采取统收统购的模式,为蜂农提供蜂具和培训,同时注册以古村落命名的"横樟土蜂蜜"商标,发展中华蜂养殖,最终成功销售5000余斤。同年10月入驻松阳县农村电子商务创业孵化中心,在政府扶持下采用O2O模式发展农旅电商,以"体验+销售"形成"蜜蜂+旅游"特色产业。将当地的绿水青山、传统古村落、精品民宿等优质旅游资源推向全国,打造"蜜家乐"。近年来累计接待来自北京、上海、山西、安徽、江苏等省市游客200余批次,3000余人次。带动300余名低收入村民就业、创业,并与大东坝镇、象溪镇、叶村乡、裕溪乡等多个乡镇开展产业扶贫合作。

2018年,团队成立丽水横樟蜂业有限公司,同时获"浙江省土蜂蜜十大名品"称号。当年4月在中国国际电子商务博览会暨首届数字贸易博览会上,展位日均流量5000余次,吸引粉丝2000余人,达成采购订单1000多份,与来自国内客商和东欧、非洲、中亚外商进行洽谈。

团队采用社交电商模式,借助淘宝、微信等社交平台,在快手、抖音、熊猫、映客、小红书等直播平台播放家乡环境、养殖中华蜂宣传片,网上直播养蜂、割蜜全过程,让更多的人看到美丽景色和蜂蜜的纯天然特色。

其生产的蜂蜜最初只有身边朋友买,此后通过一些免费品尝活动扩大影响力;2015年月销售3000多瓶;2017年与7家蜂农合作,年销售20000余斤;2019年,与加工厂合作,进行初加工,打造标准化的食品蜂蜜;2020年月均销售5000余斤。同时还销售其他山区特色农产品,如安民笋干、本地番薯干、兴村红糖、高山土茶。横樟土蜂蜜销售到广州、上海、杭州等地,开拓了长江三角洲、晋冀鲁及新疆等地的市场,国内外团队纷纷到实地考察,拓展了十余家社交电商代理商。土蜂蜜产品频频登上浙江农博会、中国国际电子商务博览会、丽水市电商嘉年华等各大展会,多次受到社会各界的肯定和点赞。

资料来源:根据央视网等网站资料整理。

案例思考:
1. 通过本案例思考电商创业成功需要有哪些要素。
2. 寻找相似的农村电子商务发展案例。

思考与练习

一、选择题

1. 广义的电子工具包含( )。
   A. 电话　　　B. 电视　　　C. 网络　　　D. 电报
2. ( )在电子商务"三流"中起到指导和控制作用。
   A. 信息流　　B. 资金流　　C. 商流　　　D. 物流
3. 将电子商务分为电子事务和电子贸易是根据( )进行的分类。
   A. 电子商务活动的性质　　　　B. 参加主体
   C. 交易过程　　　　　　　　　D. 运作方式

4. 鼠标加水泥型企业的电子商务属于(　　)。
   A．完全电子商务　　　　　　　B．不完全电子商务
   C．电子交易　　　　　　　　　D．电子商业
5. 电子商务的正常发展离不开(　　)的支持。
   A．法律政策　　B．安全技术　　C．基础网络　　D．网络协议

二、思考和讨论题

1. 如何理解电子商务？
2. 电子商务中的"三流"及其关系是怎样的？
3. 电子商务的发展分哪几个阶段？
4. 我国电子商务的发展经历了哪几个阶段？
5. 电子商务的整体框架由哪几部分组成？

三、实践题

针对自己经常使用的电子商务网站，分析其电子商务属于哪种类型。

不同视角下的电子商务

第 2 章

学习目标

通过本章的学习,了解不同视角下电子商务带来的影响和变化;掌握网络外部性、正反馈、长尾效应等网络经济下的经济规律;掌握电子商务的应用对企业战略定位、组织结构和管理机制的影响;了解电子商务对社会治理和政策制定带来的难题与挑战。

教学要求

知识模块	知识单元	相关知识点
网络经济分析	(1) 网络外部性 (2) 边际收益递增 (3) 规模收益递增 (4) 正反馈效应 (5) 长尾效应 (6) 六度分隔理论	(1) 网络外部性产生原理 (2) 边际收益递增原因分析 (3) 规模收益递增原因分析 (4) 正反馈产生机制 (5) 长尾效应的应用 (6) 社交电商的原理
电子商务战略管理	(1) 波特竞争战略 (2) 电子商务带来的战略优势	(1) 波特五力模型 (2) 电子商务的成本优势 (3) 电子商务的差异化战略 (4) 电子商务的创新战略 (5) 核心竞争力重新定位
电子商务组织管理	电子商务组织形态	(1) 组织扁平化、网络化 (2) 虚拟企业
电子商务运营管理	电子商务下组织运营方式的转变	(1) 电子商务下的企业人力资源管理 (2) 电子商务下的企业营销管理
电子商务环境	电子商务对社会和政策环境的影响	(1) 电子商务对税收政策的影响 (2) 电子商务对货币政策的影响

第2章 不同视角下的电子商务

思维导图

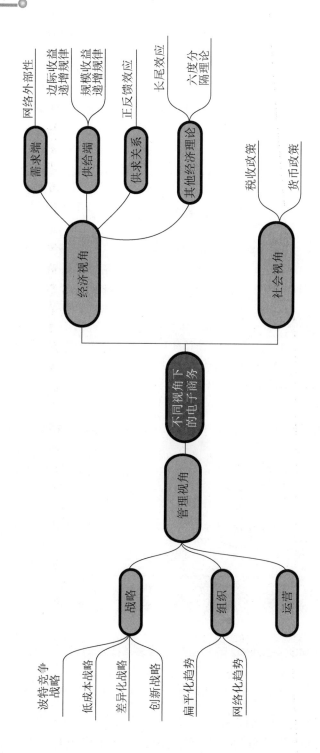

> **章前导读**
>
> 电子商务的快速发展，带来了挑战和机遇。本章从不同视角来探讨这些影响。首先，从经济学角度，分析电子商务和网络经济快速发展对传统经济学理论产生的影响和转变；其次，从企业战略的角度，分析电子商务将为企业带来的无可比拟的优势，以及如何利用这些优势来调整企业战略的制定；再次，从组织结构和运营机制角度，分析电子商务带来的组织结构的变化和运营模式的改变；最后，从社会和经济政策的角度，分析电子商务带来的社会管理和政策制定方面的挑战。

引例

拼多多社交电商

2015 年拼多多成立，如一匹黑马进入电商领域快速增长。分析其增长原理，归结于几大红利。一是下沉市场增长。三四线的城市人口购买力提升，网购市场增速高。据 QuestMobile 数据分析，2019 年 6 月移动购物行业新增活跃用户 54%来自三四线城市，增速普遍高于一二线城市。二是社交生态发展。从 2014 年到 2018 年，微信+WeChat 月活跃用户数从 5 亿上升到 11 亿，到 2019 年第二季度，微信+WeChat 月活跃用户数达 11.3 亿。三是社交拼团获客成本低。拼多多通过微信公众号、微信小程序、拼多多独立 App 等社交平台获得流量，用户将拼团链接分享给好友，每个转发者相当于推销员，实现低成本自发传播。从 2019 年第二季度的数据看，拼多多的获客成本在 100～150 元/人，而同期的阿里巴巴、京东获客成本在 300 元/人左右(图 2.1)。

图 2.1 彩图

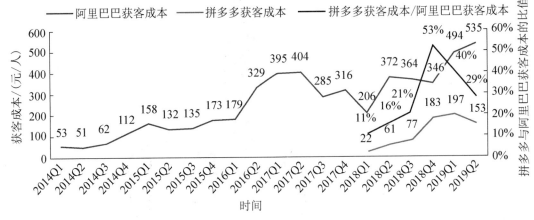

图 2.1 2014Q1—2019Q2 阿里巴巴、拼多多单位新增活跃用户对应当期获客成本

资料来源：相关公司公告，中信证券研究部。

社交电商高速增长的背后，反映了互联网和移动网络运行的规律。在网络经济时代，各经济主体的行为发生了重要的改变，这些改变表现在社会经济规律的改变、企业运营方式的改变及消费行为模式的改变。

第 2 章 不同视角下的电子商务

2.1 电子商务对经济规律的影响

无论是基于网络和信息技术的网络经济，还是基于数字技术和信息技术的数字经济，电子商务都是其重要内容和主要表现形式。因此电子商务对经济规律的影响，必然与传统经济规律有所不同，供需分析也面临着以往从未经历的挑战。但是网络经济从根本上说还是市场经济，因此本章应用传统经济学的基本原理对网络经济的一些典型现象进行分析。

2.1.1 网络外部性

1. 网络外部性的定义

美国经济学家萨缪尔森把外部性(Externality)定义为：在生产和消费的过程中给他人带来非自愿的成本或收益，即成本或收益被强加于他人身上，而这种成本或收益并未由引起成本或接受收益的人加以偿付。更为确切地说，外部性是一个经济主体的行为对另一个经济主体的福利产生影响，而这种影响并没有从货币上或市场交易中反映出来。

网络外部性(Network Externality)是指一个用户增加对网络产品或服务的消费时，对网络中的其他也在消费该产品或服务用户的福利产生的影响。外部经济性是网络经济运行过程中显现出来的重要特征。我们可以这样定义网络外部性：存在着许多产品，对于这类产品某个用户从消费产品中得到的效用，随着消费该产品的其他当事人人数的增加而增加；某个用户从某一产品中得到的效用依赖于该用户在同一网络中的其他用户的数量。

例如，在现存电话网络中，增加一个新的入网者 A，入网契约是由 A 和网络经营者缔约的。缔约双方以外的人都属于该契约的"外部"。但是属于"外部"的某个已入网者 B 却有可能与 A 通话。这就是说，A 与网络经营者的契约给"外部"提供了方便。这被称为"网络外部性"。

2. 网络外部性的分类

(1) 直接网络外部性和间接网络外部性。

① 直接网络外部性是指一个消费者所拥有的产品价值随着另一个消费者对与之兼容的产品的购买而增加。通信网络，如电话、传真机、在线服务、E-mail 等，这些产品都是体现直接网络外部性的典型例子。

② 间接网络外部性则是指随着某一产品使用者数量的增加，由于该产品的互补品数量增多、价格降低而产生的价值。例如，互联网用户和网站的建设。连接到互联网的用户越多，互联网的价值越大，老用户得到的额外价值也越高，这是直接的网络外部性；同时，当连接到互联网的用户增加时，由于互联网价值的增大，会有更多的人到网上建设新的网站，提高网站的质量、降低使用价格。因此互联网用户在这个过程中实际也得到了新的价值，这就是间接网络外部性。

(2) 正的网络外部性和负的网络外部性。

网络外部性与传统经济中的经济外部性一样有正的外部性和负的外部性之分。不管是正的网络外部性还是负的网络外部性，都是"市场失灵"的表现，都会对市场资源配置造成扭曲。

在网络外部性中，外部经济大多表现为正的网络外部性，但这并不意味着负的网络外部性就不存在，最典型的例子就是网络堵塞。以通信网络 E-mail 或新闻组为例，如果使用它的人增多，其价值就会提高，老用户可以得到额外的收益，这就体现出正的网络外部性。但是，如果大家都在大量地使用这个新闻组网站或邮箱系统，则有可能出现堵塞，这就是负的网络外部性，此外网络安全问题也更加严重。可见，网络外部性本身是包括积极和消极两个方面的。当然本章将重点放在积极的网络外部性上，因为它对经济的影响更大一些。

3. 网络外部性存在的原因分析

网络具有外部经济性的根本原因在于，网络自身的系统性、网络内部信息流的交互性和网络基础设施长期的垄断性。

首先，不论网络如何向外延伸，也不论新增多少个网络端点，都将成为原网络的一部分，与原网络结成一体，因此整个网络都将因网络的扩大而受益。其次，在网络系统中，信息流并不是单向的，网络内任何两个端点之间都能相互交流，随着入网人数呈线性增长，信息交流的可能性将呈指数态势上升，并且在整个网络中没有"中心"或"首脑"区域的存在。即使网络中的一部分端点消失了，也不影响其他端点的正常联络，这就保证了外部经济性的普遍意义。最后，网络基础设施一般都具有投资额巨大、投资周期长、垄断性强和使用期限长等特点，这就决定了网络外部性的长期存在。

从网络系统本身的物理性质来看，影响网络外部性的因素主要包括网络的规模和网络内部物质的流动速度。网络规模越大，外部性就越明显，并且在网络规模超过一定数值(控制论中称为阈值即 Critical Mass，也称临界容量)时，外部性就会急速增大。梅特卡夫法则主要描述的就是这一支配作用。同时，网络外部性与网络内部物质流动的速度同样存在着正相关关系，流速越大，外部越经济。相比较而言，在对网络外部性大小的影响中，网络的规模所起的作用更大，占主要地位。

2.1.2 边际收益递增与规模收益递增规律

1. 边际收益递增规律

边际收益是指在生产中增加一个单位的产出所带来的收益。边际收益随着生产规模的扩大呈现出三种不同的趋势：一是逐步扩大，称为边际收益递增(规模报酬递增)；二是保持不变，称为边际效益不变(规模报酬不变)；三是逐步减少，称为边际收益递减(规模报酬递减)。边际收益递减是工业社会物质产品生产过程的普遍现象。西方经济学的传统理论也把边际收益递减作为其理论分析的基本假设。

边际收益递减规律是传统经济学的重要原理之一。假设其他所有要素(如机器设备、技术、原材料)保持恒定，那么，每个增加的劳动力的产出都会比前一个劳动力少。收益递减在经济学中的解释是在规模收益的背景下进行的。传统经济学认为，当所有的投入都按比例提高的时候，全部产品的规模收益就会显现出来，表现出边际收益递增；但当生产规模过大时，由于管理等问题的限制、大企业的官僚化等，管理成本急剧上升，进而导致规模经济的消失，边际收益递减开始起主导作用。

在网络经济中，由于网络外部性的存在、高科技产业部门成本递减优势和锁定效应等，收益递增规律正在成为当今经济学中的热门和重要观点之一。

支持网络经济下边际收益递增的理由主要如下。

(1) 网络经济边际成本随着网络规模的扩大而呈递减趋势。在信息网络产品的成本构成中，一种是开发成本，或称为沉没成本；另一种是可变成本。由于信息网络产品的复制成本和传递成本几乎为零，因此，总边际成本不断递减甚至趋于零。

(2) 网络信息产品的价值具有累积增值和传递效应。在网络经济中，对信息的连续投资，不仅可以获得一般的投资报酬，还可以获得信息累积的增值报酬。信息通过累积和处理可以变换，使它的内容和形式发生质的变化，以适应特定的市场需要，从而使其身价倍增。正如美国经济学家阿罗(Kenneth J. Arrow)所说，信息的使用会带来不断增加的报酬。举例来说，一条技术信息能够以任意的规模在生产中加以运用。

(3) 网络经济中的消费行为具有显著的连带外部正效应。所谓连带外部效应(Network Externality)是指，就某些商品而言，一个人的需求也取决于其他人的需求。如果某消费者对某种商品的需求量随着其他人购买数量的增加而增加，那么可称之为连带外部正效应；反之则称为连带外部负效应。例如，DOS 系统在竞争个人计算机操作系统的市场份额时，通过与 IBM 公司的联手而取得了竞争优势：装备 DOS 系统的 IBM 计算机的销售量的增加，使软件商品倾向于兼容 DOS 系统；兼容 DOS 系统软件的流行使更多的消费者倾向于选择装有 DOS 系统的计算机，以方便使用软件。在这一正反馈过程中，DOS 系统的拥有者微软公司，获得了明显的递增收益。

除以上原因之外，一些学者还认为网络环境下的创新效应更加明显，创新可以带来成本降低和产量提高，这是一种巨大的乘数效应；网络环境下企业组织的学习效应也更强，学习带来的经验，有利于改善组织管理，提高工作效率并降低成本，从而表现出边际收益递增；另外信息产品消费的特殊性还带来消费锁定(如软件使用)等效应出现。

2. 规模收益递增规律

在网络经济中，与边际收益递增相关的另一个规律就是规模收益递增规律。如果说前面关于边际收益递增的规律是基于网络经济的一种短期分析，那么规模收益递增则研究当所有投入要素都按比例提高时(即厂商规模变动时)收益的变动情况。在传统经济学中，当厂商的规模发生变化时，其收益可能会呈现出规模收益递增、递减和不变三种情况。在网络经济下，企业的规模收益可以保持长时间的递增。

(1) 代理成本的减少。

一般而言，同一厂商在扩张规模时可能会依次出现规模收益先递增、随后不变、最后递减的情形，因为厂商的长期成本曲线呈现出 U 形。原因在于，当生产规模过大时，传统企业内部的垂直层级式管理中生产的决策者和第一线的生产人员之间的距离会拉大，信息在传播的过程中扭曲的概率也会变大，这种现象称为"代理成本"，将导致管理成本上升，最终致使平均成本上升的程度，进而导致规模经济的消失，规模收益递减开始起主导作用。

当企业在其内部管理中应用网络系统，企业的管理层能直接通过监视机制激励企业员工的生产效率,并能减少信息传播中的扭曲,从而降低企业内部的行政运行费用和代理成本,企业的规模扩张将不再受原有企业内部代理成本的制约,这使企业能够取得更长期的规模效益。

(2) 从供应方规模经济向需求方规模经济的转变。

供应方规模经济是指因供给方生产要素的投入增加而引起的收益递增。而基于网络外部性的收益递增规律所讨论的则完全是消费者的需求对收益的影响,因此可称为"需求方规模经济",即由于需求量的增加而引起的收益递增。在网络外部性不甚突出的传统经济中,供给方对收益的影响的确是经济中的主要因素;但在网络外部性日益显著的情况下,需求方对收益的影响也开始成为商业和经济活动的焦点。应注意的是,网络外部性所带来的收益递增规律并非对传统经济学的否定,实际上二者共同在经济中发挥作用。源于供给方的规模经济使厂商可以持续地享有规模扩张带来的好处,而不必为平均成本和边际成本的可能上升而担心;而源于需求方的规模经济则保证获得优势的企业可以通过网络外部性的作用垄断整个市场,将其竞争者排挤出去,从而有效地享受供给方规模经济,并由此进入正反馈循环。

2.1.3 正反馈效应

正反馈效应就是通常所说的"强者恒强,弱者恒弱"的马太效应。在一定条件下,优势或弱势一旦出现,就会因不断加剧而自我强化,呈现出滚动的累积效果,在极端的情况下,甚至可能导致"赢者通吃,输家出局"的局面,而正反馈在网络经济下的表现尤为明显。

在边际收益递增的假设下,经济系统中能够产生一种局部正反馈效应的自增强机制。这种自增强机制会使经济系统具有以下四个特征:一是多态均衡,系统中可能存在两个以上的均衡,系统选择哪一个是不确定的、不唯一的和不可预测的;二是路径依赖,经济系统对均衡状态的选择依赖于自身前期历史的影响,可能是微小事件和随机事件影响的结果;三是锁定,系统一旦达到某个状态就很难退出;四是可能无效率,由于路径依赖,受随机事件的影响,系统达到的均衡状态可能不是最有效率的均衡。

自增强机制一旦建立就不易改变,加之学习效应、合作效应和适应性预期,使得系统逐渐适应和强化这种状态。也就是说,一个系统可能由于前期历史的影响(路径依赖)而进入一个不一定最有效率的均衡状态,该均衡一旦被选择,就会不断地重复下去,从而形成一种"选择优势"把系统锁定在这种均衡状态。

案例 2-1

贝尔大西洋公司的锁定

在 20 世纪 80 年代中后期,贝尔大西洋公司投资 30 亿美元购买了美国电话电报公司(AT&T)的 5ESS 数字转换器,以运行其电话网络。每当贝尔大西洋公司想要增加一项新功能或新的周边设备与转换器互相连接时,就必须求助于 AT&T,并为此支付每年大约 1 亿美元的费用。贝尔大西洋公司虽然对 AT&T 非常不满,但为什么不改用其他产品呢?问题的关键在于它如果把 AT&T 的转换器更换为其他供应商的产品,就要承担巨大的转换成本。这说明,一旦购买并安装了 AT&T 的转换器,就已经被它锁定了。

资料来源:丁继锋,2010. 技术创新中路径依赖的成因及破解分析[J].技术经济与管理研究(5):42-45.

2.1.4 长尾效应

长尾效应(Long Tail Effect),Head 和 Tail 是两个统计学名词,正态曲线中间的突起部分称为"头",两边相对平缓的部分称为"尾"。从人们需求的角度来看,大多数的需求会集中在头部,称为流行;而分布在尾部的需求是个性化的、零散的、少量的需求,这部分需求会在需求曲线上面形成一条长长的"尾巴",如图 2.2 所示。长尾效应就在于它的数量上,将所有非流行的市场累加起来就会形成一个比流行市场还大的市场。

长尾效应

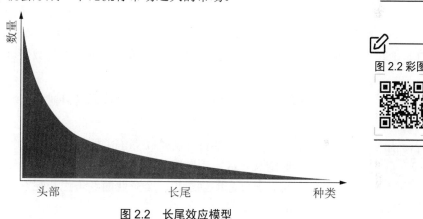

图 2.2 彩图

图 2.2 长尾效应模型

2004 年 10 月,美国《连线》杂志主编克里斯•安德森(Chris Anderson)对 Ecast 数字点唱机和亚马逊的研究发现,点唱机中 98%的歌曲都会被点播。于是提出:在互联网的音乐与歌曲、新书甚至旧书等的销售中,尽管单项的热门产品畅销,高居营业额排名的前列,但是由于仓储的无限性和履约的便捷性,那些看上去不太热门的产品也在创造着出乎意料的营业额,甚至成为这些新媒体销售收入的主要部分。据此安德森提出了长尾理论,商业和文化的未来不在热门产品,不在传统需求曲线的头部,而在需求曲线中那条无穷长的尾巴。

2.1.5 六度分隔理论

六度分隔理论(Six Degrees of Separation)认为世界上任何互不相识的两人,只需要很少的中间人就能够建立起联系。哈佛大学心理学教授斯坦利•米尔格拉姆于 1967 年根据这个概念做过一次连锁信实验,尝试证明平均只需要 6 步就可以联系任何两个互不相识的美国人。

米尔格拉姆的连锁信实验是在不特定的市民大众中进行的。米尔格拉姆寄出 60 封信给堪萨斯州威奇塔市自愿参加者,请他们转交到马萨诸塞州剑桥市某指定地点的股票经纪人。参加者只能把信交给他认为有可能把信送到目的地的熟人,可以亲自送或者通过他的朋友。第一次只有不到 5%的信件最终被送达了。经过多次改良实验,米尔格拉姆发现信件或包裹在人们心目中的价值是影响人们决定继续传递它的重要因素。之后他成功将送达率提升至35%，后来更上升为97%。

此外，一些机构的研究结果也为这一理论提供了佐证。微软的研究人员 Jure Leskovec 和 Eric Horvitz 过滤 2006 年某个月份的 MSN 简讯，利用 2.4 亿名使用者的 300 亿个通信信息进行对比，结果发现任何使用者只要通过平均 6.6 人就可以和全数据库的数万亿组配对产生关联。48%的使用者在 6 次以内可以产生关联，而高达 78%的使用者在 7 次以内可以产生关联。Facebook 研究了当时已注册的 15.9 亿名使用者的资料，在 2016 年 2 月 4 日公布了标题为 *Three and a half degrees of separation* 的研究结果，发现这个神奇数字的"网络直径"是 3.57，也就是说每个人与其他人的间隔为 3.57 人。如果仅考虑美国使用者的话，这个数字会降到平均 3.46 人。早在 2011 年，来自美国康奈尔大学、意大利米兰大学的学者与 Facebook 研究团队合作，计算了当时的 7.21 亿名使用者的资料，发现这个数字是 3.74。到了 2016 年，Facebook 的使用者人数增长了将近 2 倍，这个数字却降低了一些。

对于这种现象，从数学上也可以进行解释。依据邓巴数，若每个人认识 150 人，其六度就是 $150^6 \approx 11.4$ 万亿。消除一些结点重复，几乎覆盖全世界人口数倍以上。

电子商务战略优势

2.2 电子商务对企业战略的影响

一个企业追求的主要目标就是在竞争中始终保持行业领先的战略优势，取得收入高速增长、成本不断降低的最大效益。那么这个让企业梦寐以求的目标如何实现？怎样才能创造出一个企业的竞争优势呢？在当今，电子商务是竞争取胜的有力武器之一。

2.2.1 波特竞争战略

美国哈佛大学教授迈克尔·波特于 20 世纪 80 年代初提出的波特五力模型(Porter's Five Forces Model)，至今仍影响着许多企业的战略制定。波特认为，任何企业的竞争环境分别受到五种竞争力量的威胁：供应商的议价能力、购买者的议价能力、新进入者的能力、替代品的替代能力、同业竞争者的竞争能力。

1. 供应商的议价能力

供应商主要通过提高投入要素价格与降低单位价值质量的能力，来影响行业中现有企业的盈利能力与产品竞争力。供应商力量的强弱主要取决于其所提供给购买者的是什么投入要素。当供应商所提供的投入要素的价值构成了购买者产品总成本的较大比例、对购买者的产品生产过程非常重要或者严重影响购买者产品的质量时，供应商对于购买者的潜在讨价还价能力就会大大增强。

2. 购买者的议价能力

购买者通过压价或要求提供更高的产品或服务质量的能力，来影响行业中现有企业的盈利能力。

3. 新进入者的能力

新进入者在给行业带来新生产能力与新资源的同时,希望在已被现有企业瓜分完毕的市场中赢得一席之地,这就有可能会与现有企业发生原材料与市场份额的竞争,最终导致行业中现有企业盈利水平降低,严重的话还有可能危及这些企业的生存。竞争性进入威胁的严重程度取决于两方面的因素,即进入新领域的障碍大小与预期现有企业对于进入者的反应情况。

4. 替代品的替代能力

两个处于同行业或不同行业中的企业,可能会由于所生产的产品互为替代品,从而在它们之间产生竞争行为,这种源自替代品的竞争会以各种形式影响行业中现有企业的竞争战略。

5. 同业竞争者的竞争能力

大部分行业中的企业,相互之间的利益都是紧密联系在一起的。作为企业整体战略一部分的竞争战略,其目标都是使自己的企业获得相对于竞争对手的优势,所以,在实施中必然会产生冲突与对抗现象,这些冲突与对抗就构成了现有企业之间的竞争。

行业中的每个企业或多或少都必须应付以上各种力量构成的威胁。因此波特又提出,根据五种竞争力量的讨论,企业可以采取成本领先战略、差异战略、创新战略和目标聚集战略来对付这五种竞争力量,以增强自己的竞争实力。采用电子商务战略可使企业获得以上各种战略所需的竞争优势,如图 2.3 所示。

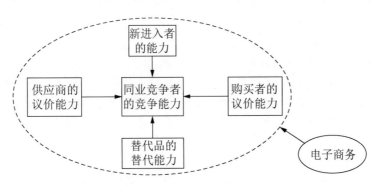

图 2.3　波特五种竞争力量模型

2.2.2　电子商务战略可以帮助企业获得成本优势

对于企业而言,千方百计地降低成本是提高自己竞争力的重要策略。电子商务对于企业降低成本是行之有效的途径,具体表现在以下几个方面。

1. 降低采购成本

对于企业来说,物资或劳务的采购是一个复杂的多阶段过程。购买者寻找并选择产品供应商,调查该供应商的产品在数量、质量、价格等方面是否满足自己的需求。选定后购买方需要把详细计划和需求信息传送给供应商,发出一份标有具体产品数量的采购订单。

供应商接到采购订单后发出确认通知。当产品由供应商发出时,购买方再次接到通知及产品发货单。购买方的会计部门核对发货单和采购订单后付款。当原有订单变动时,购买过程将变得更加复杂。由上述可知,企业采购过程中信息获取和信息传递是主要工作内容。

EDI 出现后,一些企业开始在专用网上使用它。大量的数据通过网络传输,以降低采购过程中劳动力、印刷和邮寄所需的费用。有数据表明,全球范围内在专用网上利用 EDI 进行的商务活动价值超过 1500 亿美元。据统计,利用 EDI 的企业一般可以节省 5%~10% 的采购费用。

但是专用网的接入与使用成本较高,使得中小企业难以承受。相对于专用网,互联网的信息传输费用极其低廉,因此,基于互联网的 EDI 不仅使大企业在采购过程中所需要的费用大大降低,而且使中小企业也可以通过 EDI 进行采购。另外,由于接入互联网的企业众多,所以采用网上招标,可以寻求更理想的供应商,以尽可能低的价格完成物资和劳务的采购。总之,基于互联网的网上采购在降低采购费用方面的优势是显而易见的。

案例 2-2

通用电气公司的电子采购

通用电气公司照明设备分部的工厂为购买低价值的机器零件,每天要向公司资源部送交数百份定额申请单。资源部对于每份定额申请单都要向仓库索取其必须附带的图纸,从库房里查出,带回来,照相复制、打包,与定额申请单一起附加到出库表上,装进信封寄出。该过程至少需要 7 天,既烦琐又费时。

资源部一般一次只能向 2~3 家供应商发出招标信。1996 年,通用电气公司照明设备分部试用了公司第一个联机采购系统,这是通用电气公司信息服务部开发的一个外部网。之后,资源部可以从其内部网接收电子定额申请单,然后通过互联网向全世界的供应商招标。该系统自动地调出图表,并把它们附在电子调配表上。在资源部开始这一过程的两个小时内,供应商将通过电子邮件、传真或电子数据交换系统收到发来的定额申请单。通用电气公司可以在接到投标的当天对其进行评估并做出决定。

据通用电气公司宣称,该分部采购费用已下降了 30%,60% 的采购人员已被重新安置工作,资源部每月至少可增加 6~8 个额外的工作日用于采购政策研究,而不再去做文字处理、照相复印、装信封等在人工处理时必须做的工作。由于可以接触更广泛的联机供应商,引起更大的竞争而压低价格,材料费用下降高达 20%。

2. 降低企业库存成本

企业的各种成本中,库存成本占据不容忽视的比例。企业的库存成本包括仓库场地占用费、建造费、维护费、仓库保管人员的工资,以及存货的毁损、变质损失等。另外,无论是生产材料还是产品的大量库存都将占用企业大量资金,这笔资金不能周转使用,其中支付的利息也增加了企业的成本。因此,减少库存以至实现无库存是企业降低成本必不可少的措施,也是企业管理中的重要目标。但在传统的交易模式下,企业的无库存生产只能是一个梦想,而电子商务使得这个梦想成为现实。

(1) 电子商务实现原材料无库存。

为了实现企业的原材料无库存,企业必须对供应商的生产周期、接受紧急订货的能力、管理情况,以及对其他客户的服务、供应情况等了如指掌。所有这些信息都可以通过访问网络上各个供应商的网站和电子公告牌获取。由于互联网全天 24 小时连通，可以随时访问供应商的网站，而且网上信息传输速度非常快，并可与供应商进行即时的信息交流，所以企业可以根据每天的生产量来确定每天的原材料需求量。供应商则按质按量安排物流配送中心及时将原材料送至生产企业。

(2) 电子商务实现产成品无库存。

产成品无库存是指生产出来的产品不需要存储到仓库而直接到达客户手中。这是一种很理想的状态，同时是一种难度相当大、精确性非常高的生产组织方式。按照生产是在接到用户订单之前还是之后开始，可将生产方式分为备货生产和订单生产。

① 备货生产是根据市场需求预测来制订生产计划，在接到用户订单之前生产产品。生产过程管理的重点是提高预测的准确性和确定合理的产成品库存，必须按"量"组织生产过程环节的衔接与平衡。在备货生产方式下，企业必须很好地进行市场调查和预测，才能降低产品成本，加快资金周转，提高企业经济效益。

② 订单生产是企业在接到用户订单之后才开始生产产品，其主要特征是产品为专门的用户生产。在保证产品质量的前提下，准时交货是其生产过程管理的重点，必须按"期"组织生产过程各个环节的衔接和平衡。订单生产的关键是应用网络信息技术，收集客户需求的产品信息，并将其传送到自动化生产线上，形成生产控制指令，从而最大限度地满足用户的需求，提高企业的竞争优势。

3. 缩短产品生产周期，降低资金周转成本

产品的生产周期是企业制造产品所需的总时间。电子商务活动可以使生产周期缩短，从而以同等的或较低的费用生产更多的产品。

以美国汽车制造业为例。20 世纪 80 年代初，设计制造一款新型汽车，从提出方案到批量生产，美国汽车制造公司一般需要 4~6 年。首先，制造全尺寸的黏土模型，以便了解汽车真正生产出来后会是什么模样，对模型的具体修改需要几个月时间。方案一经批准，将手工制造一辆或几辆样车，看各部分组合是否准确，汽车是否经济实用。工程师与样车制造者一起细化工程指标。样车造好后，工程师设计组件并设计制造这些组件所需的工具。然后，采购部门将与供应商联系，生产这些工具和部件的样品，以组建试制生产线和组装试样车。如果一切进展顺利，制造工程小组接着将组装汽车，以发现组装中的问题。最后，做一些附加的改进之后，汽车将批量生产。

而在今天，所有涉及设计新型汽车的人员(包括设计师、工程师和制造与组装人员)都将作为工程小组的一部分，将原来的串行工程转变为并行工程，通过计算机软件的帮助，过去需几周或几个月完成的工作，现在几天就可以完成。靠电子化分享信息可使小组中的不同成员为各自的目标同时工作，而不用等所有成员都完成了前一步再进行下一步工作。通过使用计算机辅助设计、计算机辅助制造和计算机辅助工程技术，整个工程小组都可以分享计算机文档和使用三维建模技术来设计汽车，并观察没有实物样件的虚拟零件和装配情况。组件的改变可以在不制造工具和部件的样品的情况下进行。最终设计得到批准后，计算机辅助制造软件将数据输入制造工具和样件的机器中。同样的技术也可用在对类似设备的重新布局和装备上，一起工作并分享电子化信息，这使研制和制造新型汽车的时间缩短了 30 个月左右。

4. 降低营销成本

现代企业市场营销活动包括市场需求预测、新产品开发、定价、分销、物流、广告、推销、促销、售后服务等。在当今企业竞争日趋激烈的条件下，越来越多的企业认识到市场营销对企业生存、发展的决定性作用。因此，为了取得竞争优势，企业在市场营销上不得不投入大量的人力、物力和财力。从企业市场营销的各个环节分析可以看出，大量的工作是收集企业所需的信息，如消费者需求变化、对未来产品的期望、现行营销策略的反应等，以及其他企业的产品、生产信息和营销策略等，并尽可能广泛地宣传自己的产品和服务。因此，电子商务对于降低营销成本有着直接且明显的作用。企业在互联网上建立自己的商业网站，通过网站可以发布企业的各种信息，如产品的广告、新产品的开发设想、销售策略、服务承诺、产品知识宣传、企业业绩报告等；通过商业网站，企业可以广泛地与大众交流，获取他们对产品、服务、营销策略的意见，以及对新产品的建议和对产品定价的看法等，从而对企业的营销策略加以调整。

目前互联网的上网费用和建立网站的费用已经相当便宜，所以与花大量资金做广告、开产品展销会、派推销人员到处推销产品等的传统市场营销方式相比大大降低了费用开支，营销成本大为降低。而随着移动互联网通信速度的提高，5G的普遍使用，智能手机的普及，让营销变得随时随地均可进行。

 案例 2-3

维也纳酒店的微信订房

"维也纳"是全国中档连锁酒店知名品牌，其开发的微信订房系统与官网订房系统相通，除了可以直接进行酒店房间预订，客人还可以通过微信平台进行积分、订单、酒店优惠信息的查询。预订完成后，手机会立即收到订房通知信息，订房各环节实现信息一体化和智能化，移动便捷。

资料来源：搜狐网。

5. 降低企业组织管理费用

(1) 利用互联网可以降低交通和通信费用。

对于一些业务涉及全球公司的，其业务人员和管理人员必须与各地业务相关者保持密切联系，许多跨国公司的总裁有 1/3 时间是在飞机上度过的，因为他们必须不停地在世界各地视察以便了解业务进展情况。现在利用互联网可以很好地解决这个问题，通过网络沟通工具，如 E-mail、网络电话、网络会议等就可以进行国际沟通。据统计，互联网出现后可使企业减少约 30%的交通和通信费用。

(2) 降低人工费用。

传统管理过程中许多由人处理的业务都可以通过计算机和互联网自动完成。例如，美国的戴尔公司最开始的直销是通过电话和邮寄方式，后来用户可以通过互联网在线自助选择配置和下订单，这样带来的效益是非常明显的。用户不但可以在网上选购，戴尔公司也无须雇用大量的电话服务员来接受用户的电话订单，从而避免了电话订单中许多无法明确的因素，在大大提高效率的同时降低了人工费用，也减少了人为因素造成的损失。

(3) 降低企业管理费用。

借助互联网实现企业管理的信息化、网络化,可以大大降低固定资产投入,减少员工工资、日常管理等管理费用的支出,从而节省大量资金。

(4) 降低办公室租金。

通过互联网,许多商业企业可以实现无实体店经营,生产型企业可以实现无厂房经营。亚马逊的网上书店就是一个典型例子。由于业务是通过网上来完成的,因此无须租用昂贵的办公场所。借助互联网,企业可以把办公场地从城市繁华中心搬到郊区,既避免了市区的交通拥挤,又可以在优美的环境下工作。对于生产型企业,通过互联网可以将其产品配件发包给其他的企业生产,减少人工费用支出和固定办公费用。

由此可见,电子商务是帮助企业实现成本优势的重要途径。

2.2.3 实现差异化战略,提高顾客满意度

利用电子商务,企业可以为顾客提供定制营销,最大限度地细分市场并满足市场上每一个顾客的个性化需求。例如,戴尔公司为最大限度满足顾客的定制需要,允许顾客根据自己的偏好自行选择电脑配件组装自己满意的电脑,顾客只需根据网站提示选择电脑配置,确定后订单将自动生成,顾客付款后等待送货上门即可。

1. 个性化消费趋势促使企业采用差异化战略

电子商务是一种以消费者为导向,强调个性化的营销方式。消费者拥有比过去更大的选择自由,他们可根据自己的个性特点和需求在全球范围内寻找满意的产品,并可获取产品更多的相关信息,使购物更具个性化。这种个性化消费的发展将促使企业重新考虑其营销战略,以消费者的个性需求作为提供产品及服务的出发点。此外,随着计算机辅助设计、人工智能、遥感和遥控技术的进步,现代企业将具备以较低成本进行多品种、小批量生产的能力,该能力的增强为个性化营销奠定了基础。

案例 2-4

埃沃定制男装

埃沃定制男装的创始人何冠斌注意到,大部分中国男性白领并不需要复杂的个性化定制。为此,他们把一件衬衫分解为领口、袖子、版身、后摆等部分,按照流行趋势在每个部分中推出不同样式供顾客选择和组合。此外,埃沃还把定制所需的复杂信息做了简化。例如,定制衬衫时,顾客只需回答身高等几个关于体型的问题,定制系统就会基于存储的会员数据,自动生成匹配准确率达90%的定制信息,这样前期定制即基本完成。在后端与供应商衔接时,埃沃的定制系统会把每个部分的尺寸、用料信息发给供应商,供应商接到订单信息后,采用相应的原料即可生产。如今,在埃沃定制一件衬衫只需一周。

电子商务具有极强的互动性。传统的营销管理强调"4P"(Product,Price,Place,Promotion,产品、价格、渠道和促销)组合,现代营销管理则追求"4C"(Consumer,Cost,Convenience,Communication,顾客、成本、方便和沟通)营销理念,在产品的设计阶段就开始充分考虑顾客的需求和意愿。在传统商务中,顾客与企业之间缺乏合适的沟通渠道或

沟通成本过高，顾客一般只能针对现有产品提出建议或批评，对尚处于概念阶段的产品则难以涉足。而在网络环境下，顾客则有机会对产品从设计到定价和服务等一系列问题发表意见。这种双向互动的沟通方式提高了顾客的参与度，让企业营销决策有的放矢，从根本上提高顾客满意度。例如，波音公司产品的使用者有许多是各个航空公司的机械师，他们可以不必通过供应部门，而是直接到波音公司的网站上寻找合适的零部件，波音公司可以及时了解直接使用者的反馈信息，进而改进产品满足客户需求。

2. 全面的交流和反馈提高了顾客满意度

互联网帮助企业提高通信速度，增强信息交流，为企业和顾客之间的沟通提供了良好的基础。在现代商场中，良好的顾客关系与企业的成败休戚相关。谁能抓住顾客，及时把握顾客最新动向信息，谁就能够获得商机。从最基本的角度来看，双向互动的信息交流，改变了企业和顾客之间的关系，企业既是信息获取者，也是信息提供者。但是聪明的企业不止于此，它们通过网络站点提供一对一的服务，针对不同顾客的购物需求呈现不同的内容，协助顾客选择最适合的产品，并提醒顾客可能会有感兴趣的产品正在特卖。同时网络站点不分昼夜地提供全天候的技术支持来回答顾客的问题，提供全天候服务，没有休息时间，等于延长了营业时间，极大地方便了顾客，也使访问人数大大增加，无形中也增加了潜在的顾客。

2.2.4　电子商务帮助企业获得创新战略

1. 发展新的市场机会

网络突破了时间、地域的界限，使得拓展全球市场更加便捷。

首先，企业利用互联网可以突破时间限制和地理位置分割，吸引更多的顾客，同时可以实行"7/24"(每周 7 天，每天 24 小时)促销模式。例如，亚马逊的网上书店，利用互联网很轻松地将其市场拓展到世界任何一个可以接入互联网的地方。而全球第一大零售商沃尔玛要想拓展全球市场，就必须投入大量资金进行选择店址、装修店面、建立网络，以及培训员工等准备工作，然后才能正式营业，并且风险巨大，因为一旦市场开发不成功将很难从市场中退出。

其次，吸引新顾客。作为新的营销渠道，互联网对企业传统的营销渠道是一个重要补充，它可以吸引那些在传统营销渠道中无法顾及的顾客到网上购买。由于网上购买更为方便快捷，而且不受时间和地理位置的限制，对那些在传统营销渠道中受到限制，但又很喜欢企业产品的顾客无疑可以增加吸引力。例如，从戴尔公司网站购买电脑的 80% 的顾客和一半以上的小公司以前从来没有购买过戴尔公司的产品。据调查，其中 1/4 的人认为，如果没有戴尔公司的直销网站，他们就不会有这样的消费行为。

2. 开拓新产品市场

利用电子商务，企业可以与顾客进行交互式沟通，顾客可以根据自身需要对企业提出新的要求和服务需求，企业可以及时根据自身情况针对消费者需求开发新产品或提供新服务。例如，亚马逊根据顾客的需求，很快将网上书店的商品从书籍扩展到音像制品和玩具等新的产品。

3. 提高新产品开发和服务能力

公司开展电子商务，可以在与顾客的交互过程中了解顾客需求，甚至由顾客直接提出需求，因此很容易确定顾客要求的特征、功能、应用、特点和收益。在许多工业品市场中，最成功的新产品开发往往是由那些与公司相联系的潜在顾客提出的。因此，通过网络数据库营销更容易直接与顾客进行交互式沟通，更容易产生新产品概念，这就克服了传统市场调研中的滞后性、被动性和片面性，以及很难有效识别市场需求而且成本高等缺陷。对于现有产品，通过电子商务可以容易地获取顾客对产品的评价和意见，让企业更好地对产品进行改进和换代。目前，有很多大公司开始实行电子商务，数据库产品的开发研制和服务市场规模也越来越大。公司根据客户要求设计生产，一方面满足顾客不同层次的需求；另一方面公司同时获得了许多市场上对新产品需求的新概念。在服务方面，美国联邦快递公司，通过互联网让用户查询了解其邮寄物品的运送情况，让用户足不出户就可以享受公司提供的服务，公司也因此省去了许多接待咨询的费用，可谓一举两得。

案例 2-5

线上+低价+社交：瑞幸咖啡打造专业咖啡新鲜式

瑞幸咖啡(Luckin Coffee)是由原神州优车集团运营总监钱治亚于2017年10月创建的国内新兴咖啡品牌，于2018年1月开始试运营。针对国内咖啡价格高、购买不便等行业痛点，瑞幸咖啡凭借优选的产品原料、精湛的咖啡工艺、领先的移动互联网技术，为消费者提供线上优惠下单，线下10分钟自提或商家30分钟内配送的服务，致力于成为中国领先的高品质咖啡品牌和专业化的咖啡服务提供商。2018年12月，瑞幸咖啡完成2亿美元的B轮融资，融资后估值达22亿美元。

截至2018年年底，瑞幸咖啡在全国22个城市建立了2073家直营门店，销售量达8968万杯，其中自提占比61%，用户年龄集中于26～35岁，占比71.16%，3个月复购率大于50%。北京、上海、广州、深圳用户占比49.32%，实现一线城市核心区域全覆盖。

瑞幸咖啡提出"做每个人都喝得起、喝得到的好咖啡"，推出价格在20～30元的专业咖啡，甚至在优惠力度下实现个位数单价，在提供优选的产品原料、优质的咖啡工艺的同时，满足高、中、低三端消费者的咖啡需求。通过采用线上运营的推广模式，将咖啡从重资产转为相对轻资产的互联网业务。在改变咖啡的消费模式的同时，实现店铺绩效的提升，降低边际成本，并进一步突破场景边界，深度挖掘居民咖啡消费增量需求，实现交易倍增。充分发挥咖啡作为高品位社交工具的功能，以存量带动增量，实现低成本获客。

资料来源：中信证券研究发展部。

4. 新的经营模式形成

电子商务下，企业还可以形成创新经营模式，如网络银行和虚拟企业等。

案例 2-6

安全第一网络银行

1995年10月18日，安全第一网络银行(Security First Network Bank，SFNB)作为世界上第一家网络银行对公众开放。迄今为止，SFNB可以算得上是最成功的网络银行，已成为网络银行的典范。与传统银行相比，SFNB缺乏分支机构的支持。SFNB的做法是：给客户提供一种新型的金融服务支持模型，并且证明这种新的营销渠道使得网络银行比传统的银行更易访问、更加个性化。SFNB通过真实的、活生生的客户服务代表来提供每周7天、每天24小时的客户支持，从而通过互联网与客户建立近乎亲密和私人的关系。可以在线获取每个客户代表的照片和简历，从而使客户感受到这一切并不虚无缥缈。事实上，很多客户与特定的客户服务代表建立了联系。通过互联网，客户服务代表可以为更多的客户提供更好的定制服务。而随着互动视频技术等新技术的广泛使用，客户服务代表和客户之间的关系会得到进一步的加强。

网络银行业务诞生之初，多数人对其安全性持怀疑态度，绝大多数客户往往最初只维持较少的账户金额。SFNB向客户提供免费的基本支票账户，从而使客户能够在毫无风险的情况下尝试网络银行，以此来推动这一试验阶段的进展，并吸引更多的客户来尝试网络银行业务。SFNB甚至建议客户保留开设在其他金融机构的账户，直到他们完全适应这种新形式的银行模式。事实上，在2～4个月的销售周期中，客户通常会存入100美元(开户的最低要求)并支付一些账单。一旦他们认识到这种做法是多么容易，很多客户就建立了直接存款账户，把SFNB作为他们首选的金融机构，并开始使用各种不同的账户服务。目前，国内的招商银行也采用了类似的营销手段，而且其"一卡通"的最低开户要求仅为1元人民币。

通过技术手段与客户保持密切联系，为客户提供个性化服务。通过现代技术手段，SFNB不仅为客户提供了"3A"(Anytime, Anywhere, Anyhow, 任何时间、任何地点、任何方式)服务，而且还创造性地开拓了一些与客户进行联系的营销渠道。例如，在SFNB的网站上有一个常设栏目，称为"来自保管库的故事"。该栏目为客户提供了有关个人财务管理的有用信息，其中包括不收费的ATM列表(位于美国各地的客户可以不断地更新该列表)。该栏目还关注个体客户，并且讨论网络银行为他们提供服务的不同方式。另外，SFNB的工作人员还定期给客户发送有关新特色、新功能和新产品的电子邮件。正是通过这些创新性的营销手段，SFNB与客户保持着良好的关系，客户也乐意向SFNB反馈自己的意见和建议。这样，SFNB可以更方便地为客户提供更具个性化的服务。

资料来源：夏智灵，周伟，2001. 安全第一网络银行(SFNB)的营销策略分析[J]. 新金融(6), 30-31.

虚拟企业(Virtual Enterprise)的创新经营模式也被许多企业广泛采用。最为典型的是耐克公司，公司自身仅负责设计和品牌管理，全部产品的生产和销售等环节都由其他企业在电子商务等相关技术帮助下完成。

2.2.5 核心竞争力重新定位，协作型竞争模式形成

1. 核心竞争力重新定位

虽然信息技术使用成本日渐下降，但设计和建立一个有效和完善的电子商务系统是一个长期的系统性工程，需要投入大量的人力、物力和财力。因此，一旦某个公司已经建立了有效的电子商务系统，竞争者就很难进入该公司的目标市场。这是因为，竞争者要花费相当高的成本在相当短的时间内建立类似的数据库，而这几乎是不可能的。从某种意义上

说，电子商务系统成为公司难以模仿的核心竞争力和可以获取收益的无形资产。这也正是为什么技术力量非常雄厚的康柏公司没能建立起类似戴尔公司的网上直销系统的缘故。与此同时，建立完善的电子商务系统还需要企业从组织、管理和生产上进行配合。

这些优势将对企业竞争战略产生重大影响，表现在企业的核心竞争力需要重新定位。随着互联网的发展，知识共享已经成为趋势，技术、专利、产品将不再是企业的核心竞争力。思科公司总裁曾说，将来谁能留住客户，谁就能占领市场。顾客忠诚度成为企业应优先考虑的问题。企业要从产品管理向顾客管理转变。

2. 协作型竞争模式形成

企业的战略竞争方式也在发生转变，协作型竞争模式形成。

互联网有一种"十倍速"力量，它改变了市场运作形态，改变了市场竞争游戏规则。互联网作为一种自由的、开放的、平等的和近乎免费的信息传输和双向沟通渠道，它突破了信息沟通的时空障碍和技术障碍，使得全球任何一个地方的人或企业，都可以平等自由地利用互联网与世界上其他任何一个地方的人或企业进行沟通，迫使许多企业改变传统已经获得成功的对抗式竞争方式，转而寻求合作伙伴以便在共同承担风险的同时求得共同发展，协作型竞争模式将成为网络经济时代的新竞争形态。

案例 2-7

航空公司的 B2B 协作

加拿大航空、全日空、美国西部航空、中国香港国泰航空、联邦快递、日本航空、德国汉莎航空、美国西北航空、斯堪的纳维亚航空、新加坡航空、新西兰航空、奥地利航空、荷兰皇家航空共 13 家航空公司宣布，将共建 B2B 交易中心(Aeroxchang)面向全球各地的民航公司、航材制造商、服务商进行各种民航客机与货机零部件、相关技术、服务的交易，每年预计能处理 450 亿美元的业务。通过在线交易方式，这些航空业巨头不仅能够以更快、更经济的方式购买到器材与服务，还可以依托该电子商务平台开展相互之间的租赁业务，最大限度地降低库存，为航空公司建立起完善的供应链。

2.3 电子商务组织结构与管理机制的影响

2.3.1 企业组织结构向网络化和扁平化发展

电子商务环境下，企业的组织结构正从原来层次的指令控制结构向基于信息的扁平化结构转变。

在以往的组织设计中，无论是直线职能的组织结构，还是事业部或矩阵的组织结构，人们都会非常重视管理幅度与管理层次的协调。管理幅度的大小，也是企业会采用哪种组织结构来管理的重要决定因素；而在决定管理幅度大小的因素中，重要的一点是工作条件与环境，即企业的信息化程度，管理者是否需要花费太多的精力在信息收集与管理控制上。企业越向全球化发展，这一问题就越重要。机构臃肿是任何企业都不愿看到的。

电子商务带来的组织结构改变

基于互联网技术的信息化建设，成功地解决了这一问题。信息处理速度与效率的提高，也提高了决策的正确度与速度，信息的广泛采集与传递通畅又克服了信息传递不畅的弊端，为企业组织的扁平化发展提供了条件。

在电子商务条件下，企业组织信息传递的方式由单向的"一对多"式向双向的"多对多"式转换。"一对多"式单向为主的信息传递方式形成了"金字塔"式的组织结构，这种组织结构类似于金字塔的垂直结构。这种结构既造成了部门的分割和层级，又容易形成官僚主义，在信息时代迅速变化的市场面前，充分暴露出其周转不灵的弊病。参与电子商务的企业为适应双向的"多对多"式的信息传递方式，其垂直的层级结构将演变为水平的结构形式。利用企业的内部网、数据库，所有部门和其他各方都可以通过网络进行直接快捷的交流，管理人员之间相互沟通的机会大大增加，组织结构逐步倾向于分布化和网络化；这种模式使得中间管理人员获得更多的直接信息，提高了他们在企业决策中的作用，由共同利益驱动的决策过程使员工的参与感和决策能力得以提高，从而提高了整个企业的决策水平。

  案例 2-8

华为的员工在线报销流程

在华为，员工报销费用时可能既见不着会计人员，也见不着出纳。华为实现了费用报销在线流程化处理。

十几年前，智能手机尚未普及，华为就已在互联网上开发了费用报销系统。只要在能上网的地方，华为员工就能登录系统填写费用报销单，填写完毕后费用报销系统会自动提交领导审批。

以员工报销差旅费为例。首先上网填报费用报销信息，信息流转到主管处；主管需确认差旅事项的真实性及费用的合理性；主管确认后，再由上级领导审批。同时，报销人员需将费用报销单打印出来，附上相应发票，提交给部门秘书，秘书会集中将部门的费用报销单快递至财务共享中心。财务共享中心签收后，出纳会集中打款，这时，整个报销流程结束，剩下的就是会计做账了。

华为财务对几个环节进行了优化。审批环节，由电子审批代替人工审批；单据流转环节，实现集中快递处理；付款环节，系统批量处理代替了逐笔打款；账务处理环节，由系统自动处理代替手工录入。华为的财务总监孟晚舟女士在 2017 年的新年致辞《却顾所来径，苍苍横翠微》中提到，在会计核算领域，我们积极尝试自动化、智能化，将标准业务场景的会计核算工作交给机器完成。

资料来源：搜狐新闻。

2.3.2 企业组织形式变化产生虚拟企业

以互联网为基础的电子商务对企业传统的组织形式带来很大的冲击。它打破了传统职能部门依赖于通过分工与协作完成整个工作的过程，产生了并行工程的思想。除了市场部和销售部与客户直接打交道外，企业的其他部门也可以通过电子商务网络与客户频繁接触，从而改变了过去其与客户难有接触的状况。在电子商务条件下，企业组织单元间的传统边界被打破，生产组织形式将重新整合，开始建立一种直接服务顾客的工作组。这种工作组与市场直接接轨，以市场最终效果衡量自己生产流程的组织状况和各个组织单元间协作的好坏。这种生产组织中的管理者、技术人员及其他组织成员比较容易打破相互之间原有的壁垒，广泛进行交流，共享信息资源，减少内部摩擦，提高工作效率。

由于电子商务的推行，企业的经营活动打破了时间和空间的限制，将会导致一种完全新型的企业组织形式——虚拟企业的出现。这种虚拟企业打破了企业之间、产业之间、地区之间的界限，把现有资源优化组合成为一种没有围墙、超越时空约束、利用电子手段联系、统一指挥的经营实体。虚拟企业可以是一个企业的某几种要素的重新组合，也可以是一个企业的某一种或几种要素与其他企业系统中某一种或几种要素的重新组合。虚拟企业一改我们习惯了的刚性组织结构，通过柔性化的网络把各种资源联系起来，组成跨职能的团队，真正实现员工优化。由于建立虚拟企业更多地依靠人员的知识和才干，而不是他们的职能，因此，虚拟企业的管理也由原来的"控制"转向"支持"，由"监视"转向"激励"，由"命令"转向"指导"。

2.3.3 电子商务对管理机制的影响

电子商务对企业人力资源管理、营销管理、生产管理、财务管理、战略管理等各个方面都带来了深刻的变化。

1. 电子商务改变了企业运作方式

电子商务以数字化网络和设备替代了传统的纸介质，部分或全部实现了商务解决方案的全过程，从而带来了一种新的贸易服务方式。这种方式突破了传统企业中以单向物流为主的运作格局，实现了以物流为依据、信息流为核心的全新运作方式，包括进口代理、报关、商检、运输等为内容的物流，作为整套服务体系的载体，通过网络提供给企业。商品信息咨询、市场分析、进口产品的保税展示和仓储、网上推销与广告宣传等服务也不断向网民提供，从而在世界各地建立代理销售网络、为制造商与贸易商提供商机，寻找买主，撮合成交，并提供成交后的进出口服务，在这种新型的运作方式下，企业的信息化水平将直接影响企业供销链的有效建立，进而影响企业的竞争力。这就需要企业对现有业务流程进行重组，加强信息化建设和管理水平，从而适应电子商务发展的需要。

案例 2-9

C2M 的组织流程改造

红领是中国高档西服定制品牌，始创于 1995 年，以量体定制为核心业务。红领基于服装版型、款式、工艺、BOM(Bill of Material，物料清单)四个数据库，在"互联网+大数据"驱动下，让流水作业也可以进行大规模个性化产品创造，实现生产的数字化转型，打造 C2M(Customer to Manufacturer，用户直连制造)商业生态。当然除了对工厂端进行个性化改造外，还需对企业组织架构进行改造，打破传统组织架构，去领导化、去部门、去审批、自组织，实现管理的数字化转型。

资料来源：红领品牌官网。

2. 电子商务改变了企业的人力资源管理模式

电子商务模式下，人们的工作时间更有弹性，工作场合不受限制，员工更依赖自身的知识和智慧、创造力，这就需要企业建立一系列新观念、新制度进行人力资源的开拓，进行人力资本的投入和增值，实现"真正个人化管理"。

在人力资源管理的人员招聘方面，网络和电子商务技术已经被普遍采用，企业招聘员工不再采用传统的到人才市场"摆摊"的模式，而是首先会在企业的内部网和外部的互联网中发布招聘信息；求职者也不需要投递纸质简历，而只需发送电子邮件投递简历，有的公司甚至不再接收邮件简历，而让求职者通过网络的 Web 页面直接填写并提交简历，这些数据可以立即保存在企业的人才数据库中。

在企业员工培训环节，网络课程、远程教育等不断被企业所采用。一些跨国公司对员工的培训涉及范围很大、类型很多，因此为节约成本，许多公司都采用远程培训的方式。

网络和电子商务技术在人力资源管理方面的应用还有许多，这些应用使得人力资源部门的员工可以从日常的琐事中脱身，从而将主要的精力投入到为企业长远发展所需的人才规划方面的工作中，也提高了人力资源部门在企业中的地位和作用。

2.3.4 电子商务改变了企业营销理念

电子商务使顾客在整个营销过程中的地位得到提高，顾客可以直接与产品生产或服务提供者进行沟通，可以参与营销活动，可以主动选择甚至定制产品，为此营销策略都要从消费者的角度出发，从以产品为中心的 4P 营销策略，改为以顾客为中心的 4C 营销策略。

传统企业通过 4P 要素的组合营销策略提高市场占有率，通过树立企业形象、提高品牌知名度、不断改进产品质量，企业在尽可能广的地理区域通过市场细分的方式满足不同需求的用户从而占领市场。这种传统的市场营销运作方式对于其他新的竞争企业产生了很大的进入障碍。在工业经济的发展历程中，企业激烈竞争的结果是群雄割据，几乎每个行业都出现了垄断。而新竞争者只能以弱小的地位在剩余不多的零星市场中分得"一杯羹"。网络的出现改变了原有的市场空间，新的电子商务模式使传统企业面临一个全新的网络市场，对每一个企业来说都是一个极大的挑战。

电子商务改变了企业的传统营销理念。电子商务要求把消费者整合到整个营销过程中，企业必须严格地执行以消费者需求为出发点，以满足消费者需求为归宿点的现代市场营销思想，否则就难以在竞争中取胜。从消费者的需求出发开始营销，在营销过程中，要不断地与消费者交流，每一个新产品开发必须以消费者需求为前提，产品的定价以消费者能接受为准，对分销渠道的设置以方便消费者为准，改变传统的"推"式促销为"拉"式沟通策略，从而最终实现消费者需求的满足和企业利润的最大化。

综上所述，电子商务不仅是一种技术变革，它带来了一种通过技术的辅助、引导、支持来实现的前所未有的商务经济往来方式，是商务活动本身发生的根本性革命。对企业而言，电子商务不仅是一种贸易的新形式，从其本质上说，电子商务应该是一种企业业务转型，从而引起企业多方面的重大变革。

2.4 电子商务对政策的影响

2.4.1 电子商务对税收政策的影响

电子商务对国民经济信息化的影响是促进了信息设备建设、软件和相关信息服务的发展；促进了信息基础设施的建设与完善；促进了电信网、计算机网、广播电视网的一体化；促进了信息产业与金融、证券、教育、医疗等相关产业的融合，因而必然对税收等政策产生影响。

1. 电子商务对税收管辖权概念的冲击

税收管辖权是国际税收的基本范畴，如何选择和确定税收管辖权，是国际税收中最重要的问题，也是涉外税收建设中的核心问题。

互联网贸易的发展必将弱化来源地税收管辖权。一国企业利用互联网在他国开展贸易活动时，常常只需要装有事先核准软件的智能服务器便可以买卖数字化产品，服务器的营业范围很难被分类统计，商品谁买谁卖也很难认定。另外，电子商务的出现使得服务也突破了地域限制，因此，各国对于服务所得来源地的判断发生了争议。

2. 电子商务对税务处理的冲击

由于征税对象的性质和数量难以确定，导致税务处理混乱。多数国家的税法都是对有形商品的销售、劳务的提供和无形资产的使用做了比较严格的区分，并且制定了不同的课税规定。但电子商务中许多商品或劳务是以"数字化信息"的形式通过电子传递来实现转化的，而数字化的信息具有易被复制和下载的特性。所以，它模糊了有形商品、无形劳务和特许权之间的界限，使得有关税务机构很难确认一项所得究竟是销售商品所得、提供劳务所得还是特许权使用费，这将导致税务处理混乱，并会因不知其适用哪种税种而无从下手。

3. 电子商务对现行税收征管的冲击

(1) 由于现行的税务登记方法对电子商务无法使用，导致其税源失控。现行税务登记方法的基础是工商登记，但信息网络交易经营范围是不固定的，不需要事先经过工商部门的批准。因此，现行的有形贸易登记方法不再适用电子商务。

(2) 课税凭证的电子化、无纸化，加大了税收征管和稽查的难度。对传统商务活动征税是以审查企业的账册凭证为基础，并以此作为课税依据。而在电子商务活动中，纳税人交易信息电子化，账簿和记账凭证是以数字形式存在的，而且这种网上凭证的数字化又具有随时被修改而不留痕迹的可能，这将使税收征管失去了可靠的审计基础，使税务机关面临如何确保应纳税额及时、足额入库的新问题。因此，税务机关对可能存在的税收违法行为很难做出准确的定性处理。

(3) 增加了避税的可能性。由于网络传输的快捷，关联企业的各成员在对待特定商品的生产和销售上拥有更充裕的筹措时间。关联企业可以快捷地在各成员之间有目的地调整收入，分摊成本费用，轻而易举地转让定价，逃避税款，以达到整个企业的利益最大化。

2.4.2 电子商务对货币政策的影响

1. 货币电子化对监管的挑战

电子商务要求货币电子化，这将对货币政策产生重大影响。电子货币主要被设计用来替代有形货币，而中央银行发行的有形货币是整个货币供给的一部分，因此对有形货币的影响会直接影响货币供给。

在货币需求方面，电子货币的发展会逐步减弱人们对有形货币的需求，有形货币的减少加快了货币的流通速度，根据货币数量理论，电子货币的替代作用使得利用有形货币进行交易的次数减少，因而对有形货币的需求减少。而电子货币在信用创造方面的作用，又使得对货币的需求处于不稳定状态，从而导致利率波动。根据凯恩斯货币需求理论，货币需求与利率直接相关，利率的波动反过来又导致货币需求的不稳定。这样，金融机构在通过影响利率而实施货币政策时，会由于一定的反作用而使利率的传导作用减弱，使依靠基础货币的货币政策效力不可避免地大打折扣。

可见，电子货币的发行在一定程度上脱离了中央银行的控制；同时电子货币的发行使有形货币的需求减少，减少了金融机构的有形货币发行数量，从而减少了金融机构的铸币收益。因此，中央银行不仅应当有效地控制电子货币的发行数量，还必须对电子货币的发行主体和电子货币的种类进行必要的限制。此外，要对发行电子货币的机构，特别是发行电子货币的非银行金融机构进行有效管理，必须将非银行金融机构与商业银行进行同等的控制与监管，对其发行的电子货币余额要求在中央银行存有相应规模的准备金，以便加强对货币供给的控制。当然，目前世界上发行电子货币的大多数国家对电子货币的发行机构没有额外的准备金要求，仍然按照现有金融业的规则进行管理。但从风险控制的角度来看，如果能够将电子货币与有形货币区分开来，分别制定各自的准备金率，则会更有利于中央银行货币政策的稳定。

2. 互联网金融对金融业的挑战

互联网金融是指借助互联网技术、移动通信技术，实现资金融通、支付和信息中介等业务的新兴金融模式。它包括三种基本的企业组织形式：网络小贷公司、第三方支付公司及金融中介公司。当前商业银行普遍推广的电子银行、网上银行、手机银行等也属于此类范畴。

目前在全球范围内，互联网金融已经出现了以下重要的发展趋势。

(1) 移动支付替代传统支付业务。

随着移动通信设备的渗透率超过正规金融机构的网点或自助设备，以及移动通信、互联网和金融的结合，据全球移动通信系统协会发布的2018年全球移动支付行业报告，2018年移动支付行业每天处理价值13亿美元的交易，数字交易的价值增长速度是现金交易速度的两倍以上，这表明现金在用户生活中的地位逐渐降低。传统的金融将更多地借助互联网和移动网络渠道为人们提供服务。

(2) 数字货币将逐渐取代传统货币。

数字货币是金融科技创新产物。据 Finbold 报告，截至 2021 年 12 月 31 日，全球加密货币种类达 8153 种。据 CoinGecko 报告，2020 年年底全球前九大去中心交易平台和前九大中心化交易平台交易总额由 2020 年年初的 1313 亿美元上升至 5347 亿美元。在比特币、以太坊等数字货币在全球不断流通发展的同时，各国央行也纷纷推出各国主权的央行数字货币，如巴哈马、柬埔寨等国已经发行了央行数字货币。中国的数字人民币 DCEP 已经在深圳、苏州、雄安、成都、北京、上海、长春等城市完成试点，目前正在继续有序扩大数字人民币试点范围。

(3) 众筹融资替代传统证券业务。

所谓众筹，就是集中大家的资金、能力和渠道，为小企业或个人进行某项活动提供必要的资金援助，是最近几年国外热门的创业方向之一。以 Kickstarter 为例，虽然它不是最早以众筹概念出现的网站，但却是最先做成的一家，曾被时代周刊评为最佳发明和最佳网站，进而成为"众筹"模式的代名词。2012 年，美国颁布《乔布斯法案》，允许小企业通过众筹融资获得股权资本，这使得众筹融资替代部分传统证券业务成为可能。

总之，在互联网金融模式下，支付便捷，市场信息不对称程度非常低，资金供需双方直接交易，不需要经过银行、券商和交易所等金融中介，这使得金融监管的难度和挑战变得更大。

案例 2-10

杭州已迈入"无现金社会"，上街"不用钱"！

不久前，杭州发生了一件令人啼笑皆非的"劫案"。凤起路上，两个流窜案犯连续偷了 4 家便利店。越偷越觉得"不对劲"，每家店的保险箱都空荡荡，所偷款项还不够往返杭州的车费。"为什么杭州的便利店里没有钱？"被抓进公安局的他们一头雾水。杭州市民给出了答案：杭州已迈入"无现金社会"，这里上街"不用钱"。衣食住行用手机就能搞定。

记者在杭州进行了一整天的体验。记者乘坐出租车结束后，拿出现金递给司机。谁知司机竟然婉拒了："能用支付宝或微信转给我吗？我没零钱找你。"他熟练地掏出手机打开了扫码页面。记者乘坐公交车，用手机在扫码器前一扫，就顺利完成了支付。在农副产品交易市场内，很多排列整齐的蔬菜摊位上，都挂着一个印有二维码的"小旗子"。大约 10 分钟时间里，23 个顾客都使用了手机支付，仅有两位老人买菜使用现金。在浙江省人民医院，记者发现很多人都在"自助结算一体机"上进行结算。页面里，除了现金支付、刷卡支付外，还有一项是支付宝支付。选择这一选项后，系统自动生成一个二维码，通过手机扫码，很轻松就支付了医疗费。

在手机普及的当下，移动支付成了越来越多杭州人的选择。几乎所有的出租车、便利店、餐饮门店都能使用支付宝收款。此外，杭州市民有 50 多项城市服务都可以通过支付宝进行缴纳，涵盖了水电煤气缴费、医院缴费、交通违章缴费等方方面面。"现在，杭州市民在线下要缴费的事项基本都能用手机支付来完成了。"蚂蚁金服公共服务事业部总经理刘晓捷说："可以说，杭州已成为全球最大的移动支付之城。"

资料来源：杭州网。

本章小结

电子商务从不同的角度影响了社会中的每个组织和个人,这些影响和变化还会越来越明显。无论是社会经济运行分析人员,还是企业管理人员,或者是政策制定者,甚至是每一个社会个体,都需要充分认识到这些影响及其带来的变化,并利用好这些影响和变化。

 **关键术语**

网络外部性(Network Externality)
波特五力模型(Porter's Five Forces Model)
虚拟企业(Virtual Enterprise)
长尾效应(Long Tail Effect)
六度分隔理论(Six Degrees of Separation)

 **案例研讨**

虚拟企业美特斯·邦威

美特斯·邦威始建于1994年,是以生产销售休闲系列服饰为主导产品的民营企业。1995年5月开设了第一家美特斯·邦威专卖店,当年全系统销售额500万元,2000年销售额达5.1亿元,2001年销售额8.7亿元,2002年突破15亿元,2003年全系统销售额突破20亿元,美特斯·邦威集团由此发展成为中国休闲服饰行业的龙头企业之一。

美特斯·邦威将生产等"非核心"业务通过"定牌"的方式外包给具有一定实力的加工厂,并掌握生产加工的主动权。企业先后将加工环节交由广东、上海、江苏等地的制造厂家,并和它们建立了长期的战略合作伙伴关系。这些企业具有年产系列休闲服饰1000多万件的能力。不仅为美特斯·邦威节约了两亿多元的生产基建投资和设备购置费用,而且充分发挥了其他加盟厂家的生产能力。

美特斯·邦威通过契约的方式,将特许经营权转让给加盟店。加盟店根据区域不同分别向美特斯·邦威交纳5万~35万元不等的特许经营费。这成为解决企业资金短缺、控制加盟店的持续经营的有力措施。如果这些专卖店都由企业自己投资建立,一方面需要较长的时间,另一方面需要大量资金。

生产与销售两大领域的外包,使企业得以省下大笔资金投入到高附加值的产品设计领域。设计对于服饰行业来说尤为重要,世界各大知名服装品牌无一不是源自独特的、受消费者欢迎的创意。1998年,美特斯·邦威在上海设立了设计中心,并与法国、意大利的知名设计师开展长期合作,把握潮流趋势,形成了自己"设计师+消费者"的独特设计理念,每年开发出新款服饰1000余种,其中约有50%正式投产上市,保证了良好的新产品开发实力。

"不走寻常路"是美特斯·邦威集团广为人知的宣传语。集团第一次扬名始于其制作的一件10米长的巨型风衣。它的问世引起了广泛关注,《东方时空》栏目都对其进行了10分钟的报道,此后,它就赢得了"风衣大王"的美誉,知名度大为提高。第二次成功的市场策划源于一个"红地毯创意"。1996年,美特斯·邦威在温州中心商业区五马街的专卖店开业,在整条街上铺上了红地毯,一时间成了市民谈论的热点,成功地为企业造势。

美特斯·邦威自 1996 年起，就投入了大量的资金和人力，根据企业实际需求建立了计算机信息网络管理系统，以便管理整个虚拟经营流程。其信息系统由三个子系统构成，一是制造系统，二是内部管理系统，三是销售系统。制造系统主要负责各个加工厂生产信息的收集与管理，借助企业内部管理系统，它能够与代理商和门店的销售系统进行信息交流，获得各类产品的实时销售信息，使得生产与市场需求紧密相连，从最大程度上减少库存。从现代物流管理的角度来看，美特斯·邦威的信息管理系统涵盖了从上游生产企业到下游销售商店的整个产品价值链。2001 年，美特斯·邦威成立了 ERP 项目小组，正式开始信息管理系统的升级，最后选择了思科公司作为其实现信息化的合作伙伴，选用了思科技术网络解决方案来构筑企业广域网系统。

如今，所有专卖店均已纳入企业内部的计算机网络，实现了新产品信息发布系统、电子订货系统、销售点系统的数据共享。总部能随时查阅每个专卖店的销售业绩，并且快速、全面、准确地掌握各种进货、销售、库存数据，在此基础上进行经营分析。并及时做出促销、配货、调货决策，对市场变化做出快速的反应，使得企业资源得到有效的利用，提高了企业的市场竞争力。流程网络化和智能化连网生产的效果在美特斯·邦威自身也得到非常好的体现。例如，传统的企业完成一个订单处理流程需要 10 天，而随着信息化建设的发展，1997 年美特斯·邦威完成同等行为仅需 2~3 天，2000 年以后则只需要 2 分钟，从订货到发货也仅需 1 周的时间。财务结算的变化更是惊人，以前需要 40 天才能完成的财务结算，如今实现了单人实时结算。

资料来源：舒成利，2006. 从美特斯·邦威的成功看企业的虚拟化经营[J]. 沿海企业与科技(1)，23-24.

案例思考：

1. 美特斯·邦威为什么可以将生产和销售业务外包？
2. 如果没有信息技术的支持，美特斯·邦威能否成功？为什么？

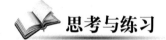

思考与练习

一、选择题

1. 腾讯 QQ 的用户不断增长，是因为(　　)的作用结果。
    A．正的网络外部性　　　　　　B．负的网络外部性
    C．直接网络外部性　　　　　　D．间接网络外部性
2. 网络产品往往表现出(　　)的规律。
    A．边际收益递减　　　　　　　B．边际收益不变
    C．边际收益递增　　　　　　　D．前面三种均有可能
3. 电子商务可以帮助实现企业的(　　)零库存。
    A．原材料　　　B．生产设备　　　C．半成品　　　D．成品
4. 电子商务可以帮助企业在(　　)进行创新。
    A．市场　　　　B．地域　　　　　C．服务　　　　D．经营模式
5. 电子交易的纳税具有(　　)的特点。
    A．电子化　　　B．无纸化　　　　C．征税成本高　D．避税可能性高

二、思考和讨论题

1. 什么是网络外部性？为什么会产生网络外部性？
2. 简述为什么会出现边际收益递增和规模收益递增的现象。
3. 简述波特五力模型的主要思想。
4. 联系实际分析电子商务如何降低成本。
5. 联系实际分析为什么电子商务的应用可以更好地实现差异化战略。

三、实践题

1. 用自身体验从专业角度来举例说明电子商务的正反馈效应。
2. 搜索并整理生产企业数字化转型的案例。

电子商务法律 第3章

学习目标

本章介绍电子商务法的概念、特点、地位与原则,以及电子商务基本法律和相关法律制度。通过本章的学习,能够系统地掌握电子商务法的基本理论、原则和内容,从而学会运用法律的武器来解决电子商务应用中遇到的实际问题。

教学要求

知识模块	知识单元	相关知识点
电子商务法概述	(1) 电子商务法的概念 (2) 电子商务法的调整对象与特征 (3) 电子商务法的基本原则	(1) 广义的电子商务法 (2) 狭义的电子商务法 (3) 电子商务法的特征 (4) 中立原则、自治原则与安全原则
国内外电子商务相关立法	(1) 国际电子商务立法 (2) 国内电子商务立法	(1) 电子商务发展与电子商务立法的互动演进 (2) 不同组织和机构的立法情况 (3) 中国电子商务立法情况
电子商务基本法律制度	(1) 电子商务交易的法律问题 (2) 电子商务中信息资源的法律问题 (3) 电子商务身份认证的法律问题 (4) 电子商务知识产权和网络广告相关的法律问题 (5) 电子商务金融的法律问题	(1) 电子商务参与各方法律关系 (2) 电子商务交易合同法律问题 (3) 网上银行准入法律问题 (4) 电子商务交易安全的法律保障 (5) 电子商务安全认证的法律关系 (6) 电子商务知识产权 (7) 电子商务金融法律
电子商务相关法律制度	(1) 电子商务税收的法律 (2) 消费者权益和个人隐私权的法律 (3) 网上拍卖和网上竞买的法律 (4) 电子商务救济的法律	(1) 电子商务税收法律 (2) 电子商务消费者权益 (3) 消费者网络隐私 (4) 网上拍卖的法律性质 (5) 非诉讼纠纷解决

思维导图

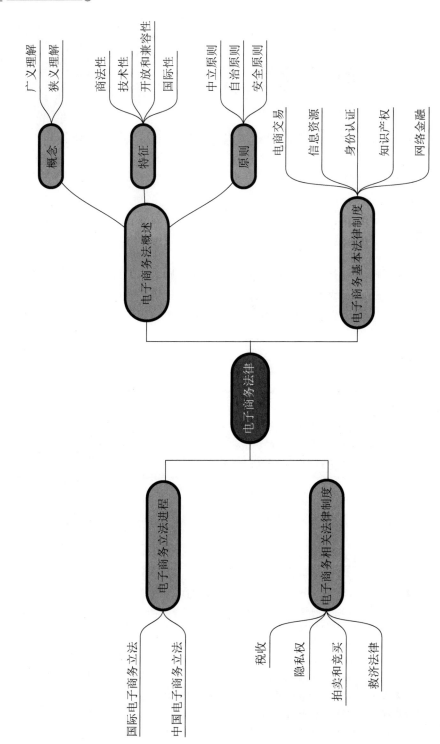

第3章 电子商务法律

电子商务快速发展的同时，也伴随着新的法律问题和法律纠纷的产生。本章将从电子商务法的基本概念开始，介绍其法律性质、特征和基本法律知识。

上海市消保委发布 App 评测结果：个人敏感权限收集问题突出

2019 年 3 月，上海市消保委发布了针对 39 款网购平台、旅游出行、生活服务等手机 App 涉及个人信息权限的评测结果，其中 25 款存在问题，9 款仍在申请敏感权限。

评测主要看 4 个方面，包括 App 所使用的目标应用程序接口级别、App 敏感权限的数量、敏感权限的授权方式(即是否存在一揽子授权)，以及查看是否存在无实际功能对应的权限申请。

评测结果发现，15 款网购平台类 App 中 10 款有问题，13 款旅游出行类 App 中 7 款有问题，11 款生活服务类 App 中 8 款有问题。

这些 App 的主要问题在于，申请了发送短信、录音、拨打电话、读取联系人、监控外拨电话、重新设置外拨电话的路径、读取通话记录等敏感权限，却未在 App 应用中进行使用。根据专家评测，拨打电话、监控外拨电话、重新设置外拨电话的路径、查看通讯录和日历、使用麦克风权限在实际运用中并未被用户发现。

资料来源：新民晚报。

进入移动互联网时代，App 安装过程中的授权争议开始逐渐激化，正如引例中提到的情况。根据网经社数据，2020—2021 年十大电子商务法律关键词中，App 个人信息收集安全问题排在第二。现实社会中，随着网络技术的发展，计算机和智能手机的普及，人们越来越多的商务活动在网上进行，由此引发了一系列的网络纠纷甚至犯罪案件。本章将重点介绍电子商务相关法律，使读者学会运用法律的武器保护自己的合法权益。

3.1 电子商务法概述

3.1.1 电子商务法的调整对象、性质与特征

广义的电子商务法，包括了所有调整以数据电文(Data Message)方式进行的商务活动的法律规范。其内容极为丰富，至少可分为调整以电子商务为交易形式的和调整以电子信息为交易内容的两大类规范。

狭义的电子商务法，是指基于互联网平台实现商业交易电子化行为的法律。倘若从便于立法和研究的角度出发，是调整以数据电文为交易手段而形成的因交易形式所引起的商务关系的规范体系。

本章主要从狭义电子商务法的角度来讨论，当提到电子商务法时，一般是指这种意义上的概念。由于电子商务法有广义和狭义两种角度的理解，因此当实际遇到电子商务法这一术语时，应注意区别其语境来理解与使用，不可视同一律。

1. 电子商务法的调整对象

电子商务交易活动中会发生各种社会关系，而这类社会关系是在广泛采用新型信息技术并将这些技术应用到商业领域后才形成的特殊的社会关系。它交叉存在于虚拟社会和实体社会之中，有别于实体社会中的各种社会关系，且完全独立于现行法律的调整范围。

2. 电子商务法的性质

电子商务法调整的对象是一种私法上的关系。从总体上应属于私法范畴。

(1) 作为电子商务法对象的自然人、法人或其他组织，都是私法的主体。

(2) 电子商务法调整的电子商务法律关系是发生在商务活动中的个人之间的关系。电子商务法所调整的电子商务法律关系实质上是发生在电子商务活动中的平等主体之间的财产关系，即私法调整对象的必要组成部分。

(3) 电子商务法规定的权利是主体从事电子商务活动的权利。确保主体的权利实现，是电子商务法作为私法的任务。

电子商务法是一个非常庞大的法律体系，涉及诸多领域，既包括传统的民法领域，又有新的领域，如电子签名法、电子认证法等。这些法律规范以私法规范为基础，同时有诸多公法规范。

3. 电子商务法的特征

(1) 商法性。

商法是规范商事主体和商事行为的法律规范。电子商务法主要属于行为法，如数据电文制度、电子签名及认证制度、电子合同制度、电子信息交易制度、电子支付制度等。但是，电子商务法也含有组织法的内容，如认证机构的设立条件、管理责任等，就具有组织法的特点。

(2) 技术性。

在电子商务法中，许多法律规范都是直接或间接地由技术规范演变而成的。例如，一些国家将运用公开密钥体系生成的数字签名，规定为安全的电子签名，这样就将有关公开密钥的技术规范，转化成了法律要求，对当事人之间的交易形式和权利/义务的行使，都有极其重要的影响。另外，关于网络协议的技术标准，当事人如果不遵守，就不可能在开放环境下进行电子商务交易。

(3) 开放和兼容性。

所谓开放性，是指电子商务法要对世界各地区、各种技术网络开放。所谓兼容性，是指电子商务法应适应多种技术手段、多种传输媒介的对接与融合。只有坚持了这项原则，才能实现世界网络信息资源的共享，保证各种先进技术在电子商务中的及时应用。

(4) 国际性。

电子商务固有的开放性、跨国性，要求全球范围内的电子商务规则应该是协调和基本一致的。电子商务法应当而且可以通过多国的共同努力予以发展。研究各个国家的电子商务法规，可以发现其原则和规则包括建立的相关制度，在很大程度上是协调一致的。联合国国际贸易法委员会颁布的《电子商务示范法》为这种协调性奠定了基础。

3.1.2 电子商务法的基本原则

1. 中立原则

电子商务法的基本目标，归结起来就是要在电子商务活动中建立公平的交易规则。这是商法的交易安全原则在电子商务法上的必然反映。

(1) 技术中立。

电子商务法对传统的口令法及非对称性公开密钥法、生物鉴别法等认证方法，都不可厚此薄彼，产生任何歧视性要求。当然，该原则在具体实施时会遇到许多困难。而克服这些具体困难的过程，也就是技术中立原则实现的过程。

(2) 媒介中立。

媒介中立是中立原则在各种通信媒体上的具体表现。技术中立侧重于信息的控制和利用手段；媒介中立则着重于信息依赖的载体，电子商务法以中立原则对待各类媒体。

(3) 实施中立。

实施中立是指在电子商务法与其他相关法律的实施上不可偏废，应一视同仁。特别是不能将传统书面环境下的法律规范(如书面、签名、原件等法律要求)的效力，放置于电子商务法之上，而应中立对待，根据具体环境特征的需求，来决定法律的实施。

2. 自治原则

允许当事人以协议方式订立其间的交易规则，是交易法的基本属性。因而，在电子商务法的立法与司法过程中，都要以自治原则为指导，为当事人全面表达与实现自己的意愿预留充分的空间，并提供确实的保障。

3. 安全原则

保障电子商务的安全进行，既是电子商务法的重要任务，又是其基本原则之一。电子商务作为一种高效、快捷的交易工具，必须以安全为前提，不仅需要技术上的安全措施，同时也离不开法律上的安全规范。

3.2 国内外电子商务立法

3.2.1 电子商务发展与电子商务立法的互动演进

无论是国内还是国外，电子商务的发展促使相关立法进程加快，反过来电子商务立法的进程又促进了电子商务的快速发展。图 3.1 所示为电子商务发展与电子商务立法之间相互促进、相互推动的演变过程。

在近代电子商务兴起时期，即 EDI 交易兴起和发展时期，一些国家和地区开始制定相应的 EDI 行业、国家和地区标准。EDI 在全球范围内应用之后，联合国国际贸易法委员会开始 EDI 国际立法，推出了 EDIFACT 标准。此后各国在电子商务领域的规范和立法开始加快。图 3.2 所示为电子商务立法的进程。

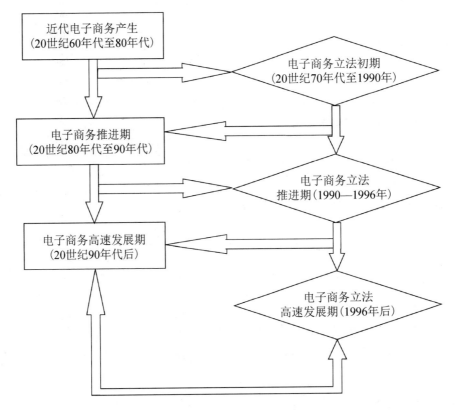

图 3.1 电子商务发展与电子商务立法的互动演变过程

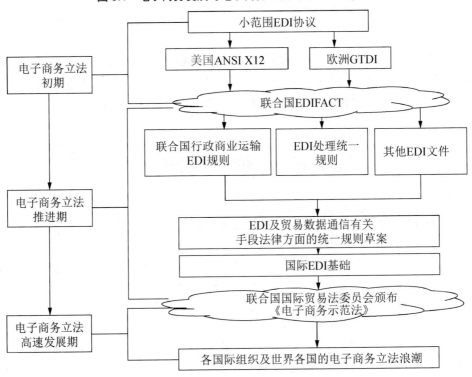

图 3.2 电子商务立法的进程

3.2.2 主要国际组织历年来在电子商务领域的相关立法

1. 联合国国际贸易法委员会

(1) 1982 年,开始编写《电子资金划拨法律指南》。

(2) 1985 年,通过了《计算机记录的法律价值报告》。

(3) 1993 年,电子交换工作组第 26 次会议审议了《电子数据交换及贸易数据通信有关手段法律方面的统一规则草案》。

(4) 1996 年,通过了《电子商务示范法》。

(5) 2001 年,电子商务工作组第 38 次会议通过了《电子签章示范法》。

2. 经济合作与发展组织

(1) 1980 年,制定了《保护个人隐私和跨国界个人数据流指导原则》。

(2) 1985 年,发表了《跨国界数据流宣言》。

(3) 1992 年,制定了《信息系统安全指导方针》。

(4) 1997 年,制定了《电子商务:税务政策框架条件》《加密政策指导方针》。

(5) 1998 年,发表了《电子商务:因特网上提供的数字化产品的贸易政策问题》。

(6) 1999 年,制定了《电子商务消费者保护准则》。

(7) 2003 年,通过了《经合组织保护消费者防止跨境欺诈和欺骗性商业活动指南》。

3. 世界贸易组织(World Trade Organization,WTO)

(1) 1996 年,签订了《信息技术协议》。

(2) 1997 年,签订了《基础电信协议》。

(3) 1998 年,部长级会议发表了《关于全球电子商务宣言》,主要针对数字产品和服务的关税问题。

4. 世界知识产权组织(World Intellectual Property Organization,WIPO)

(1) 1996 年,通过了《世界知识产权组织著作权条约》。

(2) 1998 年,发表了《互联网名称和地址管理及其知识产权问题》。

(3) 1999 年,通过了《统一域名争议解决对策》。

5. 国际商会(International Chamber of Commerce,ICC)

(1) 1990 年,制定了《1990 年国际贸易术语解释通则》。

(2) 1997 年,制定了《国际数字保证商务通则》。

(3) 1998 年,制定了《因特网广告准则》《跨国数据流标准合同条款》。

(4) 1999 年,制定了《电子商务及 2000 年问题争端解决方案》。

6. 欧盟

(1) 1981 年,制定了《贸易数据交换指导原则》。

(2) 1988 年,发表了《版权与科技挑战绿皮书——亟待解决的版权问题》。

(3) 1997年，发表了《欧盟的电子商务倡议书》。

(4) 1998年，制定了《欧盟电子签字法律框架指南》。

(5) 1999年，制定了《数字签名统一规则草案》。

3.2.3 中国电子商务立法

1. 我国电子商务立法的主要原则

遵循国际惯例，做到与国际接轨；充分考虑我国实际情况，分阶段发展，重点突破，不断完善；充分利用已有的法律体系，保持现有法律体系的完整性与稳定性；在电子商务的立法过程中，要充分发挥各部门规章及地方政府立法的作用；在立法的同时，还应注意充分发挥司法、行政执法、仲裁及国际组织的作用；充分发挥产业政策的推动作用，促进电子商务的发展；在电子商务的管理上，普遍采取了登记、备案、许可的制度；充分重视网络安全与加强网络管理。

2. 我国早年电子商务相关立法

电子商务的发展与运行需要良好的政策和法律环境，为引导和推进电子商务的发展、促进和规范电子商务行为，我国在20世纪90年代末和21世纪初即制定了一系列电子商务政策和法规。这些政策与法律涉及多个方面。

(1) 促进电子商务健康有序发展。例如，2000年6月国家药品监督管理局出台《药品电子商务试点监督管理办法》、2007年12月商务部发布《关于促进电子商务规范发展的意见》。

(2) 网络购物健康有序发展。例如，2008年4月商务部商业改革发展司出台《网络购物服务规范》、2010年5月国家工商行政管理总局出台《网络商品交易及有关服务行为管理暂行办法》、2010年6月商务部发布《关于促进网络购物健康发展的指导意见》、2011年1月商务部发布《关于规范网络购物促销行为的通知》。

(3) 鼓励物流快递发展。例如，2007年9月国家邮政局出台《中华人民共和国邮政行业标准 快递服务》、2010年12月国家邮政局发布《关于做好旺季期间快递服务督导工作的通知》。

(4) 规范电子支付领域。例如，2005年2月信息产业部出台《电子认证服务管理办法》、2005年6月中国人民银行出台《支付清算组织管理办法(征求意见稿)》、2005年8月海关总署发布《关于网上支付税费担保事宜的公告》、2005年10月中国人民银行发布《电子支付指引(第一号)》、2009年4月中国人民银行等多部门发布《关于加强银行卡安全管理、预防和打击银行卡犯罪的通知》、2010年6月中国人民银行出台《非金融机构支付服务管理办法》。

(5) 注重知识产权保护。例如，1991年6月国务院公布《计算机软件保护条例》、1997年6月国务院信息办出台《中国互联网络域名注册实施细则》、1997年5月中国互联网络信息中心出台《中国互联网络域名注册暂行管理办法》、2002年2月国家版权局出台《计算机软件著作权登记办法》、2005年4月国家版权局、信息产业部出台《互联网著作权行政保护办法》、2008年2月新闻出版总署出台《电子出版物出版管理规定》。

(6) 网络媒体及信息安全的管理。1994年2月国务院公布《中华人民共和国计算机信息系统安全保护条例》、1995年4月公安部发布《关于严厉打击利用计算机技术制作、贩卖、传播淫秽物品违法犯罪活动的通知》、1996年4月邮电部出台《计算机信息网络国际联网出入口信道管理办法》、1997年12月公安部出台《计算机信息网络国际联网安全保护管理办法》、1999年10月国务院公布《商用密码管理条例》、2000年1月国家保密局出台《计算机信息系统国际联网保密管理规定》、2000年3月公安部出台《计算机病毒控制规定(草案)》、2000年8月北京市工商行政管理局出台《经营性网站备案登记管理暂行办法》、2000年9月国务院公布《中华人民共和国电信条例》、2000年11月国务院新闻办公室、信息产业部出台《互联网站从事登载新闻业务管理暂行规定》。

正式以法律立法形式实施的中国第一部电子商务法律是《中华人民共和国电子签名法》。其于2004年8月28日全国人大常委会表决通过，2005年4月1日正式实施，2015年和2019年分别进行了修订，被称为中国首部真正意义上的信息化法律，自此电子签名与传统手写签名和盖章具有同等的法律效力。

3. 我国近年电子商务相关立法

近年来，电子商务发展模式日新月异，国家和各部门也密切关注市场变化，出台了多项政策和法规，保障电子商务健康有序发展。

2017年1月，国家工商行政管理总局出台《网络购买商品七日无理由退货暂行办法》。

2017年11月，国家工商行政管理总局出台《网络交易违法失信惩戒暂行办法(征求意见稿)》。

2017年11月，国家食品药品监督管理总局出台《网络餐饮服务食品安全监督管理办法》。

2017年12月，国家食品药品监督管理总局出台《医疗器械网络销售监督管理办法》。

2018年1月，国务院办公厅印发《关于推进电子商务与快递物流协同发展的意见》。

2018年2月，交通运输部印发《网络预约出租汽车监管信息交互平台运行管理办法》。

2018年3月，国务院公布《快递暂行条例》。

2018年6月，国家市场监督管理总局等八部委印发《2018网络市场监管专项行动(网剑行动)方案的通知》，打击网络侵权假冒、刷单炒信、虚假宣传、虚假违法广告。

2018年9月，财政部等多部门印发《关于跨境电子商务综合试验区零售出口货物税收政策的通知》。

2018年9月，最高人民法院出台《关于互联网法院审理案件若干问题的规定》。

2018年11月，商务部等多部门印发《关于完善跨境电子商务零售进口监管有关工作的通知》。

2018年11月，财政部等多部门印发《关于完善跨境电子商务零售进口税收政策的通知》。

2022年1月，财政部等多部门印发《关于调整跨境电子商务零售进口商品清单的公告》。

这一阶段在电子商务立法上最具里程碑意义的就是在2013年立项，用三年时间起草，两年时间全国人大常委会常务会议审议，最终在2018年8月31日十三届全国人大常委会第五次会议表决通过的《中华人民共和国电子商务法》，该法共7章，于2019年1月1日起施行。

> 补充阅读

电子商务法十大新亮点

《中华人民共和国电子商务法》(以下简称电子商务法)于2019年1月1日起正式实施,这部关系到亿万消费者"买买买"的法律,将会带来哪些改变和影响?

(1) 将微商、代购、网络直播纳入范畴。电子商务法第九条规定:本法所称电子商务经营者,是指通过互联网等信息网络从事销售商品或者提供服务的经营活动的自然人、法人和非法人组织,包括电子商务平台经营者、平台内经营者以及通过自建网站、其他网络服务销售商品或者提供服务的电子商务经营者。

(2) 电商平台不得删除消费者评价。电子商务法第三十九条规定:电子商务平台经营者应当建立健全信用评价制度,公示信用评价规则,为消费者提供对平台内销售的商品或者提供的服务进行评价的途径。

(3) 制约大数据杀熟。电子商务法第十八条规定:电子商务经营者根据消费者的兴趣爱好、消费习惯等特征向其提供商品或者服务的搜索结果的,应当同时向该消费者提供不针对其个人特征的选项,尊重和平等保护消费者合法权益。

(4) 禁止"默认勾选",应显著提示搭售。电子商务法第十九条规定:电子商务经营者搭售商品或者服务,应当以显著方式提请消费者注意,不得将搭售商品或者服务作为默认同意的选项。

(5) 押金退还不得设置不合理条件。电子商务法第二十一条规定:电子商务经营者按照约定向消费者收取押金的,应当明示押金退还的方式、程序,不得对押金退还设置不合理条件。消费者申请退还押金,符合押金退还条件的,电子商务经营者应当及时退还。

(6) 规范电子商务合同的订立与履行中的难点问题。电子商务法第四十七条规定:电子商务当事人订立和履行合同,适用电子商务法第三章和《中华人民共和国民法典》《中华人民共和国电子签名法》等法律的规定。

(7) 平台不能强制商家"二选一"。电子商务法第二十二条规定:电子商务经营者因其技术优势、用户数量、对相关行业的控制能力以及其他经营者对该电子商务经营者在交易上的依赖程度等因素而具有市场支配地位的,不得滥用市场支配地位,排除、限制竞争。

(8) 平台经营者自营应显著标记。电子商务法第三十七条规定:电子商务平台经营者在其平台上开展自营业务的,应当以显著方式区分标记自营业务和平台内经营者开展的业务,不得误导消费者。电子商务平台经营者对其标记为自营的业务依法承担商品销售者或者服务提供者的民事责任。

(9) 强化经营者举证责任。电子商务法第六十二条规定:在电子商务争议处理中,电子商务经营者应当提供原始合同和交易记录。因电子商务经营者丢失、伪造、篡改、销毁、隐匿或者拒绝提供前述资料,致使人民法院、仲裁机构或者有关机关无法查明事实的,电子商务经营者应当承担相应的法律责任。

(10) 平台经营者未尽义务应依法担责。电子商务法第三十八条规定:电子商务平台经营者知道或者应当知道平台内经营者销售的商品或者提供的服务不符合保障人身、财产安全的要求,或者有其他侵害消费者合法权益行为,未采取必要措施的,依法与该平台内经营者承担连带责任。

资料来源:新华网。

3.3 电子商务基本法律制度

3.3.1 电子商务交易的法律问题

电子商务代表着未来贸易方式的发展方向,随着电子商务交易额急剧上升,相关的法律问题需要予以高度的重视。

电子商务基本法律(一)

1. 电子商务参与各方的法律关系

电子商务是在一个虚拟空间上进行交易的。在电子商务的交易过程中,买卖双方之间,买卖双方与银行之间,买卖双方、银行与认证机构之间都将彼此发生业务联系,从而产生相应的法律关系。在电子商务条件下,卖方应当承担三项义务:按照合同的规定提交标的物及单据;对标的物的权利承担担保义务;对标的物的质量承担担保义务。买方同样应当承担三项义务:按照电子商务交易规定方式支付价款的义务;按照合同规定的时间、地点和方式接受标的物的义务;对标的物验收的义务。在电子商务中,银行也变为虚拟银行。认证机构扮演着一个买卖双方签约、履约的监督管理的角色,买卖双方有义务接受认证中心的监督管理。整个电子商务交易过程中,认证机构有不可替代的地位和作用。

2. 电子商务交易合同的法律问题

合同,亦称契约。根据《中华人民共和国民法典》第四百六十四条规定:合同是民事主体之间设立、变更、终止民事法律关系的协议。合同反映了双方或多方意思表示一致的法律行为。在电子商务中,合同的意义和作用没有发生改变,但其形式发生了极大的变化。

(1) 订立合同的双方或多方大多是互不见面的。所有的买方和卖方都在虚拟平台上交易,其信用依靠密码的辨认或认证机构的认证。

(2) 电子商务中标的额较小、关系简单的交易没有具体的合同形式,表现为直接通过网络订购、付款(如利用网络直接购买软件),因此电子发票的合法性成为必然。

(3) 表示合同生效的传统签字盖章方式被数字签名所代替。

(4) 传统合同的生效地点一般为合同成立的地点,而采用数据电文形式订立的合同,以收件人的主营业地为合同成立的地点;没有主营业地的,以经常居住地为合同成立的地点。

在电子交易过程中,合同表现形式大都为信息和数据,电子数据的合同将信息或数据记录在计算机中,或者记录在光盘、移动硬盘等中介载体中,因此具有以下几个特点。

(1) 电子数据的易消失性。电子数据以计算机存储为条件,是无形物,一旦操作不当就可能抹掉所有数据。

(2) 电子数据作为证据的局限性。传统的书面合同只是受到当事人保护程度和自然侵蚀的限制;而电子数据不仅可能受到物理灾难的威胁,还可能受到计算机病毒等计算机特有的无形灾难的威胁。

(3) 电子数据的易改动性。传统的书面合同是纸质的,如有改动,容易留下痕迹;而电子数据一般是用键盘输入的,用磁性介质保存的,改动、伪造后可以不留痕迹。

3. 电子支付中的法律问题

电子支付中的信息安全与一般情况下所说的信息安全有一定的区别。它除了具有一般信息的含义外,还具有金融业和商业信息的特征。我国目前在有关电子支付法律的制定方面才刚刚起步,大量的法律新问题需要研究。

(1) 电子支付的定义和特征。电子支付是通过网络而实施的一种支付行为,与传统的支付方式类似,它也要引起涉及资金转移方面的法律关系的发生、变更和消灭。美国提出的电子支付的法律定义是否适合我国的情况,需要修改哪些,其行为特征也应加以研究。

(2) 电子支付权利。电子支付的当事人包括付款人、收款人和银行,有时还存在中介机构。各当事人在支付活动中的地位问题必须明确,进而确定各当事人的权利的取得和消灭。涉及这方面的问题相当复杂。

(3) 涉及电子支付的伪造、变造、更改与涂销问题。在电子支付活动中,由于网络黑客的猖獗破坏,支付数据的伪造、变造、更改与涂销问题越来越突出,对社会的影响也越来越大。

(4) 刑事侦查技术的发展问题。由于计算机技术的飞速发展,新的电子支付方式层出不穷。每种方式都有自己的技术特点,都会产生新的法律纠纷,这些纠纷出现以后,调查、认定是一个非常复杂的刑事侦查技术问题。在信息化时代,传统的实物证据逐渐被虚拟证据所代替。

4. 电子商务交易安全的法律保障

电子商务交易安全的法律保障问题,涉及两个基本方面:第一,电子商务交易是一种商品交易,其安全问题应当通过民商法加以保护;第二,电子商务交易是通过计算机及网络实现的,其安全与否依赖于计算机及网络自身的安全程度。我国现行的涉及交易安全的法律法规主要有以下四类。

(1) 综合性法律,主要是《中华人民共和国民法典》和《中华人民共和国刑法》中有关保护交易安全的条文。

(2) 规范交易主体的有关法律,如《中华人民共和国公司法》《中华人民共和国企业国有资产法》《中华人民共和国合伙企业法》《中华人民共和国外商投资法》等。

(3) 规范交易行为的有关法律,如《中华人民共和国产品质量法》《中华人民共和国保险法》《中华人民共和国价格法》《中华人民共和国消费者权益保护法》《中华人民共和国广告法》《中华人民共和国反不正当竞争法》等。

(4) 监督交易行为的有关法律,如《中华人民共和国会计法》《中华人民共和国审计法》《中华人民共和国票据法》《中华人民共和国商业银行法》等。

在我国针对电子商务的法律尚不健全的现状下,充分利用已有的行政法规保护电子商务的正常进行是非常重要的。通过严格管理,提高全社会对计算机信息网络安全保护管理工作重要性的认识,自觉依法守法,服从管理,使计算机信息网络的安全保护得到充分保证。

3.3.2 电子商务中信息资源相关的法律问题

电子商务是利用网络信息技术来开展的全新商务形式,而规范有序的网络信息服务是开展电子商务的前提条件,也是支持电子商务顺利开展的基础。网站是提供信息的平台,从某种意义上来说,任何一个网站都有提供信息服务的能力,并且网站也都在从事信息服务,但是要使所有的网站发布、传输的信息不违反国家的法律,就需要对所发的信息进行规范,信息规范首先要对接入互联网的提供商进行资格审查,确认其身份的合法性和提供服务的合法性,因此我国的工业和信息化部与中国互联网络信息中心先后出台了相应的法规来进行管理规范。同时,在提供网络服务时,网络服务提供商面临着对所有提供的信息承担监控义务和协助调查义务及相应的法律责任问题。

《信息网络传播权保护条例》将网络服务提供者分为以下四种类型:提供网络接入服务的网络服务提供者、提供缓存服务的网络服务提供者、提供信息存储空间服务的网络服务提供者,以及提供搜索和链接服务的网络服务提供者。

补充阅读

《中华人民共和国刑法修正案(九)》涉网络犯罪条款

第二十八条规定,在刑法第二百八十六条后增加一条,作为第二百八十六条之一。网络服务提供者不履行法律、行政法规规定的信息网络安全管理义务,经监管部门责令采取改正措施而仍不改正,有下列情形之一的,处三年以下有期徒刑、拘役或者管制,并处或者单处罚金:(一)致使违法信息大量传播的;(二)致使用户信息泄露,造成严重后果的;(三)致使刑事犯罪证据灭失,情节严重的;(四)有其他严重情节的。单位犯前款罪的,对单位判处罚金,并对其直接负责的主管人员和其他直接责任人员,依照前款的规定处罚。

第二十九条规定,在刑法第二百八十七条后增加两条,作为第二百八十七条之一、第二百八十七条之二。其中,第二百八十七条之二规定,明知他人利用信息网络实施犯罪,为其犯罪提供互联网接入、服务器托管、网络存储、通信传输等技术支持,或者提供广告推广、支付结算等帮助,情节严重的,处三年以下有期徒刑或者拘役,并处或者单处罚金。

3.3.3 电子商务身份认证的法律问题

随着电子商务蓬勃发展,网络交易及支付的身份真实性问题日益突出,认证机构提供电子商务交易各方主体身份认证的服务,因此认证机构涉及一系列法律问题。

1. 认证机构的法律地位问题

认证机构为参与电子交易的各方提供网上身份认证、数字证书签发与管理等服务的第三方机构。即认证机构负责在虚拟网络世界提供验证交易双方及多方的真实身份,证明电子商务交易过程及信息的真实性,保证交易的不可抵赖性。又由于证书签发和认证是有偿服务,也被认为是营利机构。电子交易过程中,交易的真实性和不可抵赖性通过认证机构对数字签名的正确性认定,认证机构事实上已经参与到交易过程中,而且是交易过程中很重要的环节,认证机构因此负有对相关信息进行保密存档的责任。

2. 认证机构和证书用户之间的关系问题

根据证书签发者在电子商务交易中扮演的角色,认证机构可以分为两类:一类是与交易完全无关的第三方;另一类是服务主体为方便其既有客户群体开展网上商务活动而建设的认证机构。对于前一种类型,认证机构提供足以跟踪交易过程的电子审计记录并在其中保持中立,成为整个认证机制的关键。而对后一种类型,如果客户使用数字签名进行网上支付,网上支付纠纷就是银行和其客户之间的纠纷;如果客户资金被冒名支付,既可能是客户对证书保管不妥,也可能是因为银行对数字证书的泄密或客户资金因为其他原因被侵害。

3. 认证机构和注册机构之间的关系问题

部分机构出于验证客户身份、联系证书客户的需要,将整个认证体系设计成两大部分:认证机构(Certification Authority,CA)负责证书的制作和管理、注册机构(Registration Authority,RA)负责验证客户提供信息真实性。两部分通过安全数据通信渠道连接。例如,在中国金融认证中心(China Financial Certification Authority,CFCA)中,各签约商业银行承担着注册机构的职责,而 CFCA 主要负责证书的制作和管理。

4. 认证机构和认证机构之间的关系问题

就像现实生活中信任链的传递一样,互联网上的信任关系可以通过认证机构之间的相互认证实现,进而形成涵盖全社会的公钥基础设施体系。公钥基础设施是以公钥加密技术为基础技术手段实现安全性的系统,由认证机构、证书库、密钥生成和管理系统、证书管理系统、认证机构应用接口系统等组成。整个公钥基础设施体系的安全性和每个认证机构息息相关,个别认证机构在客户身份认证中的失误都可能通过认证机构的相互认证而蔓延到整个公钥基础设施体系(图3.3);个别认证机构遭受侵害就意味着整个公钥基础设施体系出现漏洞,从而导致其他认证机构在认证过程中的失职行为;认证机构之间的相互认证不再只是某两个认证机构之间的行为,而会给整个公钥基础设施体系带来影响。

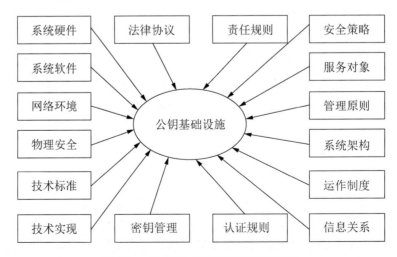

图 3.3 完整的公钥基础设施体系结构

网络虚拟环境下电子商务相关各方的关系是电子商务立法的基础;电子签名技术的实现依赖于相关基础设施的建设,电子签名立法因此应该以规范认证机构和公钥基础设施建设为前提;为了推动电子商务的广泛开展,在立法上应该对中介机构提出明确要求,以便保持与现有法律的衔接。

3.3.4 电子商务知识产权和网络广告相关的法律问题

1. 电子商务知识产权相关的法律问题

作为革命性的国际贸易新形式,全球电子商务的兴起,使现行知识产权国际保护制度面临新的更加复杂的挑战。现今涉及的主要是网络著作权和域名的法律。

(1) 网络著作权相关法律问题。

《中华人民共和国著作权法》所称作品是指文学、艺术和科学领域内,具有独创性并能以某种有形形式复制的智力创作成果,其实质要件是"独创性"和"可复制性"。我国现行的著作权法未明确地将保护范围扩展到数字作品及互联网领域,网络著作权中的经济权利主要包括以下几个。第一,复制权。即在网络上以特有的方式(如被网上用户访问或下载)将作品制作一份或多份的权利。第二,发行权。即在互联网上通过出售、出租等方式向公众提供一定数量的作品复制件的权利。第三,传播权。即著作权人控制其作品在互联网上传输的一种权利,包括著作权法中规定的著作权人的表演权、播放权、展览权,以及摄制电影、电视、录像权等。另外,网络著作权中的精神权利指著作权法中所称的发表权、署名权、修改权和保护作品完整的权利。

 案例 3-1

刘某诉搜狐侵犯译著的著作权案

原告刘某1995年翻译出版了一本译著。2000年10月,原告发现搜狐与其他三个网站的链接可全文浏览或下载该译著。原告认为搜狐公司严重侵犯了其著作权,向北京市第二中级人民法院提起诉讼,要求被告立即停止侵权,公开道歉并赔偿10万元损失。后原告表示愿意和解,收取1元赔偿费,条件是被告撤掉链接,公开道歉。但被告未予以回应。

法院认为:虽然由网络服务商对其链接传输的所有内容是否存在瑕疵进行筛选判断是不现实的,但是被告必须为其得知侵权后没有及时停止该行为而付出代价。网上信息发布如果构成侵权,应由信息提供者承担民事法律责任,提供网络技术的服务商一般不应因此而承担侵权责任。但搜狐公司在2000年10月得知其链接的网页上有侵权内容后,应及时采取技术措施停止这个链接,制止侵权,但搜狐公司未这样做,故要为自己的过错向原告书面致歉并赔偿3000元。

资料来源:中国法院网。

案例 3-2

步升诉百度侵犯音乐著作权案

2005年,步升公司起诉百度公司,称被告在其经营的网站上向公众提供歌曲的下载服务,而这些歌曲的录音制作者权均归原告所有,被告的行为严重侵犯了原告权益。被告辩称,被告是一家中立的搜索引擎服务提供商，被告的搜索引擎服务系统依据技术规则对搜索结果自动生成链接列表，被告没有对任何被链接网站(页)进行非技术性的选择与控制，被告的行为没有任何过错，故请求法院判决驳回原告的全部诉讼请求。

2005 年 9 月 16 日，北京市海淀区法院对步升诉百度侵犯音乐著作权一案作出一审判决。法院经审理认为，原告依法享有诉讼中提到歌曲的录音制作者权，有权限制他人未经许可在互联网上传播上述录音制品。本案中，被告的行为已超出其所定义的搜索引擎的服务范围，阻碍了原告在互联网上传播其录音制品，应属侵权，故被告应立即停止侵权并依法承担侵权责任，赔偿原告经济损失 6.8 万元(按每首歌 2000 元计算)。

资料来源：冉文佳, 2008. 关于步升诉百度网络侵权案的几点法律思考[J]. 长江师范学院学报, 24(2): 100-103.

网络著作权的纠纷有以下三种解决渠道。

① 调解。这是发生纠纷时，在调解组织的主持下，当事人达成和解协议的纠纷解决方式。调解组织可以是著作权行政管理部门和其他部门，也可以是其他社会团体和群众组织。调解协议不具有法律上的强制性，不能予以强制执行。达成协议后，一方反悔，不同意按调解协议执行的，调解协议即失去效力，当事人可通过诉讼来解决纠纷。

② 仲裁。这是仲裁机构依照一定的仲裁程序对当事人的纠纷进行裁决的纠纷解决方式。著作权仲裁机关所作出的仲裁具有法律上的强制力，一方不履行仲裁裁决的，另一方可以申请人民法院强制执行。

③ 诉讼。这是通过向人民法院起诉，利用诉讼程序解决著作权纠纷的一种方式。诉讼是《中华人民共和国著作权法》所规定的解决著作权纠纷的主要方式。当事人可以直接向人民法院起诉，或者当事人之间调解不成，或者调解达成协议后一方反悔的，也可向人民法院起诉。当事人向人民法院请求保护著作权的诉讼时效期间为 2 年，时效期间的起算日从著作权人知道或应当知道权利被侵犯时开始计算。

近几年，网络视频侵权事件不断发生，特别是将长视频进行编辑、搬运的现象日益普遍，相关的网络视频著作权案件数量不断增加。一方面要保护创新，另一方面要加强知识产权保护。对此，在 2021 年 6 月 1 日实施的新修订的著作权法中，将原先的"电影作品和以类似摄制电影的方法创作的作品"修改为"视听作品"，为网络直播、短视频的著作权保护提供了更明确的法律依据。中国网络视听节目服务协会修订的《网络短视频内容审核标准细则》明确不得播出未经授权自行剪切、改编电影、电视剧、网络影视剧等各类视听节目及片段的短视频内容。相关管理部门也加大了对短视频领域侵权行为的打击力度，并将短视频版权治理列入"剑网 2021"专项行动中。

(2) 域名相关法律问题。

案例 3-3

eastday.com.cn 被模仿案

原告上海东方网股份有限公司于 2000 年正式开通其网站 eastday.com、eastday.com.cn，中文站名为"东方网"。该网站为大型综合性信息服务网站，设有九大频道。该公司自 2000 年 3 月 26 日起宣传网站品牌，仅在传统媒体上就投放了 1799 万元，户外广告费近 150 万元。原告发现被告济南开发区梦幻多媒体网络技术开发中心经营域名为 www.eastdays.com、www.eastdays.com.cn 的网站，并在网页上使用"东方网"名称，频道名称、页面风格、布局、文字、字体和色彩与原告的基本相同，提供的信息服务也非常相似。被告并据此公开招商。原告请求法院判令被告停止不正当竞争行为及侵犯知识产权行为，停止使用和注销其恶意抢注的 www.eastdays.com、www.eastdays.com.cn 域名，赔礼道歉，消除影响，赔偿 100 万元。

审理结果：上海市第二中级人民法院判令济南开发区梦幻多媒体网络技术开发中心停止使用上海东方网股份有限公司"东方网"网站的页面样式、链接图标，以及实施虚假宣传的不正当竞争行为；在"东方网"网站、《互联网周刊》《新民晚报》《齐鲁晚报》上刊登致歉声明，公开向原告赔礼道歉、消除影响；赔偿原告经济损失包括用于调查的合理费用，合计人民币 30 万元。

资料来源：找法网。

域名作为一种字符的创意和构思组合，具有以下法律特征。第一，标识性。在互联网上不同的组织和机构是以不同的域名来标识自身并相互区别的。第二，唯一性。每个域名在全球范围内都是独一无二的，这是域名标识性的保障。第三，排他性。互联网适用范围的广泛性决定了域名必须具有绝对的排他性。网络域名争议主要包括两类。第一类是企业的名称被他人以相同或近似的名称抢先注册域名，因而发生的域名归属纠纷。第二类是专门注册他人公司的名称、商标为域名，并以此牟利的单位或个人的行为引发的域名纠纷。域名的"恶意抢注"是常发的域名争议种类。"恶意抢注"是指明知或应知他人的商标、商号及姓名等具有较高的知名度和影响力而进行抢注的行为。

目前，我国调解网络纠纷的法律法规主要是《中国互联网络域名管理办法》及《中国互联网络信息中心域名争议解决办法》。《最高人民法院关于审理涉及计算机网络域名民事纠纷案件适用法律若干问题的解释》第五条规定，被告的行为被证明具有下列情形之一的，人民法院应认定其具有恶意：①为商业目的将他人驰名商标注册为域名的；②为商业目的注册、使用与原告的注册商标、域名等相同或近似的域名，故意造成与原告提供的产品、服务或者原告网站的混淆，误导网络用户访问其网站或其他在线站点的；③曾要约高价出售、出租或者以其他方式转让该域名以获取不正当利益的；④注册域名后自己并不使用也未准备使用，而有意阻止权利人注册该域名的；⑤具有其他恶意情形的。

(3) 电子交易中的知识产权问题。

淘宝网现已成为中国消费者的主要消费场所，但是由此带来的售假和侵犯知识产权的问题，让消费者和淘宝平台都受到了很大的影响，为此淘宝网长期不遗余力地开展打假。

2012 年 12 月 20 日，淘宝网曝光台全新改版上线。该平台不仅会定期公布淘宝网抽检假货和不合格商品的店铺名单，同时，消费者还可以通过曝光台这一入口检测与自己交易相关的假冒或不合格商品，卖家也可以对自己的违规商品进行自查。淘宝网对涉嫌售假的店铺进行专项清查整顿。在正式对涉嫌售假店铺处理前，淘宝网会对判定为涉嫌售假店铺发出通告，给予 7 天提醒期，卖家可以在商品体检中心查询相关信息，自行整顿店铺，删除涉嫌售假的商品。逾期未整改或整改后再次被排查判定为涉嫌售假的店铺，淘宝网将会按照规则，对店铺执行违规处理。

案例 3-4

售假施华洛世奇案

2016年6月,淘宝网通过大数据打假系统,发现刘某及其妻子陈某经营的两家店铺销售的施华洛世奇手表存在售假嫌疑,涉嫌侵犯施华洛世奇股份有限公司产品的"施华洛世奇 Swarovski"商标,遂以神秘购买的方式在疑似售假店铺购买了施华洛世奇手表,经品牌方鉴定为假货。

淘宝网将线索移送警方,并以"违背平台不得售假的约定以及侵犯平台商誉"为由将二人及其店铺登记经营人王某告上法庭,诉求三被告分别赔偿损失49万元、92万元、157万元。

资料来源:南方都市报。

2. 网络广告相关的法律问题

所谓网络广告,是指在互联网站点上发布的以数字代码为载体的各种经营性广告。既不同于平面媒体广告,也不同于电视等电子媒体广告,网络广告具有与传统广告截然不同的特点:①利用数字技术制作和表示;②可链接性,虽然有时链接者的本意并非宣传广告,但只要被链接的主页被网络使用者点击,就必然会看到广告;③强制性,只要用户注册有电子邮箱,不管用户愿意不愿意,网络广告都会通过电子邮箱发送给用户。网络广告的上述特点,对广告的法律调整与规范提出了新的课题,以寻求适当的法律对策。

案例 3-5

网络广告案

崔某上网浏览时发现,安腾思路公司在硅谷动力公司的IT商城里开设的新惠普金牌店网页上,正开展"全新惠普笔记本网上促销"活动,其中有一款惠普笔记本电脑,网页显示:"市场价:14499.00元,eNet价:1100.00元",崔某立刻提交了订单,系统自动提示订单有效。然而当天下午,安腾思路公司向崔某发来电子邮件,声明因其疏忽,将笔记本电脑的实际价格11000元误写为1100元,并表示原订单无效。崔某因此向人民法院提起诉讼,要求法院确认合同的效力。北京市海淀区人民法院判定属于因重大误解订立的合同,支持了商家解除双方买卖关系的要求;同时,海淀区人民法院以安腾思路公司有过错为由,判其赔偿崔某经济损失1000元。

资料来源:找法网。

电子商务属于营利性的商事行为,与之关联的网络广告当然具有经营性广告的性质,这是不言而喻的。在电子商务快速发展的今天,如何对网络广告进行法律规制,涉及一系列的法律与管理上的问题。

3.3.5 电子商务金融的法律问题

随着电子商务的飞速发展,催生出一种以电子数据形式通过互联网来办理银行业务的特有方式,即网络银行,或称网上银行。通俗地讲,网络银行是开放网络的虚拟银行柜台。网络银行的发展,不仅提升了银行形象,树立了银行品牌,且具有传统商业银行运作方式难以比拟的优势,主要表现在:第一,无须分支机构,触角伸向全世界;第二,成本低,效益高,网络银行可雇用极少的职员,从而大大降低经营管理费用;第三,突破地域与时间的限制,具有实时优势。网络银行是"3A"银行,能在任何时间(Anytime)、任何地点(Anywhere)、以任何方式(Anyhow)提供服务,实现了金融服务的虚拟化和全天候。但在网络银行迅速发展的同时,人们也意识到相关法律的滞后在实践中严重影响了网络银行的发展。

1. 网络银行准入方面的法律问题

网络银行以电子货币取代现金,通过信息网络完成银行业务,因此对网络银行市场准入的相关法律要求与传统商业银行有所区别,甚至更高。严格的市场准入监管法律制度能够保证进入网络银行业务的主体具有为客户提供足够安全服务的能力,而过于严格则可能导致进入网络银行业务的市场主体不够宽泛,网络银行的发展空间受到制约。在网络银行的开业登记监管方面,我国实行的是核准制;在业务范围的监管方面,我国采取的是不完全的混业制。网络银行除了可以从事银行业务以外,还可以从事与保险、证券等直接相关的业务。这是一种较为严格的市场准入制度。它会提高市场的进入成本,使得已设立的网络银行可能利用先发优势形成市场垄断,影响业务的创新与技术进步,最终降低银行业的整体竞争力。

补充阅读

我国民营银行发展

民营银行有三个特点:第一,由民间资本控股;第二,为民营企业提供资金支持和服务;第三,采用市场化运营。

2014年3月,我国首批5家民营银行试点方案确定,7月份银监会批准了深圳前海微众银行、温州民商银行、天津金城银行这三家民营银行的筹建申请。2014年9月,银监会同意杭州市筹建浙江网商银行,同意上海市筹建上海华瑞银行。2015年5月,浙江网商银行正式批复开业,至此,我国首批试点的5家民营银行全部获得了"通行证"。

2016年又有11家民营银行获批,分别是重庆富民银行、四川新网银行、海南三湘银行、安徽新安银行、福建华通银行、武汉众邦银行、北京中关村银行、江苏苏宁银行、山东蓝海银行、辽宁振兴银行、吉林亿联银行。至此,我国民营银行的开设地点不再局限于发达地区,而是逐步扩展到海南、四川、安徽、福建、辽宁、吉林等省份。

2017年,1家民营银行获批,梅州客商银行,这是中国第17家民营银行。

在这17家民营银行中,存在着众多互联网企业的身影,微众银行的第一大股东是腾讯公司;网商银行的第一大股东是蚂蚁金服,背后是阿里巴巴集团;江苏苏宁银行的第一大股东是苏宁云商;吉林亿联银行的第二大股东是吉林三快科技,是北京三快科技(美团)的全资子公司;四川新网银行的第二大股东是银米科技,是小米集团的全资子公司。

资料来源:简易财经。

2. 金融网络犯罪

人们通过网络接受服务最为担心的就是网络安全问题,网络银行同样面临着这样的问题。由于网络安全问题始终未能得到很好的解决，利用互联网犯罪的案例日益增多。经营网络银行业务的银行由于其营业内容的特殊性，更有可能成为犯罪分子的攻击目标。为了防范和制止网络犯罪，银行除了应做好事先的预防措施外，对于已经造成危害的网络犯罪，可以依法追究犯罪人的刑事责任。《中华人民共和国刑法》中已有针对计算机犯罪的条款，如"非法侵入计算机信息系统罪""破坏计算机信息系统罪"，而且还专门制定了利用计算机实施犯罪的提示性规定，即利用计算机实施金融诈骗、盗窃、贪污、挪用公款、窃取国家秘密或者其他犯罪。

3. 不可抗力

网络银行服务协议中都约定：遇到不可抗力时，银行如没有执行客户的指令，可以不承担任何责任。这样约定的目的显然是保护银行的利益。从法律角度出发，这样的条款是存在瑕疵的。因为根据《中华人民共和国民法典》的规定，因不可抗力不能履行合同的，根据不可抗力的影响，部分或者全部免除责任。由此可见，在发生不可抗力的情况下，不能履约的一方并不一定能够全部地免除履约责任，需要根据不可抗力的实际影响，在受影响的实际范围内方可免除责任。另外，如果服务协议里不约定什么是"不可抗力"，则只能适用民法典中关于不可抗力的定义。在传统的交易合同中，不可抗力一般指自然灾害、战争、政府禁止行为的发生。但是，在网络银行业务这样的新型服务模式中，出现了许多新情况。

例如，银行计算机系统遭到黑客的袭击，致使银行无法完成客户的指令时，是否可以视作不可抗力。在这种情况下，如果银行方面能够证明在自身系统方面采取了应尽的防范义务，仍然被黑客袭击，可以视为发生了不可抗力；否则，应由银行承担责任，再由银行与网络服务商根据相互间的协议分担责任。这样不仅有利于网络银行业务的拓展，而且可以推动网络技术的进步。

综上所述，网络银行是银行业发展历程中的新事物，代表了银行业的发展方向，网络银行的蓬勃发展，亟须相关法律的跟进。在保证自身利益不受侵犯的前提下，有必要广泛汲取各国相关立法经验与教训，加强国际立法的合作，从而制定出适应我国国情的有关网络银行的法律。

3.4 电子商务相关法律制度

电子商务相关法律（一）

3.4.1 电子商务税收法律

网络交易的虚拟化、非中介化和无国界化的特点使得传统税收理论中的一些基本概念难以界定，有些还应该被赋予新的内涵。电子商务的税收主要存在以下一些问题。

1. 交易主体身份难以确定

目前，在网上建立主页进行销售的行为，没有置于法制的控制之下，任何人都可以成为交易主体。卖方在网络交易中仅以网址存在，其真实姓名、地址在网上并不明显出现，或者在网上的经营活动没有进行税务登记。任何人只要能够上网就可以随意隐埋名姓不断改变经营地点,将经营地点从高税率地区转移至低税率地区,这就为认定纳税人的身份提出了一个不容回避的立法难题。

2. "常设机构"概念的争议

传统的税收是以常设机构,即一个企业进行全部或部分经营活动的固定经营场所,来确定经营所得来源地。在联合国和经济合作与发展组织分别发布的国际税收协定中都确立了"常设机构"原则。构成"常设机构"的营业场所应具备的本质特征包括:有一个受企业支配的营业场所或设施存在,这种场所或设施应具有固定性;企业通过这种固定场所从事营业性质的活动。然而电子商务却打破了通过固定场所进行营业和销售的模式。其不仅使企业的营业场所变得虚拟化,而且交易的过程也转变为无纸化的电子交易,严格依赖地缘属性才成立的"常设机构"已受到严峻的挑战。此外,对于非居民的跨国独立劳务所得征税的"固定基地原则"与"常设机构"十分相似,同样也受到了电子商务的严重冲击。

3. 关于收入所得性质

电子商务改变了产品的固有存在形式,使课税对象的性质变得模糊不清,税务机关在对某一课税对象征税时,会因为不知其适用哪种税种而无从下手。在网络交易中,交易对象都被转化为数字信息,因为许多产品或劳务是以数字化形式通过网络传递来实现转移的。在跨国电子商务中,这就使销售利润、劳务报酬和特许权使用费的区别难以确定。特别对于客户购买的是数字化的产品或网络服务(如软件、电子书籍与报刊、电子音像制品、远程教育、网上咨询等)。网络服务还能确定其收入所得性质,但数字化产品的销售所得性质仍模糊不清,最为典型的是计算机软件交易。从传统经济理论的角度来看,它是货物销售;但从知识产权法的角度来看,软件销售一直被认定为一种特许权使用的提供。根据国际税法的通行法则,课税对象性质的不同会导致税率、税种及征税权的不同。对收入所得性质的定性差异必然引起征税适用的混乱。

4. 关于征管方式

电子商务中的账簿和凭证是以数字信息的形式存在的,而且这种网上凭据的数字化具有随时被修改而不留痕迹的可能,这将使税收征管失去了可靠的审计基础。由于网络交易的电子化,电子货币、电子发票、网络银行开始取代传统的货币、发票、银行,现行的税款征收方式与网络交易明显脱节。此外,由于厂商和客户进行直接交易,省略了商业中间环节,使商业中介扣缴税款的作用被严重削弱,因而税务机关更加难以开展征税工作。电子商务的快捷性、直接性、隐匿性、保密性等,不仅使得税收的源泉——扣缴的控管手段失灵,而且客观上促成了纳税人不遵守税法的随意性。总体而言,税收领域的现代化征管技术还相对滞后。

5. 电子商务引发的税收管辖权矛盾

一国对另一国销售商在互联网上销售的商品或服务按什么原则征税的问题,其最终可归属于该国行使什么样的税收管辖权问题。目前,世界各国实行不同的税收管辖权。但总体来看，都是坚持来源地税收管辖权优先的原则。电子商务出现以后，给行使来源地税收管辖权带来了困难，各国对所得来源地的判定发生了争议，加剧了国与国之间税收管辖权的潜在冲突，并为一些跨国集团的避税、逃税提供了方便。同时，由于电子商务不存在国界，其各种商务活动都是在加密的条件下进行的，并且是以电子货币的形式支付，这将使避税方式更为多样。

案例 3-6

淘宝网店逃税 400 余万元获刑案例

2012 年 6 月以来，唐某及其妻子韩某雇用多名人员，多次在韩国免税店大量采购名牌首饰、化妆品、包等物品，并采取行李夹藏的方式，经国内航空口岸将货物走私入境，偷逃关税，再雇人将物品快递至无锡的仓库，通过淘宝网对物品进行销售。

宁夏回族自治区银川市检察院以涉嫌走私罪对唐某等提起公诉，法院作出一审判决，以走私普通货物、物品罪判处唐某有期徒刑六年，并处罚金 50 万元，其余 5 名被告均以走私普通货物、物品罪被判处缓刑，并处罚金 3 万元至 30 万元不等。

资料来源：中国日报网。

3.4.2 电子商务消费者权益和个人隐私权的法律

电子商务所具有的特殊性，给消费者权益的法律保护带来了许多前所未有的新问题。

1. 电子商务消费者权益

案例 3-7

淘宝卖家诉买家公开差评侵犯名誉权

原告某商贸公司为淘宝卖家，认为买家李某在没有任何事实依据的情况下给予差评，公开评论假货，诋毁并侮辱了卖家，造成其商誉严重受损、产品销量下降，该淘宝卖家认为李某侵犯其名誉权，将李某诉至北京互联网法院。2019 年 9 月 11 日，北京互联网法院开庭审理此案。

被告认为原告未尽到商家告知义务的情况下，反复要求消费者提供检验报告和相关证据，证明其销售假货，这无异于推脱和欺凌。被告买家信誉度良好，给出差评基于该产品事关幼儿食品安全、客服初期态度消极、提出差评后客服处理方式生硬等原因，无主观恶意，并非侵犯名誉权。被告同意删除评论及相关附件，不同意赔礼道歉、赔偿损失。

法院审理认为，被告发表淘宝差评，并非为了故意贬损卖家的名誉，不存在主观过错，对原告不构成诽谤、诋毁，未损害原告名誉权。但被告在与客服沟通过程中使用的言辞确有不当，并不可取，将聊天内容中的过激言论放置在评论中公之于众，将存在侵权风险。鉴于目前该评论处于屏蔽状态无法显示，被告也同意删除全部内容，故被告不承担侵权责任。

资料来源：光明网法制频道。

纵观我国现有的法律法规，对电子商务中消费者权益的法律保护散见于《中华人民共和国民法典》《中华人民共和国消费者权益保护法》《中华人民共和国产品质量法》《计算机信息网络国际联网安全保护管理办法》等法律法规之中，而且内容简单、分布零散，远不能适应电子商务迅速发展所要求的对消费者权益保护的迫切需要。目前，网上消费者权益保护在我国还是一个"盲点"。因此，加强对电子商务中消费者权益保护的法律研究和立法，已经迫在眉睫。

电子商务中网上诈骗、知情权受限、售后服务没有保障等问题已摆在广大消费者面前，加之原有的法律保护已显乏力，这就对消费者权益保护提出了新挑战，需要尽快寻求对策予以解决。

2. 个人隐私权

隐私是指个人生活中不愿公开或为他人知悉的秘密，如个人日记、个人私生活和财产状况等。隐私权是指自然人享有的对其与社会公共利益无关的个人信息、私人活动和私有领域进行支配的一种人格权。在传统的消费关系中，商家一般很少询问消费者的姓名、年龄、地址和收入等，故而消费者隐私的保护不属于消费者权益保护的内容。而电子商务与传统商务不同，电子商务经营者在交易过程中往往要求交易对方提供很多个人信息，同时也可以利用技术手段获得更多他人的个人信息。对于消费者所提供的这些个人信息，不少网站并没有像事先承诺的那样采取严格的保密措施；有的网站为了扩大销售额，利用消费者的个人信息建立了数据库，不仅"轰炸"消费者的邮箱，甚至利用技术手段"杀熟"；有的甚至将这些信息卖给其他网站以谋取经济利益。此外，有的网站还制定了专门的隐私权条款，在其中单方面免除自己侵害消费者隐私权时所应承担的法律责任，或者以格式条款的形式强制消费者授权其对个人信息的收集、使用的权利，以免除自己侵犯消费者隐私权时所应承担的法律责任。这些条款均构成了对消费者隐私权的侵犯，所以当然是无效的。

案例 3-8

消费者网络隐私案

南京的网民朱女士发现，之前在家上网时，通过百度搜索了一些关键词如"减肥、丰胸"，竟在她打开的很多不同的网站上都能看到包含这些关键词的广告。朱女士感到恐慌，认为自己的隐私被泄露、被侵犯，于是向南京市鼓楼区人民法院提起诉讼，要求百度网讯科技有限公司立即停止侵犯原告隐私权的行为，并赔偿精神损害抚慰金 1 万元。

据技术人士分析，其实这是百度公司利用网络技术，通过 Cookie 信息，记录和跟踪了朱女士所搜索的关键词，将她的兴趣爱好、生活习惯等个人隐私信息显露在相关网站上，并利用记录的关键词在她浏览网页时进行特定的广告投放。

本案经过二次庭审，朱女士的调解条件为对方承认侵权并赔偿 1 万元精神损害抚慰金，百度的调解条件则是对方承认未构成侵权，同时表示将给予一定的经济补偿。由于双方要求差距太远，最终未能达成调解。

2012 年 12 月，我国正式通过《关于加强网络信息保护的决定》，以及 2014 年 3 月 15 日正式实施的第二次修正的《中华人民共和国消费者权益保护法》等法规都规定，互联网企业收集用户隐私必须合法、正当、必要，且用户必须有选择权和知情权，但对网络运营商通过 Cookie 搜集网民信息行为是否侵犯隐私权，尚无法律作具体规定。从这个意义上说，对互联网业界运用广泛的此类所谓"精准营销"是否侵犯隐私权，此案将有一定的示范意义。

资料来源：新华日报。

对于消费者网络隐私的法律保护，应主要包括两个方面：一是对经营者合法取得的消费者隐私的保密责任，以及经营者对消费者个人信息的使用应仅限于取得消费者的许可或法定授权的范围之内；二是对经营者非法获得消费者隐私的禁止性规定。当然，切实抓紧有关隐私权保护的立法工作，并修订相关的法律法规，使隐私权的保护在我国有基本的法律保障，以消除消费者对泄露个人隐私及重要个人信息的担忧，这才是最重要的。

案例 3-9

快递员泄露客户信息获利

2016 年，深圳南山法院一审开庭，一名某速运公司的员工宋某向他人出售公司内部账号和密码，导致 20 万余个公民个人信息泄露。

案情显示，自 2015 年 8 月开始，被告人宋某利用其某速运公司员工的身份，获得同事的公司操作平台员工账号和密码后，将自己的虚拟专用网权限与公司账号、密码一同提供给另一名被告人曹某。

其后，曹某通过外网登录了该速运公司的虚拟专用网服务器，访问运单查询系统，并下载了大量的客户运单信息。然后，曹某把这些客户运单信息交由另一被告人李某贩卖获利。一名网店老板黄某以人民币 1000 元的价格向李某购买了个人信息 100 万条，用于发送信息宣传其网店。

截至被抓之日，宋某收取曹某给予的报酬人民币 38000 元，曹某贩卖公民个人信息获利人民币 60000 多元，李某分得人民币 5000 多元。

最终宋某、曹某、李某、黄某四人均因侵犯公民个人信息罪而获刑。其中快递员宋某获刑一年三个月，曹某获刑两年，李某获刑 11 个月，黄某则被判缓刑。四人被处罚 5000 元到 30000 元不等。

资料来源：广州日报。

3.4.3 网上拍卖和竞买法律

1. 网上拍卖的法律形式

网上拍卖的通常做法是，由网络服务商为商品所有者或权益所有人(通常称商品供应商)在网络上提供一个技术平台，以便商品供应商能够在该技术平台上标明和出售相关商品。商品竞买人通过上网，进入商品供应商所使用的技术平台，了解平台上有关商品的情况介绍后，进入其有兴趣购买商品的网上虚拟拍卖场，在网页上不断变动的商品标价中，选中该商品标价，如标价停止跳动，竞买人即以选中时的价格确定并传输对该商品的购买信息。商品供应商通过网络收到竞买人的购买信息后，在商品所在技术平台所标明的承诺期限内，将商品送到竞买人手中。竞买人按在网上选中的商品标价支付货款，该项网上

拍卖交易即告完成。在网上拍卖中,商品供应商一般是按与网络服务商(网络平台提供者)、拍卖网站事先达成的协议或约定,支付网络平台使用费。

从上述交易形式可以看出,网上拍卖必须有商品供应商、网络服务商和商品竞买人三方当事人共同参与,才能构成一个完整、有效的网上拍卖交易活动。

案例 3-10

颇具争议的中国第一例网上拍卖案

1999 年 10 月,北京市海淀区人民法院受理了轰动一时的中国第一例网上拍卖案件。

原告张岩参加了金贸网拍公司与国安五龙公司于 1999 年 10 月 1 日至 5 日联合举行的网上拍卖活动,购得 3 台计算机,并已将货款汇出,但金贸网拍公司却以拍卖系统出现故障为由,对拍卖结果不予认可。故原告起诉要求两公司实际交付其所购计算机,并赔偿因计算机市价贬值而造成的损失 12103 元。

被告北京金贸网拍公司辩称,其按法定期限通过计算机系统在网上发布拍卖公告,写明拍卖期为 1999 年 10 月 6 日至 10 日。因计算机系统出现故障,导致拍卖程序在拍卖活动正式开始之前自行启动,但公告内容并未发生变化,考虑到确系网站系统故障导致上网浏览的用户可以报价,被告决定接受 10 月 5 日之前的所有报价。但张岩的报价低于委托方的保留价,故其报价不具备法律效力。另外,被告称其并没有对原告出具任何有效的确认手续,故不同意张岩之诉讼请求。

2000 年 3 月 22 日,北京市海淀区人民法院作出海民初字第 11096 号民事判决书,认为被告的系统出现故障,张岩的应价虽然经过拍卖系统确认,但低于委托人的保留价,其应价无效。原告不服一审判决,向北京市第一中级人民法院提出上诉,二审法院最终驳回上诉,维持原判。

该案件涉及电子合同双方当事人身份的确认、拍卖合同这个电子合同是否成立、电子合同什么时间成立、交易系统故障承担的法律责任等法律问题。现在国际上对如何确认电子商务的交易主体通行的做法是使用电子签名。2000 年 6 月 30 日,美国最早赋予电子签名法律效力确认交易主体。中国则在 2004 年全国人大常委会通过的《中华人民共和国电子签名法》中明确了电子签名的法律效力。

资料来源:找法网。

2. 网上拍卖的法律性质

网上拍卖在三方当事人的共同参与中,相应地形成了三个法律关系。从网上拍卖成交过程来看:一是商品供应商与网络服务商之间的法律关系;二是网络服务商与商品竞买人之间的法律关系;三是商品竞买人与商品供应商之间的法律关系。网上拍卖是上述三个法律关系呈三角形交互运行的结果,并在网络虚拟世界交互运行中得以完成。

网络服务商仅提供网络拍卖技术平台或拍卖网站作为网络交易场所,并不参与或实施网上商品拍卖交易的任何行为,也不承担网上拍卖交易的任何法律后果。因此,网络服务商只是网上拍卖交易场所的提供者而不是网上拍卖交易的主持者或参与者。网上拍卖是商品供应商与商品竞买人借助网络虚拟世界,通过网络服务商提供的技术平台,运用信息传输技术进行的商品买卖交易。与此相类似的是,商品竞买人作为网民,与网络服务商或拍卖网站之间形成的也是有偿或无偿使用网络技术平台的民事法律关系。竞买人在该法律关系中,通过使用网络拍卖技术平台或拍卖网站,竞买商品供应商在其中展示、标价出售的商品或某些权益,并通过网络拍卖技术平台或拍卖网站这样的"网络交易场所"与商品供应商建立商品买卖的民事法律关系。

3. 网上拍卖的法律问题

网上拍卖作为供应商与竞买人之间建立的商品买卖合同关系,根据网上拍卖的法律特征,存在以下法律后果。

(1) 网上拍卖合同的效力问题。网上拍卖系商品供应商在网络拍卖技术平台展示和标明商品的价格,由商品竞买人单击拍卖商品而达成的商品买卖合同,电子数据及其交换是这种合同的表现形式。

(2) 网上拍卖的违约责任及承担。网上拍卖合同作为商品买卖合同,在履行中既可能出现商品供应商的单方违约(如商品供应商未按承诺的期限交付拍品),又可能出现商品竞买人的单方违约(如拒绝支付拍卖货款),也可能出现双方当事人均违反合同约定的情况,而且特别容易引起商品质量争议。

(3) 网上拍卖中网络服务商的违约问题。在网上拍卖中,可能出现因网络服务商的不当行为而致拍卖合同的签订、履行发生争议。例如,网络服务商在网络技术平台中发布的拍卖信息与商品供应商提供的拍卖信息有差异,致使商品供应商、竞买人达成拍卖合同后发生纠纷。又如,商品供应商和商品竞买人一方或双方确因重大误解而订立网上拍卖合同,双方当事人可经协商、申请仲裁或通过诉讼程序撤销拍卖合同。同时,商品供应商可依据与网络服务商签订的网络平台使用协议,要求网络服务商承担相应的法律责任;商品竞买人也可以依据与网络服务商签订的网络平台使用协议,要求网络服务商承担相应的法律责任。

(4) 网上拍卖中的诈骗犯罪问题。网上拍卖交易中,可能发生借助互联网拍卖方式进行的经济诈骗犯罪活动。例如,"商品供应商"并没有其展示出售的物品或"商品竞买人"并没有竞购拍品的经济能力,却事先单方或双方共同预谋实施网上拍卖行为,在收到货款或拍品后,逃之夭夭。网络服务商只是提供网上拍卖的交易场所,并不是"商品供应商"或"商品竞买人"一方或双方的委托代理人,且事先已声明对拍卖交易出现的后果概不负责。在目前网络交易法规不健全的情况下,要求网络服务商承担网上拍卖诈骗犯罪活动的民事连带赔偿责任因无事实和法律依据而失之偏颇,应当由诈骗犯罪嫌疑人根据其犯罪行为的危害程度及后果,承担相应的刑事责任和民事赔偿责任。

3.4.4 电子商务救济法律

法律的基本功能在于,在追求公平与正义的前提下维护被侵害方的利益,并达到各方利益的平衡。因此诉权成为人的基本权利,即通过司法程序解决纠纷是公民的基本权利。但是权利主体的要求是多方面的,其最终目标也不尽相同,在其做出进入司法程序并不能很好地解决自己问题的判断时,可以选择其他解决方式,只要这种方式被法律确立为具有维护公平与秩序的功能。这种不通过司法诉讼解决电子商务中产生纠纷的方式被称为电子商务救济法律。

电子商务中所有的交易信息都以电子数据的形式存在,具有易改动性和易灭失性,假如交易中的一方认为有不利于自己的情况发生,其可以随时撕毁协议拒不认账。一旦对交易结果有争议,证据保存的问题、争议解决地的问题等会相当突出。这会给电子商务带来巨大的交易成本,交易安全也无从谈起。即使通过技术手段解决了交易信息的确认问题,争议的解决在程序上仍然存在很多矛盾。寻求公权救济是解决争议的基本形式。在电子商务中,确定提起诉讼的地点困难很大,也就是管辖权的确定问题。地点难以确定,也就难以寻求公权救济,在国际贸易中这种困难显得尤其突出。

在这种情况下,选择性纠纷解决(也可称替代性纠纷解决)成为被国际司法界普遍看好的一种解决争议的方式,而这种方式显示出的高度的当事人意思自治原则,为争议方实现完全的自助救济奠定基础。具体而言,选择性纠纷解决是不通过司法途径解决纠纷的方式,现在普遍认为有仲裁、调解、谈判和解等几种方式。为解决前述电子商务引发的通过诉讼方式解决纠纷的诸多难题而产生的选择性纠纷解决的新形式——在线纠纷解决(Online Dispute Resolution,ODR),是既顺应了社会发展的新需求,又充分利用新技术的纠纷解决方式,成为当今国际贸易中交易各方有着相当接受程度的争议解决方式。

本 章 小 结

互联网的出现,不但改变了人们的生活方式,也极大地改变了商务活动的模式和规则。电子商务与传统商务一样,由交易准备、磋商谈判和交易执行三个主要部分组成,与之不同的是,电子商务以信息技术、信息资源和信息网络的利用为基础。加强电子商务立法,规范和解决信息技术、信息资源和信息网络利用过程中发生的种种社会关系和问题,对于促进电子商务活动的健康发展具有十分重要的作用。本章在介绍电子商务法的概念、特点、地位与原则,以及电子商务基本法律制度的基础上,重点从电子商务交易、电子商务信息资源、电子商务安全、电子商务知识产权、网络广告、电子商务金融、电子商务税收、电子商务消费者权益和个人隐私权、网上拍卖和竞买、电子商务救济等角度分析与探讨电子商务法律的具体内容。

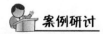关键术语

数据电文(Data Message)
认证机构(Certification Authority,CA)
注册机构(Registration Authority,RA)
在线纠纷解决(Online Dispute Resolution,ODR)

案例研讨

"裸奔"在互联网时代

生活在互联网时代,为了获取生活上的便利,你不得不让渡一些隐私权。

2019年,一款名为ZAO的软件能让普通大众通过换脸技术在众多影视剧的名场面中出镜,与最爱的明星演对手戏,受到许多人的追捧。但一些人对这款软件的用户协议发出质疑,在最初的版本中,用户需

要授权 ZAO"在全球范围内完全免费、不可撤销、永久、可转授和可再许可的权利……"还有人担心，别有用心的人会用这款软件生成的视频盗刷自己的支付宝。

这款软件曾一度登上了微博热搜前十，之后又登上苹果应用商店免费 App 下载排名榜首位。

但因涉嫌隐私安全，面对汹涌的舆论，ZAO 很快更新了有关协议，修改了那些令人不舒服的内容，但新的协议只是用更委婉的说法表达了相似的意思。

站在互联网公司的立场，不难理解这些公司对数据的渴求，用户数据是一笔宝贵的财富。

有些时候，个人数据的应用显得也不那么"恶"。基于用户曾听过的音乐、看过的电影，平台能推荐用户可能喜爱的作品；搜索记录让淘宝更清楚用户需要什么商品。

但作为用户，对隐私无限度的刺探只会让人感到不适。更何况，用户数据被盗取甚至被服务商售卖的情况也不少见。一条包含姓名、手机号、身份证号的个人信息在"黑市"价值不过几毛钱。花不到 100 元，就可以轻松获取一个人的开房记录、飞机行程，乃至在什么时间点了什么外卖、送到了什么地点。

在智能手机普及的今天，隐私是一件几乎不存在的事情。你连接的 WiFi 暴露了你的行踪，你在搜索引擎点击的链接和广告暴露了你的爱好，你在淘宝搜索的商品暴露了你的消费水平。《纽约时报》的一篇报道称，仅在美国，就有至少 75 家公司从事与定位有关的业务，追踪的手机多达 2 亿部。

ZAO 也发布声明，称其不会存储个人面部生物特征识别信息，并会依从相关法律法规的规定删除相应信息。在法律层面上，ZAO 很容易做到合规，但用户仍然要面对巨大的风险，不是每个公司都具备保密用户信息的能力。

2018 年 3 月，Facebook 被曝超过 5000 万条用户数据泄露，并用于影响美国大选；商家利用大数据"杀熟"的情况也时有发生。有人猜测，AI 换脸可能被用于蒙骗老人，或是冒充公检法诈骗。对此，欧盟于 2018 年出台《通用数据保护条例》，规定用户拥有"被遗忘权"等权利。违法企业罚金可达 2000 万欧元，或其全球营业额的 4%，以高者为准。条例生效后，不少网站和软件直接屏蔽了欧盟地区，或只对欧盟用户提供简陋的纯文字版网站。

2017 年 6 月，《中华人民共和国网络安全法》实施，包含保护个人信息的条目。最高法和最高检也出台了有关公民个人信息适用法律若干问题的解释。

《通用数据保护条例》定义的数据包括基因数据，以及包括人脸和指纹在内的生物特征识别数据。但在技术飞速发展的今天，新的问题又出现了。人脸识别技术中，人脸图像是隐私，但人脸图像在识别系统中对应的数字算不算个人隐私呢？虽然这串数字不能反推出图像，但它就像身份证号一样，每张脸都不同，且一一对应。针对这类技术细节的立法仍是空白。

身处这个信息社会，虽然人们一直想方设法保护自己的隐私，但在事实层面上，人们在互联网上早就近乎"裸奔"的状态。因此，我们期待相关法律法规能出台得更快一点，最好快于技术被滥用的速度。

资料来源：中国青年报

案例思考：阅读此案例与本章引例，思考在互联网时代，隐私权保护方面存在哪些问题，在法律层面有什么解决的途径。

思考与练习

一、选择题

1. 下列选项中，不属于电子商务法基本原则的是(　　)。
   A．中立原则　　　B．技术原则　　　C．自治原则　　　D．安全原则

第 3 章　电子商务法律

2．电子商务法是调整以数据电文为交易手段而形成的因(　　)所引起的商务关系的规范体系。
　　A．交易形式　　　B．交易内容　　　C．交易方式　　　D．交易结果
3．电子商务法的特征是(　　)。
　　A．技术性　　　　　　　　　　B．开放和兼容性
　　C．公益性　　　　　　　　　　D．国际性
4．中国目前有两部电子商务法律，其名称和实施时间分别是(　　)。
　　A．《中华人民共和国电子签名法》2005 年，《中华人民共和国电子商务法》2019 年
　　B．《中华人民共和国电子签名法》2004 年，《中华人民共和国电子商务法》2018 年
　　C．《中华人民共和国电子签名法》2005 年，《中华人民共和国电子商务法》2018 年
　　D．《中华人民共和国电子签名法》2004 年，《中华人民共和国电子商务法》2019 年
5．网络著作权的权利包括(　　)。
　　A．复制权　　　B．发行权　　　C．修改权　　　D．传播权

二、思考和讨论题

1．简述电子商务法的概念。
2．什么是电子商务法律的调整对象、性质和特征？
3．电子商务法应遵循哪些基本原则？
4．电子商务交易的法律问题有哪些？
5．在电子商务立法中应该对安全认证采取哪些措施？

三、实践题

逐条分析《中华人民共和国电子商务法》，在现实中找出这些条款都是针对哪些电子商务领域的问题制定的。

技术篇　第 2 篇

第 4 章　计算机网络技术
第 5 章　电子商务网站建设
第 6 章　电子商务安全
第 7 章　电子商务支付
第 8 章　电子商务物流

计算机网络技术

第4章

学习目标

通过本章的学习，了解计算机网络的分类和体系结构；了解互联网协议的构成及其作用，掌握子网掩码计算；掌握网络互连的基本原理，熟悉网络连接设备的使用，掌握常用的网络接入方式；了解虚拟专用网的应用及技术；了解移动互联网的发展历史，掌握移动互联网的应用；了解物联网的发展情况。

教学要求

知识模块	知识单元	相关知识点
计算机网络概述	(1) 计算机网络的形成及发展 (2) 计算机网络的分类 (3) 网络体系结构的组成 (4) 虚拟专用网	(1) 计算机网络的定义 (2) 网络拓扑结构 (3) TCP/IP 参考模型 (4) 虚拟专用网的原理
Internet 基础	(1) Internet 的基本概念及发展 (2) 主要 Internet 接入方式 (3) Internet 域名与 IP 地址	(1) ARPANET、NSFNET、Internet (2) PSTN、ISDN、ADSL、Cable Modem、FTTB、DDN、无线接入 (3) 域名 (4) IP 地址及分类 (5) 子网掩码 (6) 域名解析 (7) IPv4、IPv6
移动互联网 与物联网	(1) 移动互联网的发展 (2) 移动互联网的应用 (3) 物联网	(1) 移动互联网的定义 (2) 现代移动通信技术 (3) 移动终端设施 (4) 移动网络设施 (5) 移动应用设施 (6) 云技术

思维导图

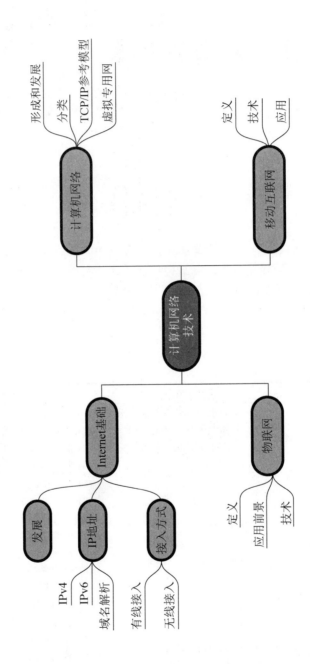

第4章 计算机网络技术

章前导读

本章主要介绍支持电子商务运行的网络的基础知识,理解电子商务运行所基于的网络基础平台,介绍计算机网络原理和 Internet 应用,以及移动互联网的发展和应用技术等知识。

引例

"5G+物联网"推动物流高度互连

2019年7月,京东物流联合中国联通一起发布了一份名为《从连接到智能——5G助力物流数字化转型升级》的研究报告。报告中提出了将5G和物联网应用到物流的仓储、园区管理、配送、安防、交通等环节,会发生的各种改变。例如,借助5G大连接特性,应用仓储机器人和智能装备设施的智能仓;利用5G高速率、低时延特性,实现的无人配送车、巡检无人机等(图4.1)。

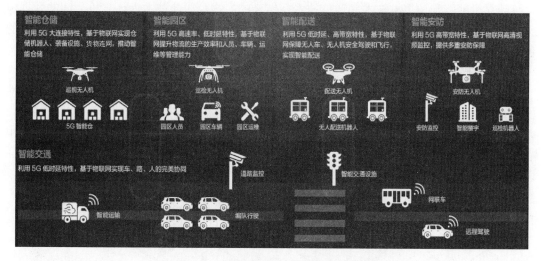

图4.1 "5G+物联网"在物流中的应用

物流是电子商务中的重要环节,随着技术的发展,未来电子商务物流将实现真正的智能化,当然智能化的实现,离不开网络的建设。企业与企业之间、企业与个人之间的电子商务均需通过网络来实现,这种利用网络技术的电子商务模式,给企业带来了经营战略、组织管理及文化冲突等方面的变化。

4.1 计算机网络概述

4.1.1 计算机网络的形成与发展

1. 计算机网络的定义

计算机网络是利用通信设备和通信线路,将地理位置分散的、具有独立功能的多个计算机系统连接起来,通过网络软件实现网络中资源共享和数据通信的系统。

计算机网络的基本组成:地理位置不同、具有独立功能的计算机或其他终端设备;由传输介质(如双绞线、同轴电缆、光纤、激光、微波、卫星等)和通信设备(如网关、网桥、路由器、调制解调器等)实现物理互连;需要有某些约定和规则,即协议,实现逻辑互连。网络中需配备功能完善的网络软件,包括网络通信协议(如 TCP/IP、IPX/SPX 等)和网络操作系统(如 Netware、Windows Server、Linux 等)。

2. 计算机网络的发展

计算机网络是计算机技术和通信技术相结合的产物。通信技术为计算机之间的数据传递和交换提供了必要的手段;计算机技术的发展渗透到通信技术中,又提高了通信网络的各种性能。

随着技术的不断发展,计算机网络经历了从简单到复杂、从单机到多机的演变过程。

第一阶段(始于 20 世纪 50 年代),以单个主机为中心的远程连机系统,构成面向终端的计算机网络,如图 4.2 所示。例如,20 世纪 60 年代初的美国航空订票系统 SABRE-1,由一台中心计算机和分布在全美范围内的 2000 多个终端组成,各终端通过电话线连接到中心计算机。

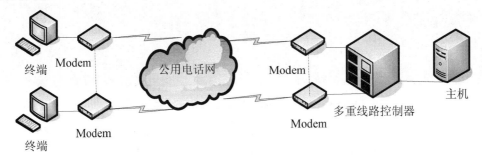

图 4.2 单机系统的典型结构

第二阶段(始于 20 世纪 60 年代末),由多个具有独立功能的主机通过通信线路互连,形成资源共享的计算机网络,如图 4.3 所示。整个网络由资源子网和通信子网组成。资源子网由网络中的所有主机、终端、终端控制器、外设(如网络打印机、磁盘阵列等)和各种软件资源组成,负责全网的数据处理和向网络用户(工作站或终端)提供网络资源和服务。通信子网由各种通信设备和线路组成,承担资源子网的数据传输、转换等通信工作。

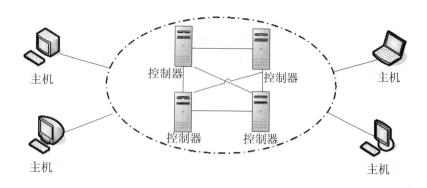

图 4.3 多机互连的逻辑结构

第三阶段(始于 20 世纪 70 年代末)，形成具有统一的网络体系结构、遵循国际标准协议的计算机网络。1984 年，国际标准化组织(International Organization for Standardization，ISO)正式颁布了国际标准 OSI-RM(Open System Interconnection Reference Model，开放系统互连参考模型)，即著名的 OSI 七层模型。OSI-RM 及标准协议的制定和完善大大加速了计算机网络的发展。

第四阶段(始于 20 世纪 80 年代末)，形成互连、高速、向智能化方向发展的计算机网络。此时，通过数字化大容量光纤通信网络，使得政府部门、金融机构、企业、教育部门和家庭等多个领域的计算机互连，同时也为电子商务的产生提供了环境。

4.1.2 计算机网络的分类

计算机网络依据不同的分类标准划分为以下几类。

1. 按网络的地理覆盖范围不同分类

(1) 局域网。

局域网是在几千米以内的局部范围构建的网络，属于一个部门或单位组建的小范围网络。局域网组建方便、使用灵活，具有高数据传输速率、低误码率的高质量数据传输能力。

(2) 城域网。

城域网介于局域网与广域网之间，其范围可覆盖一个城市或地区。城域网技术是使用具有容错能力的双环结构，具有动态分配带宽的能力，支持同步和异步数据传输，并可以使用光纤作为传输介质。

(3) 广域网。

广域网往往被大型企业集团、跨国公司、科学研究机构、军事部门、政府部门所采用。广域网一般由多个部门或多个国家联合组建，能实现大范围内的资源共享，如我国的公用数字数据网、公用分组交换数据网等都属于这一类网络。

(4) 全球网。

全球网是一个分布在全球范围的网络，互联网就是这类网络中的典型代表。全球网是利用网络互连技术和互连设备(如路由器)将分布在世界各地的各种局域网、城域网和广域网连接起来，而形成的一个全球性的网际网，能实现全球范围的资源共享。

2. 按网络的拓扑结构不同分类

网络拓扑可反映网络中各实体之间的结构关系,有星型、环型、总线型、树状和网状等。其中,星型、环型、总线型是三种基本的拓扑结构。

(1) 星型网络。

星型是局域网中最常用的物理拓扑结构,是一种集中控制式的结构,如图 4.4 所示。星型网络以一台设备为中央结点,其他外围结点都通过一条点到点的链路单独与中央结点相连。中央结点可以是服务器或专门的集线设备(如 Hub),各结点之间的通信必须通过中央结点进行。

星型网络的优点是结构简单,容易实现,易扩充,易维护、管理及实现网络监控,局部链路故障不影响其他结点间的正常通信;缺点是对中央结点的要求较高,如果中央结点发生故障,就会造成整个网络的瘫痪。

(2) 环型网络。

环型拓扑结构如图 4.5 所示。环型网络中各结点通过链路形成一个首尾相接的闭合环路,数据可以是单向传输也可以是双向传输。由于环线公用,一个结点发出的信息必须穿越环中所有的环路接口,信息流中的目的地址与环上某结点地址相符时,信息被该结点的环路接口所接收,之后信息继续流向下一环路接口,直到流回到发送该信息的环路接口结点为止。环型结构有单环和双环之分。

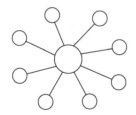

图 4.4 星型拓扑结构

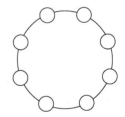

图 4.5 环型拓扑结构

环型网络的优点是结构简单,信息的传输延迟时间固定,且每个结点无主从关系,通信机会相同;缺点是可扩充性差,可靠性差,单个结点发生故障可能会引起全网故障。

(3) 总线型网络。

总线型拓扑结构如图 4.6 所示。总线型网络采用一条通信线路即总线作为公共的传输通道,所有结点均连接到总线的对应接口,即所有的结点共享同一条数据通道,结点间通过广播进行通信。

总线型网络的优点是结构简单,易于扩展,组网灵活方便,费用低,个别结点发生故障不会影响网络中其他结点的正常工作;缺点是传输能力低,易发生"瓶颈"现象,安全性低,总线的故障会导致网络瘫痪,结点过多会降低网络性能。

(4) 树状网络。

树状拓扑结构可以看作是星型拓扑结构的扩展,是一种分层结构,具有根结点和各分支结点,是一种广域网常用的拓扑结构,如图 4.7 所示。

树状网络中,除了叶结点,所有根结点和子结点都具有转发功能,其结构比星型网络复杂,数据在传输的过程中需要经过多条链路,时延较大,适用于分级管理和控制系统。

(5) 网状网络。

网状拓扑结构如图 4.8 所示。网状网络由分布在不同地点、各自独立的结点经链路连接而成,每个结点至少有一条链路与其他结点相连。

网状网络的优点是可靠性高,灵活性好,结点的独立处理能力强,信息传输容量大;缺点是结构复杂,不易管理与维护,投资费用高。

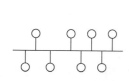 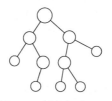 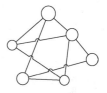

图 4.6　总线型拓扑结构　　　图 4.7　树状拓扑结构　　　图 4.8　网状拓扑结构

3. 按网络的管理方式不同分类

(1) 客户机/服务器网络。

客户机/服务器(Client/Server,C/S)网络采用一台或多台高性能的计算机专门为其他计算机提供服务。提供服务的计算机称为服务器;发出请求服务的计算机称为客户机。其结构如图 4.9 所示。

C/S 网络结构是最常用、最重要的一种网络类型。网络性能在很大程度上取决于服务器的性能和客户机的数量。C/S 网络的改进结构是浏览器/服务器(Browser/Server,B/S)网络结构。

(2) 对等网络。

对等(Peer to Peer,P2P)网络又称工作组。对等网络中不需要专门的服务器,网上每台计算机都以相同的地位来访问资源和提供服务。其结构如图 4.10 所示。对等网络可以用来进行流媒体通信(如语音、视频或即时消息),也可以传送控制命令、管理信息和其他数据文件。对等网络各结点的能力和资源可以共享,理论上来说网络的能力和资源是各结点的总和。P2P 技术的应用使得业务系统从集中向分布演化,特别是服务器的分布化,克服了业务结点集中造成的瓶颈,大大降低了系统的建设和使用成本,提高了网络及系统设备的利用率。对等网络具体应用于即时通信软件、网络游戏、数据搜索及查询、协同分布式计算、文件资源和软件共享、软件存储、协同处理、虚拟货币、多点文件下载等。

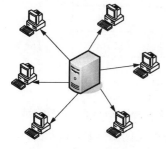 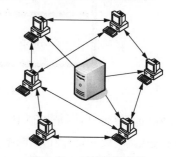

图 4.9　C/S 网络结构　　　　　　　　图 4.10　对等网络结构

4. 按网络的使用范围不同分类

(1) 公用网。

公用网(Public Network)一般是由国家邮电或电信部门建设的通信网络。按规定缴纳相关租用费用的部门和个人均可以使用公用网。

(2) 专用网。

专用网(Private Network)是指由单位自建的、满足本单位业务需求的网络。专用网不向本单位以外的人提供服务，安全性较高。使用单位多为部队、铁路、电力等部门。

5. 按传输媒介不同分类

按传输媒介不同，可分为双绞线网络、同轴电缆网络、光纤网络、无线网络和卫星数据通信网络等。

4.1.3 网络体系结构 TCP/IP 参考模型

1. 网络体系结构

网络体系结构(Network Architecture)指计算机网络的各层及其协议的集合。换言之，计算机网络的体系结构即是这个计算机网络及其部件所应该完成的功能的精确定义。Internet 的飞速发展使 Internet 所遵循的 TCP/IP 参考模型得到了广泛的应用。

2. TCP/IP 参考模型

TCP/IP(Transmission Control Protocol/Internet Protocol，传输控制协议/网际协议)是一组用于实现网络互连的通信协议，是 Internet 上所使用的基础协议。Internet 网络体系结构是以 TCP/IP 为核心的。TCP/IP 参考模型如图 4.11 所示。

TCP/IP四层结构	TCP/IP协议簇	
应用层	HTTP	FTP
	Telnet	SMTP
	SNMP	DNS
传输层	TCP	UDP
网际互连层	IP,APR,RARP,ICMP	
网络接口层	以太网	令牌环网
	FDDI	ATM

图 4.11 TCP/IP 参考模型

TCP/IP 的网络接口层是 TCP/IP 与各种 LAN(Local Area Network，局域网)或 WAN(Wide Area Network，广域网)的接口。网络接口层在发送端将上层的 IP 数据报封装成帧后发送到网络上；数据帧通过网络到达接收端时，该结点的网络接口层对数据帧拆封，并检查帧中包含的物理地址。如果该地址就是本机的物理地址或者是广播地址,则上传到网际互连层,否则丢弃该帧。

网际互连层的主要功能是解决主机到主机的通信问题,以及建立互联网络。数据报可根据它携带的目的 IP 地址,通过路由器由一个网络传送到另一个网络。该层有四个主要协议:网际协议(Internet Protocol,IP)、地址解析协议(Address Resolution Protocol,ARP)、反向地址解析协议(Reverse Address Resolution Protocol,RARP)和互联网控制报文协议(Internet Control Message Protocol,ICMP)。其中,最重要的是网际协议。

传输层提供端到端的数据传输服务。该层定义了两个主要的协议:传输控制协议(Transfer Control Protocol,TCP)和用户数据报协议(User Datagram Protocol,UDP)。TCP 提供面向连接的可靠的传输服务;而 UDP 提供无连接的不可靠的传输服务。

应用层为用户提供所需要的各种服务。例如,目前广泛采用的 HTTP、FTP、Telnet 等是建立在 TCP 之上的应用层协议,不同的协议对应不同的应用。

4.1.4 虚拟专用网技术原理

随着电子商务的发展,企业需要通过 Internet 处理业务,需要组建自己的远程专用网络,这时必须考虑数据隔离性、安全性及管理性等问题。传统的组网方式价格昂贵、管理复杂,已经越来越不能满足用户的需求。一种既安全可靠又节省运营成本的网络通信方式——虚拟专用网(Virtual Private Network,VPN)技术应运而生,实现不同网络的组件和资源之间的相互连接。虚拟专用网能够利用 Internet 或其他公共互联网络的基础设施为用户创建隧道,并提供与专用网一样的安全和功能保障。

1. VPN 概述

VPN 允许远程通信,销售人员或企业分支机构使用 Internet 等公共互联网络的路由基础设施以安全的方式与位于企业局域网端的服务器建立连接。VPN 中的用户就像使用一条专用线路在客户计算机和企业服务器之间建立点对点连接,进行数据传输和安全通信。VPN 网络示意图如图 4.12 所示。

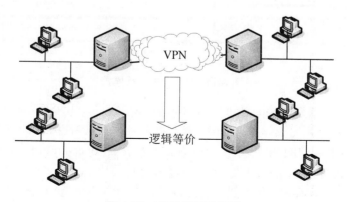

图 4.12 VPN 网络示意图

2. VPN 的隧道技术

VPN 区别于一般网络互连的关键是隧道的建立，数据包经过加密后，按隧道协议进行封装、传送，以保证安全性。例如，图 4.13 中的主机 X(10.1.0.1)将未加密的数据包进行加密，以确保安全，再将各种协议(如 IPX、NetBEUI 等)的数据包封装为统一的 IP 包的形式，通过隧道在公共网络上传输，发送到目的网络，再由解包器将数据包解密后发送到目的主机 Y(10.2.0.3)。隧道技术是指包括数据封装、传输和解包在内的全过程。

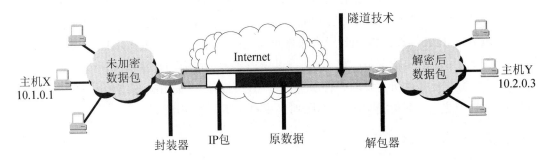

图 4.13 使用隧道技术的 VPN

一般在数据链路层实现数据封装的协议称为第二层隧道协议，如 PPTP、L2TP 等；在网络层实现数据封装的协议称为第三层隧道协议，如 IPSec 等。

(1) PPTP(Point-to-Point Tunneling Protocol，点对点隧道协议)的运行模式如图 4.14 所示。这种连接需要访问身份证明(如用户名、口令和域名等)和遵从的验证协议。只有当 PPTP 服务器验证客户身份之后，服务器请求回应，连接才算建立起来。PPTP 会话的作用就如同服务器和客户机之间的一条隧道，网络数据包由一端流向另一端。数据包在起点处被加密为密文，在隧道内传送，在终点将数据解密还原。PPTP 的加密方法采用微软点对点加密(Microsoft Point-to-Point Encryption，MPPE)算法，可以选用较弱的 40 位密钥或强度较大的 128 位密钥。

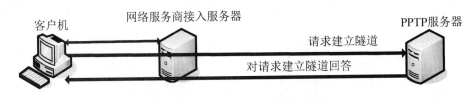

图 4.14 PPTP 的运行模式

(2) L2TP(Layer 2 Tunneling Protocol，第二层隧道协议)。LNS(L2TP Network Server)是 L2TP 的 VPN 服务器，完成对用户的最终授权和验证，接收来自 LAC 的隧道和连接请求，并建立连接 LNS 和用户的 PPP 通道。LAC(L2TP Access Concentrator)是 L2TP 的接入设备，提供各种用户接入的 AAA 服务，发起隧道和会话连接的功能，以及对 VPN 用户的代理认证功能，它是网络服务商提供 VPN 服务的接入设备。在物理实现上，LAC 既可以是配置 L2TP 的路由器或接入服务器，也可以是专用的 VPN 服务器。L2TP 的运行模式如图 4.15 所示。

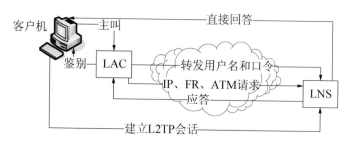

图 4.15 L2TP 的运行模式

(3) IPSec 是网络层协议,也是 IPv6 环境中的标准。在任何两个 VPN 结点通信之前,都要协商一个安全联盟(Security Association,SA),可以确保信息在整条隧道上的安全性。IPSec 已成为 IP 安全的一个应用广泛、开放的 VPN 安全协议,可确保运行在 TCP/IP 上的 VPN 之间的互操作性。IPSec 定义了一套用于保护私有性和完整性的标准协议,支持一系列加密算法(如 DES、3DES)。它检查传输的数据包的完整性,以确保数据没有被修改,具有数据源认证功能。

在 IPSec 协议中加上 ISAKMP(Internet Security Association and Key Management Protocol,互联网安全关联密钥管理协议),其中还包括一个密钥分配协议 Oakley。ISAKMP/Oakley 支持自动建立加密信道,密钥的自动安全分发和更新。IPSec 也可用于连接其他层已存在的通信协议,如支持安全电子交易(Secure Electronic Transaction,SET)协议和安全套接层(Secure Socket Layer,SSL)协议。即使不用 SET 或 SSL,IPSec 都能提供认证和加密手段以保证信息的传输。IPSec 用来在多个防火墙和服务器之间提供安全性。IPSec 可确保运行在 TCP/IP 上的 VPN 之间的互操作性。在实际应用中,IPSec 在客户机/服务器模式下需要公钥来完成。IPSec 最适合可信的 LAN 到 LAN 之间的虚拟专用网,即内部网虚拟专用网。

IPSec 的运行模式如图 4.16 所示。首先主机 A 与主机 B 通过 ISAKMP/Oakley 建立 SA 协商,约定安全地交换一套密钥来供连接使用。源主机 A 在传输层通过 TCP 或 UDP 进行 IPSec 隧道封装并加密数据(包括 SA 在内),通过低层传输到 Internet 中,到目的主机 B 后再自下而上地将加密数据按照事先规定好的密钥解密后读取原始数据。

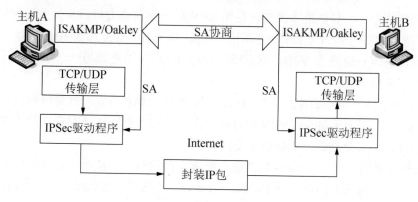

图 4.16 IPSec 的运行模式

3. VPN 的分类

根据 VPN 所起的作用不同,可以将 VPN 分为三类:VPDN、Intranet VPN 和 Extranet VPN。

(1) VPDN(Virtual Private Dial Network,虚拟专用拨号网)是远程用户和公司内部网之间的 VPN。

(2) Intranet VPN 是公司远程分支机构的 LAN 和公司总部的 LAN 之间的 VPN。通过 Internet 这一公共网络,将公司在各地分支机构的 LAN 连到公司总部的 LAN,以便公司内部的资源共享和文件传递等,可节省数字数据网等专线所需要的高额费用。

(3) Extranet VPN 是供应商、商业合作伙伴的 LAN 和公司的 LAN 之间的 VPN。由于不同公司网络环境的差异性,该产品必须能兼容不同的操作平台和协议。由于用户的多样性,公司的网络管理员还应该设置特定的访问控制表(Access Control List,ACL),根据访问者的身份、网络地址等参数来确定相应的访问权限,开放部分资源而非全部资源给外部网的用户。

案例 4-1

三地网络互连方案

某公司总部设在北京,在上海和杭州各有分公司,为了安全考虑和提高工作效率,信息主管需要彼此之间能够实时交换数据。通过向专业的网络服务公司咨询后,制定的实施方案如下:购买三台带有 LAN 到 LAN VPN 功能的路由器,分别放置在三个公司的网络出口上,所有终端都通过路由器共享上网。在总公司路由器上开放两个 VPN 账户,允许分公司路由器接入,以建立 VPN 通道。这样,就可轻松实现三地网络的互连。

资料来源:威易网。

从上面的例子来看,VPN 有以下几个优点。

(1) 廉价的协同办公。在 VPN 出现之前,很多企业会选择架设专线的方法来实现两个部门之间的协同办公,显然成本很高。使用 VPN 后,只需要支付日常的上网费用。

(2) 广泛的支持。VPN 支持常用的网络协议,基于 IP、IPX 和 NetBEUI 协议网络中的客户机都可以很容易地使用 VPN。这意味着通过 VPN 可以连接另一个网络中任何依赖于特殊网络协议的机器。

(3) 可信赖的安全性。PPTP、VPN 连接使用 PAP/CHAP 协议进行身份验证,数据传输中使用 MPPE 加密算法;IPSec VPN 则可以选择更多的加密和认证方式,即使数据和密钥被截取,也无法通过单独的密钥将数据还原。

(4) 保护内部网。当一个 VPN 数据包在网络上传输时,只能看到它的源地址和目标地址,无法知道该数据是发向内部网中的哪一台计算机。这样,既隐藏了内部网的网络拓扑,又进一步增强了安全性。

4.2 Internet 基础

4.2.1 Internet 基本概念及发展

Internet 是将成千上万的不同类型的计算机、采用不同协议组成的网络，按照一定的协议相互连接在一起，使网络中的每台计算机或终端就像在一个网络中工作，从而实现资源和服务共享。

从某种意义上说，Internet 是美苏"冷战"的产物。1969 年，美国国防部高级研究计划署资助建立了一个名为 ARPANet(中文译为阿帕网)的网络，把位于洛杉矶的加利福尼亚大学、位于圣巴巴拉的加利福尼亚大学分校、位于帕罗奥多的斯坦福大学，以及位于盐湖城的犹他州立大学的计算机连接起来，位于各个结点的计算机采用分组交换技术，通过专门的通信交换机和通信线路相互连接。该网络就是 Internet 的雏形。1980 年，世界上既有使用 TCP/IP 的美国军方的 ARPANet，也有很多使用其他通信协议的各种网络。美国国家科学基金会利用 ARPANet 发展出来的 TCP/IP，建立了名为 NSFNet 的广域网，子网数迅速从 100 个增加到 3000 多个。NSFNet 与其他已有网络和新建网络的连接真正成为 Internet 的基础。从 1995 年 5 月开始，多年资助 Internet 研究开发的美国国家科学基金会把 NFSNet 的经营权转交给美国三家最大的私营电信公司(Sprint、MCI 和 ANS)，随之以 Internet 运营为产业的企业迅速崛起。这是 Internet 发展史上的重大转折。

中国 Internet 的发展经历了以下四个阶段。

(1) 第一阶段(1987—1993 年)，以 E-mail 为主要应用的互联网间接连接。1987 年 9 月 20 日，钱天白教授发出我国第一封 E-mail"越过长城，通向世界"，拉开了中国人使用 Internet 的序幕。1993 年 3 月，中科院高能所租用 AT&T 国际卫星信道，通过 64Kb/s 专线直接接入美国国家实验室，进入美国能源网使用 E-mail。

(2) 第二阶段(1994 年)，与互联网的全功能直接连接，即国际 Internet 开通。1994 年 4 月 20 日，中国国家计算机与网络设施(National Computing and Networking Facility of China, NCFC)工程上的路由协议开通，NCFC 与美国 NSFNet 首次直接互连，从中国可以全功能地直接访问国外的 Internet。1994 年 5 月 21 日，在钱天白教授和德国卡尔斯鲁厄大学 Zorm 教授的协助下，在中科院计算机网络中心建立了中国国家顶级域名(CN)服务器，完成了在 InterNIC 的登记注册工作，并在国外设立了四个 CN 服务器副本，使我国的 Internet 运行和管理更加正规。

(3) 第三阶段(1995—1998 年)，中国 Internet 建设全面铺开。1995 年 5 月开始筹建 ChinaNet 全国骨干网。ChinaNet 采用分层体系结构，由核心层、区域层、接入层组成，全国设八大区，共 32 个结点。1997 年年底，国内四大网络实现互连互通。与此同时，各部委、各地区、各企事业单位纷纷与上述四大网络互连，掀起了建设计算机网络、发展 Internet 的热潮。1998 年年底，ChinaNet 骨干网二期工程启动，八大区的骨干网拓宽到 155Mb/s，国际出口带宽达 123Mb/s，用户数达 120 万人。在此阶段，知名的信息站点已经形成，如搜狐、上海热线等。

(4) 第四阶段(1999—2003 年)，推进中国电子政务为主要目标的信息化工程。1999 年正式启动的政府上网工程标志着我国电子政务的起步。"十五"规划要求 2～5 年内建成以"三网一库"为核心架构的电子政务网络信息平台，推进"十二金工程"，建设和推进十二项重点工程。"十二金工程"包括：为各级领导决策服务的"办公业务资源系统"和"宏观经济管理系统"；将所有税务机关和税种扩展成为全方位的税收电子化系统的"金税工程"；具有完整的通关业务电子化的"金关工程"；为国家预算编制和预算执行提供网络化、数字化服务的"金财工程"；对银行、信托、证券、保险进行有效监管的"金融监管工程"；实现审计工作数字化的"金审工程"；保障社会稳定、安全的"金盾工程"和"社会保障工程"；防伪打假的"金质工程"；应对水旱灾情的"金水工程"；为农业现代化服务的"金农工程"。

第五阶段(2004 年至今)。到此阶段，我国普通用户接入互联网已经是日常生活必备，中国的互联网向信息高速公路迈进。各互连单位骨干网网间直连带宽不断扩容，网络通信质量不断改善，居民小区落实光纤铺设直达用户末端，各企业、院校的局域网向千兆以太网升级。

伴随着传统互联网的快速发展，中国的移动互联网也随着移动网络通信基础设施的升级换代在快速发展。从 2009 年中国开始大规模部署 3G 移动通信网络，2014 年大规模部署 4G 移动通信网络，到 2020 年以来 5G 技术和设备的大范围部署，中国进入了移动互联网的时代。

Internet 经历了研究网、运行网和商业网三个阶段，以惊人速度向前发展，并从各个领域融入人们的工作和生活当中。Internet 提供了一种全新的全球性的信息基础设施。基于 Internet 的信息产业也成为推动世界向知识经济高速发展的原动力。

基于 Internet 的商业模式创新，让它成为十分出色的电子化商业媒介。电子邮件、IP 电话、网络传真、VPN 和电子商务等日渐受到人们的重视，尤其是电子商务在企业经营中起到了重要的作用。

4.2.2 主要 Internet 接入方式

要访问 Internet，首先必须使计算机与 Internet 连接。目前 Internet 的接入方式归纳起来大致有以下几种：拨号接入、ISDN 接入、专线接入、宽带接入和无线接入等。

根据中国互联网络信息中心(China Internet Network Information Center，CNNIC)数据(表 4-1)，截至 2020 年 12 月，我国国际出口带宽为 11511397Mb/s，较 2019 年年底增长 30.4%。而随着 4G 的普及和 5G 的应用，移动互联网的无线接入增长快速，2021 年 1—12 月，移动互联网接入流量消费达 1656 亿 GB，未来移动宽带将会成为企业和个人接入互联网的重要方式(图 4.17)。

表 4-1　主要骨干网络国际出口带宽数

主要骨干网络	国际出口带宽/(Mb/s)
中国电信，中国移动，中国联通	11243109
中国科技网	114688
中国教育和科研计算机网	153600
合计	11511397

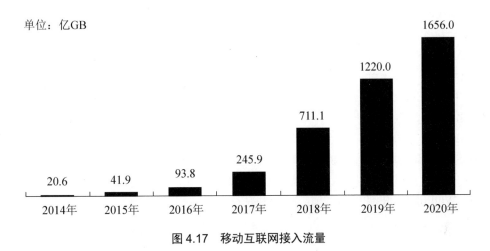

图 4.17　移动互联网接入流量

资料来源：工业和信息化部。

1. 有线窄带接入

有线窄带接入方式有公用电话交换网(Published Switched Telephone Network，PSTN)和综合业务数字网(Integrated Service Digital Network，ISDN)两种。

(1) PSTN 接入技术是利用 PSTN 通过 Modem 拨号实现用户接入的方式。由于电话网非常普及，只要将计算机和电话线接入 Modem 就可以直接上网。其最高速率为 56Kb/s，这种速率远远不能满足多媒体信息的传输需求。因此，PSTN 这种接入方式将被淘汰。

(2) ISDN 接入技术采用数字传输和数字交换技术，将电话、传真、数据、图像等多种业务综合在一个统一的数字网络中进行传输和处理。一条 ISDN 用户线路既可以上网也可以通电话。ISDN 基本速率接口有两条 64Kb/s 的信息通路和一条 16Kb/s 的信令通路，当有电话拨入时，它会自动释放一个信道进行电话接听。由网络终端 NT1 和 ISDN 适配器组成 ISDN 的终端设备。其接入技术示意图如图 4.18 所示。用户采用 ISDN 拨号方式接入需要申请开户并缴纳初装费，极限带宽为 128Kb/s，从发展趋势来看，ISDN 并不能满足高质量的视频点播等宽带应用，从而需要更高速的宽带接入方式来满足需求。

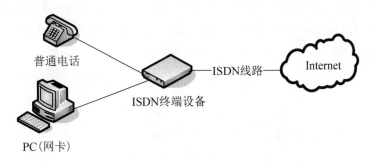

图 4.18　ISDN 接入技术示意图

2. 宽带接入技术

宽带接入技术有非对称数字用户线(Asymmetric Digital Subscriber Line，ADSL)、线缆

调制解调器(Cable Modem)、一种基于高速光纤局域网技术的宽带接入方式 FTTB(Fiber to the Building，光纤到大楼)、数字数据网(Digital Data Network，DDN)接入等。

(1) ADSL 利用现有的电话线，为用户提供上、下行非对称的传输速率，这与用户上网的实际使用情况非常吻合。ADSL 采用复杂的数字信号处理技术，最大限度地利用可用带宽达到尽可能高的数据传输速率。用户可以在打电话的同时进行视频点播、发送电子邮件等上网操作。

ADSL 接入方法为，先将电话线接入分离器(也叫过滤器)的 Line 口，再用电话线分别将 ADSL Modem 和电话与分离器的相应接口相连，然后用网线将 ADSL Modem 连接到计算机的网卡接口，如图 4.19 所示。随后设置拨号连接，一种是安装拨号软件(Enternet 300/500、WinPoET、RasPPPoE 等)；另一种是在系统网络连接新建一个宽带连接。

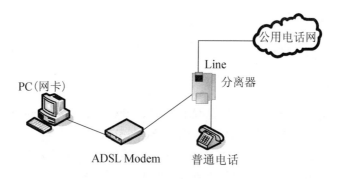

图 4.19　用户端接入 ADSL 示意图

在 ADSL 的数字线上进行拨号使用的协议是 PPP over Ethernet。拨号后直接由验证服务器根据 ADSL 账号和密码进行检验，检验通过后就建立起一条高速的用户数字线，并分配相应的动态 IP。ADSL 具有速度高、独享带宽、对电话网资源增值等特点。

(2) Cable Modem 是利用已有的有线电视混合光纤同轴电缆(Hybrid Fiber Coax，HFC)进行 Internet 高速数据接入的装置。Cable Modem 系统包括前端设备 CMTS(Cable Modem Terminal System，电缆调制解调器终端系统)和用户端设备，通过双向 HFC 网络连接。CMTS 是设备间的通信核心，用户端设备间的通信必须通过 CMTS 完成。Cable Modem 中的一个接口与有线电视 CATV 端口相连，即与外部网连接；另一个接口与计算机网卡或 Hub 相连，如图 4.20 所示。Cable Modem 系统具有抗干扰能力强、共享介质、线路通畅、用户之间可建立虚拟专用网连接等特点，但可靠性不如 ADSL。

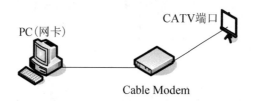

图 4.20　Cable Modem 接入示意图

(3) FTTB 是一种基于高速光纤局域网技术的宽带接入方式。FTTB 采用光纤到楼、网线到户的方式实现用户的宽带接入，因此又称 FTTB+LAN。FTTB 只需在计算机上安装一块 10Mb/s 以太网卡即可进行 24 小时高速上网。这是一种合理、实用、经济有效的宽带接入方法。

通过 FTTB 高速专线上网，用户无须拨号就可以享用 Internet 的各种服务，以及诸多宽带增值业务，如远程教育、远程医疗、视频点播、交互游戏、广播视频等。但是 FTTB 带宽为共享式，用户实际可得的带宽受并发用户数限制。此外，网络服务商必须投入大量资金铺设高速网络到每个用户家中，所以适合于新建小区。表 4-2 是各种接入方式的比较。

表 4-2　各种接入方式的比较

项　目	FTTB	ADSL	ISDN	PSTN
频带(上行)	10Mb/s(独享)	64～640Kb/s	128Kb/s	56Kb/s
频带(下行)	10Mb/s(独享)	1.5～8Mb/s	128Kb/s	56Kb/s
最高速度	10Mb/s	8Mb/s	128Kb/s	56Kb/s
接入方式	光纤到楼，网线到户	普通电话双绞线	普通电话双绞线	普通电话双绞线
质量	高	较高	一般	差
安装	方便	方便	一般	方便
维修	方便	不方便	不方便	方便
技术	数字宽带技术	非对称数字技术	数字窄带技术	模拟窄带技术
稳定性	稳定	较稳定	一般	不稳定
高速访问互联网	支持	支持	不支持	不支持
视频点播	支持	支持	不支持	不支持
远程家教、医疗	支持	不支持	不支持	不支持
建立家庭网站	支持	不支持	不支持	不支持
采用 VPN 连网	支持	支持	不支持	不支持

(4) DDN 是利用数字信道提供永久或半永久性连接电路，以传输数据信号为主的通信网。它主要提供点对点、点对多点的透明传输的数据专线电路，用于传输数字化传真、数字语音、数字图像信号或其他数字化信号。DDN 专线是向电信部门根据传输速率来租用的 DDN 线路。

DDN 接入方式具有专线专用、速度快、质量稳定、安全可靠等特点，适用于对数据的传输速度、传输质量、实时性、保密性要求高的数据业务，如商业、金融业、电子商务领域等；但是覆盖范围不如公用电话网，并且费用昂贵。

3．无线接入

采用无线电或红外线作为传输媒介，采用扩展频谱技术，实现对 Internet 的访问。移动的终端可利用无线接入点和无线接入服务器(Wireless Access Server，WAS)接入网络。它的优点是组网灵活、成本低廉、布线过程简单、移动性和扩展性强等；不足之处是安全性较低、稳定性较差，信号容易受到周围环境因素的干扰，接入速度相对有线较慢。

手机接入也是无线接入的一种，它使用无线应用协议(Wireless Application Protocol，WAP)，即移动通信结合 Internet 技术，成为"移动 Internet"，实现了无论何时何地的接入与丰富的信息资源共享的优势互补。具有 WAP 功能的移动通信终端支持一些新业务，如浏览网页信息、即时通信、收发电子邮件、网上购物等。随着移动网络技术的不断提高，业务将会陆续扩展开发出来，随之产生的移动互联网，又将网络带入一个新的时代，同时也带动了移动电子商务的发展。

4.2.3 Internet 域名与 IP 地址

Internet 地址保证主机或其他设备在网络中能够进行通信，它包括域名和 IP 地址。

1. 域名

域名是 Internet 地址的字符表现形式。它用层次树状命名结构唯一标识任何一个连接在 Internet 上的主机或路由器。若干子域名按规定的顺序连接，级别从左到右逐渐增高，并用圆点分隔，表现形式为

主机名.n 级子域名……二级子域名.顶级域名(通常 $2 \leq n \leq 5$)

顶级域名有国家或地区域名，是由两个字母组成的国家或地区代码，如 cn 表示中国、us 表示美国、uk 表示英国等；通用国际域名，如表 4-3 所示。一般来说，大型的或有国际业务的公司或机构不使用国家或地区域名，而使用表示机构性质的通用国际域名。

表 4-3 通用国际域名

顶级域名	机构性质	顶级域名	机构性质
com	商业实体	arts	从事文化娱乐的实体
edu	教育机构	firm	企业和公司
gov	政府部门	info	从事信息服务业的实体
int	国际组织	nom	从事个人活动的个体
mil	军事机构	rec	从事休闲娱乐业的实体
net	从事 Internet 相关的网络服务机构	store	从事零售业的实体
org	社会团体(非营利组织)	web	从事 Web 相关业务的实体
aero	航空运输企业	biz	商业领域的实体
tech	新产品、新技术互动交流平台	mobi	移动产品或服务提供者
coop	商业合作团体	jobs	人力资源管理者
name	个人	museum	博物馆
travel	旅游业	pro	专业人士

设在美国的 Internet 网络信息中心(Internet Network Information Center，InterNIC)负责通用国际域名的注册与管理，各个国家或地区的顶级域名则由各个国家或地区自己管理。各管理机构再对其管理的域名空间进一步划分成若干个子域，并将各子域的管理权再授予相应的子机构，如此下去，便形成了层次型域名，由于管理机构是逐级授权的，所以最终的域名都得到 InterNIC 承认，成为 Internet 中的正式域名。

中国互联网络信息中心是 cn 域名的注册管理机构，负责运行和管理相应的 cn 域名系统，维护中央数据库。

有关域名有以下几点说明。

(1) 域名在 Internet 中必须是唯一的，当高级子域名相同时，低级子域名不允许重复。

(2) 域名的字符通常为字母、数字和连字符，不区分大小写，但是各级子域名的长度必须小于 255。

(3) 建议为主机确定域名时应尽量使用有意义的字符。

(4) 一个域名对应一个 IP 地址，但是一个 IP 地址可对应多个域名。例如，一台计算机有一个 IP 地址，但是该主机既可以作为邮件服务器也可以作为 WWW 服务器，因而可以有多个域名。

(5) 主机的 IP 地址和域名从使用的角度看没有区别，但是，如果使用的系统中没有域名服务器，则只能使用 IP 地址而不能使用域名。

2．IP 地址

IP 地址是 Internet 地址的数字表现形式。一个 IP 地址可唯一地标识出网络上的每个主机或设备。目前主流的 IPv4 协议采用的 IP 地址长度为 4 个字节，即 32 位。通常有 4 个十进制数，之间用小数点"."分隔，称为点分形式。每个十进制数的取值范围为 0～255。举例如下。

IP 地址

二进制形式的 IP 地址：10101100 10101000 00000010 00011000

点分形式的 IP 地址： 172. 168. 2. 24

IP 地址由两个固定的字段组成，可以记为{<网络号>,<主机号>}。网络号又称网络地址，用来识别不同的网络；主机号又称主机地址，用来区分同一网络上的不同主机，如工作站、服务器和路由器等设备。另外，相同网络地址中的每个主机地址必须是唯一的。

(1) IP 地址的分类。

IP 地址分为 A、B、C、D、E 五类，其中 A、B、C 类地址可分配使用，D 类为组播地址，E 类为保留地址。IP 地址分配如表 4-4 所示。

表 4-4　IP 地址分配

A	0	网络地址 8 位				主机地址 24 位	
B	1	0	网络地址 16 位			主机地址 16 位	
C	1	1	0	网络地址 24 位			主机地址 8 位
D	1	1	1	0		组播地址	
E	1	1	1	1	0	保留地址	

① A 类地址。IP 地址范围为 1.0.0.0～127.255.255.255。

A 类地址用前面 8 位来表示网络地址，并规定最左位为 0，即凡是以 0 开始的 IP 地址均属于 A 类地址。因此网络地址的取值范围是 00000001～01111111，即 1～127。由于 127 属于保留地址，用于本地回送测试，因此 A 类地址可标识的网络数量为 126 个。A 类地址用后 24 位表示主机地址，所以每个 A 类网络中的主机数量最多为 16777214(2^{24}-2)。A 类地址适用于大型网络。

② B 类地址。IP 地址范围为 128.0.0.0～191.255.255.255。

B 类地址用前面 16 位来表示网络地址，并规定最前面 2 位为 10，即凡是以 10 开始的 IP 地址均属于 B 类地址。因此网络地址的取值范围是 10000000～10111111，即 128～191。B 类地址用后 16 位表示主机地址，所以每个 B 类网络中的主机数量最多为 65534(2^{16}-2)。B 类地址适用于中等大小的网络。

③ C 类地址。IP 地址范围为 192.0.0.0～223.255.255.255。

C 类地址用前面 24 位来表示网络地址，并规定最前面 3 位为 110，即凡是以 110 开始的 IP 地址均属于 C 类地址。因此网络地址的取值范围是 11000000～11011111，即 192～223。C 类地址用最后 8 位表示主机地址，所以每个 C 类网络中的主机数量最多为 254(2^8-2)。C 类地址通常用于校园网或企业局域网等小型网络。

④ D 类地址。IP 地址范围为 224.0.0.0～239.255.255.255。

D 类地址也称组播地址，用于多重广播，最前面 4 位为 1110，即凡是以 1110 开始的 IP 地址均属于 D 类地址。因此网络地址的取值范围是 11100000～11101111，即 224～239。

⑤ E 类地址。IP 地址范围为 240.0.0.0～255.255.255.255。

E 类地址是通常不用的研究性地址，保留作为以后使用。E 类地址的最高位为 11110，即凡是以 11110 开始的 IP 地址均属于 E 类地址。因此网络地址的取值范围是 11110000～11110111，即 240～247。

从以上对 IP 地址结构的分析可见，区分不同类型网络的关键在于网络地址的取值范围，或者通过二进制表示形式的前 4 位来判断 IP 地址类型。

另外，需要特别注意以下几点。

① 网络地址不能全为 0，也不能全为 1。全为 0 表示没有网络，全为 1 用于子网掩码。

② 主机地址全为 1 表示该网络的广播地址，全为 0 表示该网络的网络地址，因此分配给主机的 IP 地址数为 2^n-2（n 为主机地址的位数）。

③ 表 4-5 列出的地址段为保留的私有 IP 地址，仅用于内部专用网，即 Internet 上的路由器不会向这些地址转发数据。其中，192.168.0.0～192.168.255.255 通常用于小型局域网。

子网划分

表 4-5 私有 IP 地址

地址类型	私有 IP 地址范围	网络个数
A 类	10.0.0.0～10.255.255.255	1
B 类	172.16.0.0～172.31.255.255	16
C 类	192.168.0.0～192.168.255.255	256

(2) IPv6 概述。

IPv6 是 Internet Protocol Version 6 的缩写。IPv6 是 IETF(Internet Engineering Task Force，互联网工程任务组)设计的用于替代现行版本 IP 协议(IPv4)的下一代 IP 协议。IPv6 是为了解决 IPv4 所存在的一些问题和不足而提出的，IPv4 地址为 32 位，有约 43 亿个地址；IPv6 地址为 128 位，地址空间增大了 2 的 96 次方。

域名注册是目前全球增长速度最快的几个领域之一，年平均增长率为 11%，年平均增长 2300 万个。OECD 很早就警告称，IPv4 地址出现了匮乏，而且将直接威胁移动互联网服务的健康发展。到 2011 年 2 月，互联网数字分配机构(Internet Assigned Numbers Authority，IANA)将最后 5 个 A 类地址分配给五大区域性互联网注册管理机构(Regional Internet Registry，RIR)，标志着全球 IPv4 地址总库完全耗尽，IPv4 地址资源时代已经结束。2011 年 4 月，五大区域性互联网注册管理机构之一亚太互联网络信息中心(Asia-Pacific Network Information Center，APNIC)宣布亚太地区 IPv4 地址也已分配完毕，最后 1 个 A 类地址只用于 IPv6 过渡。

IPv4 地址已经耗尽，私有地址只能部分缓解地址紧缺问题，同时私有地址安全得不到保障、某些应用受到限制，向 IPv6 过渡是必然之路。

早在 2003 年 6 月，美国国防部就宣布不再购买不支持 IPv6 的网络硬件设备，并决定到 2008 年将其整个通信网络过渡到 IPv6 设备组成的网络。2008 年 2 月，美国管理和预算办公室发布命令，要求在 2008 年年中之前联邦政府各级网络能够发送或接收 IPv6 地址，政府机构必须购买支持 IPv6 的安全和网络产品。

欧盟在 2008 年制定了一项 IPv6 目标，到 2010 年要实现 25%用户转移。欧洲科研机构 GEANT 骨干网已百分之百实现了与 IPv6 协议兼容。

我国经过十多年的发展，在 IPv6 的规模部署上已初见成效。截至 2021 年 6 月，我国 IPv4 地址数量为 3.9318 亿个，拥有 IPv6 地址 62023 块/32。

(3) IPv6 地址结构。

IPv6 为 128 位长地址，但通常写为 8 组，每组为 4 个十六进制数的形式。

RFC2373 中详细定义了 IPv6 地址，按照定义，一个完整的 IPv6 地址的表示法为

××××:××××:××××:××××:××××:××××:××××:××××

例如，FE80:0000:0000:0000:AAAA:0000:00C2:0002。

这个地址看起来太长，可以采用零压缩法简化。如果几个连续段位的值都是 0，那么这些 0 就可以简单地用 "::" 来表示，上述地址就可以写成 FE80::AAAA:0000:00C2:0002。这里要注意的是，只能简化连续的段位的 0，如 FE80 中最后的这个 0，不能被简化。此外，简化表示只能用一次，在上例中的 AAAA 后面的 0000 就不能再次简化。当然也可以在 AAAA 后面使用 "::"，这样前面的 12 个 0 就不能压缩了。这个限制的目的是能准确还原被压缩的 0，不然就无法确定每个 "::" 代表了多少个 0。如果某个段位全为 0，可以缩写为 1 个 0。

例如，2001:0DB8:0000:0000:0000:0000:1428:0000、2001:0DB8:0000:0000:0000::1428:0000、2001:0DB8:0:0:0:0:1428:0000、2001:0DB8:0::0:0:1428:0000、2001:0DB8::1428:0000 都是合

法的地址，并且它们是等价的。但 2001:0DB8::1428::是非法的。同时，每个段位中前面的 0 可以省略，如 2001:0DB8:02DE::0E13 等价于 2001:DB8:2DE::E13。

在 Windows 下，通过"ipconfig/all"命令可以看到本机的 IPv6 地址。

在 Linux 下，通过"ifconfig"命令可以查到 IPv6 地址。

(4) IPv6 地址前缀。

地址前缀"/××"是 IPv6 地址的表示方法，前缀"/××"对应的地址数量是 2 的 $(128-××)$ 次方个地址。例如，/32 对应的地址数量为 $2^{128-32}=2^{96}$ 个，/48 对应的地址数量为 $2^{128-48}=2^{80}$ 个，/128 对应的地址数量为 $2^{128-128}=2^{0}=1$ 个。

常见的 IPv6 地址包括以下前缀。

::/128 即 0:0:0:0:0:0:0:0，只能作为尚未获得正式地址的主机的源地址，不能作为目的地址，不能分配给真实的网络接口。

::1/128 即 0:0:0:0:0:0:0:1，是回环地址，相当于 IPv4 中的本地主机地址(127.0.0.1)，通过"ping localhost"命令可得到此地址。

2001::/16 是全球可聚合地址，由 IANA 按地域和网络服务商进行分配，是最常用的 IPv6 地址，属于单播地址。

2002::/16 是 6 to 4 地址，用于 6 to 4 自动构造隧道技术的地址，属于单播地址。

3FFE::/16 是早期开始的 IPv6 6bone 试验网地址，属于单播地址。

FE80::/10 是本地链路地址，用于单一链路，适用于自动配置、邻机发现等，路由器不转发以 FE80 开头的地址。

FF00::/8 是组播地址。

:A.B.C.D 是兼容 IPv4 的 IPv6 地址，其中"A.B.C.D"代表 IPv4 地址。自动将 IPv6 包以隧道方式在 IPv4 网络中传送的 IPv4/IPv6 结点将使用这些地址。

::FFFF:A.B.C.D 是 IPv4 映射过来的 IPv6 地址，其中"A.B.C.D"代表 IPv4 地址。例如，::FFFF:202.120.2.30，它是在不支持 IPv6 的网上用于表示 IPv4 结点。

(5) IPv4 与 IPv6 对比。

与 IPv4 相比，IPv6 有以下优点：简化的报头和灵活的扩展；层次化的地址结构；即插即用的连网方式；网络层的认证与加密；服务质量的满足；对移动通信更好的支持。

(6) IPv6 地址的分类。

① 单播(单点传送)地址。

② 组播(多点传送)地址。

③ 任播(任意点传送)地址。

④ IPv6 没有定义广播地址，其功能由组播地址替代。

⑤ IPv6 地址指定给接口，一个接口可以指定多个地址。

(7) IPv6 地址的作用域。

① 链路本地地址，本链路有效。

② 站点本地地址，本区域(站点)内有效，一个站点通常是一个校园网。

③ 全球地址，全球有效，即可汇聚全球单播地址。

(8) IPv6 与 IPv4 的兼容使用。

一个 IPv6 地址可以将一个 IPv4 地址内嵌进去，并且写成 IPv6 形式和平常习惯的 IPv4 形式的混合体。IPv6 有两种内嵌 IPv4 的方式，IPv4 映射地址和 IPv4 兼容地址。

① IPv4 映射地址就是将 IPv4 地址映射成 IPv6 格式的地址。例如，::FFFF:192.168.89.9，是一个内嵌了 IPv4 地址(192.168.89.9)的映射地址，其 IPv6 地址的写法是 0000:0000:0000:0000:0000:FFFF:C0A8:5909。

IPv4 映射地址布局如下。

| 80bits | 16bits | 32bits |
0000...0000 | FFFF | IPv4 地址

② IPv4 兼容地址与映射地址不同，IPv4 兼容地址只是用类似 IPv4 地址的方式书写成 IPv6 格式或用软件处理成看上去和 IPv6 兼容的样子。例如，::192.168.89.9，其 IPv6 地址的写法是 0000:0000:0000:0000:0000:0000:C0A8:5909。兼容地址主要在路由器上使用。目前 IPv4 兼容地址已经被舍弃，所以今后的设备和程序可能不会支持这种地址格式。

IPv4 兼容地址布局如下。

| 80bits | 16bits | 32bits |
0000...0000 | 0000 | IPv4 地址

(9) IPv6 关键技术。

① IPv6 域名解析技术。在从 IPv4 到 IPv6 的演进阶段，正在访问的域名可以对应多个 IPv4 和 IPv6 地址，未来随着 IPv6 网络的普及，IPv6 地址将逐渐取代 IPv4 地址。

② IPv6 路由技术。IPv6 路由查找与 IPv4 的原理一样，遵循最长的地址匹配原则。原来的 IPv4 路由技术，如 RIP、ISIS、OSPFv2 和 BGP-4 动态路由协议延续到了 IPv6 中，使用新的 IPv6 协议，新的版本分别是 RIPng、ISISv6、OSPFv3、BGP4+。

③ IPv6 安全技术。与 IPv4 相比，IPv6 没有新的安全技术，但更多的 IPv6 协议通过 128B 的 IPSec 报文头包的 ICMP 地址解析和其他安全机制来提高安全性。

3. DNS

(1) DNS 的起源。

在 Internet 的前身 ARPANet 时代，整个网络仅有数百台计算机，因此使用了一个名为 Hosts 的文件，在其中列出了所有的主机名和 IP 地址。Hosts 文件是一个纯文本文件，可用文本编辑软件来处理。

在 Hosts 文件中建立了 IP 地址与主机名的对应关系后，如果要与某台主机通信(如访问该主机的主页)，则直接用该主机名即可。例如，localhost 和 www.myweb.com 所对应的 IP 地址都是 127.0.0.1，则在浏览器的地址栏中输入 localhost、www.myweb.com 和 127.0.0.1 都是等价的。

Hosts 文件的应用存在许多不足，而且它仅适用于小型网络。因为如果在大型网络中应用 Hosts 文件，那么就必须将所有主机的 IP 地址及对应的主机名都输入到 Hosts 文件中，并且还要求每台上网的主机都要有这样一个 Hosts 文件；另外，当主机与 IP 地址的对应关系发生变化时，每台主机的 Hosts 文件也必须随之更改，只有这样才能保持对应关系的一致性，可以想象，这是一件不可能完成的事情。

上述 Hosts 文件的种种不足，引出了另一种解决方式——域名系统(Domain Name System, DNS)。域名系统是一种基于分布式数据库系统，采用客户机/服务器模式进行主机名与 IP 地址之间的转换。通过建立 DNS 数据库，记录主机名与 IP 地址的对应关系，并驻留在服务器端为处于客户端的主机提供 IP 地址的解析服务。这种主机名到 IP 地址的映射是由若干个域名服务器程序完成的。域名服务器程序在专设的结点上运行，因此，人们也把运行域名服务器程序的计算机称为域名服务器。

Internet 采用的就是 DNS 技术，任何一个连接到 Internet 的主机或路由器，都有一个唯一的域名。这里的"域"是名字空间中一个可被管理的划分。域名只是个逻辑上的概念，并不反映计算机所在的物理地点。

DNS 数据库的结构如同一棵倒置的树，它的根位于最顶部，根的下面是一些主域，每个主域又进一步划分为不同的子域，子域下面可以有主机，也可以再分子域，直到最后到达主机。由于 InterNIC 负责世界范围的 IP 地址分配，顺理成章它也就管理着整个域结构。Internet 上的域名服务都是由 DNS 来实现的，与文件系统的结构类似，每个域都可以用相对的或绝对的名称来标识。相对域名指相对于父域来表示一个域，绝对域名指完整的域名，主机名指为每台主机指定的主机名称，带有域名的主机名称为全称域名。

要在整个 Internet 中识别特定的主机，必须用全称域名。

(2) 域名解析。

IP 地址与域名的关系通过域名解析体现。由于数据在网络层必须根据 IP 地址进行传输，所以网络中还必须提供域名的解析，即将域名映射为相应的 IP 地址。域名解析方式可以分为静态和动态两类。静态域名解析是通过客户端上的一个解析文件(Hosts 文件)来进行的，它包含一个域名与 IP 地址的映射表。动态域名解析是 Internet 中使用的域名解析方式，即利用域名服务器(分布式数据库)进行域名系统的维护和解析。服务器上安装自动解析所需的软件和数据，每个网段都有本地域名服务器，负责本网段用户需要的域名转换工作，当本地域名服务器查不到用户请求的域名时，可向上级域名服务器查询。

(3) 根域名服务器。

根域名服务器(Root Name Server)是域名解析系统中最高级别的域名服务器，全球仅有 13 台根域名服务器。目前的分布是：主根域名服务器(A)美国有 1 个，设置在弗吉尼亚州的杜勒斯；辅根域名服务器(B~M)美国有 9 个，瑞典、荷兰、日本各有 1 个。另外借由任播技术，部分根域名服务器在全球设有多个镜像服务器，因此可以抵抗针对其所进行的分布式拒绝服务攻击。

在根域名服务器中虽然没有每个域名的具体信息，但存储了负责解析每个域(如.com、.net、.org 等)的域名服务器的地址信息。

4.3 移动互联网与物联网

4.3.1 移动互联网的发展

1. 移动互联网的定义

移动互联网是移动通信网络与互联网的结合，是指用户使用移动设备(如智能手机、掌上电脑、平板电脑等)通过移动通信网络(如 3G、WiFi、GPRS 等)访问互联网。

移动互联网也有狭义和广义的两种理解。狭义上的移动互联网指移动终端通过移动通信网络进行通信；广义上的移动互联网指移动终端通过各种无线网络进行通信。相应地，以移动通信网络作为接入网就是狭义上的移动互联网，以各种无线网络作为接入网就是广义上的移动互联网。

2. 现代移动通信技术

移动通信可以说从无线电通信发明之日起就产生了。1897 年，马可尼完成的无线通信试验就是在固定站与一艘拖船之间进行的，距离为 18 海里(1 海里≈1.852 千米)。

现代移动通信技术的发展始于 20 世纪 20 年代，大致经历了八个发展阶段。

第一阶段(20 世纪 20 年代至 40 年代)为早期发展阶段。在此期间，首先在短波几个频段上开发出专用移动通信系统，其代表是美国底特律市警察使用的车载无线电系统。该系统的工作频率最初为 2MHz，之后提高到 30～40MHz，可以认为这个阶段是现代移动通信的起步阶段。其特点是专用系统开发，工作频率较低。

第二阶段(20 世纪 40 年代中期至 60 年代中期)。在此期间，公用移动通信业务问世。1946 年，根据美国联邦通信委员会(Federal Communication Commission，FCC)的计划，贝尔系统在圣路易斯城建立了世界上第一个公用汽车电话网，称为"城市系统"。当时使用三个频道，间隔为 120kHz，通信方式为单工，随后，联邦德国(1950 年)、法国(1956 年)、英国(1959 年)等相继研制了公用移动电话系统。美国贝尔实验室完成了人工交换系统的接续问题。该阶段的特点是从专用移动网向公用移动网过渡，接续方式为人工，通信网的容量较小。

第三阶段(20 世纪 60 年代中期至 70 年代中期)。在此期间，美国推出了改进型移动电话系统，使用 150MHz 和 450MHz 频段，采用大区制、中小容量，实现了无线频道自动选择并能够自动接续到公用电话网。德国也推出了具有相同技术水平的 B 网。可以说，该阶段是移动通信系统改进与完善的阶段，其特点是采用大区制、中小容量，使用 450MHz 频段实现了自动选频与自动接续。

第四阶段(20 世纪 70 年代中期至 80 年代中期)为蓬勃发展阶段。1978 年年底，美国贝尔试验室研制成功了先进移动电话系统(Advanced Mobile Phone System，AMPS)，建成了蜂窝状移动通信网，大大提高了系统容量。1983 年，首次在芝加哥投入商用；同年 12 月，开始在华盛顿启用。之后，服务区域在美国逐渐扩大。其他工业化国家也相继开发出蜂窝状移动通信网。日本于 1979 年推出 800MHz 汽车电话系统，在东京、大阪、神户等地投入商用。联邦德国于 1984 年完成 C 网，频段为 450MHz。英国在 1985 年开发出全接入通信系统(Total Access Communication System，TACS)，首先在伦敦投入使用，之后覆盖了全国，频段为900MHz。瑞典等北欧四国于1980年开发出NMT-450移动通信网并投入使用，频段为450MHz。

这一阶段的特点是蜂窝状移动通信网成为实用系统，并在世界各地迅速发展。移动通信迅速发展的原因，除了有需求的用户迅猛增加这一主要推动力，还有几方面技术进展所提供的条件。首先，微电子技术在这段时期得到长足发展，使得通信设备的小型化、微型化有了可能性，各种轻便电台被不断地推出。其次，提出并形成了移动通信新体制。随着用户数量增加，大区制所能提供的容量很快饱和，这就必须探索新体制。在这方面最重要的突破是贝尔试验室在20世纪70年代提出的蜂窝网的概念。蜂窝网，即所谓小区制，由于实现了频率再用，大大提高了系统容量。可以说，蜂窝概念真正解决了公用移动通信系统要求容量大与频率资源有限的矛盾。最后，随着大规模集成电路的发展而出现的微处理器技术日趋成熟及计算机技术的迅猛发展，从而为大型通信网的管理与控制提供了技术手段。

第五阶段(20世纪80年代中期至90年代初期)，是数字移动通信系统发展和成熟阶段。以AMPS和TACS为代表的第一代蜂窝移动通信网是模拟系统。模拟蜂窝网虽然取得了很大成功，但也暴露了一些问题。例如，频谱利用率低、移动设备复杂、费用较高、业务种类受限制及通话易被窃听等，最主要的问题是其容量已不能满足日益增长的移动用户需求。解决这些问题的方法是开发新一代数字蜂窝移动通信系统。数字无线传输的频谱利用率高，可大大提高系统容量。另外，数字网能提供语音、数据等多种业务服务，并与ISDN等兼容。实际上，早在20世纪70年代末期，当模拟蜂窝系统还处于开发阶段时，一些发达国家就着手数字蜂窝移动通信系统的研究。到20世纪80年代中期，欧洲首先推出了全球移动通信系统(Global System for Mobile Communication，GSM)。随后，美国和日本也制定了各自的数字移动通信体制。

第六阶段(20世纪90年代初期至21世纪初)。在此期间，移动通信进入3G时代。早在1984年，国际电信联盟就开始在世界范围内研究3G技术。1992年，国际电信联盟制订了IMT-2000计划。其中，数字2000代表了三层意思：希望在2000年投入使用；期望运行在2GHz(2000MHz)的频率；期望这项服务具备2MHz(2000kHz)带宽。但是到2000年这个计划并没有如期实现，国际电信联盟建议所有的政府保留2GHz频段，以便这个服务可以无缝地从一个国家漫游到其他国家。中国保留了所要求的带宽，但是其他国家都没有这样做。最后人们意识到，对于移动性太强的用户来说，2Mb/s带宽太高了，因为要想快速地完成切换过程非常困难。3G通信系统主要有两类。一是宽带码分多址(Wideband Code Division Multiple Access，WCDMA)系统，是由瑞典的爱立信公司提出来的。虽然它并不与GSM向后兼容，但是它具备一种良好的特性，即呼叫者在离开一个WCDMA蜂窝单元并进入另一个蜂窝单元时不会丢掉当前的呼叫。该协议由欧盟推进，欧盟称它为全球通用移动通信系统(Universal Mobile Telecommunications System，UMTS)。二是CDMA 2000，由美国的高通公司提出，也使用了一段5MHz的带宽，不能与GSM协同工作，而且也不能将一个呼叫交给一个GSM蜂窝单元(或者一个D-AMPS蜂窝单元)。CDMA 2000与WCDMA等技术的区别主要表现在使用不同的时间频率、不同的帧时间、不同的频谱及不同的时间同步机制。

第七阶段(21世纪初至今)。在此期间，移动通信进入 4G 时代。2001 年 12 月开始开展 Beyond 3G/4G 蜂窝通信空中接口技术研究。2004 年 1 月，Beyond 3G/4G 空中接口技术研究达到相对成熟的水平，完成连网试验，向国际电信联盟提交初步的新一代无线通信体制标准。2006 年 1 月开始开展较大规模的现场试验。2010 年，国外主流运营商开始规模建设 4G。自 2013 年 12 月 4 日，工业和信息化部向三大运营商正式发放 TD-LTE 牌照后，中国 4G 的发展可谓大踏步前进。2014 年 1 月，中国移动公布国内首个 4G 资费方案；2 月，中国电信正式开启 4G 商用；一个月后，中国联通也开启了 4G 商用；此后，中国移动下调了 4G 资费；工业和信息化部在 6 月批准了中国电信和中国联通在 16 个城市开展 TD-LTE/LTE FDD 的混网组合实验。4G 是集 3G 与 WLAN 于一体，能以 100Mb/s 以上的速度下载，比家用宽带 ADSL(4Mb/s)快 25 倍。

第八阶段(未来)是第五代蜂窝移动通信系统(5G)发展阶段。5G 的研究其实在 2013 年就开始了，当时的欧盟拨款 5000 万欧元，计划到 2020 年推出成熟的标准。韩国则在 2013 年就成功开发出 5G 的核心技术，该技术可以在 28GHz 超高频段以每秒 1Gb/s 以上的速度传输数据，且最长传输距离可达 2 千米。美国移动运营商的 5G 试用是在 2016 年。2017 年 11 月，中国工业和信息化部发布通知正式启动 5G 技术研发试验第三阶段工作。2018 年，沃达丰和华为两家公司在西班牙合作采用非独立的 3GPP 5G 新无线标准和 Sub-6GHz 频段完成了全球首个 5G 通话测试。之后华为发布了首款 3GPP 标准 5G 商用芯片巴龙 5G01 和 5G 商用终端，支持全球主流 5G 频段，包括 Sub-6GHz(低频)、mmWave(高频)，理论上可实现最高 2.3Gb/s 的数据下载速率。2019 年，工业和信息化部正式向中国电信、中国移动、中国联通、中国广电发放 5G 商用牌照，中国进入 5G 商用元年。5G 的最大特点是高数据速率、低时延、低能耗、大容量、大规模接入。

4.3.2 移动互联网的设施

移动互联网可以分为终端基础设施、网络基础设施、应用基础设施。

1. 终端基础设施

智能手机终端未来的技术发展，在硬件层面，移动终端需要着重发展以下关键技术：SOC 单芯片方案；省电技术；多模多待技术(涉及两网射频的互扰、两网协同等问题)；HSPA 技术；多种无线接入技术；多种输入技术(如触摸屏输入、语音输入等)；环境传感技术等。

软件层面，移动终端需要着重发展以下关键技术：手机操作系统；手机浏览器；手机客户端；跨终端的业务中间件；终端多媒体支持；终端用户界面；终端应用安全。手机操作系统是其中的关键。目前，智能手机所采用的主要操作系统有微软的 Windows Mobile、Google 的 Android、苹果 iPhone 的 iOS 等。中国移动也开发了开放式手机操作系统(Open Mobile System，OMS)。

手机可以通过两种方式浏览互联网：一种是使用 WAP 浏览器，访问的是一些专门的 WAP 网站；另一种是使用手机 Web 浏览器，可以访问互联网上的 Web 网站。目前，业界研究与发展热点是手机 Web 浏览器。

手机客户端 App 是指移动互联网的内容提供商或服务提供商为方便用户使用，特别定制研发的可以通过移动互联网连接获取内容提供商或服务提供商提供的应用、内容等服务的特殊终端软件。它的关键技术点在于跨平台的开发和部署、交互响应速度的提高、更人性化的交互界面设计、对存储有私密信息的手机的安全保护等方面。

跨终端的业务中间件。不同的手机操作系统带来终端平台的限制。目前，打破这种限制有两种技术路线：一种是打造一个开源开放的终端平台架构；另一种是构建一个统一的移动终端 Web 应用环境。Widget(微技或微件)是一种基于互联网 Web 的小应用，通常实现某个特定的功能，可以看作运行于浏览器界面之外的定制 Web 界面。它不依赖于网络，软件框架可以存在本地，内容资源从网络获取，程序代码和用户界面设计则可以从专门的服务器更新，保留了 B/S 架构的灵活性。

2. 网络基础设施

移动互联网的网络基础设施分为无线接入网、移动核心网(分组域)、互联网的骨干网等几大部分，其中无线接入网和移动核心网(分组域)是移动通信网的范畴。

从网络拓扑层次化的视角可将移动互联网的架构分为接入层、汇聚层、业务控制层、骨干层。

从物理层、数据链路层和网络层看：在物理层，面临的主要问题是如何克服无线信道的时间弥散和频率弥散，提高无线信道传输的速率与质量；在数据链路层，由于有线 Internet 协议与无线链路并不完全匹配，需要对相应的协议进行修改；在网络层，目前迫切需要解决的是 IP 地址空间的扩展和 IP 地址的移动性问题，移动 IPv6 是目前的研究热点。

互联网的设计是基于固定(有线)方式的接入，终端是从计算机环境角度考虑的，未能考虑移动应用环境中的无线网络和小型终端可能带来的问题，这直接体现在 WWW、TCP/IP 等协议的设计上。移动 IPv4 和移动 IPv6 从网络层上解决了移动性问题。

移动互联网的安全问题是目前用户比较担心的问题，从用户角度来看，当前移动互联网安全问题主要表现在三个方面：恶意软件侵害、恶意骚扰、隐私泄露。

3. 应用基础设施

移动互联网的各种应用正呈现出个性化、差异化、长尾化的特点。由于移动互联网的应用需要运行在应用基础设施上，因此建设应用基础设施的主要目标是有助于通过业务的快速开发部署及时占领市场，通过可靠的认证授权来实现用户和业务的安全管理，通过合理的计费、收费策略来获取最大收益。

移动互联网应用基础设施应该包括用户接入(如分布式用户接入网关、协议网关)、业务存储(如互联网数据中心和各类缓存系统)、业务分发(如应用分发网络、内容分发网络)。

与传统互联网用户相比，从消费者角度看，移动用户的移动特性设备的便携性使得移动用户可以在任何时间、任何地点访问互联网；而从企业角度看，移动互联网通常具有更为明确和真实、可靠的用户标识，并可方便地对用户进行定位或信息获取，如通过全球定位系统(Global Positioning System，GPS)获取移动用户地理位置信息或移动用户轨迹，利用机器学习和数据挖掘技术分析移动互联网的用户行为以提取用户属性特征等。这些特性伴随着移动终端的不断智能化，使得移动电子商务成为电子商务的重要表现形式，并在社会生活的各个领域占据重要地位。

4.3.3 物联网

1. 物联网的定义

物联网(Internet of Things，IoT)指通过各种信息传感器、射频识别技术、全球定位系统、红外感应器、激光扫描器等装置与技术，实时采集需要监控、连接、互动的物体或过程，采集其声、光、热、电、力、化学、生物、位置等各种信息，通过网络接入，实现物与物、物与人的泛在连接，实现智能化感知、识别和管理。

因此，物联网是通过从物体上采集数据、通过网络进行通信，并利用机器智能等加以处理，从而在物理世界与数字世界之间建立连接。

2. 物联网的应用前景

物联网正在并将极大改变人们的生活和工作方式。

物联网技术在道路交通方面的应用比较成熟。例如，道路交通状况实时监控系统采集路况信息并将信息及时传递给驾驶人，高速路口的电子收费系统(Electronic Toll Collection，ETC)提升车辆的通行效率，公交车上安装定位系统及时了解公交车行驶路线及到站时间，智慧路边停车管理系统可以共享车位资源在很大程度上解决了"停车难、难停车"的问题。

智能家居是物联网在家庭中的基础应用。例如，利用手机等产品客户端远程操作智能空调调节室温，通过客户端实现智能灯泡的开关，使用智能体重秤监测运动效果，内置可以监测血压的先进传感器提出健康建议，以及智能牙刷、智能摄像头、窗户传感器、智能门铃、烟雾探测器、智能报警器等智能家居产品。

借助物联网可以提高资源效率，员工和组织能够创造新的价值。例如，西门子通过改善城市空气质量和把轨道车辆可用性与可靠性提高至99%。据世界经济论坛预测，到2030年，仅工业物联网就可为全球经济增加14万亿美元的经济价值。

物联网系统框架大体由设备和资产、通信网络、物联网平台、应用四部分组成，如图 4.21 所示。

图 4.21 物联网系统框架

设备和资产主要包括硬件和软件。资产(或系统)需要配备传感器、执行器及边缘设备，能够在靠近资产的地方支持智能处理能力，以及支持数据从一个网络流向另一个网络的网关。软件可以调适数据本身和在物联网中传输数据的方式。

通信网络的传输介质和协议类型将对数据量、时延和传输频率产生重要影响。数据传输方式有很多选择，大多通过互联网。

物联网平台则进行数据处理和存储，可以是本地部署、云部署和混合式部署，目前混合式部署的方式越来越普遍。

最后是应用部分，物联网应用就是用户直接使用的应用，如智能操控、安全防范等。

3. 云技术

云技术(Cloud Technology)是物联网的重要技术。云技术是指在局域网或广域网内将硬件、软件等资源统一起来，实现数据的计算、存储、处理和共享的一种托管技术，集合了网络技术、信息技术、整合技术、平台技术和应用技术，而云计算是其最重要的商业模式应用。例如，阿里云物联网平台，为设备提供安全可靠的连接通信能力，向下连接海量设备，支撑设备数据采集上"云"；向上提供云端应用程序接口，服务端通过调用云端应用程序接口将指令下发至设备端，实现远程控制。

云计算(Cloud Computing)是分布式计算(Distributed Computing)、网格计算(Grid Computing)、并行计算(Parallel Computing)等多种传统计算机技术和网络技术发展的产物。云计算是以网络为载体，把多个原本相对偏低的计算实体组合成一个具有强大计算能力的系统，借助SaaS、PaaS、IaaS等先进的商业模式，将这种强大的计算能力分布到多个用户终端，使得用户终端成为一个简单的输入/输出设备，并能按需分享"云"的强大计算能力。

案例 4-2

阿里云牵手铁道部 12306 铁路订票网站

12306 网站被人们称为"世界上最忙的网站"。在春运购票高峰期，日访问量可以达到近 300 亿次，平均每秒访问量超过 30 万次，每天发售 563.9 万张车票。每年春运期间 12306 网站由于需要承载超大负荷，经常出现瘫痪的状态，也因此遭到用户的诟病。

2015 年 1 月，12306 网站与阿里云合作。阿里云拥有过硬的技术和"双11""双12"中累积的高并发处理能力。通过分析发现，余票查询业务占 12306 网站 90%以上的流量，也是系统性能的关键瓶颈，因此 12306 网站将 75%的余票查询流量切换到阿里云上，使得 12306 网站顺利度过春运购票高峰期的难关。

资料来源：第一财经。

本 章 小 结

计算机网络的快速发展，带动了互联网经济，使得企业逐渐实施电子商务，便于企业业务的扩展。本章介绍计算机网络形成和发展的多个阶段、计算机网络的分类、网络体系结构中的 TCP/IP 参考模型及其协议，并对虚拟专用网的应用原理、技术及实施方法进行了简单介绍。

本章还介绍了 Internet 接入方式、Internet 域名及 IP 地址等 Internet 基础内容。移动互联网已成为网络接入的重要方式，未来还将结合物联网技术，实现更智能化的应用，本章对此也进行了简单介绍。

关键术语

域名系统(Domain Name System,DNS)
传输控制协议/网际协议(Transmission Control Protocol/Internet Protocol,TCP/IP)
开放系统互连参考模型(Open System Interconnection Reference Model,OSI-RM)
虚拟专用网(Virtual Private Network,VPN)
互联网协议版本6(Internet Protocol Version 6,IPv6)

案例研讨

德国铁路利用物联网技术实现高科技预测性维护

大型铁路系统中包含了数千个道岔(道岔是让火车变轨的机械设备),意外的道岔故障代价昂贵并会导致严重延迟。为了预测铁路中可能出现的道岔故障,西门子公司为德国铁路实施了一项物联网项目,开发了分析模型,以预测铁路网络中的道岔故障。

这个系统通过物联网设备,获取大量的当前和历史数据,从而可以提前8小时预测道岔故障。同时通过简单的类似交通信号灯一样的软件提醒维修人员注意即将出现的故障。借助这些信息,维修和保养团队可以在道岔出故障前采取行动,从而提高铁路安全性,并减少火车变更路线产生的成本。

资料来源:西门子物联网事业部2019年发布的《物联网变为现实——开启独特物联网旅程的实用方法》白皮书。

案例思考:
1. 请分析这个物联网项目中可能应用到的软硬件设备与技术。
2. 网络技术在该项目的哪些环节中起到什么作用?
3. 试着寻找类似的案例。

思考与练习

一、选择题

1. 下列关于IP地址的说法中,错误的是( )。
   A. IP地址由网络地址和主机地址两部分组成
   B. 网络中的每台主机分配了固定唯一的IP地址
   C. IP地址只有A、B、C三类
   D. 随着网络主机的增多,32位IP地址的资源正在枯竭
2. DNS完成的工作是实现域名到( )之间的映射。
   A. 域名地址　　　B. URL地址　　　C. 主页地址　　　D. IP地址
3. 在通用国际域名中,表示政府部门的是( )。
   A. com　　　　　B. gov　　　　　C. mil　　　　　D. org

4. IP 地址 133.55.82.26 属于(　　)地址。
   A. A 类　　　　B. B 类　　　　C. C 类　　　　D. D 类
5. 根据 VPN 所起的作用不同,可以将 VPN 分为(　　)。
   A. VPDN　　　　　　　　　　B. Intranet VPN
   C. Extranet VPN　　　　　　 D. PPTP VPN

二、思考和讨论题

1. 简述计算机网络的定义。
2. 计算机网络有哪些拓扑结构？各有什么优缺点？
3. Internet 接入方式有哪些？目前用到过哪些方式接入 Internet？
4. IP 地址表示方法是什么？IP 地址如何分类？
5. IPv4 地址不足的解决方法有哪些？

三、实践题

访问中国互联网络信息中心网站(www.cnnic.net.cn)，查找该网站发布的报告，查阅并整理近十年的中国互联网出口带宽，以及中国 IPv4 和 IPv6 的发展情况。

电子商务网站建设

第 5 章

学习目标

通过本章的学习,了解电子商务网站的工作原理和建设流程,接触网站常用开发技术;掌握各种开发技术的特点与差异;了解数据库基本原理及基本应用;了解手机网站建设语言和 App 开发工具。

教学要求

知识模块	知识单元	相关知识点
电子商务网站的基础知识	(1) 网站的基本概念 (2) 网站的工作原理 (3) 网站的结构 (4) 网站的特点	(1) Web 技术 (2) URL (3) 客户机/服务器结构
电子商务网站建设流程	网站建设流程	(1) 域名注册 (2) 服务器解决方案 (3) 动态、静态网站
电子商务网站开发平台	(1) 硬件平台 (2) 软件平台	(1) 服务器 (2) 操作系统 (3) Web 服务器软件 (4) 数据库软件
Web 编程语言	(1) 超文本标记语言 (2) 交互网站开发语言	(1) HTML、XML、VRML (2) CGI、ASP、PHP、JSP、ActiveX
电子商务数据库技术	(1) 数据库技术 (2) 数据仓库技术 (3) 大数据	(1) 数据模型 (2) 数据范式 (3) SQL (4) 数据仓库、联机处理、数据挖掘
手机网站和 App 开发	(1) 手机网站建设 (2) App 开发	(1) 手机网站的开发语言 (2) 手机网站的建设步骤 (3) App 开发流程 (4) App 开发工具

思维导图

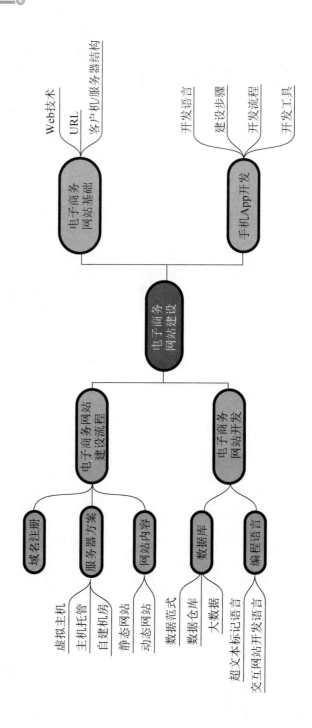

第5章 电子商务网站建设

章前导读

网站及其支持技术的快速发展要求企业不断灵活地调整它们在网络上开展商务活动的方式。而且消费者会放弃响应时间太长的电子商务网站,转向响应更迅速的网站。电子商务未来的急剧发展要求企业寻找更有效的方式,来迎接蜂拥而至的网上顾客和日趋增加的企业间业务。本章将重点介绍电子商务网站的支持技术。

引例

亚马逊平台商家危机的应对

2021年5月以来,不少跨境电商企业接连出现亚马逊账号被封的情况,其中不乏头部卖家。据深圳跨境电商协会估计,2021年5月以来亚马逊的打击行为使至少5万个中国商家账户受到负面影响,中国跨境电商蒙受的经济损失超过1000亿元。

亚马逊封店潮也引发诸多跨境电商企业的反思。网经社电子商务研究中心分析师张周平表示,经过此次亚马逊封号事件后,跨境电商卖家未来除了尊重平台规则,利用规则谋求发展外,也要积极拓展独立站。独立站对企业的运营能力是个考验,其包括引流、转化、留存、售后服务等一系列流程,跟在第三方平台上的操作模式并不一样。

资料来源:网经社网站。

无论企业规模大小,处在哪种行业,在网络普及的今天,它们都应该或者已经意识到网站的重要性。有的企业利用网站宣传品牌,扩大知名度;有的企业利用网站进行交易,与客户实时互动等。无论企业希望达到哪种目的,网站是其进行宣传、交易、互动的重要窗口。而随着移动互联网带宽的不断提高,手机端的网站和各类App开始不断出现,为电子商务实现了即时性和移动性等功能要求。

5.1 电子商务网站的基础知识

电子商务网站的基础知识

本章将从网站建设的技术角度来分析和了解电子商务网站在建设过程中所涉及的知识。

5.1.1 网站的基本概念

1994年5月15日,中科院高能所设立了国内第一个Web服务器,推出了中国第一套网页。之后,中国的网络发展进入快速通道,据CNNIC发布的《第48次中国互联网络发展状况统计报告》披露,截至2021年6月,我国域名总数为3136万个,其中".cn"域名总数达到1509万个,在中国域名总数中占比达48.1%,中国网站总数为422万个,中国网民规模也已经达到10.11亿,位居全球第一。

早期的网络主要用于异地计算机之间的数据传输。随着计算机技术和通信技术的不断发展，人们不再满足于简单数据的传输，因此许多网络服务和技术被开发出来并得到广泛运用，如电子邮件技术、文件传输协议、远程登录等，这些服务仅适用于文本传输的形式。随着多媒体技术的快速发展，图片、音频、视频在网络上的应用越来越广泛，为了支持这些多媒体带来的效果，万维网(World Wide Web，WWW)技术诞生了，其包括超文本传输协议(HyperText Transfer Protocol，HTTP)、超文本标记语言及扩展标记语言等。这些技术使图片、音频、视频等多媒体技术得到广泛的应用，并使互联网成为各种信息组织、发布及获取的平台，越来越多的人涌入互联网的应用潮流中。

在互联网应用中，网站(Web Site)是极其重要的因素。网站是由网站设计师应用各种网站设计技术，为企业或个人在互联网上建立的站点。网站是企业展示自身形象、发布产品信息、联系客户的平台，进而可以通过网站开展电子商务，开拓新的市场，以较少的投入获得较大的收益。网站建设从深层次来讲还包括网站策划、网页设计、网站推广、网站评估、网站运营、网站整体优化。

5.1.2 网站的工作原理

基于网络的体系结构是网站工作的基本环境，而遵守 TCP/IP 协议的网络更是理想的运行环境。从某种意义上说，网站的工作方式非常简单，它实际处于 TCP/IP 参考模型的应用层，只是一种网络协议的高层应用，这些协议和参考模型已经在第 4 章详细介绍过。客户机发送一个 HTTP 请求，途中经过互联网的各种网络中间设备(如路由器、交换机等)，最终把 HTTP 请求发送到 Web 服务器。Web 服务器处理 HTTP 请求并把结果通过互联网返回给客户机。网站的工作过程如图 5.1 所示。

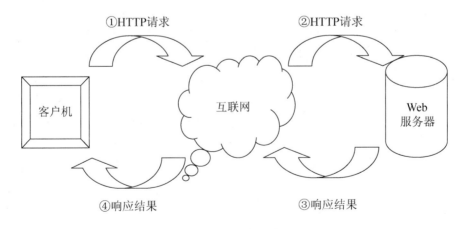

图 5.1 网站的工作过程

用户一般都是通过浏览器来访问网站。在浏览器的地址栏中输入的网站地址称为 URL(Uniform Resource Locator，统一资源定位符)。就像每家每户都有一个门牌地址一样，每个网页也都有一个 Internet 地址。当在浏览器的地址栏中输入一个 URL 或是单击一个超链接时，URL 就确定了要浏览的地址。浏览器通过 HTTP，将 Web 服务器上网站的网页代码提取出来,并翻译成网页显示在浏览器中。因此,在认识 HTTP 之前,有必要先弄清楚 URL 的组成。

下面以 http://www.zjfc.edu.cn:80/xqzl/xxgk.html 为例,介绍 URL 的具体含义。

(1) http://代表超文本传输协议,通知 zjfc.edu.cn 服务器显示网页,通常不用输入,默认即表示用 HTTP 协议传输,当然 URL 也支持其他协议的传输,如 FTP、HTTPS 等。

(2) www 代表 Web 服务器。

(3) zjfc.edu.cn 代表存储网页的服务器的域名,或站点服务器的名称。它主要是指存放资源的服务器的域名系统主机地址或 IP 地址。有时,在主机地址前也可以包含连接到服务器所需的用户名和密码(格式为 username@password)。

(4) :80 为整数,可选,省略时使用方案的默认端口。各种传输协议都有默认的端口号,如 http 的默认端口为 80。有时候出于安全或其他考虑,可以在服务器上对端口进行重定义,即采用非标准端口,此时,URL 中就不能省略端口这一项。

(5) xqzl 代表该服务器上的子目录,类似文件夹。其是由零或多个"/"符号隔开的字符串,一般用来表示主机上的一个目录或文件地址。

(6) xxgk.html 是文件夹中的一个 HTML 文件(即网页)。

HTTP 是基于请求/响应范式(相当于客户机/服务器)的。客户机与服务器建立连接后,发送一个请求给服务器,请求的格式为:URL、协议版本号,后面是 MIME 信息,包括请求修饰符、客户机信息和其他内容。服务器接到请求后,给予相应的响应信息,其格式为一个状态行,包括信息的协议版本号、一个成功或错误的代码,后面是 MIME 信息,包括服务器信息、实体信息和其他内容。

该过程就像打电话订货一样,可以打电话给商家,告诉商家需要什么规格的商品,然后商家再回复有什么商品,什么商品缺货。在 WWW 中,客户与服务器是一个相对的概念,只存在于一个特定的连接期间,即在某个连接中的客户机在另一个连接中可能会作为服务器。基于 HTTP 协议的客户机/服务器模式的信息交换过程分为四个步骤:建立连接、发送请求信息、发送响应信息、关闭连接。

5.1.3 网站的结构

客户机/服务器结构可以被理解为是一个物理上分布的逻辑整体,它由客户机、服务器和连接支持三部分组成。其中客户机是核心部分,是一个面向最终用户的接口设备或应用程序。客户机是一项服务的消耗者,可向其他设备或应用程序提出请求,然后再向用户显示所得信息。服务器是一项服务的提供者,它包含并管理数据库和通信设备,为用户请求过程提供服务。连接支持是用来连接客户机与服务器的部分,如网络连接、网络协议和应用接口等。

客户机/服务器结构可用于局域网、广域网和全球网。这三种用途迥异的网络具有一个共同特点,即工作负荷在服务器和客户机之间的分配。在每种网络中,客户机一般是请求服务,包括打印、信息检索和数据库访问,这些请求的服务由服务器来完成。

任何一个应用系统,从简单的单机系统到复杂的网络系统,都由三部分组成:显示逻辑部分(表示层)、事务处理逻辑部分(功能层)和数据处理逻辑部分(数据层)。在传统的客户机/服务器结构中被设计成两层结构模式，显示逻辑和事务处理逻辑合在一起，均被放在客户端，数据处理逻辑和数据库放在服务器端，从而使客户端变得很"胖"，成为"胖客户机"；相对地，服务器端的任务较轻，成为"瘦服务器"。但随着企业规模的日益扩大，应用程序复杂程度的不断提高，传统的客户机/服务器结构暴露出了许多问题。当用户的需求改变时，客户端应用软件可能需增加新功能或修改用户界面等，当客户数量很多时，维护的难度也就随之大大增加。另外，客户机/服务器结构所采用的软件产品大多缺乏开放的标准，一般不能跨平台运行，当把客户机/服务器结构的软件应用于广域网时就暴露出更大的不足。

基于 Web 技术，浏览器/服务器结构体系可较圆满地解决上述问题。用户只要在内部网上建立 Web 服务器，并通过 Web 服务器与数据库服务器连接，就能大大地降低软件维护开销。采用 Web 技术，只需开发和维护服务器端应用程序，而服务器上所有的应用程序都可通过 Web 服务器在客户机上执行，从而统一了用户界面。几乎各种操作系统上都有 Web 浏览器(也就是通常所说的瘦客户端)，所以 Web 的应用可以方便地实现跨平台操作。由于 Web 技术的出现，使得传统管理信息系统的客户机/服务器系统的两层结构开始向三层和多层结构转化，具体如图 5.2 所示。

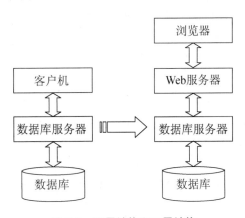

图 5.2　两层结构和三层结构

目前，多层应用程序已成为 Internet/Intranet 应用的主流。三层(多层)结构的应用程序把业务逻辑独立出来，组成一层或多层，这样就形成了客户端的客户界面层、中间业务逻辑层(可细化为多层)和后端数据库服务器层。这样做有以下几个好处。

(1) 客户端人机界面部分的程序开发工作得以简化。它不必关心中间业务逻辑是如何访问数据库的，只需把精力集中在人机界面上即可。

(2) 中间业务逻辑层包含了大量的供客户端程序调用的业务逻辑规则，以帮助其完成业务操作。它的优点在于它所具有的可伸缩性，可使其随具体业务的变化而改变，但在客户界面层和数据库服务器层所做的改动较小，适合快速开发。

(3) 数据库服务器层主要提供对数据库进行各种操作的方法。它主要由中间业务逻辑层来调用并完成业务逻辑，当数据库的结构确定后，对于它的改动也就比较小了。

(4) 系统的安全性得以提高。它可以对每个业务功能组件进行授权，限制了非法访问。

(5) 便于进行事务管理(可使用 Microsoft Transaction Server 或其他类似的产品来实现)。

图 5.2 中层次的划分并不是物理上的划分，而是结构逻辑上的划分。例如，客户端程序要调用的某个业务功能组件要求响应速度很快，并且体积较小，那么就可以把这个业务组件配置在客户端，以动态链接库(Dynamic Link Library，DLL)的形式存在。又如，客户机要访问的某个业务组件包含大量对数据库的操作(类似于数据库服务器中的存储过程所做的工作)，那么可以把它配置在数据库服务器上，以减少网络负载，提高运算速度。如果某些业务组件中包装的业务逻辑需要大多数客户端程序访问，那么就可以单独构建一台独

立的服务器，将这些组件放在其中，供客户端程序访问，而不必在每台客户机上安装。网站在三层(或多层)结构系统中起着重要的作用，同时网站本身也是一个比较复杂的系统。

5.1.4 网站的特点

1. 网站是图形化的和易于导航的

网站非常流行的一个重要原因在于它可以在一个页面上同时显示图形、音频、视频等多媒体信息。同时，网站是非常易于导航的，只需要单击某个超链接就可以跳转到另一个页面，实现在各网页和各网站之间进行浏览。

2. 网站与平台无关

无论哪种系统平台，都可以通过 Internet 访问网站。对 Web 网站的访问是通过浏览器软件来实现的，如 Netscape 的 Navigator、Microsoft 的 IE 等。

3. 网站是分布式的

大量的图形、音频和视频信息会占用很大的磁盘空间。在互联网上没有必要把所有信息都放在一起，可以将信息分散放在不同的站点上，只需要在浏览器中指明这个站点即可。使得在物理上不在一个站点的信息在逻辑上是一体化，从用户的用度来看这些信息也是一体的。

4. 网站是动态的

网站信息的提供者可以经常对网站上的信息进行更新，如公司的发展状况、发布广告等。所以网站上的信息是动态的、经常更新的。

5. 网站是交互的

网站的交互性首先表现在它的超链接上，用户的浏览顺序和访问站点完全由用户自己决定。另外通过表单的形式可以从服务器获得动态的信息。用户通过填写表单可以向服务器提交请求，服务器根据用户的请求返回相应信息。

5.2 电子商务网站建设流程

5.2.1 注册域名和申请 IP 地址

每个接入互联网的用户在网络上都有唯一的标识号，以便别人能够访问，这个标识号就是 IP 地址。因为 32 位二进制数的 IP 地址不容易记忆，所以每个 IP 地址都可以申请唯一与其对应的、便于记忆的域名。输入的域名经过域名服务器解释转化为 IP 地址。所以域名可以理解为接入互联网的企业在网络上的名称。

InterNIC 于 1993 年 1 月成立，是一个域名注册及管理机构。任何企业都可以申请一个域名，并且与自己网站的 IP 地址对应，这样接入互联网的用户就可以很容易地访问该企业的网站了。要建立电子商务网站，注册域名是一个重要的环节。企业既可以申请国际域名，也可以申请国内域名。2002年12月16日之前可以向中国互联网络信息中心申请注册域名，在此之后，根据《中国互联网络域名管理办法》的规定，中国互联网络信息中心不再承担域名注册服务职责。但登录中国互联网络信息中心的网站(www.cnnic.net.cn)可以了解有关域名注册、变更、注销及转让的方法。现在有许多公司受理域名注册业务，如东方网景信息科技有限公司等。域名注册一般有以下步骤：①选择域名；②用户资料确认；③订单确认；④域名注册成功。缴纳一定的域名注册费用后，即可使用该域名。

注册的域名必须是独一无二的。一个好的域名必须遵循以下原则：简短、切题、易记、与企业密切相关。

在申请了域名之后，一个电子商务网站还需要有独立的 IP 地址。该 IP 地址是由网络服务商提供的。关于 IP 地址的格式，在第 4 章中已经详细介绍，在此不再赘述。

5.2.2 确定网站的服务器解决方案

注册域名和申请 IP 地址是建立电子商务网站的第一步，接下来需要选择网站的软、硬件平台。要想进行电子商务活动，需要根据企业的规模、网站预计的访问流量、建站的投资预算及未来网站的运营费用来选择某种网站的建设方案。

一个电子商务网站至少应有一台用于存放网站主页的服务器。对于网站服务器的确定，目前有以下几种解决方案。

1. 自建服务器

企业通过这种方式建立电子商务网站，需要自建机房，配备专业人员，购买服务器、路由器、交换机、网管软件等。在服务器上还要安装相应的服务器操作系统(如 Windows Server 或 UNIX)，开发 Web 服务程序，设置各项 Internet 服务功能，包括设置 DNS 服务器、FTP 服务器、电子邮件服务器，建立自己的数据库查询系统等，再向电信部门申请专线出口。这样便能建立一个完全属于企业的、独立管理的电子商务网站。

企业自建服务器的主要缺点是成本很高。但是，如果预计网站会有较大的访问流量，并且企业在经济上又无太大的限制，建立独立的网站也是有必要的。因为这样可以真正控制自己的网站，使用和维护都很方便。这种方案适合于对信息量和网站功能要求较高的大中型企业。

2. 租用虚拟主机

对于信息量和网站功能要求不高的中小企业可以选择网络服务商所提供的一些比较经济的服务器解决方案。

虚拟主机是使用计算机软件技术，把一台网络服务器主机分成多台虚拟的主机，每台虚拟主机都具有独立的域名或 IP 地址，如同独立的主机一样。它们也具备比较完整的网络服务器功能，如 DNS、FTP、E-mail 等功能。虚拟主机之间完全独立，并可由租赁用户远程控制管理。对于访问用户来说，一台虚拟主机与一台独立的服务器并无区别。把一台服务器的资源分配给多台虚拟主机，每台虚拟主机的性能是否会下降呢？在一台服务器上过多配置这种虚拟主机对网络的性能是有影响的，但是只要采用性能很好的计算机，一台服务机是能够支持一定数量的虚拟主机的。如果配置得当，加上采用超高速的线路，虚拟主机的表现往往胜于采用较低速度线路连接的独立服务机。

虚拟主机明显的优点是开销低。由于多台虚拟主机共享一台真实服务机的资源，所以分摊到每个用户的硬件费用、网络维护费用、通信线路费用均大幅度降低；而且用户对硬件设备的维护根本不用操心，基本上不需要管理和维护虚拟主机。用户可以通过 FTP 工具从虚拟主机上传或下载文件，很方便地在互联网上发布制作好的网页。当租用某个网络服务商的虚拟主机时，该网络服务商在提供虚拟主机服务的同时，还会根据用户需要提供其他服务，如 E-mail 服务等。在使用虚拟主机时也应注意保密和安全，对登录的口令必须保密或定期修改。

3. 服务器托管

随着网络资源服务市场的成熟，除了租用虚拟主机的方案，还可以选择服务器托管的方案来建立电子商务网站。服务器托管也称主机托管。主机托管就是用户把属于自己的一台服务器放置在某个经营"整机托管"业务网站的数据中心的机房里，用户不用常去机房对自己的服务器进行维护，因为网站机房的技术人员每天都会对用户的服务器进行精心"看护和照顾"。

当某个企业打算拥有自己的 DNS、FTP、E-mail 等独立服务器时，可以选择自建服务器或服务器托管。自建服务器不但需要水平较高的专业技术人员，而且需要投入大量的资金购置软硬件，还要支付高额的日常维护和线路通信服务费，机房的施工周期也较长。与自建服务器相比，整机托管则显得更经济、快捷且实用。互联网的基本运行机制是客户机/服务器模式，用户通过网络可以远距离、每天 24 小时地访问服务器。也就是说，即使相距遥远，但只要都在网络上，双方就可以读写文件，相互传递信息。整机托管还提供了一个重要的技术手段——远程控制(Remote Control)。无论企业在什么地方，只要能上网，就可以对服务器进行控制和操作，从而实现对服务器的管理和维护。

除了确定服务器的解决方案外，建站时还要考虑以下一些技术因素。

(1) 根据网站的不同规模，选择不同的服务器解决方案，搭建不同的网站硬件平台。
(2) 根据网站的不同规模，选择适合的服务器操作系统、Web 服务器和数据库系统。
(3) 确定电子商务管理系统的解决方案，是购买还是自己开发。
(4) 选择相关的开发程序，如网页编辑软件、ASP、JSP、数据库软件等。
(5) 确定网站的安全措施，如防黑客、防病毒、防商业欺诈等。

5.2.3 规划网站的内容并制作网页

电子商务交易的快捷方便可为企业创造无限商机，降低成本，同时可以更好地维护同客户、经销商及合作伙伴的关系。为此，一个现代化的企业必须积极拓展电子商务，为客户提供更高效的服务，这样才能在激烈的竞争中占据一席之地。电子商务网站的建设是企业开展电子商务的一个前提条件。互联网上有无数的电子商务网站，为了保证企业的网站能从众多类似的网站中脱颖而出，企业在建设电子商务网站之前必须对整个站点进行策划。

在制作网页的时候必须考虑是制作静态网站还是动态网站，它们有各自的适用场合。下面对这两种网站进行说明。

1. 静态网站

早期的网站一般都是由静态网页组成的。如果企业的数据不多、产品比较固定且更新不频繁，则可以做静态网站。因为静态网站的内容相对稳定，容易被搜索引擎检索；但静态网站不易维护，如果网站要更新内容，就必须要由专业技术人员操作。因此当网站信息量很大时完全依靠静态网页制作方式比较困难。

2. 动态网站

动态网站适合数据内容比较多且更新较频繁的企业。那什么是动态网站呢？所谓"动态"，并不是指具有动画功能的网站，而是指通过数据库进行架构的网站，即网站管理员可以方便及时地更新网站内容，查询、修改、删除、增加网站的数据，不需要什么专业技术，有计算机基础即可，浏览网站的用户可以查询并留言等。从而大大增加了管理员与网站、用户与网站的互动性。能够达到这种效果的网页称为交互式动态网页，而由这些网页构成的站点就可以称为动态网站。常用的动态网站编程技术有 PHP、ASP、JSP 等，将在 5.4 节详细介绍。现在很多网站为了能被搜索引擎快速检索，提高访问速度，通常会采用动态网页伪静态化技术，可见静态网页并不是一无是处。

网页是电子商务网站的对外表现形式，建立电子商务网站的重要环节之一就是制作网站的主页。在制作主页前要考虑网站的风格和要实现的功能，要根据自己企业的特点做充分的准备，使网站的功能方便用户使用，然后将要发布的信息做成 Web 页面。网站的外观设计及制作将直接影响浏览者的兴趣，一个好的、有鲜明特色的电子商务网站会吸引很多的浏览者再次访问。

5.2.4 网站的发布和推广

利用 Dreamweaver、FrontPage 或其他 FTP 软件可将制作完成的网站上传到 Web 服务器中，然后在互联网上发布。但是，网站的建设不是一劳永逸的事情，企业在不断发展，网站的内容也需要不断更新，所以网站的发布是一项经常要做的工作。网站建设完毕后，网站推广工作也是一个重要的环节，可通过推广提高网站的访问率。一个电子商务网站如果不进行推广宣传，一般很难有较大的访问量，这样建设的网站便毫无意义。网站的推广一般有以下几种方式。

(1) 在各大搜索引擎上注册，让用户可以通过搜索引擎找到网站。

(2) 在传统的广告媒体中对网站的内容、网站的地址，以及可以提供的便捷服务进行宣传，扩大网站的影响力。

(3) 在访客量较大的 BBS(Bulletin Board System，电子公告板)上发布广告信息或开展与企业相关问题的讨论，进一步扩大网站的影响。

(4) 通过电子邮件将网站的信息发送给目标客户。

(5) 通过与其他网站合作，建立友情链接，交换链接。

5.2.5 网站的更新维护

网站建成之后，在运营过程中需要定期更新网站的信息，及时总结经验，逐步完善网站的功能。例如，在网站及时发布企业最新的产品、价格、服务等信息；对用户信息进行收集、统计并交各部门及时处理分析；及时处理用户的投诉或需求信息并向用户反馈处理结果；网站页面设计要经常更新，不断增加新的营销创意，提高网站的知名度；保持设备良好状态，维持网站设备不间断地安全运行；注意网站安全管理，监测、防止病毒的攻击和恶意的访问；对网站进行推广和优化；对网站经营效果进行测试和评估。

5.3 电子商务网站开发的支撑平台

5.3.1 电子商务网站的硬件平台

建立一个电子商务网站要考虑很多因素。一个网站运行的好坏，硬件起着很重要的作用。硬件是整个电子商务网站正常运行的基础，硬件的稳定可靠与否，直接关系网站的访问率，以及网站的扩展、维护和更新等问题。电子商务网站的硬件构成主要有两大部分：网络设备和服务器。

1. 网络设备

网络设备主要用于网站局域网建设、网站与互联网连接。网络访问速度的快慢，很大程度上与网络设备有关。网络设备中的关键设备有三种：路由器、交换机和安全设备。

(1) 路由器是一种连接多个网络或网段的网络设备，是将电子商务网站连入广域网的重要设备。路由器能对不同网络或网段进行路由选择，并对不同网络之间的数据信息进行转换，它还具有在网上传递数据时选择最佳路径的能力。

由于局域网和广域网种类繁多，所以没有通用的路由器，需要根据实际情况进行选择或配置。对于局域网端，路由器会提供以太网、ATM 网、FDDI 和令牌环网接口(最常见的是以太网接口，如 10Base-T、100Base-T 或千兆以太网接口)，需要根据实际情况进行选择或配置。对于广域网端，接入线路种类繁多，如 DDN 方式、帧中继方式、ISDN 方式、ADSL 方式、Cable Modem 方式、以太网光纤方式。路由器的广域网端口也是多种多样的，可以满足接入不同数字线路的需求。

(2) 交换机是局域网组网的重要设备，多台不同的计算机可以通过交换机组成网络。交换机不但可以在计算机数据通信时使数据的传输做到同步、放大和整形，而且可以过滤掉短帧、碎片，对通信数据进行有效的处理，从而保证数据传输的完整性和正确性。交换机在工作时，发出请求的端口和目的端口之间相互响应而不影响其他端口，因此交换机能够隔离冲突域和有效抑制广播风暴的产生。另外，交换机的每个端口都有一条独占的带宽，交换机不但可以工作在半双工模式下，而且可以工作在全双工模式下。

(3) 安全设备。电子商务网站中存放着大量的重要信息，如客户资料、产品信息等，网站开通之后，系统的安全问题除了考虑计算机病毒之外，更重要的是防止非法用户的入侵，目前的预防措施主要靠防火墙(Firewall)技术完成。防火墙是一个由软件、硬件或软硬件结合的系统,是电子商务网站内部网和外部网之间的一道屏障,可限制外界未经授权的用户访问内部网,管理内部用户访问外部网的权限。

2. 服务器

电子商务的蓬勃发展对服务器的性能、功能提出了更多、更高的要求。选择服务器是电子商务网站建设中极其重要的环节,必须要选择一个性能好、成本低、可扩展、安全可靠的服务器。

(1) 按CPU类型不同分类。

按CPU类型不同,可分为小型机服务器和PC服务器。使用小型机服务器的用户一般是看中UNIX操作系统的安全性、可靠性和专用服务器的高速运算能力,但小型机服务器的价格是PC服务器的好几倍。相对而言,PC服务器具有较高的性价比,通用性是其最大的一个优点,会使用个人计算机就可以很容易地使用PC服务器,它的硬件结构与个人计算机差不多。PC服务器的操作系统一般是Windows版本,对习惯用Windows系统的用户来说容易掌握,而且应用软件也更丰富。

(2) 按规模不同分类。

按规模不同,可分为大型服务器(计算中心级或企业级)、中型服务器(部门级)、小型服务器(基层工作组级)、入门级服务器等。

(3) 按用途不同分类。

① 文件服务器。在服务器操作系统的控制下,管理存储设备(硬盘、磁带、光盘等)中的文件,并提供给网络上的各个客户机共享。文件服务器只负责共享信息的管理、接收和发送,不帮助工作站对所请求的信息进行处理。

② 打印服务器。管理打印任务队列,并将网络上的多个打印机提供给客户机共享。打印服务的开销一般不大,因此通常与文件服务器合在一起。

③ 通信服务器。管理通信设备,将其提供给客户机共享以减少网络的总拥有成本(Total Cost of Ownership,TCO),并完成各个"小网"之间的连接和管理。由于需要不停地处理通信设备的硬件中断,所以通信服务器的CPU负载很重,网络中一般用专门提供通信服务的服务器。

④ 应用服务器。a.文件管理,同文件服务器;b.数据库管理,提供多用户对数据库的访问、修改等操作,维护数据库系统的完整与安全;c.集中运算,利用服务器的数据处理能力,对某些用户进行集中处理;d.网络管理,对整个网络的应用情况进行检测与控制;e.容错能力,使服务器的个别硬件故障(如个别硬盘)不影响整个网络的应用。

服务器的选择应该视实际情况而定,如电子商务网站的规模、访问量的大小、今后的扩展计划,以及经营的商品类型等。

5.3.2 电子商务网站的软件平台

完成了域名注册,确定了服务器解决方案后,接着需要解决的一个问题是在网站的硬件平台上运行什么样的软件,这是关系电子商务网站成败的关键问题之一。电子商务网站的软件主要包括操作系统、服务器软件、数据库软件等。运行这些软件与网站提供的服务有关。下面简要介绍这些软件的概况。

第 5 章　电子商务网站建设

1. 操作系统软件

目前比较流行的、能够用于电子商务网站的操作系统主要有 UNIX、类 UNIX 和 Windows 系列。如果网站选用 PC 服务器，操作系统可在 Windows、Linux、SCO UNIX 中选择。如果网站选用小型机服务器，则大多选用 UNIX 操作系统，具体版本随服务器品牌而定，如 IBM 公司的 RS 6000 小型机使用 AIX 操作系统、Sun 公司的 Enterprise 系列小型机使用 Solaris 操作系统等。下面简要介绍几种流行的操作系统。

(1) UNIX 操作系统。

UNIX 操作系统是一个强大的多用户、多任务操作系统，支持多种处理器架构，按照操作系统的分类，属于分时操作系统。最早由 Ken Thompson 和 Dennis Ritchie 于 1969 年在贝尔实验室开发。经过长期的发展和完善，目前已成长为一种主流的操作系统。由于 UNIX 具有技术成熟、可靠性高、网络和数据库功能强、伸缩性突出和开放性好等特点，可满足各行各业的实际需要，特别能满足企业重要业务的需要，因此成为主要的工作站平台和重要的企业操作平台。

UNIX 操作系统能运行于各种机型上，在网站建设中主要用于小型机。UNIX 最重要的特点是它不受任何计算机厂商的垄断和控制，并提供有丰富的软件开发工具。UNIX 具有强大的数据库开发环境，通常大型数据库厂商(如 Oracle、Informix、Sybase、Progress 等)都把 UNIX 作为主要的数据库开发和运行的平台。强大的网络功能是 UNIX 的又一个特点，它支持所有通信需要的网络协议，这使得 UNIX 系统能很方便地与现有的主机系统及各种广域网、局域网相连接。UNIX 操作系统有多种不同的版本，主要有 Sun 公司的 Solaris、SCO 公司的 OpenServer 与 UNIXWare、HP 公司的 HP-UN、IBM 公司的 AIX 等。

(2) Linux 操作系统。

Linux 操作系统是所有类 UNIX 操作系统中最出色的一种。由于它是自由的、没有版权限制的软件，所以是计算机市场中装机份额增长快速的操作系统之一。传统上有以 Linux 为基础的 LAMP(Linux，Apache，MySQL，Perl/PHP/Python 的组合)经典技术组合，提供了包括操作系统、数据库、网站服务器、动态网页的一整套网站架设支持。而面向更大规模级别的领域中，如数据库中的 Oracle、DB2、PostgreSQL，以及用于 Apache 的 Tomcat JSP 等，都已经在 Linux 上有了很好的应用样本。除了已在开发者群体中广泛流行，它也是网站服务提供商最常使用的平台。

Linux 操作系统在受到全球众多个人用户认同的同时，也赢得了一些跨国大公司的喜爱，如 Informix、Netscape、Oracle 等公司宣布了对 Linux 的支持，并推出了基于 Linux 的软件产品。Linux 属于免费的操作系统平台，而且其性能也十分优越。

(3) Windows 操作系统。

Windows 操作系统是目前流行的网络操作系统之一，它具有强大的功能和非常良好的性能，其市场份额很大。Windows Server 操作系统借助其新技术和新功能，如 IIS(Internet Information Services，互联网信息服务)、Server Core、PowerShell、Windows Deployment Services 和加强的网络与群集技术，为使用者提供了性能最全面、最可靠的平台，可以满足使用者所有的业务负载和应用程序要求。IIS 是一个强大的应用程序和 Web 服务平台，可简化 Web 服务器管理，这个模块化的平台提供了简化的、基于任务的管理界面，更好的跨站点控制，增强的安全功能，以及集成的 Web 服务运行状态管理。IIS 和.NET Framework 提供了一个综合性平台，用于建立连接用户与用户、用户与数据之间的应用程序，以使其能够可视化、共享和处理信息。Server Manager 可以加速服务器的安装和配置，并能通过统一的管理控制台，简化进行中的服务器角色管理。PowerShell 是一个全新的命令行 Shell，提供了 130 多种工具，以及集成的脚本语言，帮助管理员实现例行系统管理任务自动化，尤其是针对跨多个服务器的任务自动化。Server Core 是一个全新的安装选项，它仅包含必要的组件和子系统，而没有图形用户界面，以提供一个具有高可用性，且较少需要进行更新和服务的服务器。

2. Web 服务器软件

Web 服务器软件有 30 多种，有些只能在一种操作系统上运行，有些则可以在多种操作系统上运行。本节介绍两种较流行的 Web 服务器软件，"流行"是根据采用的 WWW 网站估计数来说明的。NETCRAFT 2021 年 1 月的 Web Server 市场份额调查显示，nginx 占总调查网站数量的 32.88%，Apache 占总调查网站数量的 24.25%，具体如图 5.3 所示。

图 5.3 彩图

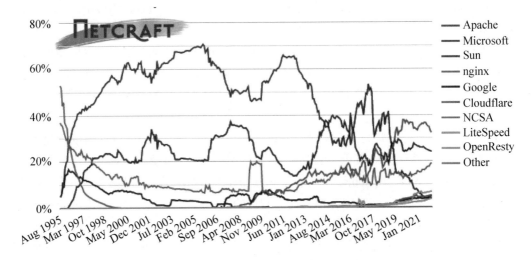

图 5.3 Web Server 分布比例

选择 Web 服务器时，不仅要考虑目前的需求，还要兼顾网站发展的需要，因为如果更换 Web 服务器软件，将会产生一系列问题。选择 Web 服务器时，还需要和操作系统联系起来考虑，大多数 Web 服务器主要是为一种操作系统进行优化的，有的只能运行在一种操作系统上，所以对于 Web 服务器的性能，一般要考虑以下几个方面。

(1) 响应能力。响应能力是 Web 服务器对多个用户浏览信息的响应速度。响应速度越快，单位时间内可以支持的访问量就越多，用户单击的响应速度也就越快。

(2) 与后端服务器的集成。Web 服务器除直接向用户提供 Web 信息外，还担负服务器集成的任务,这样客户机就只需用一种界面来浏览所有后端服务器的信息。Web 服务器可以说是互联网中的信息中转站,它将不同来源、不同格式的信息转换成统一的格式,供具有统一界面的客户机浏览器浏览。

(3) 管理的难易程度。Web 服务器的管理包含两种含义:一是管理 Web 服务器;二是利用 Web 界面进行网络管理。

(4) 信息开发的难易程度。信息是 Web 服务器的核心,信息开发是否简单对 Web 信息是否丰富影响很大,即它所支持的开发语言是否满足要求。

(5) 稳定性。Web 服务器的性能和运行都要非常稳定。

(6) 可靠性。如果 Web 服务器经常发生故障,将会产生严重的后果。

(7) 安全性。从两方面考虑:一是预防 Web 服务器的机密信息泄露;二是防止黑客的攻击。

(8) 与其他系统的搭配。对用户来讲,应选择最合适的 Web 平台。一个简单方法是视 Web 服务器的硬件平台而定。如果选择个人计算机作为服务器,下面是几种比较常见的搭配方案:①Windows 2000 +IIS +ASP +SQL Server;②Linux +Apache + PHP + MySQL;③NetWare +NovellWeb Server;④Solaris for Intel+iPlanetWeb Server+JSP +Oracle。

前两个是比较流行的搭配方案。由于 Linux 和 Apache 都是开源软件,所以方案②具有最高的性价比,但这也不是绝对的,也需要考虑网站制作和维护人员的习惯。如果熟悉 Windows 编程,就应该选择方案①;相反,如果熟悉 UNIX 和 Linux 编程,就应该选择方案②。如果选择了 IBM 公司的 UNIX 服务器,如 RS 6000 系列,最好使用 IBM 公司提供的 Websphere 套件;如果选择了 Sun 公司或 HP 公司的 UNIX 服务器,那么 Netscape 的 iPlanet Web Server 则是最佳选择。除了平台问题,还需要考虑网站规模、可靠性(群集及负载平衡)、开发环境、内容管理及安全性等问题。

3. 数据库软件

电子商务网站建设是以 Web 网络技术和数据库技术为基础的,其中数据库技术是电子商务的核心技术(在 5.5 节将详细讨论数据库技术)。

目前,关系型数据库在 Web 数据库中占据了主流地位。关系型数据库的发展主要经历了基于主机/终端方式的大型机上的应用阶段和客户机/服务器阶段。随着互联网的普及,人们对关系型数据库进行了适应性调整,增加了面向对象成分及处理多种复杂数据类型的能力,还增加了各种中间件(主要包括 CGI、ISAPI、ODBC、JDBC、ASP 等),较大地扩展了基于互联网的应用能力。基于互联网应用的模式中,关系型数据库的表现形式为三层或四层的多层结构。在这种多层结构体系下,关系型数据库较好地解决了数据在互联网上的发布、检索、维护、管理等应用问题。

目前关系型数据库技术已经非常成熟,相关的数据库产品也非常多,如 DB2、Oracle、Sybase、Informix、MySQL 等。

5.4　Web 编程语言

最初的 Web 页面只能完成简单的信息发布功能,提供的页面是静态的,没有交互功能,也没有复杂的动画。当加入一些 Web 编程语言,如 JavaScript、VBScript、PHP、.NET 及 Java 语言等,就使得页面具有了简单的交互功能,如分层菜单等,同时还提供了动态页面和动画的功能,使得信息发布更加丰富多彩。下面是一些常用的 Web 编程语言。

5.4.1　HTML

HTML 概述

超文本标记语言(HyperText Markup Language,HTML)与扩展标记语言(eXtensible Markup Language,XML)一样,都是标准通用标记语言(Standard Generalized Markup Language,SGML)。HTML 是目前网络上应用最广泛的语言,也是构成网页文档的主要语言。设计 HTML 语言的目的是把存放在一台计算机中的文本或图形与另一台计算机中的文本或图形方便地联系在一起,形成有机的整体,人们不用考虑具体信息是在当前计算机上还是在网络的其他计算机上。用户只需用鼠标在某一网页上单击某项内容,就会马上跳转到与此项内容相关的网页上去,而这些网页可能存放在网络的另一台计算机中。HTML 文本是由 HTML 命令组成的描述性文本,HTML 命令可以说明文字、图形、动画、声音、表格、链接等。HTML 的结构包括头部(Head)和主体(Body)两大部分。其中,头部描述浏览器所需的信息,主体则包含所要说明的具体内容。

HTML 允许网页制作者建立文本与图片相结合的复杂网页,这些网页可以被互联网上的任何人浏览到,无论使用的是什么类型的计算机或浏览器。建立 HTML 页面不需要用专门的软件,只需要有文字处理器(如 Word 或记事本)及 HTML 基础知识即可。

HTML 由一系列标签组成。HTML 标签通常是英文单词的全称(如块引用为 block quote)或缩略语(如 p 代表 Paragraph)。HTML 标签与一般文本有所区别,它们放在尖括号里,如 Paragraph 标签是<p>,块引用标签是<block quote>。有的标签说明页面如何被格式化(如开始一个新段落),有的标签则说明文字如何显示(如<b>使文字变粗),还有的标签提供在页面上不显示的信息(如标题)。

需要记住的是,标签都是成对出现的,如<block quote>,则必须用另一个标签</block quote>将它关闭,block quote 前的斜杠就是关闭的标记。

【例 5-1】　一个简单的 HTML 文件。

```
<html>
<head>
<title>Title of page</title>
</head>
<body>
This is my first homepage. <b>This text is bold</b>
```

```
</body>
</html>
```

该文件的第一个标签是<html>，这个标签告诉浏览器这是 HTML 文件的头。文件的最后一个标签是</html>，表示 HTML 文件到此结束。在<head>和</head>之间的内容，是头部信息。头部信息是不显示出来的，在浏览器里看不到，但并不表示这些信息没有用处。例如，可以在头部信息里加入一些关键词，有助于搜索引擎能够搜索到该网页。在<title>和</title>之间的内容是 HTML 文件的标题，可以在浏览器顶端的标题栏中看到这个标题。在<body>和</body>之间的内容是正文。在和之间的文字用粗体表示，b 就是 bold 的缩写。HTML 标签可以拥有属性，属性可以扩展 HTML 元素的更多信息。例如，可以使用 bgcolor 属性，使页面的背景色成为红色，<body bgcolor="red">。再如，可以使用 border 属性，将一个表格设成一个无边框的表格，<table border="0">。属性通常由属性名和属性值构成，如 name="value"，其中属性值一般用双引号括起来。

5.4.2 XML

XML 是一种简单的数据存储语言，使用一系列简单的标记描述数据。

XML 与 Access、Oracle、SQL Server 等数据库不同，数据库提供了强有力的数据存储和分析能力，如数据索引、排序、查找、相关一致性等，XML 仅仅是展示数据。

XML 与 HTML 的区别在于：XML 是用来存储数据的，重在数据本身；而 HTML 是用来定义数据的，重在数据的显示形式。XML 的简单使其易于在任何应用程序中读写数据，这使得 XML 很快成为数据交换的通用语言，意味着应用程序可以更容易地与 Windows、Mac OS、Linux 及其他平台下产生的信息结合，然后可以加载 XML 数据到应用程序中并分析，最后以 XML 格式输出结果。

5.4.3 JavaScript

JavaScript 是为了适应动态网页制作的需要而诞生的一种编程语言，广泛地应用于网页制作上。JavaScript 是由 Netscape 公司开发的一种脚本语言，或称描述语言。在 HTML 的基础上，使用 JavaScript 可以开发交互式网页。JavaScript 的出现使得网页实现了实时性、动态性、交互性，使网页包含更多活跃的元素和更加精彩的内容。运行用 JavaScript 编写的程序需要有支持 JavaScript 语言的浏览器。Netscape 公司推出的 Navigator 3.0 以上版本的浏览器、微软公司推出的 Internet Explorer 3.0 以上版本的浏览器都支持 JavaScript。微软公司还自己开发了 JavaScript，称为 JScript。JavaScript 和 JScript 的用法基本相同，只是在一些细节上有出入。JavaScript 短小精悍，在客户机上执行，大大提高了网页的浏览速度和交互能力。

【例 5-2】 一个简单的 JavaScript 程序。

```
<html>
<head>
<script type="text/javascript">
    // JavaScript Appears here.
```

```
        alert("这是第一个 JavaScript 例子!");
        alert("欢迎你进入 JavaScript 世界!");
        alert("今后我们将共同学习 JavaScript 知识! ");
    </script>
  </head>
</html>
```

JavaScript 脚本位于<script type="text/javascript">和</script>之间。alert()是 JavaScript 的窗口对象方法，其功能是弹出一个具有 OK 按钮的对话框并显示"()"中的内容。

5.4.4 Web3D 技术

随着浏览器性能和网络带宽的大幅度提升，以及 WebGL 的实现，使得 3D 技术不再是桌面程序的专利，越来越多的 Web 应用使用 3D 技术。WebGL 是一套 3D 绘图标准，该标准将 JavaScript 和 OpenGL ES 结合在一起，通过添加 OpenGL ES 的 JavaScript 绑定，这样就能使用原生浏览器语言 JavaScript 实现 Web3D 交互。three.js 是基于原生 WebGL 封装运行的三维引擎，在所有 WebGL 引擎中，three.js 是国内使用最广泛的三维引擎。

随着物联网的发展，工业、建筑等各个领域与物联网相关的 Web 项目网页交互界面都会呈现出 3D 可视化的趋势(图 5.4)。3D 的方式更为直观，当然开发成本也比较大，而 three.js 可以将开发成本大大降低。随着 WebGL 技术的持续推广，5G 技术的持续推广，各种产品在线 3D 展示将会变得越来越普及。例如，一家汽车公司的新款轿车可以在官网上在线预览，一些电商平台用 3D 模型取代二维图片。在数据可视化方面，对于超大的海量数据而言，Canvas、SVG 等方式的 Web 可视化，没有基于 WebGL 技术的可视化性能好，尤其对于 3D 相关的数据可视化，借助 3D 引擎 three.js 可以很好地实现。同时开发 3D 类的 H5 小游戏或微信小游戏，three.js 引擎也是非常好的选择，因为它无须下载，方便传播。

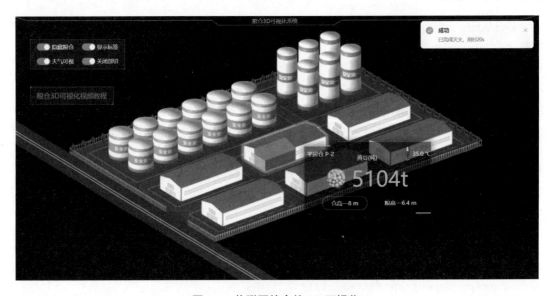

图 5.4　物联网粮仓的 3D 可视化

5.4.5 动态网页技术

1. CGI

公共网关接口(Common Gateway Interface，CGI)是外部扩展应用程序与 Web 服务器交互的一个标准接口。服务器与客户端进行交互的方式有很多，CGI 技术就是其中之一。根据 CGI 标准，编写外部扩展应用程序，可以对客户端浏览器输入的数据进行处理，完成客户端与服务器的交互操作。CGI 规范定义了 Web 服务器如何向扩展应用程序发送消息，在收到扩展应用程序的信息后又如何进行处理等内容。对于许多静态 HTML 网页无法实现的功能，通过 CGI 可以实现，如表单的处理、对数据库的访问、搜索引擎、基于 Web 的数据库访问等。

动态网页技术

使用 CGI 实现客户端与服务器的交互有以下几个标准步骤。

(1) Web 客户端的浏览器将 URL 的第一部分解码与 Web 服务器相连。
(2) Web 浏览器将 URL 的其余部分提供给服务器。
(3) Web 服务器将 URL 转换成路径和文件名。
(4) Web 服务器发送 HTML 请求页面给客户，一旦页面内容传送完，这个连接自动断开。
(5) 在客户端，HTML 脚本提示用户执行操作或输入。当用户响应后，客户端请求 Web 服务器建立一个新的连接。
(6) Web 服务器把这些信息和其他进程变量传送给由 HTML 以 URL 的形式指定的 CGI 程序。
(7) CGI 根据输入做出响应，把响应结果传送给 Web 服务器。
(8) Web 服务器把响应的数据传给客户端，完成后关闭连接。

CGI 可以用任何一种语言编写，只要这种语言具有标准输入/输出和环境变量。因为 C 语言具有较强的平台无关性，所以是编写 CGI 程序的首选。

2. ASP、JSP、PHP

目前，常用的三种动态网页语言有 ASP(Active Server Pages，动态服务器页面)、JSP(Java Server Pages，Java 服务器页面)和 PHP(Page Hypertext Preprocessor，页面超文本预处理器)。

ASP 是一个 Web 服务器端的开发环境，利用它可以产生和执行动态的、互动的、高性能的 Web 服务应用程序。ASP 采用脚本语言(如 VBScript)作为自己的开发语言。ASP 最大的局限就是不能跨平台，它只能运行于 Windows 系列的操作平台，使用 IIS 作为 Web 服务器。

JSP 是 Sun 公司推出的网站开发语言，是 Sun 公司在 Java 和 Java Applet 基础上开发的。JSP 可以在 Serverlet 和 Java Bean 的支持下，完成功能强大的站点程序。

PHP 是一种跨平台的服务器端的嵌入式脚本语言。它大量地借用 C、Java 和 Perl 语言的语法，并耦合 PHP 自己的特性，使 Web 开发者能够快速地写出动态页面。它支持目前绝大多数数据库。PHP 是完全免费的，可以从 PHP 官方站点自由下载，而且可以不受限制地获得源代码。

三者都提供在 HTML 代码中混合某种程序代码、由语言引擎解释执行程序代码的能力，但 JSP 代码被编译成 Serverlet 并由 Java 虚拟机解释执行，这种编译操作仅在对 JSP 页面的第一次请求时发生。在 ASP、JSP、PHP 环境下，HTML 代码主要负责描述信息的显示样式，而程序代码则用来描述处理逻辑。普通的 HTML 页面只依赖于 Web 服务器，而 ASP、JSP、PHP 页面需要附加的语言引擎分析和执行程序代码。程序代码的执行结果被重新嵌入 HTML 代码中，然后一起发送给浏览器。ASP、JSP、PHP 三者都是面向 Web 服务器的技术，客户端浏览器不需要任何附加的软件支持。

【例 5-3】 一个简单的 PHP 登录程序。

登录表单 login.php 的代码如下。

```
<table>
<tr>
<form action="checklogin.php" method="post"><td align="center" valign="middle">
<table>
<tr>
<td colspan="2"><div align="center">Administrators Login</div></td>
</tr>
<tr class="tdbg">
<td><div align="center">Username</div></td>
<td><div align="center">
<input name="username" type="text" id="username">
</div></td>
</tr>
<tr>
<td><div align="center">Password</div></td>
<td><div align="center">
<input name="password" type="password" id="password">
</div></td>
</tr>
<tr>
<td colspan="2"><div align="center">
<input type="submit" name="Submit" value="Submit">
<input type="reset" name="Submit2" value="Clear">
</div></td>
</tr>
</table></td></form>
</tr>
</table>
```

处理文件 checklogin.php 的代码如下。

```php
<?
require_once('conn.php');
session_start();
$username=$_POST['username'];
$password=$_POST['password'];
$exec="select * from admin where username='".$username."'";
if($result=mysql_query($exec))
{
    if($rs=mysql_fetch_object($result))
    {
        if($rs->password==$password)
        {
            $_SESSION['adminname']=$username;
            header("location:index.php");
        }
        else
        {
            cho "<script>alert('Password Check Error!');
            location.href='login.php';</script>";
        }
    }
    else
    {
        Echo "<script>alert('UsernameCheck Error!');
        location.href='login.php';</script>";
    }
}
else
{
    echo "<script>alert('Database Connection Error!');
    location.href='login.php';</script>";
}
?>
```

连接文件 conn.php 的代码如下。

```php
<?
    $conn=mysql_connect ("127.0.0.1", "", "");
    mysql_select_db("shop");
?>
```

本例采用了混合编码的方式，将 HTML 代码和 PHP 代码混合在一起。整个程序分成三个文件。第一个文件负责登录界面的显示和接收用户数据，这些数据通过表单提交给 Web 服务器，有两种提交方式，一种是 GET，另一种是 POST，本例采用的是 POST 的提交方式。第二个文件是服务器端处理页面，也就是第一个文件把接收到的数据通过表单提交给这个文件处理(在第一个文件的表单属性中包含了这样一条语句"action="checklogin. php"",action 属性指明了表单数据提交给哪个文件进行处理)。因为第一个文件是采用 POST 方式提交数据，所以第二个文件利用"$_POST[]"服务器变量来接收数据并进行处理。最后一个文件是数据库连接文件，完成数据库的连接。

3. ActiveX 技术

ActiveX 是微软对于一系列策略性面向对象程序技术和工具的称呼，其中主要的技术是组件对象模型(Component Object Model，COM)。在有目录和其他支持的网络中，COM 变成了分布式 COM(Distributed Component Object Model，DCOM)。

ActiveX 控件是用于互联网的很小的程序，有时称为插件程序。ActiveX 控件能允许播放动画，或帮助执行任务，如自动检测安装更新。

ActiveX 控件是可以在应用程序和网络中计算机上重复使用的程序对象。ActiveX 控件可以以小程序的形式下载并载入网页，也可以用在一般的 Windows 和 Mas OS 应用程序环境中。一般来说，ActiveX 控件与 Java Applet 的概念和功能差不多。

5.5 电子商务网站数据库技术

数据库技术主要研究如何存储、使用和管理数据，是计算机技术中发展最快、应用最广的技术之一。作为计算机软件的一个重要分支，数据库技术一直是备受信息技术界关注的一个重点。当前，数据库技术已成为计算机信息系统和应用系统开发的核心技术，更是信息高速公路的支撑技术之一。自从计算机发明以来，数据处理就是它的基本功能。数据处理的中心问题是数据管理，数据管理是指对数据的分类、组织、编码、存储、检索和维护。电子商务以计算机及网络技术取代传统方式来进行生产经营活动，其中离不开数据库技术的支持。数据库技术对电子商务的支持主要表现在存储和管理各种商务数据。近几年，随着数据仓库和数据挖掘技术的产生与发展，使企业可以科学地对数据库中大量的商务数据进行组织、分析和统计，从而更好地服务于企业的决策制定。可以说，数据库技术是电子商务的一项支撑技术，在电子商务的建设中占有重要的地位。

5.5.1 数据库技术的产生与发展

数据管理随着计算机硬件和软件技术的发展而不断发展，而数据库技术是数据管理发展到一定阶段的产物。到目前为止，数据管理主要分为以下几个阶段：手工管理阶段、文件系统阶段、数据库系统阶段、数据仓库阶段和大数据阶段。

(1) 手工管理阶段。20 世纪 50 年代中期以前，计算机主要用于科学计算。数据的组织和管理完全靠程序员手工完成，因此称为手工管理阶段。这个阶段，数据的管理效率很低。

(2) 文件系统阶段。进入 20 世纪 60 年代，数据管理方式发生了很大的变化，出现了专门的数据管理软件。但这个阶段仍存在一些问题，如数据冗余度大、数据和程序缺乏独立性等。

(3) 数据库系统阶段。到了 20 世纪 60 年代后期，"数据库"的概念出现了。用数据库管理数据有以下特点：①面向全组织的复杂的数据结构；②数据的最小存取单位是数据项；③数据的冗余度小、易扩充；④具有较高的数据独立性；⑤统一的数据控制功能，包括安全性控制、完整性控制和并发控制。数据库系统的出现，使信息系统的研制从围绕加工数据的程序为中心转变到围绕共享的数据库来进行。这既便于数据的集中管理，也有利于应用程序的开发和维护，提高了数据的利用率和相容性，从而提高了做出决策的可靠性。同时，出现了数据库管理系统(DataBase Management System，DBMS)，在建立、运用和维护时对数据库进行统一控制。

(4) 数据仓库阶段。进入 20 世纪 90 年代，计算机得到普及，对企业来说，决策支持系统已不是可有可无的，企业需要实用且成本低廉的决策支持系统。系统开发人员由于企业的需求，也渐渐认识到了决策支持系统开发的方向。决策支持系统的建设应该把注意力放在对数据的挖掘上，放在满足业务管理人员对各种各样的查询要求上，由他们自己做决定，系统只是提供一些辅助决策的参考意见，应该帮助而不是代替业务管理人员的思考。

在这段时期，企业管理信息系统逐渐由以内部管理为主转变为对整个供应链的管理。企业之间的商务活动也从以前简单的电子数据传输转变为全方位的合作，电子商务蓬勃兴起。企业之间的合作不仅可以提高企业的生产效率、降低生产成本，也为企业获取大量的外部数据带来了方便，这就为决策支持分析奠定了基础。另外，由于数据库技术的发展和日益成熟，决策支持分析工具也渐渐丰富起来。企业的需求和技术的成熟最终促使数据仓库的产生。数据仓库作为决策支持系统的一种有效、可行的体系化解决方案，包括三方面的内容：数据仓库技术、联机分析处理技术和数据挖掘技术。数据库技术的发展为解决决策支持问题提供了可能，而激烈的市场竞争产生了对决策支持的巨大需求，由此人们找到了以数据仓库为基础，以联机分析处理和数据挖掘工具为手段的一整套可操作、可实施的解决方案。

(5) 大数据阶段。进入 21 世纪，互联网上的数据呈爆炸式增长，大数据时代到来。有关大数据的介绍详见 5.5.4。

5.5.2 数据库技术基本理论

1. 数据模型

在数据库系统中，主要的数据模型有层次模型(Hierarchical Model)、网状模型(Network Model)和关系模型(Relational Model)。其中，应用最广泛的当属关系模型。

(1) 层次模型。

在层次模型中，数据之间的关系需满足：有且仅有一个结点无双亲，该结点称为根结点；其他结点有且仅有一个双亲结点。因此，层次模型只能描述数据之间一对一或一对多的关系。其结构就像一棵倒栽的树，如图 5.5 所示。

(2) 网状模型。

网状模型描述了数据之间的网状关系。在网状模型中，数据之间的关系允许：有一个以上的结点无双亲；结点可以有多个双亲结点。网状模型的最大特点是可以描述多对多的关系。其结构如图 5.6 所示。

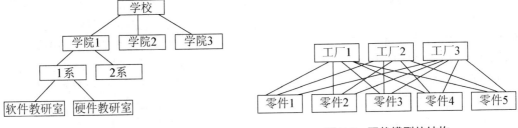

图 5.5　层次模型的结构　　　　　　　　图 5.6　网状模型的结构

(3) 关系模型。

关系模型在三种模型中是最重要的，也是目前最主流的。可以把关系模型理解为一张二维表，表格中的每一行代表一个实体，称为记录；每一列代表实体的一个属性，称为数据项。记录的集合称为关系。关系具有以下性质。

① 数据项不可再分(不可表中套表)。
② 关系中的列是同性质的，称为属性。属性之间不能重名。
③ 关系中不能出现相同的记录，记录的顺序无所谓。
④ 每个关系都有一个主键，它能唯一地标识关系中的一个记录。
⑤ 关系中列的顺序不重要。

关系模型的结构如表 5-1 所示。

表 5-1　关系模型的结构

学号	姓名	专业名	性别	出生时间	总学分	备注
001101	王林	计算机	男	2003-02-10	50	
001102	程明	计算机	男	2004-02-01	50	
001103	王燕	计算机	女	2002-10-06	50	
001104	韦严平	计算机	男	2003-08-26	50	
001106	李方方	计算机	男	2003-11-20	50	
001106	李明	计算机	男	2003-05-01	54	
…	…	…	…	…	…	

在上述三种数据模型中，由于关系模型概念简单、清晰，用户易懂易用，有严格的数学基础及在此基础上发展的关系数据理论，简化了程序员的工作和数据库开发建立的工作，因而关系模型在诞生以后发展迅速，很快成为深受用户欢迎的数据模型。关系型数据库技术出现在 20 世纪 70 年代，经过 80 年代的发展到 90 年代已经比较成熟，在 90 年代初期曾一度受到面向对象数据库的巨大挑战，但是市场最后还是选择了关系型数据库。无论是 Oracle 公司的 Oracle 9i、IBM 公司的 DB2，还是微软的 SQL Server 等都属于关系型数据库。

2. 结构化查询语言

结构化查询语言(Structure Query Language,SQL)最早是 IBM 的圣约瑟研究实验室为其关系型数据库管理系统 System R 开发的一种查询语言,它的前身是 SQUARE 语言。SQL 结构简洁、功能强大、简单易学,所以自 1981 年推出以来,就得到了广泛的应用。如今无论是 Oracle、Sybase、Informix、SQL Server 等大型的数据库管理系统,还是 Visual FoxPro、PowerBuilder 等个人计算机上常用的数据库开发系统,都支持 SQL 作为查询语言。

SQL 是高级的非过程化编程语言,允许用户在高层数据结构上工作。它不要求用户指定对数据的存储方法,也不需要用户了解具体的数据存储方式,所以各种底层结构完全不同的数据库系统都可以使用 SQL 作为数据输入与管理的接口。它以记录集合作为操纵对象,所有 SQL 语句接受集合作为输入,返回集合作为输出,这种集合特性允许一条 SQL 语句的输出作为另一条 SQL 语句的输入,所以 SQL 可以嵌套,这使其具有极大的灵活性和强大的功能。在多数情况下,在其他语言中需要一大段程序实现的一个单独事件只需要一条 SQL 语句就可以达到目的,这也意味着用 SQL 可以写出非常复杂的语句。SQL 虽被称为查询语言,其功能却不仅仅是查询,它的功能包括查询、操纵、定义和控制四个方面,是一个综合、通用、功能强大的关系型数据库语言。SQL 具有以下几个比较突出的优点。

(1) 一体化。SQL 可以完成包括数据库定义、修改、删除、更新、查询等数据库生命周期中的全部活动,给用户使用带来很多方便。

(2) 灵活。SQL 有两种使用方式:一种是联机交互使用;另一种是嵌入某种高级编程语言的程序中。这两种使用方式的语法结构是统一的,既让用户有灵活的选择余地,又不会给用户带来不一致的困扰。

(3) 高度非过程化,与高级编程语言相比,SQL 在数据库的操作方面是非常有优势的。使用 SQL,用户只需提出"做什么",不用了解实现的细节,复杂的过程均由系统自动完成。

(4) 语言简洁,易学易用。SQL 的功能可以分成以下四类:数据定义,用于定义和修改数据库对象,如 CREATE TABLE(创建表)、DROP TABLE(删除表)等命令;数据操纵,对数据的增、删、改、查操作,如 INSERT(插入记录)、DELETE(删除记录)、UPDATE(修改数据)、SELECT(查询数据)等命令;数据库控制,用于控制用户对数据库的访问权限,如 GRANT(授予权利)、REVOKE(取消权利)等命令;事务控制,用于控制数据库系统事务的运行,如 COMMIT(事务提交)、ROLLBACK(事务撤销)等命令。

3. 关系数据的规范化理论

构造数据库必须遵循一定的规则。在关系型数据库中,这种规则就是范式(Normal Forms,NF)。范式是符合某一种级别的关系模式的集合。关系型数据库中的关系必须满足一定的要求,即满足不同的范式。目前关系型数据库有六种范式:第一范式(1NF)、第二范式(2NF)、第三范式(3NF)、第四范式(4NF)、第五范式(5NF)和第六范式(6NF)。满足最低要求的范式是第一范式。在第一范式的基础上进一步满足更多要求的称为第二范式,其余范式以此类推。一般来说,数据库只需满足第三范式即可。

(1) 第一范式。

在任何一个关系型数据库中，第一范式是对关系模式的基本要求，不满足第一范式的数据库就不是关系型数据库。

所谓第一范式，是指数据库中表的每一列都是不可分割的基本数据项，同一列中不能有多个值，即实体中的某个属性不能有多个值或不能有重复的属性。如果出现重复的属性，就可能需要定义一个新的实体。新的实体由重复的属性构成，新实体与原实体之间为一对多关系。在第一范式中，表的每一行只包含一个实例的信息。例如，一个员工信息表，不能将员工信息都放在一列中显示，也不能将其中的两列或多列放在一列中显示；员工信息表的每一行只表示一个员工的信息，一个员工的信息在表中只出现一次。简而言之，第一范式就是无重复的列。

(2) 第二范式。

第二范式是在第一范式的基础上建立起来的，即满足第二范式必须先满足第一范式。第二范式要求数据库中表的每个实例或行必须可以被唯一地区分。为实现区分通常需要为表加上一个列，以存储各个实例的唯一标识。例如，员工信息表中加上了员工编号列，因为每个员工的员工编号是唯一的，因此每个员工都可以被唯一区分。这个唯一属性列被称为主关键字，或称主键、主码。第二范式要求实体的属性完全依赖于主关键字。所谓完全依赖，是指不能存在仅依赖主关键字一部分的属性，如果存在，那么这个属性和主关键字的这一部分应该分离出来形成一个新的实体，新实体与原实体之间是一对多的关系。为实现区分通常需要为表加上一个列，以存储各个实例的唯一标识。简而言之，第二范式就是非主属性非部分依赖于主关键字。

(3) 第三范式。

满足第三范式必须先满足第二范式。简而言之，第三范式要求数据库中的表不包含已在其他表中包含的非主关键字信息。例如，存在一个部门信息表，其中每个部门都有部门编号、部门名称、部门简介等信息。那么如果在员工信息表中列出部门编号后就不能再将部门名称、部门简介等与部门有关的信息加入员工信息表中。如果不存在部门信息表，则根据第三范式也应该构建它，否则就会有大量的数据冗余。简而言之，第三范式就是属性不依赖于其他非主属性。

【例 5-4】 配件管理关系模式 WPE(WNO,PNO,ENO,QNT)分别表示仓库号、配件号、员工号、数量。其有以下条件。

① 一个仓库有多个员工。
② 一个员工仅在一个仓库工作。
③ 每个仓库里一种型号的配件由专人负责，但一个人可以管理多种配件。
④ 同一种型号的配件可以分放在多个仓库中。

由以上条件可知，PNO 不能确定 QNT，由组合属性(WNO,PNO)来决定，存在函数依赖(WNO,PNO)→ENO。由于每个仓库里的一种配件由专人负责，而一个人可以管理几种配件，因此由组合属性(WNO,PNO)才能确定负责人，有(WNO,PNO)→ENO。由于一个员工仅在一个仓库工作，因此有 ENO→WNO。由于每个仓库里的一种配件由专人负责，而一个员工仅在一个仓库工作，因此有(ENO,PNO)→QNT。

找一下候选关键字。因为(WNO,PNO)→QNT，(WNO,PNO)→ENO，所以(WNO,PNO)

可以决定整个元组，是一个候选关键字。根据ENO→WNO，(ENO,PNO)→QNT，故(ENO, PNO)也能决定整个元组，为另一个候选关键字。属性ENO、WNO、PNO均为主属性，只有一个非主属性QNT。它对任何一个候选关键字都是完全函数依赖的，并且是直接依赖，所以该关系模式是3NF。

分析一下主属性。因为ENO→WNO，主属性 ENO 是 WNO 的决定因素，但是它本身不是关键字，只是组合关键字的一部分。这就造成主属性 WNO 对另外一个候选关键字(ENO,PNO)的部分依赖，因为(ENO,PNO)→ENO，但反过来不成立，而PNO→WNO，故(ENO, PNO)→WNO 也是传递依赖。

虽然没有非主属性对候选关键字的传递依赖，但存在主属性对候选关键字的传递依赖，同样也会带来麻烦。例如，一个新员工分配到仓库工作，但暂时处于实习阶段，没有独立负责对某些配件的管理任务，由于缺少关键字的一部分即缺少 PNO，而无法插入到该关系中去。又如，某个人不管配件转而去负责安全，则在删除配件的同时该员工也会被删除。

解决方法：分成管理 EP(ENO,PNO,QNT)，关键字是(ENO,PNO)；工作 EW(ENO,WNO)，关键字是 ENO。

这种解决方法的缺点是，分解后函数依赖的保持性较差。在本例中，由于分解后，函数依赖(WNO,PNO)→ENO 丢失了，因而对原来的语义有所破坏，没有体现出每个仓库里一种部件由专人负责，有可能出现一种部件由两个人或两个以上的人同时管理。因此，分解之后的关系模式降低了部分完整性约束。

一个关系分解成多个关系，要使得分解有意义，起码的要求是分解后不丢失原来的信息。这些信息不仅包括数据本身，而且包括由函数依赖所表示的数据之间的相互制约。进行分解的目标是达到更高一级的规范化程度，但是分解的同时必须考虑两个问题：无损连接性和保持函数依赖。有时往往不能做到既保持无损连接性，又完全保持函数依赖，这需要根据需要进行权衡。

5.5.3 数据仓库、联机分析处理和数据挖掘

广义概念上的数据仓库是一种帮助企业做决策的体系化解决方案。它包括了三方面的内容：数据仓库(Data Warehouse，DW)技术、联机分析处理(Online Analytical Processing, OLAP)技术和数据挖掘(Data Mining，DM)技术。

一方面，到了 20 世纪 90 年代以后，计算机技术尤其是网络和数据库技术的发展渐渐满足了决策支持系统所需要的条件；另一方面，激烈的市场竞争使高层决策人员对决策支持系统的需求更为迫切。这两方面的共同作用，促成了以数据仓库技术为核心，以联机分析处理和数据挖掘工具为手段建设决策支持系统的可行方案。

数据仓库、联机分析处理和数据挖掘作为信息处理技术是独立出现的。数据仓库用于数据的存储和组织，联机分析处理侧重于数据的分析，数据挖掘则致力于知识的自动发现。因此，这三种技术之间并没有内在的依赖关系，可以独立地应用到企业信息系统的建设之中，以提高信息系统相应的能力。但是，这三种技术之间确实存在一定的联系性和互补性，把它们结合起来，就可以使它们的能力更充分地发挥出来。没有数据仓库也同样可以进行数据挖掘，但有了数据仓库可以使数据挖掘更有效率。这样就形成了一种决策支持系统的构架，即 DW +OLAP +DM。

1. 数据仓库技术

数据仓库技术是基于信息系统业务发展的需要，基于数据库技术发展而来，并逐步独立的一系列新的应用技术。使用这些技术建设的信息系统被称为数据仓库系统。随着数据仓库系统应用的不断深入，近几年数据仓库技术得到了长足的发展。典型的数据仓库系统有经营分析系统、决策支持系统等。随着数据仓库系统带来的良好效果，各行各业的单位已经能很好地接受"整合数据，从数据中找知识，运用数据知识，用数据说话"等新的关系到改良生产活动各环节、提高生产效率、发展生产力的理念。数据仓库概念的提出者 W.H.Inmon 在《建立数据仓库》一书中对数据仓库的定义是：数据仓库就是面向主题的、集成的(集成性)、不可更新的(稳定性)、随时间不断变化的数据集合，用以支持经营管理中的决策制定过程，数据仓库中的数据面向主题，与传统数据库面向应用相对应。其中，主题是一个在较高层次上将数据归类的标准，每个主题对应一个宏观的分析领域；数据仓库的集成性是指在数据进入数据仓库之前，必须经过数据加工和集成，这是建立数据仓库的关键步骤，除了要统一原始数据中的矛盾之处，还要将原始数据结构做一个从面向应用向面向主题的转变；数据仓库的稳定性是指数据仓库反映的是历史数据，而不是日常事务处理产生的数据，数据经加工和集成进入数据仓库后是极少或根本不修改的；数据仓库随时间不断变化，指数据仓库是不同时间的数据集合，它要求数据仓库中的数据保存时限能满足进行决策分析的需要，而且数据仓库中的数据都要标明该数据的历史时期。

数据仓库技术在近几年蓬勃发展，不少厂商都推出了它们的数据仓库产品，同时也推出了一些分析工具。仅仅拥有数据仓库是不够的，只有在其基础上应用各种工具进行分析，才能使数据仓库真正发挥作用。联机分析处理和数据挖掘就是这样的分析工具。

2. 联机分析处理技术

联机分析处理是针对特定问题的联机数据访问和分析，通过对信息进行快速、稳定、一致和交互式的存取，对数据进行多层次、多阶段的分析处理，以获得高度归纳的分析结果。联机分析处理是一种自上而下、不断深入的分析工具，在用户提出问题或假设之后，它负责提取出关于此问题的详细信息，并以一种比较直观的方式呈现给用户。联机分析处理技术的发展速度很快，在数据仓库的概念提出后不久，联机分析处理的理论及相应工具就被相继推出了。联机分析处理要求按多维方式组织企业的数据，传统的关系型数据库难以胜任。为此，人们提出了多维数据库的概念。正是该技术的发展使决策分析中的数据结构和分析方法相分离，才有可能开发出通用而灵活的分析工具，并使分析工具产品化。"维"是人们观察现实世界的角度，决策分析需要从不同的角度观察分析数据，以多维数据为核心的多维数据分析是决策的主要内容。多维数据库是以多维方式组织数据的。目前，联机分析处理的工具可分为两大类：一类是基于多维数据库的；另一类是基于关系型数据库的。两者的相同点在于，基本数据源仍是数据库和数据仓库，都是基于关系数据模型的，都向用户显示多维数据视图；不同点在于，前者是把分析所需的数据从数据仓库中抽取出来，物理地组织成多维数据库，而后者则是利用关系表来模拟多维数据，并不是物理地生成多维数据库。

3. 数据挖掘技术

数据挖掘的基本思想是从数据中抽取有价值的信息，其目的是帮助决策者寻找数据间潜在的关联，发现被忽略的要素，而这些信息对预测趋势和决策行为可能是十分有用的。从数据库的角度看，数据挖掘就是这样一个过程：它从数据库的数据中识别出有效的、新颖的、具有潜在效用的并最终可理解的信息(如规则、约束等)的非平凡过程。非平凡是一个数学概念，即数据挖掘既不是把数据全部抽取，也不是一点儿也不抽取，而是抽取出隐含的、未知的和可能有用的信息。从决策支持的角度看，数据挖掘是一种决策支持的过程，主要基于人工智能、机器学习、统计学和数据库等多种技术，能高度自动地分析企业原有的数据，进行归纳推理，从中挖掘出潜在的模式，预测客户的行为，帮助企业的决策者调整市场策略，从而减少风险，辅助做出正确的决策。它是提高商业和科学决策过程中的质量与效率的一种新方法。

数据挖掘和联机分析处理都可以在数据仓库的基础上对数据进行分析，以辅助决策，那么它们之间是否有差别呢？答案是肯定的。从某种意义上说，联机分析处理还是一种传统的决策支持方法，即在某个假设的前提下通过数据查询和分析来验证或否定这个假设，所以联机分析处理是一种验证型的分析。一般来说，验证型的分析有以下局限性。

(1) 常常需要以假设为基础。用户的假设能力有限，往往只能局限于对几种变量进行假设。

(2) 联机分析处理需要对用户的需求有全面而深入的了解，然而实际上有时用户的需求并不是确定的。

(3) 抽取信息的质量依赖于用户对结果的解释，容易导致错误。

可以看出，联机分析处理是由用户驱动的，很大程度上受到用户水平的限制。与联机分析处理不同，数据挖掘是数据驱动的，是一种真正的知识发现方法。使用数据挖掘工具，用户不必提出确切的要求，系统能够根据数据本身的规律性，自动地挖掘数据潜在的模式，或通过联想，建立新的业务模型，帮助决策者调整市场策略，并找到正确的决策。这显然利于发现未知的事实。从数据分析深度的角度来看，联机分析处理位于较浅的层次，而数据挖掘则处于较深的层次。所以，联机分析处理和数据挖掘的主要差别就在于是否能自动地进行数据分析。近几年，越来越多的联机分析处理产品融入了数据挖掘的方法，所以联机分析处理与数据挖掘之间的界限正在逐渐模糊。

5.5.4 大数据

大数据(Big Data)是 20 世纪 80 年代出现的概念，其背景是互联网时代的到来和数据大爆炸。

与大数据相比，数据仓库的用途相对比较单一，主要用于支持管理决策，多服务于各种商业智能报表、仪表盘、自助分析等应用；而大数据的用途非常广泛，除了决策支持外，还常见于互联网搜索、市场营销、实时计算、物联网、机器学习等各种新型应用中。另外，数据仓库和大数据处理的数据量与类型不同，数据仓库是小数据时代的产物，且主要用于结构化数据的分析，一般处理的数据量从 GB 级至 TB 级不等；而大数据是互联网时代的产物，用于海量的各种类型的数据存储、处理与分析，包含结构化、半结构化、非结构化的数据，其处理的数据量一般起始以 TB 为单位，PB 也非常常见。其数据来源非常广泛，包括企业的信息系统、网站、物联网设备、网络爬虫，甚至第三方购买数据。

2011 年，麦肯锡在关于大数据的报告中指出，大数据已经渗透到每个行业和业务职能领域，逐渐成为重要的生产要素。IBM 则提出大数据具有 5V 特点。

(1) 容量大(Volume)：数据量大，包括采集、存储和计算的量都非常大。
(2) 速度快(Velocity)：获得数据的速度快。
(3) 种类多(Variety)：数据类型的多样性。
(4) 价值高(Value)：合理运用大数据，以低成本创造高价值。
(5) 真实性(Veracity)：数据的准确性，即数据的质量。

此外，还有一些观点认为大数据具有可变性(Variability)和复杂性(Complexity)。

维克托·迈尔-舍恩伯格和肯尼斯·库克耶编写的《大数据时代》，是国外大数据研究的先河之作。《大数据时代》一书前瞻性地指出，大数据带来的信息风暴正在变革我们的生活、工作和思维，大数据开启了一次重大的时代转型。书中还指出大数据的核心就是预测。大数据将为人类的生活创造前所未有的可量化的维度。

案例 5-1

阿里云城市大脑支持衢州智慧交通项目

2019 年 11 月 20 日，浙江省衢州市人民政府发布了"城市大脑"的最近实践成果——当地 1 路和 103 路公交路线的 27 个路口实现了公交信号优先，其中 103 路公交车通行效率提高了 14%。

据了解，衢州智慧交通项目在新型智慧城市顶层设计框架下，以阿里云城市大脑 2.0 为技术支撑，采用人工智能、云计算、物联网等技术，全面提升交通管理水平和交通运行效率。为了提高公共交通通行效率，衢州采用全国首创的亚米级高精定位系统、地图系统和信号联动系统，在不影响路面及其他车辆的通行效率的前提下，对公交车通行执行相对优先。

阿里云城市大脑支持衢州智慧交通一期项目实现了基于实时流量和人工智能的信号灯智能调度，全面完成了市区的信号灯配时优化，保证路口通行能力处于单点最优或区域最优。"在交通治堵方面，我们将主城区的 118 个信号机接入指挥中心，这 118 个信控路口划分为 56 个子区，实现了区域系统信号配时优化。"衢州市公安交警支队队长余水陆介绍说。

当地市民可通过支付宝、衢州交警公众号等入口进入智慧交通的应用端"e 衢行"，享受停车场查询、实时公交查询、公共自行车查询等便民服务。

据了解，2016 年阿里云在杭州云栖大会首次发布了城市大脑。在杭州，城市大脑交通模块在市中心路段投入试点，该路段车辆通行速度最高提升了 11%。

资料来源：中国日报中文网。

5.6 手机网站和 App 开发

5.6.1 手机网站建设

今天，智能手机已无处不在，每天都有无数人使用移动浏览器在网上冲浪，手机网站的建设也成为许多企业的重要选择。

1. 手机网站建设准备工作

如果想制作 WAP(Wireless Application Protocol，无线应用协议)网页，先要确定 WAP 网站的版本，是 WAP 1.2 还是 WAP 2.0。之所以要区分这两个版本，是因为它们所使用的网页语言的标准是不同的，WAP 1.2 采用的是 WML 语言，WAP 2.0 采用的则是 XHTML MP 语言。

WML(Wireless Markup Language，无线标记语言)是一种从 HTML 继承而来的标记语言，但是 WML 基于 XML，因此它较 HTML 更严格。

XHTML MP 是 XHTML Mobile Profile 的缩写，它是 WAP 2.0 的标记语言，属于 XHTML 的一种，较之 WML 又先进了许多。它可以引用外部 CSS 进行修饰，可以达到和普通网页浏览器相近的浏览效果。在 XHTML MP 没有出现之前，开发者只能使用 WML 创建 WAP 网站。虽然 XHTML MP 看起来更简单，也更美观，但仍有许多网站使用 WAP 1.2 的 WML 制作手机站点，目的就是兼容老版本手机。虽然采用 XHTML MP 语言编写的方法和 XHTML 语言相似，但 WAP 网站的网页文件扩展名却是.wml，不是.html。使用 Dreamweaver 软件就可以利用 XHTML MP 语言制作 WAP 网页，在新建网页时将文档类型选为 xhtml-mobile1.0 即可，其他制作网页的方法和制作 XHTML 网页大同小异。

此外，制作手机网页一般需要先准备三样东西：网页设计图、Dreamweaver 软件和 Opera 浏览器。网页设计图就是网页制作完成后的样子，必不可少；用 XHTML MP 语言进行手机网页制作和普通网页制作方法一样，使用 Dreamweaver 软件即可；而 Opera 浏览器则对手机网页有很好的支持，可以明确指出网页中的错误。

2. 新建手机网页

新建手机网页的方法和新建普通网页相同，只有一个地方不同，就是在打开 Dreamweaver 软件后，在新建网页窗口中将文档类型选择为 xhtml-mobile1.0。新建手机网页后，页面中出现的网页源代码如下。

```
<!DOCTYPE html PUBLIC "-//WAPFORUM//DTD XHTML Mobile 1.0//EN" "http://www.wapforum.org/DTD/xhtml-mobile10.dtd">
<html xmlns="http://www.w3.org/1999/xhtml">
<head>
<META HTTP-EQUIV="Content-Type" CONTENT="text/html; charset=utf-8" />
<TITLE>无标题文档</TITLE>
</head>
<body>
</body>
</html>
```

和普通网页不同的地方只有文档类型的声明，普通网页是 xhtml1-transitional.dtd，而手机网页是 xhtml-mobile10.dtd，它定义了网页的解析标准。

手机网页是以.wml 为扩展名，所以应该将网页保存为 wml 格式文件。但如果使用

Dreamweaver 软件制作，此时工具栏的按钮都会变成灰色不可选择，可以先将手机网页保存成 html 格式文件，待制作完成后再另存为 wml 格式文件。

3. 链接 CSS 文件

WAP 2.0 手机网站的网页语言是 XHTML MP，离不开链接 CSS 文件。

和普通网页相同，在使用 Dreamweaver 软件时，链接 CSS 文件只需要在软件右侧的 CSS 面板中单击"附加样式表"按钮，然后选择 CSS 文件即可。

如果还没有 CSS 文件，就单击"新建 CSS 规则"按钮新建一个 CSS 文件。具体操作方法是：单击"新建 CSS 规则"按钮，在新建 CSS 规则的对话框中选择"标签"，在下面标签处选择"body"，在"定义在"选项中选择"新建样式表文件"，单击"确定"按钮；将 CSS 文件命名为 style.css，然后保存；在 CSS 规则定义的对话框中定义具体格式，最后单击"确定"按钮即可。

手机网页不需要太多美化，修饰越多下载时间越慢，还会增加用户流量费用，所以简洁的修饰和清晰的结构是最重要的。

4. 添加内容元素

新建网页、链接 CSS 文件后，一个手机网页就初步建立了。接下来为这个页面添加更多的内容元素。下面介绍使用 Dreamweaver 软件插入图片、标题、文字链接等方法。

一般手机网页的首页顶部都有一个 Logo 图片或广告图片，下面依次是分类标题、内容、版权信息等。下面按照这个结构进行制作。

(1) 插入 Div。

在插入图片之前要给这个图片加个"外壳"，就是所谓的 Div 容器。具体操作方法是：在工具栏中单击"插入 Div 标签"按钮，在弹出的对话框的 ID 文本框中输入"head"。

(2) 插入图片。

插入 Div 后，删除 Div 中自动添加的文字，然后单击工具栏中的"插入图片"按钮，在弹出的对话框中选择要插入的图片，或者在 URL 栏输入图片网址，单击"确定"按钮；弹出"图像标签辅助功能属性"对话框，在"替换文本"栏输入图片的注释文字，如 Logo、×××网站等，单击"确定"按钮；如果需要调整图片，则选中该图片，在属性面板中修改即可。

(3) 插入标题。

Logo 图片添加完毕，就要添加标题和内容了。

在 head 的 Div 后添加标题，单击工具栏中的"文本标签中的标题 2(h2)"按钮，插入标题，然后在标题 2 中输入标题文字。

(4) 添加文字链接。

给分类标题添加一些内容。在添加内容之前，也要先为其添加一个"外壳"，所以重复步骤(1)中插入 Div 的操作。不同之处是不在 ID 文本框中输入 head，而是在"类"中选择 class 或输入 list。

插入 Div 后，删除 Div 中自动添加的文字，输入链接文字，输入完毕后按 Shift+Enter

组合键添加一个换行标记
。这样做是让文本强制换行，避免由于手机屏幕过窄而造成错位。

然后将文字全选，在属性面板中添加链接，目标栏保持空白不填，因为一般的手机网页都是在本页刷新的。重复以上操作，继续添加文字链接。

(5) 输入框。

输入框可以让用户输入信息，起到交互效果。和 HTML 一样，都是使用<input>标签。例如：

```
<p>
姓名：<input name="Name" size="20"/><br/>
年龄：<input name="Age" size="20" /><br/>
性别：<input name="Sex" size="20"/>
</p>
```

(6) 其他功能。

此外，还可以在手机网页中加入各种任务动作，如 Go 任务(表示切换到新卡片的动作)、Prev 任务(表示后退到前面的卡片的动作)、Refresh 任务(刷新一些指定的卡片变量)、Noop 任务(规定不做任何事情，覆盖卡片组级别的元素)。

还可以增加计时器功能。下面的例子将用 5 秒来显示一条消息，然后切换到文件 test.wml。

```
<wml>
<card ontimer="test.wml">
<timer value="50"/>
<p>时间到</p>
</card>
</wml>
```

5.6.2 App 开发

App 开发即移动端应用程序开发，主要是手机应用软件开发与服务。2008 年 3 月，苹果对外发布了针对 iPhone 的软件开发工具包(Software Development Kit，SDK)，供免费下载，以便第三方应用开发人员开发针对 iPhone 的应用软件，催生了国内众多 App 开发商的出现。随着智能手机的普及，App 开发的市场需求与发展前景巨大。

1. App 开发流程

现在，越来越多的企业开始开发自己的 App 应用。而开发 App 应用，首先需要有个好的创意，这些创意来自于企业自身情况和市场情况，需要充分了解客户需求，了解客户对于自己产品的定位，以及市场期望等；还要了解用户群需求，即 App 目标用户群的消费需求，只有站在消费者的角度，把握住消费者心理，才能开发出受欢迎的 App。

其次，根据创意进行 App 的主要功能及大概界面的构思和设计，可以请专门的界面设计师进行构思和设计，如 UID(User Interface Design，用户界面设计)工程师。

接着是功能模块编写及大概的界面模块编写。在界面模块编写之前，开发者可以在模拟器上做功能开发，把大概的界面和功能连接后，App 的演示版基本就做出来了。

然后是测试阶段。在测试版出来之后要试用和体验几遍，然后根据情况修改。完成后可以加入产品图标，寻找测试用户进行测试。根据测试用户的反馈进行修改。

经反复测试无错误后上传到不同系统的 App 商店，之后还要花几天时间来等候审批。

最后是进行 App 推广。只有做好宣传推广，才能使自己的 App 脱颖而出。推广过程中，需要了解目标用户获取 App 的途径，即用户是通过手机预装(手机厂商预装、ROM 内置等)、计算机下载(软件网站下载、搜索下载、同步助手、邮件/微博分享等)，还是手机下载(应用商店、推送短信获得链接等)。了解用户的获取渠道之后，才能选择适合的推广手段。

2. App 开发工具

目前主流的 App 系统为：苹果公司的 iOS 系统，开发语言是 Objective-C；微软公司的 Windows Phone 系统，开发语言是 C#；Android 系统，开发语言是 Java。针对这些系统，还有一些开发工具。

(1) Android Studio。

Android Studio 是用于 Android 应用程序开发的官方集成开发环境。Android Studio 具有基于 Gradle 的构建支持，功能有可视布局编辑器、APK 分析器、智能代码编辑器、灵活构建系统、实时分析器等。Android Studio 支持用于 Native 应用程序开发的 SDK 和 NDK。该 IDE 支持 Java、C++和 Kotlin 语言。

(2) X-code。

X-code 是运行在 Mac OS 操作系统上的集成开发工具，由苹果公司开发。X-code 是开发 Mac OS 和 iOS 应用程序的最快捷的方式。X-code 具有统一的用户界面设计，编码、测试、调试都在一个简单的窗口内完成。

(3) IntelliJ IDEA。

IntelliJ IDEA 是用于开发移动应用程序的 Java 集成开发工具。IDEA 是 JetBrains 公司的产品。IntelliJ IDEA 在业界被公认为最好的 Java 开发工具，尤其在智能代码助手、代码自动提示、重构、JavaEE 支持、各类版本工具(git、svn 等)、JUnit、CVS 整合、代码分析、创新的图形用户界面设计等方面的功能可以说是超常的。华为鸿蒙 App 开发工具是基于 IntelliJ IDEA Community 开源版本深度定制开发的。

(4) Xamarin。

Xamarin 是一个开放源代码平台，用于通过 Microsoft.NET 构建适用于 iOS、Android 和 Windows Phone 的新式高性能应用程序。Xamarin 使开发人员可以跨平台共享其应用程序。此模式允许开发人员以一种语言编写所有业务逻辑(或重复使用现有应用程序代码)，但在每个平台上实现本机性能和外观。

(5) PhoneGap。

PhoneGap 是一种广泛用于跨平台移动应用程序开发的技术。PhoneGap 是一个基于标准的开源开发框架，用于为 iOS、Android 和 Windows Phone 构建包含 HTML、CSS 和 JavaScript 的跨平台移动应用程序。

(6) 傻瓜式的 App 开发工具。

技术开发者开发了许多能帮助企业创建简单 App 应用的工具，通过这些工具，就算是一个对程序一窍不通的人也可以很容易地创建一个企业的 App，并可以对 App 进行更新维护、开展营销等活动。这种开发工具有：国外的 Infinite Monkeys、Bizness Apps、DevmyApp、AppMakr、Mobile Roadie、GameSalad、Attendify、AppMachine 等；国内的 Appbyme、AppCan、Appnow、Rexsee、追信魔盒、简网 App 工场等。

3. App 对企业的意义

企业可以利用 App 更好地实现营销、推广等工作，主要具有以下意义。

(1) 建立自有销售平台。利用 App 打通社会化营销渠道，提高品牌的渗透度。

(2) 建立强大的用户数据库。通过会员制度实现用户行为记录分析，建立用户数据库。

(3) 增强数据互通，构建通信供应链。实现各系统的数据互通，完善通信供应链。

(4) 建立社会化营销渠道。

本 章 小 结

本章从电子商务网站平台构建技术的角度出发，介绍了各种 Web 架构和各种网站开发技术，以及数据库的种类和应用。第一节具体说明了 Web 客户机和服务器的交互原理，以及客户机和服务器的三层构架；第二节详细介绍了电子商务网站的建设流程；第三节介绍了电子商务网站开发的硬件和软件平台；第四节介绍了常见的 Web 编程语言，有制作静态网页的 HTML 和能实现动态效果的 JavaScript，以及交互网站技术如 ASP、PHP、JSP 等；第五节介绍了数据库技术；第六节介绍了手机网站的建设步骤，以及 App 开发的流程和工具。随着 Web 技术的发展和应用的进一步深入，各种新技术还会不断涌现，开发环境也会更加完善，系统分析人员应密切注意各种技术的发展动态，选择适合自己的开发平台。

关键术语

Web 服务器(Web Server)
Web 客户端(Web Client)
公共网关接口(Common Gateway Interface，CGI)
超文本传输协议(HyperText Transfer Protocol，HTTP)
超文本标记语言(HyperText Markup Language，HTML)
扩展标记语言(eXtensible Markup Language，XML)
统一资源定位符(Uniform Resource Locator，URL)
动态服务器页面(Active Server Pages，ASP)
数据仓库(Data Warehouse，DW)
联机分析处理(Online Analytical Processing，OLAP)
数据挖掘(Data Mining，DM)

案例研讨

2018年，小程序爆发的一年

与 App 不同，小程序是一种不需要下载安装即可使用的应用，它实现了应用"触手可及"的梦想，用户扫一扫或者搜一下即可打开应用。用户不用担心安装太多应用的问题，随时可用，但又无须安装和卸载，也体现了"用完即走"的理念。

2018 年，是小程序爆发的一年，仅仅一年时间，据微信公开课公布的数据，微信小程序已经覆盖了200多个细分行业，服务超过1000亿人次，年交易增长600%，创造了超过5000亿元的商业价值。百度、支付宝、抖音等平台小程序也在2018年相继上线(图 5.7)。

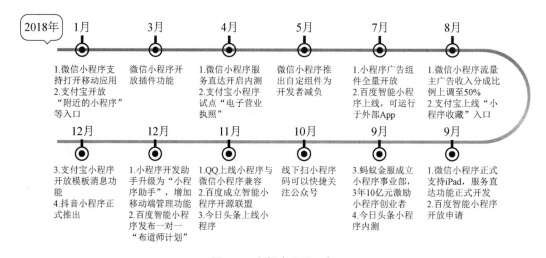

图 5.7 小程序发展历程

不同平台的小程序定位不同。例如，微信小程序定位于基于社交链的服务延伸，百度小程序定位于智能开放和体验，支付宝小程序定位于金融信用物流和风控领域，而字节系小程序则定位于内容延伸变现。

而在 2018 年这一年中，与小程序相关的融资数量超过 130 个，融资总金额超过 80 亿元，多个小程序融资两次以上，更有小程序直接上市。

沃尔玛、家乐福、永辉等大型商超纷纷连接小程序，让用户可以边逛边扫码记录商品，微信买单即可从扫码通道离开，节省了大量人力、物力成本，更能在小程序中搭载商品，启用送货上门等服务。小程序成了缩短商家和客户距离的利器，还可以帮助商家实现拼团、分销、砍价、发放优惠券等功能。

资料来源：2019 小程序电商行业生态研究报告。

案例思考：

1. 请试着找找新兴企业借助小程序快速成长的案例。
2. 请分析"电子商务+小程序"的优势所在。

思考与练习

一、选择题

1. 和 Windows 平台绑定的 Web 服务器是(　　)。
   A．IIS　　　　　B．Apache　　　　C．GFE　　　　D．Lighttpd
2. 不属于电子商务系统三层应用系统的是(　　)。
   A．表示层　　　B．功能层　　　　C．数据层　　　D．业务层
3. 在 HTML 语言中表示超链接的标签是(　　)。
   A．<body>　　　B．<title>　　　　C．<a>　　　　　D．<table>
4. 把一条记录插入一张表中，用(　　)命令。
   A．SELECT　　　B．INSERT　　　C．DELETE　　　D．UPDATE
5. 作为关系型数据库至少要满足(　　)的要求。
   A．第一范式　　B．第二范式　　　C．第三范式　　　D．第四范式

二、思考和讨论题

1. 简述 Web 客户机和服务器的三层架构。
2. 常见的数据库系统有哪些？
3. 常用的 Web 开发语言有哪些？
4. 手机网页开发语言与普通网页开发语言有什么异同？
5. App 的开发工具有哪些？

三、实践题

结合本章内容，假设一个企业要建设电子商务网站，请为其梳理建站流程。

第 6 章 电子商务安全

学习目标

通过本章的学习,使读者对电子商务的安全问题有一个清晰的认识,明确电子商务的安全需求和解决问题的思路;了解电子商务中的信息安全技术及电子商务所采用的各种安全协议,明确数字证书及 CA 认证在电子商务安全保障中的作用;了解电子商务安全保障体系及安全管理制度。

教学要求

知识模块	知识单元	相关知识点
电子商务安全概述	(1) 电子商务安全面临的问题 (2) 电子商务的安全体系 (3) 电子商务的安全需求 (4) 电子商务的安全保障	(1) 交易安全问题 (2) 实体、运行、信息安全 (3) 五大安全需求 (4) 技术、制度、法律保障
信息加密与身份验证	(1) 信息加密技术 (2) 数字签名技术	(1) 对称加密 (2) 非对称加密 (3) 哈希函数
电子商务安全认证	(1) 认证技术 (2) 数字证书 (3) CA 认证	(1) 数字认证技术 (2) 数字证书内容及格式 (3) CA 证书内涵功能 (4) PKI 体系
网络安全技术	(1) 网络安全问题 (2) 网络安全技术 (3) 电子商务安全协议	(1) 网络安全需求 (2) 防火墙技术 (3) VPN 技术 (4) 入侵检测技术 (5) 反病毒技术 (6) SSL、SET
电子商务安全管理	(1) 电子商务安全管理制度 (2) 移动电子商务安全管理	(1) 人员管理制度 (2) 信息保密制度 (3) 跟踪审计稽核制度 (4) 日常维护制度 (5) 病毒防护制度

第6章　电子商务安全

思维导图

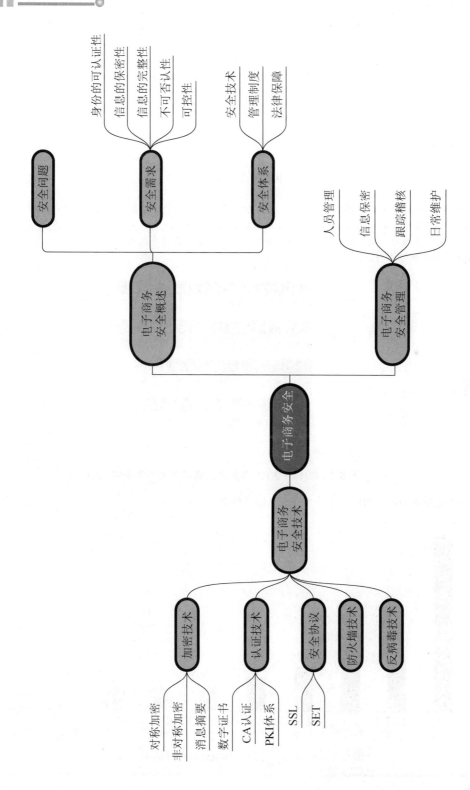

> **章前导读**
>
> 电子商务安全的根本保障在于交易双方的交易信用和交易安全。将交易风险降至最低，是电子商务健康发展必须要解决的问题。本章旨在了解电子商务过程中面临的安全问题，电子商务安全的保障体系，理解并掌握电子商务安全的相关理论和技术，掌握电子商务活动各环节采用的安全保障措施及电子商务安全相关的法律法规，从而使读者对电子商务中的安全问题和目前采用的技术方法等有一个明确的认识。

引例

网络诈骗现状

近年来，随着通信和网络的发展、普及，网络诈骗日益成为威胁公众财产安全和社会稳定的一大公害。中国互联网络信息中心发布的第43次《中国互联网络发展状况统计报告》显示，网络诈骗及其黑产链条中的个人信息泄露、账号密码被盗等，是近两年公众在上网过程中最常遭遇的安全事件。图6.1是2017—2018年网民遭遇的安全事件类别。

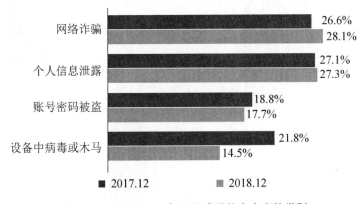

图6.1　2017—2018年网民遭遇的安全事件类别

图6.2是腾讯110对2019年上半年各种电信网络诈骗手段盘点。

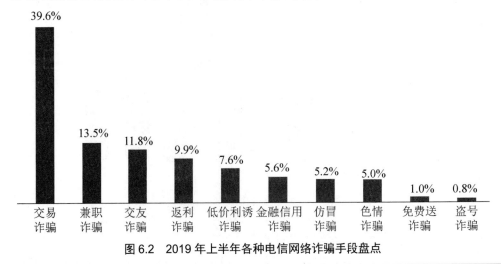

图6.2　2019年上半年各种电信网络诈骗手段盘点

第 6 章　电子商务安全

网络的普及为人们带来便利，也带来安全问题的升级，因此电子商务活动的安全就成为影响其发展的重要因素。

6.1　电子商务安全概述

随着信息技术的发展日新月异，人类正在进入信息时代，基于互联网和移动互联网开展的电子商务已逐渐成为人们进行商务活动的新模式，电子商务的发展前景十分诱人，但随之而来的是其安全问题也变得越来越突出。

例如，2000 年 2 月 7 日至 9 日，短短 3 天，美国几大主要网站遭受不明黑客攻击，其中包括著名的电子商务网站易贝和亚马逊。在黑客开始所谓拒绝服务(Denial of Service，DoS)式的攻击后，亚马逊网站容纳顾客的能力急剧下降。数分钟后访客数量只有平时同一时段访客数量的 1.5%，大约 1 小时后亚马逊网站才恢复正常。据统计，3 天来黑客袭击各大网站所造成的直接或间接的经济损失高达数十亿美元以上。

企业发展电子商务的最大顾虑就是网络交易的安全问题。互联网开放式的信息交换方式使网络安全具有很大的脆弱性，要保证电子商务的正常运作，就必须高度重视安全问题。因此，如何建立一个安全、便捷的电子商务应用环境，保证整个商务过程中信息的安全性，使电子交易方式与传统交易方式一样安全可靠，已经成为在电子商务应用中所关注的重要技术问题。

6.1.1　电子商务的安全问题

1. 电子商务交易活动中可能会遇到的安全问题

考察分析电子商务运作过程可知，电子商务交易活动中可能会遇到以下安全问题。

(1) 对商家来说可能面临的安全问题。

① 交易系统被侵袭，入侵者假冒合法用户改变商品送达地址，解除用户订单或生成虚假订单等。

② 竞争者冒名订购商品，企图了解商家有关商品的递送状况和库存信息等。

③ 消费者提交订单后不付款。

④ 他人冒名损害企业声誉。

(2) 对客户来说可能面临的安全问题。

① 冒名者用别名订购并收到商品，而要求被假冒的客户付款或返还商品。

② 付款后收不到商品。

③ 客户可能将私密数据或自己的身份数据发给冒名商家，或私密数据在传递过程中受到窃听或威胁。

④ 服务要求被拒绝。攻击者可能向销售商服务器发送大量的虚假订单来挤占资源，从而使合法用户得不到正常服务。

(3) 对银行来说可能面临的安全问题。

① 银行专用网络系统硬件、线路等被破坏，使文件系统不能正常工作。

② 银行专用网络信息被搭线窃听造成信息泄密。

③ 银行专用网络中的数据内容被篡改。

④ 将伪造的消息输入银行专用网络或冒名合法人员介入网络，以实现非法目的、否认消息的接收和发送等。

2. 基于移动互联网的电子商务活动面临的安全问题

移动通信网络为使用者带来便捷的同时，也面临着严重的安全问题，特别是个人隐私信息问题。移动用户要想享受更精准的个性化服务，就需要向 App 等商家披露更多的隐私信息，这些隐私信息在被商家获取、使用、传输和存储的过程中往往面临着被泄露、滥用和窃取的风险。2017 年 10 月，必胜客网站被黑，导致使用网站和移动 App 下订单的六万多名用户的个人隐私信息泄露，这些信息包括用户的姓名、账单、邮政编码、送货地址、电子邮件地址、支付卡卡号和信用卡验证码等重要个人隐私信息。

相比传统互联网，移动通信网络的安全问题具体表现在以下三个方面。

(1) 移动通信网络易被病毒入侵。尤其是一些不具备安全防护措施的网络终端更容易被病毒入侵，并通过与网络终端相连接的网络设备进行病毒的传播，造成大面积的网络安全损害，并且传播速度较快，控制起来很不容易。

(2) 用户和控制中心易被入侵。移动通信环境复杂，移动终端与控制中心之间没有固定的有线线路，无线信号传输使得链路、网络实体之间出现漏洞，在传输过程中可能截获、删除、窃听、修改数据信息，甚至入侵个人移动终端获取用户信息。而控制中心的网络被入侵就会造成大量用户信息泄露，对用户个人信息安全造成威胁。

(3) 移动通信网络传输的信息容易被盗取。移动通信网络传输的是无线信号，无线信号的安全性差，因此信息很容易被盗取、截获，如银行卡信息、个人私密账号信息和重要文件，给用户带来巨大的损失，甚至利用这些信息进行诈骗，带来更大范围的危害。

6.1.2 电子商务的安全体系

电子商务系统的安全，从技术角度来说，就是保障计算机信息系统的安全，主要由系统实体安全、系统运行安全和系统信息安全三部分组成。

1. 系统实体安全

系统实体安全是指保护计算机设备、设施(含网络)及其他实体免遭地震、水灾、火灾等环境事故的破坏。其具体包括环境安全、设备安全、媒体安全三个方面。

(1) 环境安全主要是对电子商务系统所在的环境实施安全保护，包括受灾防护和特定区域的防护。

(2) 设备安全是指对电子商务系统的设备进行安全保护，主要包括设备防盗、防毁、防止电磁信息泄露、防止线路截获、抗电磁干扰及电源保护等。

(3) 媒体安全是指对媒体数据和媒体本身实施的安全保护，如防止媒体被毁、媒体数据被非法复制、意外事故破坏而使媒体数据丢失等。

2. 系统运行安全

系统运行安全是指为保障电子商务系统功能的安全实现，提供一套安全措施来保护信息处理过程的安全。其具体包括风险分析、审计跟踪、备份与恢复、应急措施四个方面。

(1) 风险分析是对电子商务系统进行人工或自动的风险分析，发现系统潜在的安全漏洞；对系统运行过程进行测试、跟踪并记录其活动，发现系统运行期间的安全漏洞；分析系统运行结果，为系统安全性的改进提供分析报告。

(2) 审计跟踪主要是记录和跟踪各种系统状态的变化，以便定位安全事故，及时发现违反系统安全功能的行为，并保存、维护和管理审计日志。

(3) 备份与恢复是对系统有关设备和数据提供必要的备份和恢复。

(4) 应急措施是在紧急事件或安全事故发生时，提供保障电子商务系统能继续运行或紧急恢复所需要的策略。应急措施包括提供应急情况下的辅助软件、应急设施及应急计划等。

3. 系统信息安全

系统信息安全是指防止信息被故意或偶然地非授权泄露、更改、破坏，或防止信息被非法的系统辨识、控制。系统信息安全就是要确保信息的完整性、保密性、可用性和可控性。

系统信息安全具体包括操作系统的安全、数据库的安全、网络安全、病毒防护安全、访问控制安全、加密、鉴别等。

6.1.3 电子商务的安全需求

电子商务安全问题的核心和关键是电子交易的安全性，互联网本身的开放性及目前网络技术发展的局限性，使网络交易面临种种安全性威胁，也由此提出了相应的安全控制要求。

1. 身份的可认证性

网络交易时，交易的双方可能素昧平生，相隔千里，并且在整个交易过程中都可能不见一面。因此，电子交易的首要安全需求就是保证身份的可认证性。这就意味着，在双方进行交易前，首先要能确认对方的身份，要求交易双方的身份不能被假冒或伪装。

2. 信息的保密性

电子商务是建立在一个开放的网络环境中，当交易双方通过互联网交换信息时，如果不采取适当的保密措施，那么其他人就有可能知道交易双方的通信内容；另外，存储在网络上的文件信息如果不加密，也有可能被黑客窃取。上述种种情况都有可能造成敏感商业信息的泄露，导致商业上的巨大损失。因此，电子商务另一个重要的安全需求就是信息的保密性。

3. 信息的完整性

网络若受攻击者袭击，交易信息可能会被篡改，从而破坏信息的完整性和有效性。因此，保证信息的完整性也是电子商务活动中的一个重要的安全需求。这意味着，交易各方能够验证收到的信息是否完整，即信息是否被人篡改过，或者在数据传输过程中是否出现信息丢失、信息重复等差错。

4. 不可抵赖性(不可否认性)

由于商情千变万化，交易合同一旦达成就不能抵赖，这意味着，在电子交易通信过程的各个环节中都必须是不可否认的,即交易一旦达成,发送方不能否认其发送的信息,接收方也不能否认其所收到的信息。因此,必须采用新的技术,防止电子商务中的抵赖行为,否则就会引起商业纠纷,使电子商务无法顺利进行,保证交易过程中的不可抵赖性也是电子商务安全需求中的一个重要方面。

5. 可控性

可控性是指保证系统、数据和服务能由合法人员访问,保证数据的合法使用。对电子商务商家来说,必须保证网站的正常运营,必须建立起内部的政策来管理自身对消费者信息的使用,必须保护消费者的信息不被非法或未经授权使用、修改,并可通过相关技术(如防火墙等)将病毒代码程序隔绝,以达到对数据访问的控制。

6.1.4 电子商务的安全保障

电子商务的安全需要一个完整的综合保障体系,需要技术、管理制度及法律三方面的支持。

1. 技术保障

谈到电子商务安全,首先想到的就是技术保障。技术保障措施涉及信息加密技术、数字签名技术、TCP/IP 服务及防火墙等。

(1) 信息加密技术主要是对传输中的数据流进行加密,常用的有链路—链路加密、结点加密、端—端加密、ATM 加密和卫星通信加密五种方式。应根据信息安全策略选择合理、合适的加密方式。

(2) 数字签名技术主要用于防止他人对传输的文件进行破坏及确定发信人的身份。电子商务安全服务中的源数据鉴别服务、完整性服务和不可否认服务中都要用到数字签名技术。

(3) TCP/IP 服务即通过 TCP/IP 协议提供的服务来保证数据传输的完整性,这些服务包括电子邮件服务、文件传输服务、远程终端访问、万维网访问和域名查询等。

(4) 防火墙是指隔离本地网络与外界网络的一道或一组执行策略的防御系统。防火墙设计要遵守两条基本原则:一是未被允许的访问必须禁止;二是未被禁止访问的均被允许。另外,选择防火墙时还要考虑网络结构、业务应用系统、用户及通信流量、可靠性和可用性等方面的需求。

2. 管理制度保障

管理制度保障是通过条文对各项安全要求做出规定,主要包括人员管理制度,保密制度,跟踪、审计、稽核制度,系统维护制度,数据容灾制度,病毒防范制度,应急措施等。

3. 法律保障

电子商务的安全发展必须依靠法律的保障,通过法律等条文的形式来保护电子商务信息的安全,惩罚网络犯罪违法行为,建立一个良好的电子商务法制环境来约束人们的行为。

6.2 信息加密与数字签名

电子商务是通过互联网进行的,如何保障通过网络传输的信息安全,是电子商务安全的重要内容。信息的安全涉及传输信息的机密性、完整性、可验证性、不可否认性和访问控制五个方面。要解决这五个问题,需要信息加密技术和身份验证技术。

6.2.1 信息加密技术

信息加密技术主要是对传输中的信息进行加密,保障网络传输中的信息安全。加密技术是电子商务采取的主要安全技术手段。采用加密技术可以满足信息保密性的安全需求,避免敏感信息泄露的威胁。

所谓加密,简单地说,就是使用数学的方法将原始信息(明文)重新组织与变换成只有授权用户才能解读的密码形式(密文);而解密就是将密文重新恢复成明文。通常信息加密的途径是通过密码技术实现的,密码技术是保护信息的保密性、完整性、可用性的有力手段。可以说,加密技术是认证技术及其他许多安全技术的基础,也是信息安全的核心技术。

根据不同的标准,密码体制的分类方法很多,其中常用的主要有对称密码体制(也称单钥密码体制、秘密密钥密码体制、对称密钥密码体制),非对称密码体制(也称双钥密码体制、公开密钥密码体制、非对称密钥密码体制)等。

6.2.2 对称加密与非对称加密

1. 对称加密

对称加密技术采用对称密码体制,其中加密密钥与解密密钥是相同的,即数据的发送方和接收方使用的是同一把密钥。

对称密码体制包括以下加密过程。

(1) 发送方用自己的密钥加密要发送的信息。

(2) 加密后的信息通过网络传送给接收方。

(3) 接收方用发送方的密钥对收到的加密信息解密得到信息明文。

整个加解密过程如图 6.3 所示。

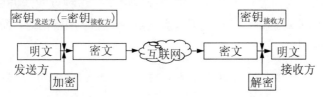

图 6.3 对称加密系统的加解密过程

常用的对称加密算法有以下几种。

(1) 数据加密标准(Data Encryption Standard,DES)。DES 是一种密码块加密方法,采用了 64 位长度的数据块和 56 位长度的密钥。

(2) 高级加密标准(Advanced Encryption Standard，AES)。AES 采用比 DES 更强大的算法标准，是一种密码块加密方法，可以对 28 位的密码块进行处理，密钥长度可以是 128、192、256 位。

(3) 三重 DES。首先用密钥 A 对 64 位信息块加密，再用密钥 B 对加密结构进行解密，然后用密钥 C 对解密结果再进行加密。其中使用了两个或三个 56 位的密钥。

对称加密体制的优点是具有很高的保密强度，可以达到经受国家级破译力量的分析和攻击，但它的密钥必须通过安全可靠的途径传递。由于密钥管理成为影响系统安全的关键性因素，使它难以满足系统的开放性要求。

2. 非对称加密

为了解决对称密码体制的密钥分配问题，以及满足对数字签名的需求，20 世纪 70 年代产生了非对称密码体制，也称公钥密码体制。在这种密码体制下，加密过程和解密过程被设计成不同的途径，当算法公开时，在计算上不可能由加密密钥求得解密密钥，因而加密密钥可以公开，而只需秘密保存解密密钥即可。

在非对称密码体制中，采用数学上相关的密钥对——公钥和私钥，来对信息加密。其技术设想是，密钥对与相应的系统联系在一起，其中私钥是由系统所保密持有的，而公钥是公开的，并且不可能由公钥推出私钥。最具代表性的算法当数 RSA 加密算法(由 Ron Rivest、Adi Shamir、Leonard Adleman 三位教授开发的加密算法，也称公开密钥密码体制)，它从 1978 年公布至今，一直是加密算法中的主要算法之一。尽管该算法吸引了无数研究者，但在数学上还未找到最佳破译方法。

非对称密码体制的出现成功地解决了对称密码体制中的密钥管理问题。通常都使用邮箱模型来解释公钥密码体制的思想。邮箱代表公钥，每个人都可以向其中投放信件；而只有邮箱的主人才有邮箱的钥匙——私钥，可以打开邮箱并取出信件。

非对称密码体制有两种基本的模型：一种是加密模型(图 6.4)，即采用接收方的公钥加密，用接收方的私钥解密；另一种是验证模型(图 6.5)，即采用发送方的私钥加密，用发送方的公钥解密。两者原理相同，但用途不同。

(1) 接收方公钥加密，接收方私钥解密的加密模型。这种以接收方公钥加密明文，以接收方私钥来解密的非对称密码算法，可以实现由多个用户加密信息，只能由一个用户解读，这就实现了保密通信。

(2) 发送方私钥加密，发送方公钥解密的验证模型。这种以发送方私钥加密明文，以发送方公钥来解密的非对称密码算法，可以实现由一个用户加密信息，而由多个用户解读，这就是数字签名的原理。

图 6.4　加密模型　　　　　　　　　　图 6.5　验证模型

6.2.3 数字签名技术

在人们的工作和生活中,许多事务的处理都需要当事者签名,如政府文件、商业合同等。签名起到认证和审核的作用。在传统的以书面文件为基础的事务处理中,认证通常采用书面签名的形式,如手签、印章、指印等。在以计算机文件为基础的事务处理中则采用电子形式的签名,即数字签名。数字签名技术以加密技术为基础,其核心是采用加密技术的加密、解密算法体制来实现对报文的数字签名。对文件进行加密只解决了传送信息的保密问题,而防止他人对传送的文件进行破坏及如何确定发信人的身份则需要进行数字签名。数字签名能够实现以下功能。

数字签名技术

(1) 接收方能够证实发送方的真实身份。
(2) 发送方事后不能否认所发送过的报文。
(3) 接收方或非法者不能伪造、篡改报文。

电子商务安全服务中,源数据鉴别服务、完整性服务、不可否认性服务等都要用到数字签名技术。

1. 数字签名的基本原理

数字签名实际上是伴随着数字化编码的信息一起发送的、与发送信息有一定逻辑关联的数据项。借助数字签名可以确定信息的发送方,同时还可以确定信息自发出后未被修改过。

数字签名的整个过程如图 6.6 所示。

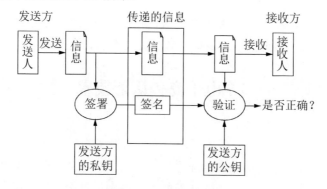

图 6.6 数字签名过程

该过程中,发送方用自己的私钥进行签署由此产生签名,接收方则用发送方的公钥进行验证。因此,接收方能确认所收到的信息确实是由发送方发出的且发出后相应的信息内容未被篡改过。

在电子商务中,利用这样的数字签名机制,交易中接收订单的一方可以对发送方发出的订购要求进行验证,确认订单是否是虚假的或伪造的。

2. RSA 数字签名

在实际应用中,直接利用私钥对文件进行签名并不完全可行,一般引入哈希函数(Hash Function)对原文形成数字摘要,对摘要进行签名发送。在数字签名运用的加密算法中,目前比较流行的是 RSA 加密算法,它利用哈希函数进行数字签名和验证的文件传输过程如图 6.7 所示。

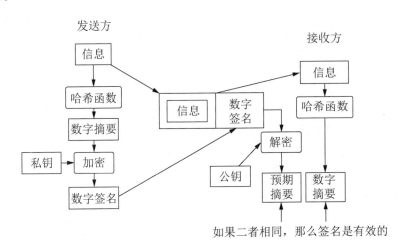

图 6.7 RSA 加密算法过程

在这种机制下,发送方利用哈希函数对发送信息形成数字摘要,然后用私钥对数字摘要进行加密形成数字签名,并与信息一起传送出去。接收方收到信息后重新利用哈希函数计算数字摘要,同时用公钥对数字签名进行解密,然后比较两个摘要值。如果相符,则接收方可以确认发送方确实拥有私钥,即信息确实是由该发送方发来的,并且信息内容在传送途中未被篡改过。

在电子商务应用中,除了用 RSA 加密算法进行数字签名外,根据具体需要还形成了许多特殊的数字签名应用,如盲签名、多重签名、代理签名、定向签名等。

6.3 电子商务认证技术

6.3.1 认证技术

认证技术是信息安全理论与技术的一个重要方面,也是电子商务安全的主要实现技术。采用认证技术可以直接满足身份认证、信息完整性、不可否认和不可修改等多项网络交易的安全需求,较好地避免了网络交易面临的假冒、篡改、抵赖、伪造等威胁。

认证技术主要涉及身份认证和报文认证两个方面的内容。身份认证用于鉴别用户身份;报文认证用于保证通信双方的不可抵赖性和信息的完整性。在某些情况下,信息认证显得比信息保密更为重要。例如,在很多情况下用户并不要求购物信息保密,而只需要确认网上商店不是假冒的(这就需要身份认证),确保自己与网上商店交换的信息未被第三方修改或伪造,并且商家不能赖账(这就需要报文认证);商家也是如此。从概念上讲,信息的保密与信息的认证是有区别的。加密保护只能防止被动攻击,而认证保护可以防止主动攻击。被动攻击的主要方法是截收信息;主动攻击的最大特点是对信息进行有意的修改,推翻信息原来的意义。主动攻击比被动攻击更复杂,手段也比较多,因此它比被动攻击的危害更大,后果也更严重。

身份认证是信息认证技术中一项十分重要的内容,它一般涉及两方面的内容:一是识别,二是验证。所谓识别,是指要明确用户是谁,这就要求对每个合法的用户都要有识别能力。为了保证识别的有效性,就需要保证任意两个不同的用户都具有相同的识别符。所谓验证,是指在用户声称自己的身份后,认证方还要对它所声称的身份进行验证,以防假冒。一般来说,用户身份认证可以通过三种基本方式或其组合方式来实现。

(1) 用户所知道的某种秘密信息。例如,用户拥有的个人密码。

(2) 用户持有的某种秘密信息(硬件),用户必须持有合法的随身携带的物理介质。例如,智能卡中存储用户的个人化参数,访问系统资源时必须要有智能卡。

(3) 用户所具有的某些生物学特征,如指纹、声音、DNA、视网膜等。

报文认证用于保证通信双方的不可抵赖性和信息的完整性。它是指通信双方建立通信联系后,每个通信者都对收到的信息进行验证,以保证所收到的信息是真实的过程。报文认证包括以下内容。

(1) 证实报文是由指定的发送方产生的。

(2) 证实报文的内容没有被修改过(证实报文的完整性)。

(3) 确认报文的序号和时间是正确的。

目前,在电子商务中广泛使用的认证方法和手段主要有数字签名、数字摘要、数字证书、CA安全认证体系,以及其他一些身份认证技术和报文认证技术。

6.3.2 数字证书

为实现信息安全要求,除了在通信传输中采用更强的加密算法等措施之外,还必须建立一种信任及信任验证机制,即参加电子商务的各方必须有一个可以被验证的标识,这就是数字证书。

1. 数字证书概述

数字证书是一个经证书认证中心数字签名的包含公钥拥有者信息及公钥的文件。该文件实质上是一段包含用户身份信息、用户公钥信息,以及身份验证机构数字签名的数据。用户的密钥对信息进行加密以保证数字信息传输的机密性(信息除发送方和接收方外,不被其他人知悉);身份验证机构的数字签名可以确保证书信息的真实性(接收方收到的信息是发送方发出的);用户公钥信息可以保证数字信息传输的完整性(在传输过程中不被篡改);用户的数字签名可以保证数字信息的不可否认性(发送方不能否认自己的发送行为)。

数字证书是各类终端实体和最终用户在网上进行信息交流及商务活动的身份证明,具有唯一性。在电子交易的各个环节,交易的各方都需要验证对方数字证书的有效性,从而解决相互之间的信任问题。

数字证书按使用对象不同可分为个人数字证书、单位数字证书、服务器证书、安全邮件证书、代码签名证书等。

(1) 个人数字证书是用户用来向对方表明个人身份的证明,同时应用系统也可通过证书获得用户的其他信息。

(2) 单位数字证书是颁发给独立的单位、组织,在互联网上证明该单位、组织身份的证书。

(3) 服务器证书主要颁发给 Web 站点或其他需要安全鉴别的服务器,用于证明服务器的身份信息。

(4) 安全邮件证书结合使用数字证书和 S/MIME 技术,对普通电子邮件进行加密和数字签名处理,确保电子邮件内容的安全性、机密性、发件人身份确认性和不可抵赖性。

(5) 代码签名证书是软件开发商提供的对软件代码进行数字签名的技术,可以有效防止软件代码被篡改,使用户免遭病毒与黑客程序的侵扰,同时可以保护软件开发商的版权利益。

2. 数字证书的内容及格式

数字证书包括证书申请者的信息和发放证书的认证机构的信息,认证机构所颁发的数字证书均遵循 X.509 标准。根据这项标准,X.509 数字证书的基本格式及内容如图 6.8 所示。X.509 标准是 ITU-T 设计的 PKI 标准。X.509 系统中,认证机构签发的证书依照 X.500 的管理,绑定了一个唯一识别名。X.509 为 X.500 名称提供了通信实体签到机制,并规定了实体鉴别过程中广泛适用的证书语法和数据接口。

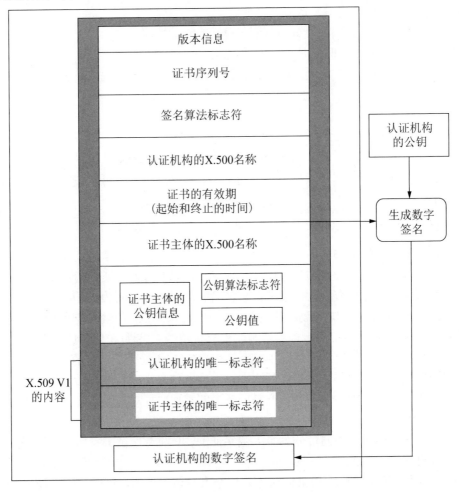

图 6.8　X.509 数字证书的基本格式及内容

X.509 数字证书的内容包括以下信息：版本信息，用来与 X.509 的将来版本兼容；证书序列号，每个由认证机构发行的证书都必须有唯一的序列号；签名算法标志符，认证机构所使用的签名算法；认证机构的 X.500 名称；证书的有效期；证书主体的 X.500 名称；证书主体的公钥信息，包括公钥算法标志符、公钥值；包含额外信息的特别扩展；认证机构的数字签名。

6.3.3 CA 认证

1. CA 的含义

为了全面解决在互联网上开展电子商务的安全问题，必须建立一套完善的电子商务安全认证体系，以定义和建立自身认证和授权规则，然后分发、交换这些规则，并在网络之间解释和管理这些规则。电子商务安全认证体系的核心机构就是 CA(Certification Authority，认证机构)。

CA 作为受信任的第三方，需要承担网络安全电子交易的认证服务，主要负责产生、分配并管理用户的数字证书。它对电子商务活动中的数据加密、数字签名、防抵赖、数据完整性、身份鉴别所需的密钥和认证等，实施统一的集中化管理，支持电子商务的参与者在网络环境下建立和维护平等的信任关系，保证在线交易的安全。建立 CA 的目的是加强数字证书和密钥的管理工作，增强网络交易各方的相互责任，提高网络购物和网络交易的安全，控制交易的风险，从而推动电子商务的发展。

CA 为每个使用公开密钥的用户发放一个数字证书，证明证书中列出的用户名称与证书中列出的公开密钥相对应。CA 的数字签名使得攻击者不能伪造和篡改数字证书，CA 颁发的数字证书均遵循 X.509 标准。X.509 数字证书已被应用于许多网络安全领域，其中包括 IPSec、SSL、SET、S/MIME。CA 的建设是电子商务中重要的基础建设之一，也是电子商务大规模发展的根本保证。

电子交易的各方都必须拥有合法的身份，即由 CA 签发的数字证书，在交易的各个环节，交易的各方都需检验对方数字证书的有效性，从而解决用户信任问题。

2. CA 的功能

CA 的核心功能就是发放和管理数字证书，具体包括以下功能。

(1) 接受和验证最终用户数字证书的申请。

接受持卡人/个人、商户/企业、网关/银行的数字证书申请，验证申请请求的消息格式是否正确。如果正确，保存相应信息，分配一个 CA 本地编号，并将该编号和与数字证书申请相应的注册申请表发送给最终用户；如果错误，指出错误的原因，拒绝接受数字证书申请，返回拒绝接受数字证书申请的原因给最终用户。返回的应答信息都要经过 CA 的签名。

(2) 向申请者颁发或拒绝颁发数字证书。

根据 RA(Registration Authority，注册机构，是负责对用户的申请资料进行审核的机构)的审定结果，判断是否颁发数字证书。如果同意颁发数字证书，需将新产生的数字证书在主数据库中保存一段时间，供最终用户查询。新数字证书要用 CA 的证书签名私钥进行签名。

(3) 接受和验证最终用户的数字证书更新请求。

接受和验证最终用户的数字证书更新请求，根据 RA 的要求或有关政策颁发或拒绝颁发相应数字证书。

(4) 接受最终用户的数字证书查询。

根据最终用户数字证书查询请求中的 CA 本地编号，判断与之相应的数字证书申请是否存在、是否已被处理。如果已被处理，得到处理的结果；如果处理结果是同意签发数字证书，则将该数字证书返回给最终用户。

(5) 产生和发布黑名单及品牌黑名单标识。

由于 CA 或网关的私钥泄密等原因而造成废除 CA 或网关数字证书时，就要产生新的黑名单及品牌黑名单标识。产生新的黑名单和品牌黑名单标识后要立即向所有的 CA 和网关发布。当最终用户向 CA 申请数字证书时，CA 如果发现最终用户系统中的黑名单和品牌黑名单标识不存在或不是最新的时，CA 要将最新的黑名单和品牌黑名单标识随应答消息发送给最终用户。

(6) 数字证书归档。

随着已颁发数字证书数量的增加，CA 存储的信息量会越来越多，因此要将一部分已颁发且已发送给最终用户的数字证书从主数据库中备份到短期历史数据库中。当短期历史数据库中保存的数字证书过期后，就要备份到长期历史数据库中归档。

(7) 密钥归档。

过期的密钥必须归档。归档的密钥保存在密钥档案库中，必须保证密钥档案库的完整性、保密性。

6.3.4 公钥基础设施

为解决互联网安全问题，世界各国经多年研究，初步形成一整套互联网安全解决方案，即目前广泛采用的公钥基础设施(Public Key Infrastructure，PKI)，又称公钥体系。PKI 是一种利用公钥加密技术为电子商务的开展提供一套安全基础平台的技术和规范，用户可利用 PKI 平台提供的服务进行安全通信。

使用基于公钥加密技术的用户在建立安全通信机制时，网上进行的任何需要安全服务的通信都是建立在公钥基础之上的，而与公钥相对应的私钥只掌握在与之通信的另一方手中。这种信任基础是通过公钥数字证书实现的。公钥数字证书是一个用户身份与他所持有的公钥的结合，在结合之前由一个可信任的认证机构来证实用户身份，然后由其对该用户的身份及对应公钥相结合的数字证书进行数字签名，以证明其数字证书的有效性。

PKI 必须具有权威认证机构在公钥加密技术基础上对数字证书的产生、管理、存档、发放及撤销进行管理的功能，包括实现这些功能的全部硬件、软件、人力资源、相关政策和操作程序，以及为 PKI 体系中的各成员提供全部的安全服务，如实现通信中各实体的身份认证，保证数据的完整性、不可否认性及保密性等。

PKI 基础设施采用数字证书来管理公钥，通过认证机构把用户公钥和用户其他标识信息捆绑在一起，在互联网上验证用户身份。

一个完整有效的 PKI 具有以下功能。
(1) 公钥数字证书的管理。
(2) 证书撤销表的发布与管理。
(3) 密钥的备份与恢复。
(4) 自动更新密钥。
(5) 自动管理历史密钥。
(6) 支持交叉认证。

PKI 由公开密钥加密技术、数字证书、认证机构及相关的安全策略等基本成分组成。一个典型、完整、有效的 PKI 应用系统至少应包含认证机构、X.500 目录服务器、具有高强度密码算法的安全 WWW 服务器、Web 安全通信平台，以及自行开发的应用安全系统；还应包括认证政策的制定、认证规则、运作制度的制定、所涉及的各方法律关系内容及技术的实现等。其中，认证机构是 PKI 最重要、最核心的部分。

6.4 网络安全技术

6.4.1 网络安全概述

在互联网上进行电子商务活动时，除了在交易过程中会面临上述一些特殊的安全性问题外，还会涉及一般计算机网络系统普遍面临的安全问题。归纳起来，针对网络安全的主要问题有以下几种。

1. 物理实体的安全

物理实体的安全主要包括以下几种。

(1) 设备的功能失常。任何一种设备都不是十全十美的，或多或少存在着这样或那样的缺陷。有些是比较简单的故障，而有些则是灾难性的，但有的简单故障，特别是周期性故障，往往比那些大的故障更难以查找与修复。有些故障是当它们已经破坏了系统数据或其他设备时才被发现，而这时往往为时已晚，后果也是非常严重的。

(2) 电源故障。由于各种意外的原因，网络设备的供电电源可能会突然中断或产生较大的波动，这将会中断计算机系统的工作。如果这时正在进行某些数据操作，这些数据很可能会出错或丢失。另外，突然断电对系统硬件设备也会产生不良后果。

(3) 由于电磁泄漏引起的信息失密。计算机和其他一些网络设备大多是电子设备，当它工作时会产生电磁泄漏。一台计算机就像一部电台，将带有信息的电磁波向外辐射，尤其视频显示装置辐射的信息量最强，用先进的电子设备在一千米之外的地方就能接收下来。另外，电子通信线路同样也有辐射。这样，非法者就可能会利用先进的接收设备窃取网络上传输的机密信息。

(4) 搭线窃听。这是非法者常用的一种手段，将导线搭到无人值守的网络传输线路上进行监听，通过解调和协议分析可以掌握网络通信的全部内容。

2. 自然灾害的威胁

计算机网络设备大多是一种易碎品，不能受重压或强烈的震动，更不能受强力冲击。

所以，各种自然灾害、风暴、建筑物破坏等，对计算机网络系统构成了严重的威胁。另外，计算机设备对环境的要求也很高，如温度、湿度、各种污染物的浓度等，所以要特别注意像火灾、水灾、空气污染等对计算机网络系统所构成的威胁。

3. 黑客的恶意攻击

所谓黑客，现在一般泛指计算机信息系统的非法入侵者。黑客攻击可以说是当今信息社会不容忽视的现象。黑客在网络上四处出击，寻找机会袭击，几乎到了无孔不入的地步。黑客攻击目前是计算机网络所面临的最大威胁。无论是个人、企业还是政府机构，只要加入计算机网络，都有可能遭遇黑客带来的安全威胁。

黑客的攻击手段和方法多种多样，一般可以粗略地分为以下两种：一种是主动攻击，它以各种方式有选择地破坏信息的有效性和完整性；另一种是被动攻击，它是在不影响网络正常工作的情况下，进行截获、窃取、破译以获得重要信息。这两种攻击均可对计算机网络造成极大的危害，并导致机密数据的泄露。

4. 软件的漏洞和"后门"

随着计算机系统越来越复杂，一个软件特别是大的系统或应用软件，要想进行全面彻底的测试已经变得越来越不可能了。虽然在设计和开发一个大型软件的过程中可以进行某些测试，但或多或少会留下某些缺陷和漏洞。这些缺陷可能在很长一段时间里也发现不了，只有当被利用或触发某个条件时，才会暴露。目前常用的一些大型软件系统如 Windows、UNIX 等系统软件，不断地被用户发现有这样或那样的安全漏洞。软件的"后门"是软件公司的设计和编程人员为了自便而设置的，一般不为外人所知，但一旦"后门"洞开，其造成的后果将不堪设想。

5. 网络协议的安全漏洞

网络服务一般是通过各种各样的协议完成的，因此网络协议的安全性是网络安全的一个重要方面。如果网络协议存在安全上的缺陷，那么攻击者就有可能不必攻破密码体制即可获得所需要的信息或服务。值得注意的是，网络协议的安全性是很难得到绝对保证的。目前协议安全性的保证通常有两种方法：一种是用形式化方法来证明一个协议是安全的；另一种是设计者用经验来分析协议的安全性。形式化证明的方法是人们所希望的，但一般的协议安全性也是不可判定的，所以对复杂的通信协议的安全性，现在主要采用经验分析的方法。无疑，这种方法有很大的局限性。实践证明，目前互联网中提供的一些常用服务所使用的协议如 Telnet、FTP 和 HTTP 等，在安全方面都存在一定的缺陷。许多黑客攻击都是利用这些协议的安全漏洞才得逞的。

6. 计算机病毒的攻击

计算机病毒指编制或在计算机程序中插入的破坏计算机功能或数据，影响计算机使用并且能够自我复制的一组计算机指令或程序代码。计算机病毒作为一种具有破坏性的程序，往往想尽一切方法将自身隐藏起来，保护自己。但是病毒最根本的目的还是破坏，在某些特定条件被满足的前提下，病毒就会发作，这就是病毒的破坏性。恶性病毒含有明确的目的性，如破坏数据、删除文件、格式化磁盘等。

第 6 章　电子商务安全

为了确保互联网上电子商务的安全，必须采取相应的技术和措施保证网络系统在传输、应用中的安全。网络的安全保护可分为网络层安全、应用层安全和系统安全三个层次。

网络层安全指从一个网络终端传送到另一个网络终端的通信数据的保护。典型的网络层安全服务包括以下内容。

(1) 认证和完整性。向接收系统提供可靠的数据包来源，确保数据包没有被修改。

(2) 保密性。保证数据包的内容除预期的接收者外不泄露给其他任何人。

(3) 访问控制。限制特定的终端系统仅与特定的应用程序或特定的远程数据包来源或目的地址进行通信。

应用层安全指建立在某个特定的应用程序内部，不依赖于任何网络层安全措施而独立运行的安全措施。例如，Web 浏览器和 Web 服务器之间的应用层信息加密、电子邮件的安全传输、电子支付协议中的安全需求等。应用层的安全措施包括认证、访问控制、保密性、数据完整性和不可否认性，还包括与 Web 及与信息传输相关的安全措施。

系统安全指对特定终端系统及其局部环境的保护，除对系统的物理环境和硬件平台的保护外，更重要的是对系统软件环境的保护。系统安全保护包括以下措施。

(1) 确保在安装的软件中没有已知的安全缺陷。

(2) 确保系统的配置能使入侵风险降至最低。

(3) 确保下载的软件及其来源是可信的和可靠的。

(4) 确保系统能得到适当管理以使入侵风险最低。

(5) 确保合适的审计机制，以防止对系统的成功入侵和采取新的合适的防御性机制。

 案例 6-1

渠道流量欺诈

渠道流量欺诈是指黑灰产利用技术手段仿冒移动应用新增用户，独自或与第三方推广平台合作，共同骗取 App 市场运营成本的场景。据数美科技统计，2017 年全球范围内 App 安装欺诈占总 App 推广安装量的 7.8%左右，亚洲地区 App 安装欺诈占同地区总 App 推广安装量的 11%～12%。保守估计，2017 年全球由于渠道流量作弊导致的损失高达 11 亿～13 亿美元。

这种渠道流量欺诈分为三种：机刷、人刷和木马刷。机刷是指通过批量部署虚拟机、篡改设备等手段安装激活；人刷是通过做奖励任务形式人工安装激活；木马刷通过感染移动设备，在正常手机后台偷下载激活。在安装激活后，继续模拟后续的 App 内用户行为，使得留存率看起来正常。

资料来源：中国信息通信研究院发布的《移动数字金融与电子商务反欺诈白皮书(2019 年)》。

6.4.2　网络安全技术种类

为了确保互联网上电子商务的安全，除网络传输协议外，还需要防火墙技术、VPN 技术、入侵检测技术、反病毒技术等。

1. 防火墙技术

防火墙是在两个网络之间强制实施访问控制策略的一个系统或一组系统，是用来保护可信网络、防止黑客通过非可信网络入侵的一种设备。

网络安全技术种类

防火墙具有以下特性。
(1) 所有从内部到外部或从外部到内部的通信都必须经过它。
(2) 只有具有内部访问策略授权的通信才被允许通过。
(3) 系统本身具有高可控性。

防火墙具有以下功能。
(1) 过滤安全的服务和非法用户。所有进出内部网络的信息都必须通过防火墙，防火墙是一个检查点，禁止未授权用户访问受保护网络。
(2) 控制对特殊站点的访问。防火墙允许受保护网络中的一部分主机被外部网络访问，而另一部分则被保护起来。
(3) 作为网络安全的集中监视点。防火墙可以记录所有通过它的访问，并提供统计数据、提供预警合并审计功能等。

防火墙也有其不足之处，主要体现在以下几点。
(1) 防火墙不能防范不经由防火墙的攻击。
(2) 防火墙不能防止受到病毒感染的软件或文件的传输。
(3) 防火墙不能防止数据驱动式的攻击。当有些表面看来无害的数据被邮寄或复制到网络主机上并被执行发起攻击时，就会发生数据驱动攻击，防火墙无法防止这类攻击。

防火墙按其处理对象不同，可分为包过滤型防火墙和应用网关型防火墙。
(1) 包过滤型防火墙通过检查数据流中每个数据包的源地址、目的地址、端口号、协议状态等因素或它们的组合来确认是否允许该数据包通过。
(2) 应用网关型防火墙是在网络应用层上建立协议过滤和转发功能。它针对特定的网络应用服务协议使用指定的数据过滤逻辑，并在过滤的同时对数据包进行必要的分析、登记和统计，形成报告。

包过滤型防火墙和应用网关型防火墙有一个共同的特征，就是它们仅仅依靠特定的逻辑来判断是否允许数据包通过。一旦满足逻辑，则防火墙内外的计算机就建立直接联系，防火墙外部的用户便有可能直接了解防火墙内部的网络结构和允许状态，这就很可能导致非法访问和攻击。为克服此不足，引入代理服务器型防火墙。

代理服务器型防火墙将所有跨越防火墙的网络通信链路分为两段。防火墙内外计算机系统间应用层的"链接"由两个代理服务器上的"链接"来实现，外部计算机的网络链路只能到达代理服务器，从而起到隔离防火墙内外计算机系统的作用。此外，代理服务器也对过往的数据包进行分析、登记，形成报告，当发现被攻击迹象时会向网络管理员发出警报，并保留攻击痕迹。代理服务器防火墙实现原理如图 6.9 所示。其中，代理服务器代替外部用户与内部网络中的服务器进行连接，类似于应用服务和用户之间的转发器。当一个远程用户请求内部服务时，它首先与这个代理服务器相连，经过认证后，再由代理服务器连到目的主机，同时将服务器的响应传送给所代理的客户。

由于整个网络的安全防护政策、防护措施及防护目的不同，防火墙的配置和实现方式也千差万别。常见的防火墙实现方式有包过滤路由器、双宿主网关、过滤主机网关、过滤子网防火墙等。

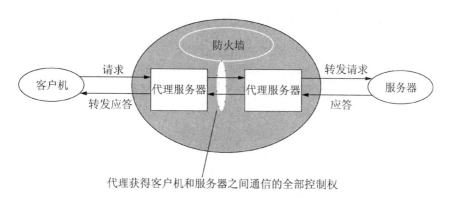

图6.9 代理服务器防火墙实现原理

2. VPN 技术

当移动用户或远程用户通过拨号方式远程访问公司或企业内部专用网时,采用传统的远程访问方式不仅通信费用高,而且在与内部专用网中的计算机进行数据传输时,不能保证通信的安全性。为了避免以上问题,采用 VPN 技术是一个理想选择。通过 VPN 技术,可以实现企业不同网络的组件和资源之间的连接,它能够利用互联网或其他公共网络的基础设施为用户创建隧道,并提供与专用网一样的安全和功能保障,在第 4 章中有详细介绍。

3. 入侵检测技术

入侵检测系统(Intrusion Detection System,IDS)可以被定义为对计算机和网络资源的恶意使用行为进行识别和相应处理的系统。它可以对计算机系统进行监视,提供实时的入侵监测,并采取相应的防护手段。它的目的是监测可能存在的攻击行为,包括来自系统外部的入侵行为和来自内部用户的非授权行为。

入侵检测技术是一种主动保护自己免受黑客攻击的网络安全技术。入侵检测技术帮助系统对付网络攻击,扩展了系统管理员的安全管理能力(包括安全审计、监视、进攻识别和响应),提高了信息安全基础结构的完整性。它从计算机网络系统中的若干关键点收集信息,并分析这些信息,观察和分析网络中是否有违反安全策略的行为和遭到袭击的迹象。入侵检测被认为是防火墙之后的第二道安全闸门,它在不影响网络性能的情况下能对网络进行监测,从而提供对内部攻击、外部攻击和误操作的实时防护。

对一个成功的入侵检测系统而言,它不但可使系统管理员时刻了解网络系统(包括程序、文件和硬件设备等)的任何变更,还能为网络安全策略的制定提供指南。更为重要的一点是,它的管理、配置简单,从而使非专业人员也能非常容易地对网络实施安全保护。入侵检测的规模还应根据网络威胁、系统构造和安全需求的改变而改变。入侵检测系统在发现入侵后,会及时做出响应,包括切断网络连接、记录事件和报警等。

入侵检测是网络安全保证的重要方法,通过检测网络各类数据源,可以有效防止和清除对网络的非法攻击。

入侵检测的主要方法有异常检测和误用检测。

(1) 异常检测是指识别主机或网络中的异常行为。先收集一段时期操作活动的历史数据，再建立代表主机、用户或网络连接的正常行为描述，然后收集事件数据并使用一些不同的方法来决定所检测的事件活动是否偏离了正常行为模式，从而判断是否发生了入侵。

异常检测技术的实现主要有概率统计、神经网络、人工免疫等方法。

(2) 误用检测假定所有入侵行为和手段都能够表达为一种模式或特征，并对已知的入侵行为和手段进行分析，提取检测特征，构建攻击模式或攻击签名，通过系统当前状态与攻击模式或攻击签名的匹配，判断入侵行为。误用检测的优点在于可以准确地检测已知的入侵行为，但它不能检测未知的入侵行为。

误用检测技术的实现主要有专家系统、模型推理、状态转换分析等方法。

4. 反病毒技术

长期以来，计算机病毒一直是威胁计算机信息系统安全的主要因素。由于在网络环境下，计算机病毒具有不可估量的威胁性和破坏力，因此，计算机病毒的防范是网络安全建设中重要的一环。

反病毒技术主要包括预防病毒、检测病毒和消毒三种技术。

(1) 预防病毒技术。它通过自身常驻系统内存优先获得系统的控制权，监视和判断系统中是否有病毒存在，进而阻止计算机病毒进入计算机系统和对系统进行破坏。这类技术有加密可执行程序、引导区保护、系统监控与读写控制(如防病毒卡)等。

(2) 检测病毒技术。它是根据计算机病毒的特征来进行判断的技术，如自身校验、关键字、文件长度的变化等。

(3) 消毒技术。它通过对计算机病毒的分析，开发出具有删除病毒程序并恢复原文件的软件。

在新的技术环境下，计算机技术及病毒技术都在不断地发展，病毒在新的技术环境下对用户的危害性也越来越大。从目前病毒入侵系统的情况来看，病毒入侵的途径主要有电子邮件、下载文件、光盘和软盘。尤其是随着网络的普及，通过电子邮件传染病毒已经取代磁盘而成为病毒传播的主要途径。在新技术环境下，病毒的存在形式也发生了变化。除了以正常的文件形式进行传播外，由于压缩文件的应用越来越广泛，压缩文件也成了病毒传染的重要途径。因此，一个优秀的反病毒软件首先应具备实时防毒技术，只有反病毒技术作用于计算机系统的整个工作过程中，随时防止病毒从外界侵入系统，才能全面提高计算机系统的整体防护水平。其次，对于压缩文件传播病毒的情况，反病毒软件应该具备准确、全面的判断能力，才不会产生漏杀现象。在病毒日益变化的发展趋势下，反病毒软件应该针对病毒传播的途径和方式提供全方位的防护，形成一个完善的防护体系，这样才能真正达到防患于未然的目的。

6.4.3 电子商务安全协议

电子商务出现之后,为了保障电子商务的安全性,一些公司和机构制定了电子商务的安全协议,来规范在互联网上从事商务活动的流程。目前,典型的电子商务安全协议有 SSL 协议和 SET 协议。

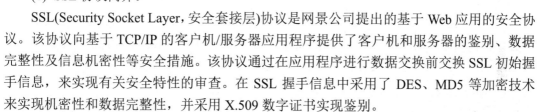
电子商务安全协议

1. SSL 协议

(1) SSL 协议简介。

SSL(Security Socket Layer,安全套接层)协议是网景公司提出的基于 Web 应用的安全协议。该协议向基于 TCP/IP 的客户机/服务器应用程序提供了客户机和服务器的鉴别、数据完整性及信息机密性等安全措施。该协议通过在应用程序进行数据交换前交换 SSL 初始握手信息,来实现有关安全特性的审查。在 SSL 握手信息中采用了 DES、MD5 等加密技术来实现机密性和数据完整性,并采用 X.509 数字证书实现鉴别。

对于电子商务应用来说,SSL 采用对称密码技术和公开密码技术相结合的方式,提供了以下三种基本的安全服务。

① 秘密性。SSL 客户机和服务器之间通过密码算法和密钥的协商,建立起一个安全通道。以后在安全通道中传输的所有信息都经过了加密处理,网络中的非法窃听者所获取的信息都将是无意义的密文信息。

② 完整性。SSL 利用密码算法和哈希函数,通过对传输信息特征值的提取来保证信息的完整性,确保要传输的信息全部到达目的地,可以避免客户机和服务器之间的信息内容受到破坏。

③ 认证性。利用证书技术和可信的第三方认证机构,可以让客户机和服务器相互识别对方的身份。为了验证证书持有者是其合法用户而不是冒名用户,SSL 要求证书持有者在握手时相互交换数字证书,通过验证来确认对方身份的合法性。

(2) SSL 协议的作用。

SSL 现已被广泛地应用于互联网上的身份认证和 Web 服务器与客户端浏览器之间的数据安全通信。TCP/IP 是整个互联网数据传输和通信所使用的最基本的控制协议,在它之上还有 HTTP、LDAP(Lightweight Directory Access Protocol,轻量目录访问协议)、IMAP(Internet Message Access Protocol,互联网信息访问协议)等应用层传输协议。而 SSL 是位于 TCP/IP 和各种应用层协议之间的一种数据安全协议。SSL 协议可以有效地避免网络信息被窃听、篡改或伪造。

SSL 可分为两层:一是握手层;二是记录层。SSL 握手协议描述建立安全连接的过程,在客户机和服务器传送应用层数据之前,完成诸如加密算法和会话密钥的确定、通信双方的身份验证等功能。SSL 记录协议则定义了数据传送的格式,上层数据包括 SSL 握手协议建立安全连接时所需传送的数据,通过 SSL 记录协议再往下层传送。这样,应用层通过 SSL 协议把数据传给传输层时,已是被加密后的数据,此时 TCP/IP 只需负责将其可靠地送到目的地,弥补了 TCP/IP 安全性较差的弱点。

SSL 协议的关键是要解决以下几个问题。

① 客户机对服务器的身份确认。SSL 服务器允许客户机浏览器使用标准的公钥加密技术和一些可靠的认证中心的证书来确认服务器的合法性(检验服务器的证书和 ID 的合法性)。客户机对服务器身份的确认是非常重要的，因为客户机可能向服务器发送自己的信用卡密码。

② 服务器对客户机的身份确认。允许 SSL 服务器确认客户机的身份，SSL 协议允许服务器软件通过公钥技术和可信赖的证书来确认客户机的身份。对于服务器对客户机身份的确认也是非常重要的，因为网络银行可能要向客户机发送机密的金融信息。

③ 建立起服务器和客户机之间安全的数据通道。SSL 要求客户机和服务器之间发送的所有数据都被发送端加密，接收的所有数据都被接收端解密，这样才能提供一个高水平的安全环境。同时 SSL 协议会在传输过程中检查数据是否被中途修改。

2. SET 协议

SET(Secure Electronic Transaction，安全电子交易)协议是由 VISA 和 MasterCard 两大信用卡公司于 1997 年 5 月联合推出的规范。其实质是一种应用在互联网上以信用卡为基础的电子付款系统规范，主要适用于互联网上的卡交易。它采用公钥密码体制和 X.509 数字证书标准，主要用于保障网络购物信息的安全性。由于 SET 提供了消费者、商家和银行之间的认证，确保了交易数据的机密性、真实性、完整性和交易的不可否认性，特别是保证不将消费者的银行卡号暴露给商家等优点，因此它成为目前国际上公认的互联网上卡交易安全标准。

SET 要达到的主要目标有以下几个。

(1) 信息在互联网上安全传输，保证网络传输的数据不被黑客窃取。

(2) 订单信息和个人账号信息隔离。在将包括持卡人账号信息在内的订单送到商家时，商家只能看到订货信息，而看不到持卡人的账户信息。

(3) 持卡人和商家相互认证，以确保交易各方的真实身份。通常，第三方机构负责为在线交易的各方提供信用担保。

(4) 要求软件遵循相同协议和消息格式，使不同厂家开发的软件具有兼容性和互操作性，并且可以运行在不同的硬件和操作系统平台上。

SET 协议涉及的当事人包括持卡人、发卡机构、商家、银行及支付网关。它们在 SET 协议中扮演的角色各不相同。应用 SET 协议进行网络购物的流程与现实的购物流程相似，这使得电子商务与传统商务可以很容易地融合，用户使用也没有什么障碍。与传统购物方式不同的是，用户进行网络购物需要使用计算机终端设备及软件，从通过浏览器进入在线商店开始，一直到下单付款，都是通过互联网完成的。

SET 的安全性体现在以下几个方面。

(1) 信息的机密性。在商务活动中，持卡人要给商家发送订购信息和自己的付款账户信息，但不愿让商家看到自己的付款账户信息，也不愿让处理商家付款信息的第三方看到订货信息，为此，SET 采用双重签名技术来保证这些敏感信息加密传送。双重签名的方法如下：①持卡人发给商家的信息 M1 和发给第三方的信息 M2 分别生成报文摘要 MD1 和 MD2；②持卡人将 MD1 和 MD2 合在一起生成 MD 并签名；③将 M1、MD2 和 MD 发给商家，将 M2、MD1 和 MD 发给第三方。由此，商家不能看到 M2，第三方不能看到 M1，从而保证了订单信息和付款账户信息不会被未经许可的一方访问。

(2) 数据的完整性。通过数字签名，保证在发送方和接收方传送信息期间，信息的内容不会被修改。

(3) 身份的验证。通过证书认证和数字签名，可以为交易各方提供认证对方身份的依据，即保证信息的真实性。

(4) 交易的不可否认性。通过数字签名，可以防止交易中的一方抵赖已发生的交易。

(5) 互操作性。通过特定的协议和消息格式，SET 可提供在不同的软硬件平台操作的同等能力。

在整个电子交易过程中，SET 利用各种加密方法、数字签名、证书认证等技术手段为网络交易的各方提供了全面的保护，确保了电子交易得以安全、有序地进行。

6.5 电子商务安全管理

电子商务发展到现在，伴随着相关技术和设施的逐步成熟，越来越突出的问题不再局限于技术领域，而扩展到了企业管理、经济体制、政府参与、公众意识更新等更加广泛而复杂的层面。实现电子商务的关键因素不只是技术，还包括电子商务制度建设、人员管理、诚信体系建设、法律法规保证等诸多社会因素。逐步建立起协调发展的电子商务社会环境已经成为电子商务健康发展所面临的严峻挑战。建立健全电子商务安全管理制度和法律法规，对促进电子商务发展具有重要的现实意义。

6.5.1 电子商务安全管理制度

电子商务系统是面向社会的服务系统，参与电子商务的自然人或法人，都有责任和义务保持系统正常运行，不得随意破坏。对于从事网络交易的企业来说，保证商务活动安全特别重要。电子商务安全管理制度的建立，一方面需要用具体的文字对各项安全管理办法做出各项明确的规定；另一方面要将责任落实到人，实行岗位职责的有效管理与全程监督。这是保证电子商务活动取得成功的环境基础。这些安全管理制度包括从业人员管理制度，信息保密制度，跟踪、审计、稽核制度，系统日常维护制度，病毒防护制度等。安全管理制度能否实施到位，是管理水平的具体体现，也是关系电子商务系统安全顺利运作的重要保证。

1. 从业人员管理制度

电子商务系统运行的各类管理人员在很大程度上支配一个企业的命运，他们既要严于律己又要防患于未然，面临双重任务，尤其是面对日趋严重的计算机网络犯罪，安全防范任务艰巨。众所周知，利用信息技术特别是计算机网络实施犯罪不同于一般意义上的犯罪，犯罪分子通常是一些高智商的复合型"人才"，犯罪带有明显的智能型特征，具有一定的隐蔽性、连续性、高效性等特点。因此，在对网络管理人员和辅助交易人员进行管理时，只按照安全管理条例管理并不能阻止犯罪行为发生，还需要采用先进的技术手段、严格的管理措施和人本化管理方法约束从业人员，加强社会公德与职业道德教育，强化法制观念。从业人员管理可以从以下几个方面入手：一是从业人员必须岗前培训，进行规章制度和法制教育；二是落实岗位责任制，对违反安全规定的行为予以打击，严肃处理责任人；三是贯彻落实安全运行制度与原则。这些制度原则包括：双人负责、相互监督原则，重要业务不安排一个人单独管理，实行两人或多人相互制约监督机制；任期有限原则，任何人不得长期担任与交易安全有关的某一职务；最小权限原则，明确规定只有网络管理员才可以进行物理访问，只有网络管理员才可以进行软件安装工作等。

2. 信息保密制度

电子商务活动涉及企业的市场、生产、财务、供应等多方面的机密信息，必须实施严格的保密制度。保密制度需要将组织内的各种信息资源进行信息划分确定安全级别，确保安全防范重点，并提出相应的保密措施。信息安全级别可以分为三级：绝密级，如企业战略计划、企业内部财务报表等，此类信息不得在网上公开，仅限企业少数高层人员掌握；机密级，如企业的日常管理信息、重要会议通知和产品质量通报等，此类信息也不在网上公开，只限企业中层管理以上的人员掌握；秘密级，如公司简介、新产品介绍、订货方式、客户建议等，此类信息可以在网上公开，供客户浏览，但必须有相应的保护措施，以防被非法侵害。保密工作中对密钥的管理尤为重要，电子商务活动中必然使用大量的密钥，密钥管理的范围包括密钥产生、传递和销毁的全过程。密钥需要定期更换，防止外泄和非法盗用。

3. 跟踪、审计、稽核制度

跟踪制度要求企业必须建立网络交易系统日志机制，用来记录商务活动运行的全过程。日志分为系统日志、交易日志、更新维护日志等多种。系统日志文件是自动生成的，内容包括操作日期、操作方式、登录次数、运行时间、交易内容等。它对系统的运行进行监督、维护分析、故障恢复，这对于防止网络安全事故的发生或在事故发生后，为侦破工作提供监督数据，起着非常重要的作用。审计制度是对系统日志的检查、审核，便于及时发现问题。它可以找出故意入侵系统行为的原始记录和违反系统安全制度的原始记录，监控和捕捉各种安全事件，保存、维护和管理系统日志等。稽核制度是指工商管理、银行、税务人员利用计算机及网络系统进行执法的制度。它有助于稽核业务中的文件调阅、查询、审核，判断辖区内各电子商务参与单位业务经营活动的合理性、安全性，以及漏洞封堵情况，保证电子商务活动的安全，并能发出相应的警告及做出相应的处罚决定等一系列步骤与措施。

4. 系统日常维护制度

对于企业的电子商务系统来说，网络系统的日常维护与管理主要针对企业内部网进行，这是企业网络管理员一项繁重的任务。由于企业网络环境使用的计算机系统和网络设备品种众多，系统日常维护需要做的工作也就比较多。主要工作包括：一是对自动监管的各种设备，利用网管软件有效监控，找出系统故障，显示并通告网络流量、运行状态，及时发布监控、统计与分析报告，优化网络性能，实现负载均衡，保证网络的吞吐能力与传输效率；二是对检测不到的设备实施监管，通过手工的方式检查运行状态，做到定期检查与随机抽查相结合，以便及时准确地掌握这些网络设备的运行状况，一旦故障发生能做到心中有数、随时处理；三是对各种数据的备份与转储，实行数据备份与恢复制度，采用定期与不定期、自动与手动相结合的方式。数据备份主要是利用存储介质，如磁介质、光盘等对数据进行存储、备份和恢复，有时还包括对系统备份的保护措施，如容错计算机、双工存储系统等。

5. 病毒防护制度

在网络环境下，病毒无处不在，所以对病毒的防范是重要的一环，它是保证电子商务活动正常进行的根本保证。对于病毒防护，目前主要有硬件防护和软件防护两种。防/杀病毒软件需要不断更新，防/杀病毒软件目前有两种：一种是单机版防/杀病毒软件；另一种是网络版防/杀病毒软件。大多数防/杀病毒软件采取的方法是检测病毒、排除病毒的方法，基本上系统被感染了病毒以后，防/杀病毒软件才会起作用。现在有一种事前防范、事后处理的防/杀病毒软件，其原理是在网络端口设置一个病毒过滤器，能够有效地将病毒拒于系统之外。但是，由于许多病毒都有一个潜伏期，因此定期清除处于潜伏期的病毒尤为重要，可以防止病毒的突然暴发，保持系统处于一个良好的工作状态，确保电子商务系统的正常运行。

6.5.2 移动电子商务的安全管理

随着 4G 及智能手机的普及，电子商务从传统互联网向移动互联网转移，各类电子商务 App、小程序等不断推出，消费者也逐渐习惯在手机上进行商品交易。基于移动互联网的电子商务安全管理具有以下特点。

(1) 网络安全综合处理。其包括移动终端的管理、传输的加密、移动网络规则、网络接入、应用安全等多方面的综合处理，共同维护网络安全。

(2) 防病毒软件。一些犯罪分子编写非法程序即病毒，通过邮件、软件捆绑、浏览网页、移动存储设备等途径传播，窃取用户信息，尤其是移动终端更容易受到病毒侵害。因此在移动终端安装防病毒软件非常关键。

(3) 访问控制。访问控制是针对一些越权操作的防御方法，分为自由访问控制和强制访问控制。前者指移动终端用户通过自主分配访问权限来保护自己的信息安全，这种控制被广泛使用，但是安全性低。强制访问控制是在自由访问控制的基础上，规定不同属性资源的访问权限。

(4) 智能卡。智能卡加密技术能够更好地维护移动网络安全。无线网络的发展与应用，使移动设备之间、移动设备与其他设备之间相互连接，使得网络安全问题更加凸显，智能卡能够构建一个安全的网络安全体系。

(5) 入侵检测。入侵检测系统可以检测出入侵者入侵的时间、地点，并且能够智能化地拦截，但入侵者利用合法程序进行访问时，系统难以发现。

(6) 漏洞扫描。漏洞扫描是一种网络安全甄别技术。该技术能够及时发现网络安全隐患,以便及时处理。漏洞扫描主要有端口扫描分析法、用户口令破解法、基于漏洞特征码的数据包发送与漏洞扫描法三种方法。

本 章 小 结

本章从电子商务的安全问题出发,首先介绍了电子商务安全面临的问题及安全需求,概述了电子商务的安全保障体系,指出电子商务安全需要解决信息传递中的保密性、完整性、可认证性、不可抵赖性及可控性五方面的问题,为保障电子商务健康发展,必须从技术手段、管理制度、法律制度三方面同时进行。

安全技术是保障电子商务安全的根本手段,本章详细地介绍了电子商务系统中的网络安全技术、加解密技术、数字签名技术、CA 认证、PKI,以及电子商务的安全协议 SSL 和 SET。网络安全技术保证了网络信息免遭黑客侵袭、计算机病毒破坏,防止网络信息被窃取和修改。然后介绍了网络安全防范中常用的防火墙技术、VPN 技术及入侵检测技术,同时详细阐述了对称加密和不对称加密技术的基本原理,阐述了数字签名技术及其在电子商务安全需求保障中的应用。通过加密技术和数字签名技术的应用,可以保证信息传递中的保密性、完整性、可认证性和不可抵赖性等安全需求,借助 CA 签发的数字证书及 SSL 和 SET 协议保证了电子商务过程中的交易安全问题。

电子商务安全仅有技术保障是不够的,还必须有管理制度和法律制度作为保障。为此,本章简单介绍了目前电子商务安全管理中面临的安全管理制度问题和法律制度现状。随着电子商务的普及,面临的管理和法律问题将不断出现,这也是电子商务发展中需要不断完善和解决的问题。

关键术语

公钥基础设施(Public Key Infrastructure,PKI)
认证机构(Certificate Authority,CA)
安全电子交易(Secure Electronic Transaction,SET)
安全套接层(Secure Socket Layer,SSL)

案例研讨

荐股大神套路深,机器人陪玩别当真

无锡市民赵某通过社交网络,加股票专家"康老师"为好友。之后"康老师"以"专业指导""内幕消息"为诱饵,先后多次让赵某缴纳了共计 22800 元的会员费,但事后推荐的股票不仅没有如期上涨,反而节节下跌。待赵某再次找"康老师"及业务员理论时,发现对方早已将其拉黑。无锡市公安机关接到报警后立即开展侦查工作。经缜密侦查,公安机关在河北省石家庄市抓获以石某为首的犯罪嫌疑人 12 名,并现场扣押用于实施诈骗犯罪的电脑、手机等 100 余部。本案被害人遍及全国各地,涉案金额 100 余万元。

诈骗行为人伪装成"荐股大师",通过群控设备向目标人群发送推荐股票的消息。在将被害人诱骗入炒股群后,又通过群聊,诱使被害人缴纳高额会员费、购买软件,或进一步引入虚假交易平台。而这些精心设计的聊天群中,除了被害人本人,其余鼓掌、点赞、鼓吹荐股佳绩的成员实际上均为诈骗行为人,以及经过"训练"的聊天机器人,以制造踊跃参与的假象,诱骗被害人投资。利用上述群控设备,单个诈骗行为人可同时向多个被害人实施诈骗。犯罪分子通过购买股民信息,抓住部分股民投资失败、股票亏损、急于解套的心理,以提供专业老师一对一指导、内幕消息为由,利用事先购买的盘后股信息(盘后股指在每日股票收盘后某些私募机构发布的股票代码,特点是第二天会高开,但由于股票市场T+1的交易模式,无法当天购买当天卖出,故并无实际投资意义),获取被害股民的信任,骗取股民缴纳高额会员费。具体诈骗过程如图6.10所示。

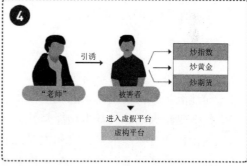

图 6.10 诈骗过程

资料来源:腾讯110网站。

案例思考:针对以上案例,请问我们应如何做好防范?

 思考与练习

一、选择题

1. 收发双方持有相同密钥的是（　　）体制。
   A．对称密钥　　　　　　　　　　B．数字签名
   C．公钥　　　　　　　　　　　　D．完整性
2. 公钥体制用于大规模电子商务安全的基本要素是（　　）。
   A．哈希算法　　　　　　　　　　B．公钥证书
   C．非对称加密算法　　　　　　　D．对称加密算法
3. 不属于 PKI 基础技术的是（　　）。
   A．加密技术　　　　　　　　　　B．数字签名技术
   C．数字信封技术　　　　　　　　D．数字水印技术
4. 消息经过散列函数处理后得到的是（　　）。
   A．公钥　　　　B．私钥　　　　C．消息摘要　　　D．数字签名
5. 数字证书包含（　　）。
   A．版本信息　　　　　　　　　　B．证书拥有者的公钥、使用期限
   C．证书序列号、签名算法　　　　D．证书拥有者的身份

二、思考和讨论题

1. 电子商务的安全需求有哪些？
2. 简述满足不同安全需求的安全技术。
3. 什么是防火墙？其基本功能是什么？
4. 入侵检测有哪些基本策略和主要方法？什么是异常检测技术？
5. 什么是数字证书？简述 CA 及其主要作用。

三、实践题

登录我国的 CA 网站，了解 CA 数字证书的申请过程。

第 7 章 电子商务支付

学习目标

通过本章的学习,理解在电子商务的发展过程中,网络支付是如何产生的,网络支付与电子商务之间的关系;掌握网络支付平台的发展;了解当前主要的几种网络支付方式,如银行卡、电子现金、电子钱包、电子支票、网络银行等;在理解电子商务面临的安全问题的基础上,了解网络支付的安全需求;了解国内第三方支付和移动支付的发展。

教学要求

知识模块	知识单元	相关知识点
网络支付概述	(1) 网络支付的产生 (2) 网络支付平台 (3) 电子货币的产生	(1) 网络支付的概念 (2) 网络支付与电子商务的关系 (3) 网络支付体系的基本构成 (4) 网络支付的支撑平台 (5) 传统支付结算的发展 (6) 网络支付结算的兴起 (7) 电子货币的分类与特点
网络支付技术	(1) 网络支付工具 (2) 网络支付的安全问题	(1) 银行卡 (2) 电子现金 (3) 电子支票 (4) 电子钱包 (5) 网络银行 (6) 网络支付的安全需求 (7) 网络支付的安全解决方法
第三方支付	(1) 第三方支付平台 (3) 移动支付	(1) 第三方支付平台的产生 (2) 第三方支付的运营模式 (3) 移动支付技术 (4) 各国 NFC 支付比较

思维导图

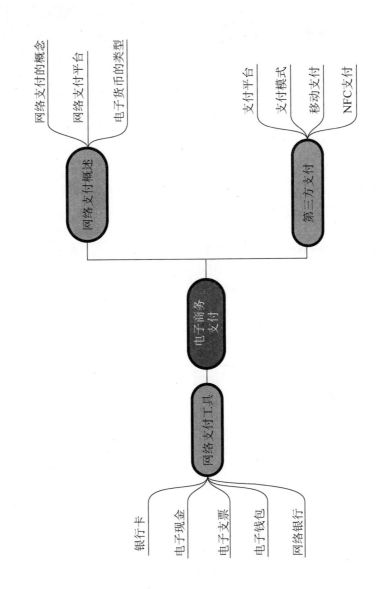

第 7 章　电子商务支付

章前导读

资金流的处理是传统商务也是电子商务的重要环节。在经济日益全球化与社会日益信息化的大趋势下，资金流的处理手段必须借助现代信息网络技术加以变革，以支持商务特别是电子商务的跨区域高效率拓展。互联网以其方便易用、即时互助且结合多媒体应用的特点，为电子商务的信息流、商流、物流的高效率处理提供了很好的技术支撑，但要整体上体现电子商务的低成本、跨区域、高效率与个性化特征，还需要使资金流也能得到快捷、安全的网上处理，即体现在网络支付上。本章主要介绍网络支付的产生及应用。

引例

央行数字货币

2019年8月，时任中国人民银行支付结算司副司长穆长春公开提到，经过5年的研发，中国央行数字货币已经"呼之欲出"。9月24日，在庆祝中华人民共和国成立70周年活动新闻中心首场新闻发布会上，中国人民银行行长易纲表示，人民银行把数字货币和电子支付工具结合起来，将推出一揽子计划，目标是替代一部分现金。10月24日，中共中央政治局就区块链技术发展现状和趋势进行集体学习，强调区块链技术的集成应用在新的技术革新和产业变革中起着重要作用。10月28日，黄奇帆在首届外滩金融峰会上表示我国央行将推出数字货币——DCEP(Digital Currency Electronic Payment，数字货币和电子支付工具)。

资料来源：CDA 数据分析师网站。

引例中的 DCEP，代表着中国的网络支付在技术和工具上已经处于全球领先地位，这与电子商务在中国的飞速发展分不开。作为电子商务重要一环的资金流，大多以网络支付(也称电子支付)的方式实现，而这种方式也正在改变人们的支付观念。

7.1　网络支付与电子商务

网络支付(Internet Payment)以金融电子化网络为基础，以商用电子化工具和各类交易卡为媒介，采用现代化计算机技术和通信技术为手段，通过计算机网络系统(如银行封闭的结算网络、开放的互联网与移动互联网)，以电子信息传递形式来实现资金的流通和支付。其范畴包含网上支付、电话支付、移动支付、ATM 业务、POS 业务和其他电子支付六种业务类型。2018年，银行业金融机构共处理电子支付业务 1751.92 亿笔，金额 2539.70 万亿元。其中，网上支付业务 570.13 亿笔，金额 2126.30 万亿元，同比分别增长 17.36%和 2.47%；移动支付业务 605.31 亿笔，金额 277.39 万亿元，同比分别增长 61.19%和 36.69%。

网络支付的产生离不开电子商务，与电子商务发展需求特征有关。

(1) 商业全球化特点是网络支付产生的直接原因。随着全球化、经济一体化进程的加快，"企业越来越大""国家越来越小""商界无国界"等现象逐渐出现。电子商务的交易双方在网上开辟了一个巨大的全球性商业市场，跨地区和国界的交易市场要求现实社会提供的支付业务适应这种发展需要。

(2) 交易快捷性特点是网络支付产生并发展的第二个动因。电子商务能使交易双方以最快的速度实现交易，作为消费者在虚拟的空间只要动动鼠标就可以实现足不出户购天下物。

(3) 能满足消费者个性化需求的特点是网络支付多样化产生的根本原因。由于网上信息获取渠道的畅通，全球信息资源共享成为现实，使得消费者对商品的选择有更大的空间和自由，增强了消费者的个性化需求，因此消费者对网络支付方式的种类也有了更高的需求。

(4) 高效率特点是网络支付产生的市场因素。电子商务将有形销售变为无形销售，将实体场所交易变为网络虚拟交易，电子商务活动的效率远远高于传统商务活动，这要求网络支付具有实时性和高效性。

总之，电子商务的推广应用推动了网络支付的发展，网络支付又是电子商务业务流程中的关键组成部分。

7.2 网络支付平台

7.2.1 网络支付体系的基本构成

网络支付的过程涉及客户、商家、银行或其他金融机构、商务认证管理部门之间的安全互动，因此支撑网络支付的体系可以说是融购物流程、支付与结算工具、安全技术、认证体系、信用体系，以及现有金融体系为一体的综合系统，如图 7.1 所示。其中，客户和商家分别指在网上开展商务交易的双方；客户开户行表示客户在其中拥有资金账户的银行，也称付款行；商家开户行表示商家在其中开设资金账户的银行，是资金流向的目的地，也称收单行认证机构即网上商务活动的第三方认证机构，向电子商务各方发放、验证各种认证安全工具，如向商家和客户发放的数字证书，来证明交易双方的身份合法性。

网络支付平台

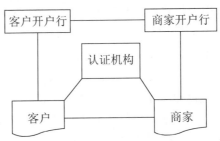

图 7.1 网络支付体系的基本构成

因为当前电子商务网络支付都是基于开放的互联网平台的,所以可以进一步细化网络支付体系,如图 7.2 所示。电子商务网络支付体系主要有八大构成要素。

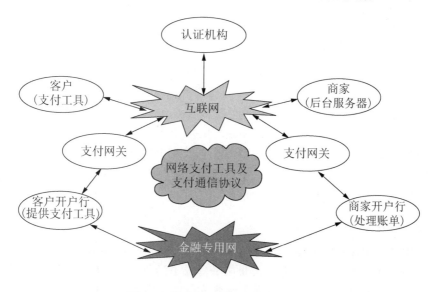

图 7.2　进一步细化的网络支付体系

(1) 客户是债务方,发起支付的一方,是网络支付体系运作的起点。
(2) 商家是债权方,请求(获取货币)结算的一方。
(3) 客户开户行提供网络支付工具、银行信用,即保证支付工具是真实并可兑付的。
(4) 商家开户行是资金流向的目的地,接受客户的支付指令。
(5) 支付网关是互联网平台和银行内部的金融专用网平台之间的安全接口,网络支付的电子信息必须通过支付网关进行处理后才能进入银行内部的支付结算系统,进而完成安全支付的授权和获取。因此,支付网关关系网络支付结算的安全和银行自身的安全,一般由商家以外的第三方银行或委托的信用卡发行机构来建设。
(6) 金融专用网是银行内部及银行间的通信专用网络,它不对外开放,因此具有很高的安全性。
(7) 认证机构类似于传统商务中的工商局,是第三方公证机构。其主要负责发放和维护数字证书,以确认各方的真实身份,也发放公开密钥、数字签名等,以保证电子商务支付结算的安全有序。
(8) 网络支付工具及支付通信协议。网络支付工具包括银行卡、电子现金、电子支票等;支付通信协议主要指支付的安全通信与控制模式,如 SET 模式与 SSL 模式等。

7.2.2　网络支付的支撑平台

网络支付是一种通信频次大、数据量不定、实时性要求高、分布面广的电子通信行为。因此,电子支付的网络平台通常是交换型的、通信时间较短的、安全保密性好且稳定可靠的通信平台,它必须面向全社会对公众开放。目前主要有两类平台:一类是传统成熟的 EDI 通信网络平台;另一类是大众化网络平台。它们各有优缺点和应用环境。随着互联网在全社会的大规模应用和普及,以及该开放性平台的方便快捷、强互动性及经济的特点,互联网平台成为网络支付平台的发展趋势。

1. EDI 通信网络平台

EDI 业务最早出现在 20 世纪 70 年代初的美国物流业,经过多年发展,已应用于各行各业。它是一种在贸易企业之间借助通信网络,以标准格式传输订单、运货单、发票、保险单、报税单等贸易业务文件的电子文本,加快贸易双方的商务通信,保证商务活动快速、准确、有序并安全地进行,被称为企业间的"无纸贸易"。EDI 业务代表了电子商务真正的开始,只是 EDI 业务的网络平台是专用的 EDI 通信网,而非互联网。基于专用通信网的 EDI 系统具有一整套成熟的安全技术体系,能有效防止信息的丢失、泄密、篡改、假冒、商务抵赖和拒绝服务。但 EDI 通信网络平台毕竟是专用的,且只用于企业之间的贸易信息交换,价格昂贵,因此仅适用于较大企业之间的国际贸易,在中小企业间难以普及。

2. 大众化网络平台

由于专用网费用昂贵、复杂、用户面很难扩大等局限性,寻求一种物美价廉、易用且让中小企业与普通消费者都能使用的大众化平台成了当务之急。而具有开放性、便捷性、低成本性、普遍性的互联网作为支撑电子商务支付的网络平台成为可能。

大众化网络支付平台主要由互联网、支付网关、银行金融专用网三部分组成,如图 7.3 所示。支付网关在大众化网络支付平台中的作用至关重要,它的作用在前面已经介绍过。支付网关对商家和客户来说是"透明"的,它由第三方或银行研发运作。

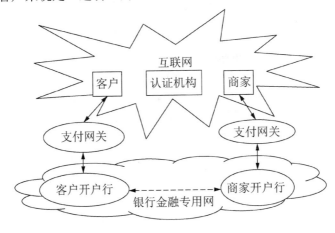

图 7.3 大众化网络支付平台结构

电子货币的产生

7.3 电子货币的产生

在传统经济社会里,存在多种支付结算方式,如现金、支票、汇票等。在电子商务快速发展的背景之下,出现了电子货币。本节先介绍传统支付结算方式,再介绍电子货币类型和新的支付结算方式。

7.3.1 传统支付结算的发展

在《中华人民共和国票据法》和《支付结算办法》中规定，支付结算是指单位、个人在社会经济活动中使用票据、信用卡和汇兑、托收承付、委托收款等结算方式进行货币给付及其资金结算的行为。换句话说，即为了清偿商务伙伴间由于商品交换和劳务活动引起的债权债务，由银行提供金融服务业务，结清这种债权债务的经济行为。

支付结算活动的发展是随着商品经济的发展而不断发展，主要经历了以下三个发展阶段。

1. 物物交换的支付结算

在货币产生之前的原始社会，采用的支付手段是"以物易物"。这是一种原始的商品交换行为，也是一种结清债权债务的行为，如原始社会中以斧头换羊的物物交换。

这种物物交换的结算方式受物的限制很大。例如，交易双方是否愿意接受对方的东西，以及由于物的范围的限制造成交易不活跃等。

2. 货币支付结算

由于物物交换存在的范围和规模的限制，人们开始寻求一个中间等价物作为媒介。出现的货币如实物货币(如盐)、贵金属货币(如金、银)、纸币(如人民币、美元)等不同的形式，这是在商品经济社会较低阶段的低级结算方式。例如，人们最熟悉、最常用的现金支付，采用的是"一手交钱，一手交货"的支付结算方式。

货币支付结算方式简单易用、直观、便携，但易磨损、易伪造、易被盗。物物交换和货币支付结算方式，限制了商务活动的规模和区域，因为交易与支付在时间和空间上仍然未分离，这不利于商品经济的繁荣发展。

3. 银行中介的支付结算

在商品经济快速发展的情况下，作为支付结算中介的银行诞生了，各种结算方式随之产生，使得交易环节与支付环节既能在时间和空间上分离，又能保证贸易的顺利安全进行。此时的货币不仅包括现金，还包括支票、本票、汇票、信用卡等。通过银行的资金转账支付结算是目前国际上最主要的支付结算方式，如信用卡结账、资金汇兑、支票支付结算、自动清算所支付、电子资金转账等。

7.3.2 网络支付结算的兴起

1. 传统支付结算方式的局限性

上述几种支付结算方式是伴随着商品经济的发展而产生的，随着商务规模、覆盖范围、涉及对象等的逐渐扩大，以及伴随着计算机技术、通信技术、信息处理技术的进步，基于专用网的金融专用工具逐步在银行业务中得到应用。但是在信息时代，传统支付结算方式在处理效率、安全性、便利性、运作成本等方面存在诸多局限性。

2. 网络支付结算的兴起原因

电子商务主要基于互联网平台进行，具有高速、可交互、简单、低成本等特点。在这样的电子商务环境中，如果依赖传统的支付结算方式，如现金、支票、汇票等，付款及清偿的流程将成为网络交易的瓶颈，失去电子商务讲究效率、个性化和低成本的优势。例如，电汇、邮汇等需要在银行柜台处理，营业区域有限制、成本较高，而且不能随时随地进行；如果采用货到付款，存在付款的延迟与不确定性，资金回笼慢，增加人力与资金支出；银行卡支付虽然操作简单，但目前银行卡运行平台是基于专用网的，成本较高。

总之，电子商务的发展需求是网络支付结算方式及相应工具兴起的根本原因。

7.3.3 电子货币概述

相对于现实世界的金属货币、纸币等，电子货币是一种无形的价值等量信息。电子货币本质上是一种使用电子信息表达、通过计算机及通信网络进行金融交易的货币，其表现为一串串的特殊电子数据。

1. 电子货币的分类

电子货币自诞生以来发展很快，种类也很多，可以根据不同的特点来分类。

(1) 按结算的电子化方式不同，可分为价值转移式的电子货币和支付方法化的电子货币。

① 价值转移式的电子货币是指货币价值本身电子化，即电子等价物。例如，以代替现金支付为目的开发的 Mondex 和 eCash 等属于该类货币。

② 支付方法化的电子货币是指支付结算中，并不是真正的等价物本身在网上传递，而是使用电子化的方法将等价物转移的电子指令传递给支付结算中心以完成支付结算。例如，ATM 转账、银行 POS 机支付、电子支票支付等均属于该类货币的支付结算。

(2) 按支付方式不同，可分为预付型电子货币、即付型电子货币和后付型电子货币。

① 预付型电子货币，即"先存款，后消费"，如现阶段在我国广泛使用的借记卡和储值卡。

② 即付型电子货币，即在消费的同时从银行账户转账，如通过 POS 机支付的借记卡。

③ 后付型电子货币，即"先消费，后存款"，如现行的国际通用的 VISA 卡和 Master 卡等信用卡。

(3) 按电子货币的形态不同，可分为储值卡型电子货币、信用卡应用型电子货币、存款电子划拨型电子货币和电子现金型电子货币。在一些划分中，将储值卡型和电子现金型合为一类，都是现金形式的电子货币。

① 储值卡型电子货币的功能与普通的 IC 卡(Integrated Circuit Card，集成电路卡)基本一致，如中国金卡工程中的智能 IC 卡等，但储值卡型电子货币既不能进行个人之间的支付，也不能在互联网上使用，对社会经济的影响力有限。

② 信用卡应用型电子货币在传统信用卡基础上实现了在互联网上进行支付的功能，是目前发展最快，正步入实用化阶段的电子货币。

③ 存款电子划拨型电子货币是通过计算机网络转移、划拨存款以完成结算的电子货币。其划拨方式可以分为金融机构的专用封闭式网络的资金划拨和通过开放的互联网实现的资金划拨。例如，美国安全第一网络银行提供的电子支票、环球银行金融电信协会提供的电子结算系统等。

④ 电子现金型电子货币是通过将按一定规律排列的数字串保存于计算机的硬盘内或 IC 卡内进行支付，即以电子化的数字信息块代表一定金额的货币。例如，英国研制的 Mondex 型电子货币，是最接近现金形式的电子货币。

2. 电子货币的特点

(1) 以计算机技术为依托，进行存储、支付和流通。
(2) 不借助有形实体，而通过密码等方式来确认交易，保护数据的完整性和真实性。
(3) 无须实体交换，从而简化异地支付手续，节省流通费用，以及处理现金、支票的人力和物力。
(4) 电子货币一经受益人接收即不再基于同一交易而转让。

7.4 网络支付方式

网络支付的应用流程，其实就是电子货币的支付过程。不同的电子货币，其应用流程还是有区别的。下面介绍几种常见的网络支付方式的特点和运作原理，分别是银行卡、电子现金、电子支票、电子钱包和网络银行。

7.4.1 银行卡

1. 银行卡简介

银行卡是指由银行发行、供客户办理存取款业务的新型服务工具的总称。
(1) 银行卡的产生。

随着商品交易规模、金额和频率的增大，现金现场支付和支票支付等传统支付方式已经不能适应现代化商品交易快速发展的要求。为解决这个问题，一些商户在 19 世纪末 20 世纪初，自行设计和发行了各种结算卡，开始了支付手段的变革。

最早发行信用卡的机构并不是银行，而是一些百货商店、汽油站，以及饮食业、娱乐业公司。美国的一些商家为招徕顾客，推销商品，扩大营业额，有选择地在一定范围内发给顾客一种类似金属徽章的信用筹码，后来演变成用塑料制成的卡片，作为顾客消费的凭证，开展了凭信用筹码在本商号及其分号购货的赊销服务业务，顾客可以在这些发行筹码的商号及其分号赊购商品，约期付款，这就是信用卡的雏形。

(2) 银行卡的分类。

银行卡有多种分类法，包括可按银行卡的功能、介质、发行对象、币种等，对银行卡进行分类。

① 按银行卡的功能，可分为借记卡(Debit Card)和贷记卡(Credit Card)。前者是储蓄卡，后者是信用卡。

a. 借记卡可以在网络、POS 机消费，或者通过 ATM 转账和提款，不能透支，卡内的金额按活期存款计付利息。消费或提款时资金直接从储蓄账户划出。借记卡在使用时一般需要密码。借记卡按等级不同可以分为普通卡、金卡和白金卡；按使用范围不同可以分为国内卡和国际卡。

b. 贷记卡是指发卡银行给予持卡人一定的信用额度，持卡人可在信用额度内先消费，后还款的信用卡。它具有以下特点：先消费后还款，享有免息缴款期(最长可达 56 天)，并设有最低还款额，客户出现透支可自主分期还款。客户需要向申请的银行交付一定金额的年费，具体金额各银行不相同。

准贷记卡是一种存款有息、刷卡消费以人民币结算的单币种单账户信用卡，具有转账结算、存取现金、信用消费、网络银行交易等功能。当刷卡消费、取现时账户存款余额不足支付时，持卡人可在规定的有限信用额度内透支消费、取现，并向持卡人收取一定的利息。准贷记卡不存在免息还款期。

银行卡的大小一般为 85.60mm×53.98mm，但是也有比普通卡小 43%的迷你卡和形状不规则的异形卡。

② 按银行卡的介质，可分为磁卡、IC 卡和激光卡等。

磁卡是一种卡片状的磁性记录介质，与各种读卡器配合使用。磁卡是利用磁性载体记录信息，用来标识身份或其他用途的卡片。根据使用基材的不同，磁卡可分为 PET 卡、PVC 卡和纸卡三种；根据磁层构造的不同，磁卡可分为磁条卡和全涂磁卡两种。磁条上有 3 个磁道。磁道 1 与磁道 2 是只读磁道，在使用时磁道上记录的信息只能读出而不允许写入或修改；磁道 3 为读写磁道，在使用时可以读出，也可以写入或修改。磁道 1 可记录数字(0～9)、字母(A～Z)和其他一些符号(如括号、分隔符等)，最大可记录 79 个字符；磁道 2 和磁道 3 所记录的字符只能是数字(0～9)，磁道 2 最大可记录 40 个字符，磁道 3 最大可记录 107 个字符。因此，磁卡记忆容量小。磁卡可直接输入终端机进行处理，是一种最简单有效的计算机输入介质。随着计算机的普及，磁卡的应用也随之推广，加之使用方便、造价便宜，磁卡便成为使用最广泛的银行卡。

但磁卡存在两个缺点：一是安全性低，磁条中的数据易被破译和仿制；二是磁卡使用中会受到诸多外界因素的干扰。例如，与手机等能够产生电磁辐射的设备长时间放在一起，或与电视机、收录机等有较强磁场效应的家用电器距离过近，或与超市中防盗用的消磁设备距离太近，或多张磁卡放在一起时磁卡上的磁条互相接触，这些情况都可能导致磁卡无法正常使用。

案例 7-1

存取盗取案件

某年 2 月 21 日晚上 7 点，汪先生从某酒店对面的农业银行 ATM 机上取钱。2 月 23 日，汪先生发现自己卡内的 33.4 万元不翼而飞。经警方侦查，汪先生的钱是被 3 名男子盗走的。他们在 ATM 机上加装了读卡器、摄像头，用来窃取储户的银行卡信息，从而盗取存款。

IC 卡是继磁卡之后出现的一种新型信息工具。IC 卡在有些国家和地区也称智能卡(Smart Card)、智慧卡(Intelligent Card)、微电路卡(Microcircuit Card)或微芯片卡等。它是将一个微电子芯片嵌入符合 ISO 7816 标准的卡基中，做成卡片形式。IC 卡已经十分广泛地应用于金融、交通、社保等多个领域。

IC 卡与磁卡是有区别的。IC 卡是通过卡里的集成电路存储信息，而磁卡是通过卡内的磁性记录信息。IC 卡的成本一般比磁卡高，但保密性更好。

激光卡是在塑料卡片中嵌入激光存储器制成的。它同 IC 卡一样可提供多种功能,安全性高,比 IC 卡的存储容量大百倍以上,但激光卡尚处在实验阶段。

2. 银行卡网络支付模式

根据目前全球个人网络消费的支付情况调查,59%是贷记卡支付,11%是借记卡支付,其余的是通过转账、货到付款、邮局汇款等方式支付。因此,银行卡支付是目前网络支付方式中最常用、最重要的方式。银行卡网络支付模式主要有四种:无安全措施的银行卡支付模式、通过第三方代理人的银行卡支付模式、基于 SSL 协议机制的银行卡支付模式、基于 SET 协议机制的银行卡支付模式。

(1) 无安全措施的银行卡支付模式。

其主要业务流程为:持卡人从商家订货且利用信用卡进行支付时没有采取技术上的安全措施,而把信用卡号码与密码等直接发送给商家,商家接收到信用卡信息后,与银行之间使用各自的授权,检查信用卡的合法性等。

该模式主要出现在 20 世纪 90 年代初期,电子商务还得不到银行的支持下的一种过渡方式,其安全性差,隐私信息容易被商家掌握,且支付效率低下。

(2) 通过第三方代理人的银行卡支付模式。

其主要业务流程为:持卡人(即买方)以在线或离线方式在第三方代理机构(即代理人)处登记银行卡号和注册一个相应的应用账号,由代理人持有买方的银行卡号和账号;买方在线向商家订货,并且将账号传递给商家;商家将账号传递给代理人,由代理人验证账号信息是否准确;验证完毕后,代理人向商家发出授权,进一步证实买方的身份和可以使用的金额;商家向买方发出订货确认;在收到买方收货和付款指示后,代理提供银行卡信息,并确认支付。

(3) 基于 SSL 协议机制的银行卡支付模式。

目前,客户机的网络浏览器软件和商家的电子商务服务器软件等基本都内嵌对 SSL 协议的支持,绝大多数银行及第三方支付银行平台都研发了支持 SSL 协议的应用服务和产品,大大方便了客户利用银行卡进行网络支付。

SSL 协议主要提供三方面的服务:一是客户机和服务器的认证,使得它们能够确信数据将被发送到正确的客户机和服务器上;二是加密数据,隐藏传送的数据;三是维护数据的完整性,确保数据在传输过程中不被改变。

其主要业务流程(图 7.4)为:持卡人在网上或直接到发卡银行进行银行卡注册,并得到发卡银行的网络支付授权;持卡人在线选择商品或服务,填写订货信息后,把银行卡信息加密后传送给商家服务器;商家服务器验证接收到的信息的有效性和完整性后,将持卡人加密的银行卡信息传送给支付平台的支付网关,商家服务器无法看到用户的银行卡信息;支付网关验证商家身份后,将持卡人加密的银行卡信息转移到安全的地方解密,然后将持卡人的银行卡信息通过金融专用网传送到商家银行(即收单银行);商家银行通过普通电子通道与持卡人的发卡银行联系,确认银行卡信息的有效性;得到证实后,商家银行将结果传送给支付网关;支付网关通知商家服务器交易完成或拒绝;商家再通知持卡人。整个交易过程历时很短,每一步都需要交易方以数字签名来确认身份。

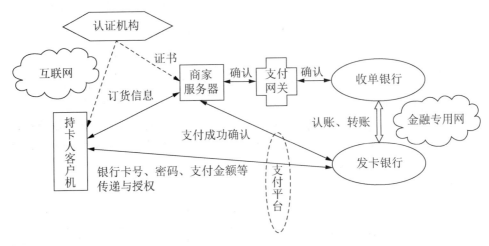

图 7.4　基于 SSL 协议机制的支付模式业务流程

(4) 基于 SET 协议机制的银行卡支付模式。

SET 协议通过 DES 与 RSA 的互用，确保信息的私密性，以密钥的交换认证管理配合数字签字确认交易双方的身份，进一步提供不可否认的功能。以数字信封、双重签名确保信息的隐私性与关联性，以哈希函数和 RSA 算法构成数字签字，防止篡改伪造，保护信息的完整性，满足互联网上付款行为的安全需求。

其主要业务流程(图 7.5)为：持卡人在银行开立账户并取得银行卡，下载并安装客户端软件；商家与银行洽谈支付事宜并得到相关服务器端 SET 协议支持软件，安装运行；持卡人客户机、商家服务器、支付网关分别访问认证机构，取得相应数字证书；持卡人在商家的电子商务网站上选择商品或服务，填写订单；持卡人选择银行卡的网络支付功能，此时持卡人客户机自动激活具有银行卡信息的客户端软件，输入软件用户名和密码，取出里面的银行卡信息进行支付；客户端软件自动与商家服务器软件进行 SET 协议规定的信息交互与身份认证，自动提取银行卡账户及密码等信息，连同订单一起加密发送给商家服务器；

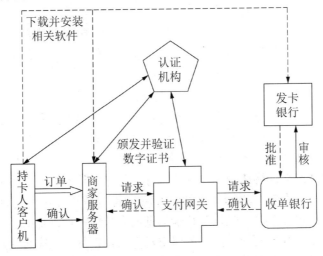

图 7.5　基于 SET 协议机制的支付模式业务流程

商家服务器收到持卡人客户机发来的信息，验证通过后，回复持卡人客户机，同时产生支付结算请求，将支付信息转发给支付网关；支付网关收到支付信息后转入后台银行网络处理，通过各项验证审核后，收到银行端发来的支付确认或拒绝信息；支付网关向商家转发支付确认或拒绝信息；如果商家服务器向持卡人客户机发送支付确认信息，表示支付成功。

7.4.2 电子现金

电子现金(Electronic Cash，E-Cash)又称数字现金，是一种以数字形式存储流通的、能被客户和商家普遍接受的、通过互联网购买商品或服务时使用的货币。电子现金具有安全、方便、灵活、匿名、处理效率高、成本低的特点。电子现金可用于互联网上的小额消费支付，如在线购买即时新闻、网络游戏、音乐、文章等。

应用电子现金进行网络支付，需要在客户机安装专门的电子现金客户端软件，商家服务器也要安装相应的软件，发行电子现金的银行需要运行对应的电子现金管理软件。另外，为保证电子现金的安全性及可兑付性，发行银行应向认证机构申请数字证书以证实自己的身份，借此获取自己的密钥对(公钥/私钥)，利用私钥对电子现金进行数字签名，将公钥公开。

电子现金的网络支付包括商家、客户与发行银行三个主体。其一般业务流程为：客户、商家和发行银行分别安装电子现金应用软件，同时商家和发行银行从认证机构申请数字证书；客户在线认证发行银行身份后，向发行银行申请开设电子现金账号，存入一定金额的资金，并兑换一定数量的电子现金；客户使用客户端电子现金软件在线接收从发行银行兑换的电子现金，放在客户机上以备使用；接收电子现金的商家与发行银行商量电子现金的使用、审核、兑换等事宜，并在发行银行开设电子现金账号；客户验证商家的真实身份，并确认能够接收本方电子现金后，选择商品下单，选择电子现金作为网络支付方式；客户把订单与电子现金通过互联网一并发送给商家；商家收到电子现金后，随时随地向发行银行兑现；商家确认客户的电子现金真实性与有效性后，确认客户的订单并发货。

电子现金可重复使用，其与纸币一样，通过一个序列号进行唯一标识，银行后台的电子现金管理软件记录了每一个电子现金的信息。目前，国际上流行的电子现金系统有 eCash、Mondex、CyberCash、NetCash 等。

 案例 7-2

eCash 与 Mondex 简介

eCash 是由大卫·乔姆(David Chaum)研究开发的电子货币。它从几分到几元货币单位的电子信息(即数据串的排列)分别以一个个数据块的形式保存在计算机硬盘上。使用时，这些电子信息便通过网络从银行到消费者，或从消费者到商家，即时流动。它是完全匿名的，同时可以用于个人之间的支付。

Mondex 是由英国国民西敏寺银行研究开发的电子货币。其于 1994 年推出，用户通过银行 ATM、电话委托或家庭银行转账的方式，在特制的 IC 卡中存入电子货币。使用时，在 Mondex 电子钱包读卡器上完成电子现金的交接：甲方将自己的 IC 卡插入电子钱包，将卡内存储的一定数量的金额移入电子钱包读卡器的存储芯片内；乙方将自己的 IC 卡插入电子钱包内，将前面的金额移入自己的 IC 卡内。但 Mondex 脱离了银行的监控，易发生伪造事件。

7.4.3 电子支票

传统的纸质支票主要是向银行发送一个通知,将资金从自己的账户转到他人的账户上。该通知一般先发给资金的接收者,由接收者到银行去转账。转账后,注销了的支票会再返回签发者手里,作为支付的凭证。

电子支票(Electronic Cheque)又称数字支票,是将传统支票的全部内容数字化,形成标准格式的电子版,借助互联网与金融专用网等计算机网络完成其在客户、商家、银行之间的传递和处理,是一种利用数字信号将资金从一个账户转到另一个账户的电子支付形式。它的支付指令是在与商户及银行相连的网络上以密码方式传递的,用公钥机制中的加密签名或个人身份证号码代替手写签名。

电子支票一般由客户机内的专用支票软件结合电子支票簿生成;也可以由银行端专门软件生成特殊电子支票文件,传递给客户进行数字签名后生成。电子支票一般包括支付数据、支票数据、客户的数字签名及数字证书、发行银行证书等内容。

电子支票与纸质支票的运作方式大致相同。在电子支票用于网络支付的过程中,按照参与银行的情况,可分为同行电子支票网络支付模式和异行电子支票网络支付模式两种。前者指客户和商家的开户银行是同一家银行,后者指客户和商家的开户银行不同,需要借助第三方独立的票据交易所清算系统进行跨银行的资金清算。电子支票的业务流程如图7.6所示。

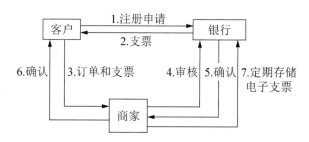

图7.6 电子支票的业务流程

电子支票的运作理念早在20世纪90年代初就在专用网上进行了试验,目前也主要是在金融专用网上应用,基于互联网平台的电子支票应用还处于试验与发展阶段。目前,国外的电子支票系统主要有FSTC(Financial Services Technology Consortium,美国金融服务技术联合会)电子支票系统、NetBill、NetCheque等。随着数字签名、数字证书和加密/解密技术的日趋完善,实际的中大额网络支付需求已经出现,中国开展电子支票系统研发显得紧迫与必要。

7.4.4 电子钱包

电子钱包(Electronic Wallet,E-Wallet)又称虚拟钱包,是客户用来进行安全网络交易特别是安全网络支付并且存储交易记录的特殊计算机软件或硬件设备。它就像生活中随身携带的钱包一样,能够存放客户的电子现金、银行卡号、个人信息等,经过授权后可方便地、有选择地取出使用。

在互联网平台上应用电子钱包进行网络支付，需要参与各方安装相应的电子钱包服务软件，中间涉及第三方认证机构的认证与数字证书的颁发，以支持电子钱包的安全操作。

目前，在互联网平台上应用电子钱包主要是取出钱包中的银行卡进行网络支付，它在技术机制上遵守 SET 协议机制。因此，电子钱包(采用其中的银行卡)的网络支付流程与前面介绍的"基于 SET 协议机制的银行卡支付模式"的过程基本类似，涉及客户、商家、支付网关、发卡银行、收单银行、认证机构等多个参与者，在此不再赘述。

案例 7-3

安全的 USDT 电子钱包

USDT 的中文名是泰达币，是 Tether 公司发行的一种将加密货币与美元挂钩的数字货币，是一种保存在外汇储备账户、获得法定货币支持的虚拟货币。使用 USDT 进行转账等操作就需要用到 USDT 钱包。目前市场上安全可靠的 USDT 钱包有以下几种。

(1) Ledger 钱包。发布于 2014 年 12 月的 Ledger 钱包是全球知名的硬件冷钱包之一。由于冷钱包的安全性要远远高于热钱包，因此 Ledger 钱包非常适合对大额存储有需求的 USDT 持有者。

(2) 比太钱包。比太钱包是由比特派团队研发的，该团队有多年的钱包研发经验，属于全球较早做区块链的几个团队之一。比太钱包的安全性极强，其不仅支持所有四个版本的 USDT，还支持 USDT 一键买卖、不同版本 USDT 之间互换等功能。不论是新手还是老用户都非常适合使用。

(3) Coinomi 钱包。Coinomi 钱包创建于 2014 年，作为一个老牌的钱包，Coinomi 钱包的安全性得到多年的验证，相较一些技术尚未得到验证的新钱包，用户使用起来更放心。

资料来源：知乎网。

7.4.5 网络银行

20 世纪 90 年代以来，计算机网络技术飞速发展，使社会生产、生活方式发生根本性的变化。尤其在金融领域，网络银行的出现打破了传统银行业务的局限，提供低成本、高效率的服务，使之在全世界迅速发展。

网络银行是指通过互联网或通信网络的公共资源，采用相关技术，实现银行与客户之间安全、方便、友好的连接并能提供银行各类服务和功能的网上银行。它打破了传统银行面对面的柜台业务模式，提供一种不谋面的网络服务，因此也称为虚拟银行或在线银行。

网络银行按照服务对象不同，可分为企业网络银行和个人网络银行；按照组成架构不同，可分为纯网络银行和在传统银行基础上拓展网络业务的网络银行。

企业网络银行主要适用于企业与政府部门等企事业单位，一般设定的金额较大，如批量的网络支付和工资发放业务，对安全性的要求很高。个人网络银行主要适用于个人与家庭的日常消费支付与转账。客户可以通过个人网络银行服务，完成实时查询、转账、网络支付和汇款功能。

纯网络银行是指一种完全依赖于互联网发展起来的全新网络银行。这类银行开展网络银行服务的机构除后台处理中心外，没有其他任何物理上的营业机构，所有业务都在互联网上，如美国的安全第一网络银行。在传统银行基础上拓展网络业务的网络银行是指在传统银行的基础上运用公共的互联网服务，设计新的网络服务窗口，开展传统银行业务，并通过发展个人网络银行和企业网络银行等服务，把传统银行业务延伸到网上，是实体与虚拟结合的银行。这种形式是利用互联网辅助银行开展业务，而不是完全的电子化与网络化。

网络银行通过建立自己的网站，在互联网上向客户提供开户、销户、查询、转账、投资理财等银行金融服务项目。现代商业银行已不再单纯地追求铺点设摊式的外延扩张，而是依靠现代信息技术提供更加便捷、周到的金融服务。

7.5 网络支付的安全问题

网络支付是电子商务业务流程的重要环节，只有保证网络支付过程的快捷、方便、安全，才能确保电子商务顺利开展。而互联网最大的特征就是开放性，这与电子金融活动中所需要的保密性相矛盾，因此交易的安全性是电子金融活动的关键。互联网在设计之初，只是考虑方便性、开放性，使得网络安全非常脆弱，容易受到黑客攻击。本节通过对电子商务安全问题的总结，列出网络支付的主要安全问题和解决方案。

 案例 7-4

两个网络银行真假难辨

某日，永川市民余先生的手机突然接到某银行发来的消费服务提示，称他当天消费金额为 5000 元。余先生当天并没用该银行卡消费，满腹狐疑的他赶到银行，查询得知银行卡当天被人透支了 5000 元。经过调查，警方发现了该银行的两个网络银行网页，其中一个是假的。余先生就是在这个假网络银行使用查询系统时，输入了自己的账号和密码。幕后黑手轻松窃取该信息后，通过转账方式窃取了 5000 元现金。这种通过假网站诱使网银用户输入账号和密码的犯罪行为已经不是第一次出现，但是由于没有引起人们足够的重视，所以犯罪分子一次又一次利用假网站来窃取网银用户的资金。

7.5.1 网络支付的安全需求

基于 IPv4 协议的互联网是一个完全开放的网络，能够让用户发布信息、共享各种网络资源、发送邮件、开展网络办公与网络商务等，极大地方便了个人和企业的事务处理。但与此同时，有一些别有用心的组织或个人也开始进行窃取各种机密信息的活动。据英国《金融时报》统计，平均每 20 秒就有一个网站遭到入侵。在这种情况下，如果没有严格的安全保证，商家和用户就会因担心网络的安全问题而放弃电子商务，这直接阻碍了电子商务的发展。因此，保证电子商务尤其网络支付的安全是开展电子商务活动要解决的核心问题。

在第 6 章中已经详细讨论了电子商务的安全需求和相应的安全技术，而网络支付的安全又是电子商务的核心问题。因此，网络支付过程中面临的安全需求与电子商务面临的安全需求类似，主要有以下 5 个方面。

(1) 数据机密性。电子商务在一个开放的网络环境中进行，许多要传递的信息都属于敏感信息，如网络支付中的银行卡账号、密码等隐私信息。因此，要保证这些敏感信息不被第三方窃取。

(2) 数据完整性。数据在传输过程中的丢失、重复或被篡改都可能导致交易双方信息的不对等，影响交易双方的信息完整性。

(3) 身份认证性。电子商务活动是在虚拟的网络环境中开展的，网络交易的双方不曾谋面，要使交易成功，首先要能确认对方的身份是否合法。因此，方便而可靠地确认对方身份是交易的前提。

(4) 不可抵赖性。网络交易中，当交易的一方发现交易行为对自己不利而否认交易行为时，势必会损害另一方的利益。例如，银行扣了持卡人的购物款，持卡人却不认账；反过来，持卡人已经付款，商家却说没有收到货款等。因此，必须为网络支付结算提供一种使交易双方在支付过程中无法抵赖的手段，如数字签名、数字时间戳等。

(5) 网络支付系统的稳定、快捷。实时在线的网络支付行为对网络支付系统的性能要求很高，如支撑平台的安全防护能力、网络通道的速度和平台的管理机制等。

7.5.2 网络支付的安全解决方法

综合上述电子商务各方网络支付的安全需求，下面着重讨论在支付环节的实际操作过程中如何解决身份认证和保证支付信息的保密性问题。

1. 支付流程中各方身份的认证

采用认证机构发放的数字签名和数字证书，实现对交易各方的认证，证实身份的合法性、真实性。例如，开通中国建设银行的网络银行，首先登录建设银行的官网注册（已有存折或银行卡），注册时务必填写真实的手机号码，然后带上个人身份证、存折或银行卡到建设银行的线下营业网点进行签约，签约后再登录建设银行官网下载电子证书，下载时，手机会收到一个验证码，输入验证码即可下载电子证书，有了电子证书才可以进行网络交易，否则只能进行查询服务。

目前，国内许多银行都提供网络银行支付功能，为提高网络银行的安全级别，采用了许多高级加密技术，如移动数字证书、动态口令卡等。

一些第三方支付平台为保证交易双方身份的真实性，会通过 E-mail 认证方式和手机认证方式对用户的身份进行认证。例如，用户以真实邮箱注册账户，账户激活信息通过邮件方式确认；或者用户选择把该账户与手机绑定，在支付过程中，支付确认等信息通过移动运营商平台即时发送到用户绑定的手机号码上，让用户随时掌握账户的变动情况。

2. 保证支付信息的保密性

第 6 章讨论了使用相关加密算法对资金流信息进行加密，防止被非法的第三者窃取，如 DES 私有密钥加密法、RSA 公开密钥加密法、数字信封等保密手段。除此之外，很多第三方支付平台如支付宝，用户如果在网上购物时采用支付宝进行支付，要先在支付宝平台上注册一个支付宝账户，这时的支付账户信息不再是银行卡账户本身，用户可以采用多种方法对该支付宝账户充值，然后在网上支付，这在一定程度上降低了支付信息被窃取的可能性。关于第三方支付的具体内容在 7.6 节讨论。

此外，银行的支付系统除提供以上加密手段来保证支付信息的保密性外，还可以通过其他方式进一步增强支付信息的安全性。例如，招商银行提供的个人网上银行服务，持卡用户可以随时开启或关闭银行卡的网上支付功能，并可以设置网上支付的上限金额，这在一定程度上进一步保证了银行卡账户的安全。

7.6 第三方支付与移动支付

7.6.1 第三方支付平台的产生与发展

传统的网上支付主要是借助网络银行的支付平台，使用银行卡、电子现金和电子支票等作为支付工具。网络银行一般采用 SSL 或 SET 安全协议机制对银行卡信息进行加密认证处理，降低用户的银行卡信息泄露的风险，实现资金的安全传递。但是，随着网络商家数量和规模的增大，这种模式也开始不适应，因为商家需要和各家银行逐个签订接入协议，使得手续烦琐且不经济。因此，在银行与商家之间作为支付中介的第三方支付平台应运而生。

第三方支付平台就是指非银行的第三方机构投资运营的网络支付平台。通过提供通信、信息安全技术，在银行和商家之间建立连接，起到信用担保和技术保障的作用，从而构建从消费者到金融机构及商家之间货币支付、资金流转与资金清算的平台。

7.6.2 第三方支付的运营模式

目前可以将市场上的第三方支付公司分为两类：一类是独立的第三方网关模式；另一类是有电子商务平台支持的第三方支付网关模式。

1. 独立的第三方网关模式

独立的第三方网关模式指完全独立于电子商务网站，由第三方投资机构为网络商家提供围绕订单和支付等多种增值服务的共享平台，如国内的快钱、财付通等均属于该类模式。快钱是国内领先的独立第三方支付平台，旨在为各类商家及个人提供安全、便捷和保密的综合电子支付服务。

2. 有电子商务平台支持的第三方支付网关模式

有电子商务平台支持的第三方支付网关模式指由电子商务平台建立起来的支付平台。电子商务平台是指独立经营且提供特定产品的商务网站。该类型的支付网站最初是为了满足自身实时支付而研发的，逐步扩展到提供专业化的支付产品服务。例如，阿里巴巴旗下的支付宝，最初是为了解决淘宝网的支付问题，发展到现在，已经为绝大多数电子商务网站所使用。

7.6.3 手机移动支付

随着手机、个人数字助理、笔记本电脑，以及其他手持式智能设备在人们生活中扮演着越来越重要的角色，移动电子商务的需求日益强烈。这就要求支持移动电子商务的支付也应该是可以随时随地处理的。

移动支付是指在电子商务处理流程中，基于移动网络平台随时随地利用现代的移动智能设备(如手机、个人数字助理、笔记本电脑等)为服务于电子商务交易而进行的有目的的资金流动。具体可以通过短信、WAP、客户端等多种形式，利用手机号码、支付卡、银行卡等多种支付账户，提供账单支付、手机充值、公用事业费缴纳等自助支付服务。移动支付一般涉及移动用户、网络商家、无线通信服务提供商、公共网络平台、移动支付受理银行等。

1. 移动支付的分类

按支付距离的远近，移动支付可分为移动远程支付和移动近场支付。移动远程支付指用户通过移动终端登录银行网页进行支付、账户操作等，主要应用于电子商务网站的购物与消费。移动近场支付指消费者在购买商品或服务时，即时通过手机向商家进行支付，支付的处理在线下进行，不需要使用移动网络，是使用近场通信、红外线、蓝牙等通道，实现与自动售货机或 POS 机的本地通信。

实现移动近场支付主要有三种技术手段，分别为蓝牙技术、红外线技术、近场通信技术。

(1) 蓝牙技术。

蓝牙技术是由爱立信、诺基亚、东芝、IBM 和 Intel 五家公司在 1998 年联合推出的一项短程无线网络技术，它工作于 2.4GHz ISM 频段，最高传输速率为 721Kb/s。2001 年，爱立信与 Eurocard 在瑞典开始测试基于蓝牙的移动支付系统，将具有蓝牙支付功能的手机与 Eurocard 账号进行了绑定。蓝牙技术最大的障碍是抗干扰能力不强和信息安全等问题。

(2) 红外线技术。

红外线支付是目前比较成熟的一种非接触式移动支付技术。红外数据组织(Infrared Data Association，IrDA)成立于 1993 年，是一个非营利组织，致力建立红外线无线传播连接的国际标准，目前在全球拥有 160 个会员。该组织提出的 IrDA 红外连接技术使用的是 980nm 红外频段，接收角度为 120°，传输距离为定向 1m，速率最高可达 16Mb/s。IrDA 红外连接技术的最大问题在于存在工作角度问题，也就是说，两个具有 IrDA 红外端口的设备之间如果传输数据，中间就不能有阻挡物。这在两个设备间是容易实现的，但在多个设备间就必须彼此调整位置和角度等。

(3) 近场通信技术。

近场通信(Near Field Communication，NFC)是一种短距离的高频无线通信技术，最早由索尼和飞利浦公司各自开发成功，允许电子设备之间进行非接触点对点数据传输(10cm 以内)，主要用于手机等手持设备的 M2M(Machine to Machine，机器对机器)通信。

相对于蓝牙及红外线支付，支持 NFC 的手机即使在电池没电的情况下，依然可以通过其射频模块激发来完成电子支付，因而 NFC 支付对终端的依赖性低。NFC 与蓝牙、红外线支付技术的比较具体如表 7-1 所示。在便捷性方面，蓝牙建立连接的时间较长，而红外线对工作角度要求比较苛刻，NFC 由于其近场通信的天然安全性，业界将 NFC 视为目前为止最适合近场、非接触式移动支付的技术，NFC 将是近场支付的主流技术。

表 7-1 NFC 与蓝牙、红外线支付技术的比较

技术性能	蓝牙	红外线	NFC
对终端的依赖性	高	高	低
耗电	大	大	小
操作简便性	复杂	复杂	简单
保密性	中	低	高
成本	高	低	中
典型的传输距离	≤10m	≤3m	≤0.1m
传输速度	2.1Mb/s	115Kb/s	868Kb/s
独立存储功能	无	无	有
建立时间	6s	0.5s	<0.1s

2. 各国 NFC 支付比较

(1) 日本。

日本是全球移动支付领先的国家，早在 2004 年就已经大面积普及 NFC 支付模式。在日本，通过移动支付可以乘坐地铁，在便利店完成支付，在自动售货机上购物，以及去餐馆吃饭。在东京的麦当劳，手机支付的比例高达 40%～50%，因为日本麦当劳和运营商 NTT DoCoMo 有合作。NFC 手机支付还可以支付交通费和在便利店支付。NTT DoCoMo 在移动支付合作中仅仅扮演通道的角色，只负责手机钱包小额支付的品牌推广，不参与具体卡中的任何客户界面工作。而且在盈利分成上，NTT DoCoMo 的盈利来自发卡方支付的服务费，其他小额支付产生的收益全部给各大发卡方。

(2) 美国。

美国移动支付有先进的 App 模式，最成功的代表是星巴克。星巴克设计了自己的 App。客户可以通过 App 寻找附近的连锁店，也就是强大的本地化入口模式，然后选择咖啡直接完成支付，到星巴克咖啡店用手机扫一扫就能取得咖啡，不用排队等待。其间星巴克获取了消费者的数据，以此向消费者推送符合其消费习惯的优惠券。这也使得星巴克是美国所有零售商中客户忠诚度最高的。2013 年，美国和加拿大移动支付的规模是 5 亿美元，其中绝大部分的支付是在星巴克咖啡店完成的。美国的大型超市、网购商店都开始推出自己的 App，大力推广星巴克成功的移动支付模式。这也成为美国移动支付的主流，即由商家主导的 App 移动支付模式。美国移动支付还有一个新的技术来自 PayPal 在 2013 年 9 月推出的 PayPal Beacon 移动支付插件。客户不需要安装任何硬件，只需要下载 PayPal 的 App。商家也只需要把插件安装到店里。拥有 PayPal App 的用户走到安装了 PayPal Beacon 插件的商店门口时，手机就会自己振动。商家的服务器端就会显示客户的信息。客户购买时，只要和店员确认商品和价格，就能自动完成支付。整个过程都不需要掏出手机。

3. 成功的移动支付案例

支付宝、微信采用的是"近场识别，远程支付"模式。例如，在自动售货机购买物品，支付宝使用的是声波支付，手机对准售货机，发出超声波，设备识别信息，完成交易；微信采用的是二维码支付，选择商品，打开微信，选择扫一扫，二维码对焦，输入支付密码，完成交易。

案例 7-5

海底捞接入微信支付

2013 年 12 月，微信与全国餐饮连锁品牌海底捞宣布正式展开合作，微信支付首家登录海底捞，近百家海底捞火锅门店全部接入微信支付。这意味着顾客今后吃火锅不用带钱包，吃完直接扫描二维码就可用微信支付结账。此次合作，海底捞在北京、上海、沈阳、天津、深圳等全国 21 个城市的近百家门店全线接入微信支付。圣诞节期间，双方还联合推出特惠让利活动，顾客在海底捞就餐微信支付，即可享受立减 10 元的优惠，更有海底捞 5000 元任吃大礼包。业内人士孙杰指出，与现行其他的餐饮 O2O(从线上到线下)模式相比，海底捞与微信支付的合作更进一步，从订座、点餐、消费到付款，每一个环节都可节约更多时间成本。这为微信支付 O2O 带来了很大的想象空间，也标志着餐饮消费的移动近端支付服务向前迈进了一大步。

资料来源：京华时报。

支付宝和微信支付的优势包括：成本更低，商家不需要任何硬件设备的升级；非常容易普及，对消费者也非常方便；商家通过支付信息能了解客户的消费习惯，产生更多附加值；不需要更换手机卡，不限制手机型号。不过支付宝和微信支付在安全上还有改进空间，主要表现在账号和资金的安全，以及防钓鱼和木马的技术上。

其他比较成功的移动支付案例有以下几个。

(1) Paybox 是以德意志银行为主要股东的移动支付公司。2000 年 5 月这家公司开始提供服务，到 2003 年，其业务已经发展到西班牙、奥地利、瑞典、德国和英国，发展了 75 万注册用户。

(2) Simpay 由 Orange、Vodafone 等四家欧洲最大的移动运营商于 2003 年 6 月合资组建，提供购买 MP3、付费游戏下载、支付停车费等小额电子商务服务。

(3) NTT DoCoMo 在 2004 年 6 月发布了使用非接触式 IC 卡的手机结算及认证服务，开展所有机型预存 100 日元的体验式推广，开通交通、会员卡、门票、娱乐等服务。在日本只要把手机号和银行账号捆绑，利用手机的红外接口，就可以很方便地从取款机中取钱。

案例 7-6

杭州：全球最亮眼的移动支付之城

杭州的移动支付在普及率、覆盖广度、服务深度等各方面在全国名列前茅。福里斯特市场研究公司及艾瑞咨询的数据显示，中国的移动支付市场规模几乎是美国的 90 倍，领先全球，杭州也成为全球最亮眼的移动支付之城。

2016 年夏季，一位娶了上海姑娘的德国金融从业者阿福，"身无分文"地从上海来到杭州体验"无现金的一天"。乘公交车、逛商场、在西湖景区吃杭帮菜、打车、买高铁票，甚至在街边小摊上买烧饼，阿福完成这一切消费行为，仅凭一部手机。

杭州 98%的出租车、超过 95%的超市和便利店、超过 8 成的餐饮门店，以及绝大多数美容美发、KTV、休闲娱乐等场所,都支持移动支付。2017 年,蚂蚁金服旗下的支付宝在官方微博征集移动支付"死角",如今出门不带钱包已成为杭州人的习惯。

《环球》杂志记者从蚂蚁金服获取的数据显示,包括杭州在内的 347 个城市已入驻支付宝城市服务平台,服务项目包括政务办事、医疗、交通、充值缴费等九大类,基本覆盖了缴纳水电煤气、医院挂号、交通违章缴费、小客车摇号、社保查询、公积金查询等常见事项。甚至连结婚和离婚登记都可以在移动支付平台实现,人们足不出户就可以利用手机查询公积金到账、余额变动情况,还能查看贷款进度。这些在线下要花不少时间和精力的事项,通过手机,可以快速便捷地完成。

源于杭州的中国移动支付已走出国门,在世界范围生根开花。2018 年 5 月,马来西亚第二大银行联昌国际银行集团宣布,将与蚂蚁金服合作开发一款无现金支付应用,帮助马来西亚人实现"码上消费",建设无现金社会。目前,支付宝已经正式进入东盟 10 国中除印度尼西亚和文莱外的 8 个国家,基本覆盖了东南亚市场。

资料来源:胡艳芬,2018. 杭州:全球最亮眼的移动支付之城[J]. 环球(18).

本 章 小 结

本章从电子商务与网络支付的关系出发,介绍了网络支付的基本概念、网络支付的产生、网络支付的支撑平台、网络支付的常见支付方式,并分析了网络支付存在的安全问题,对理解基于电子商务的资金流的安全处理具有一定的帮助作用。

网络支付是电子商务业务流程中关键的组成部分,电子商务的推广应用推动了网络支付的发展。网络支付的支撑平台主要有两类:一类是传统成熟的 EDI 通信网络平台;另一类是大众化网络平台。它们各有优缺点和应用环境。随着互联网在全社会的大规模应用和普及,以及该开放性平台的方便快捷、强互动性及经济的特点,互联网平台成为网络支付平台的发展趋势。

网络支付主要有银行卡、电子现金、电子支票、电子钱包、网络银行等几种常见的支付工具,它们各有特点和运作原理。其中,银行卡有多种分类方法,按功能不同,分为贷记卡和借记卡;按信息载体不同,分为磁卡和 IC 卡等。

网络支付是电子商务业务流程的重要环节,因此保证网络支付过程的快捷、方便、安全,是电子商务顺利开展的根本保证。目前电子商务网络支付流程中面临的主要安全需求有以下五个方面:数据机密性、数据完整性、身份认证性、不可抵赖性,以及网络支付系统的稳定、快捷。

在银行与网站之间作为支付中介的第三方支付平台的出现,大大方便了商家和用户。目前可以将市场上的第三方支付公司分为两类:一类是独立的第三方网关模式;另一类是有电子商务平台支持的第三方支付网关模式。

最后介绍了当前新兴的支付模式——移动支付。

 关键术语

网络支付(Internet Payment)
电子现金(Electronic Cash,E-Cash)

电子支票(Electronic Cheque)

电子钱包(Electronic Wallet，E-Wallet)

案例研讨

比 特 币

比特币(Bitcoin)是一种对等网络支付系统和虚拟计价工具，采用密码技术来控制货币的生产和转移。比特币通过"挖矿"产生，参与者也可以通过处理交易验证和记录来获取作为手续费的比特币。与权威货币不同，比特币的运行机制不依赖中央银行、政府、企业的支持或信用担保，而是依赖对等网络中种子文件达成的网络协议，去中心化、自我完善的货币体制，理论上确保了任何人、机构或政府都不可能操控比特币的货币总量，或者制造伪币。

下面是比特币发展的重要事件时间表。

(1) 1982年，大卫·乔姆最早提出了不可追踪的密码学网络支付系统。

(2) 1990年，乔姆将他的想法扩展为最初的密码学匿名现金系统，即后来的eCash。

(3) 1998年，华裔计算机工程师戴伟提出一种匿名的、分布式的电子现金系统B-money。同一时期，尼克·萨博发明了比特黄金。

(4) 2008年，中本聪发表在密码学网站上的一篇论文描述了比特币的电子现金系统。

(5) 2009年1月3日，中本聪开创了比特币P2P开源用户群结点和散列函数系统，发行了有史以来的50个比特币。

(6) 2011年6月，维基解密遭到全球权威集团的金融封锁之时，率先接受比特币捐助，使之转危为安。

(7) 2012年10月，BitPay发布报告称，全球有超过1000家商户通过其支付系统接收比特币的付款。

(8) 2013年3月，比特币专业挖矿芯片(Application-Specific Integrated Circuits，ASICs)问世。

(9) 2013年10月，世界上第一台比特币柜员机在加拿大温哥华问世，允许用户把比特币兑换成加元或存入现金购入比特币。

(10) 2014年，全球龙头比特币交易平台方Mt. Gox停止运作，用户存入的75万比特币和Mt. Gox所持的10万比特币，均遭黑客通过系统漏洞窃取。

(11) 2014年2月底，比特币交易网站First Meta的28岁女首席执行官莱德科在新加坡的住所死亡。

(12) 2014年3月，知名银行Flexcoin遭黑客洗劫，被迫关门。

案例思考：

1. 比特币是一种货币吗？

2. 比特币的出现会对国家货币体系产生什么影响？

思考与练习

一、选择题

1. 网络支付结算的运作主体与对象是(　　)。

　　A．银行　　　　B．企业　　　　C．客户　　　　D．电子货币

2. "支付方法的电子化"的电子货币,其本质是(   )。
   A. 传递支付结算指令　　　　　　B. 等价物本身
   C. 电子货币　　　　　　　　　　D. 电子现金
3. 网络支付的核心和关键是(   )。
   A. 效率　　　　B. 安全　　　　C. 成本　　　　D. 快捷
4. 网络支付结算方式及相应工具兴起的根本原因是(   )。
   A. 高水平电子商务的发展需求　　B. 银行的电子化与信息化建设
   C. 人们的兴趣　　　　　　　　　D. 企业的推动
5. 在开展电子商务的过程中,遇到多边支付问题时应采用(   )。
   A. 数字签名　　　　　　　　　　B. 双重数字签名
   C. 数字证书　　　　　　　　　　D. 加密算法

二、思考和讨论题

1. 网络支付兴起的原因,除了电子商务的发展因素外,还有没有其他因素?
2. 当前国内主要的第三方支付平台有哪些?对这些第三方支付平台进行比较。
3. 电子现金和现实生活中的纸质现金有什么区别?
4. 试分析当前国内外移动支付的应用实例,并讨论还有哪些领域可以应用移动支付来实现支付。
5. 讨论网络支付与电子商务发展的内在联系。

三、实践题

选择本章阐述的一种网络支付方式进行一次真实的网上购物,体验网络支付的具体流程,关注购物过程中的支付环节,并谈谈你的体会。

电子商务物流 第8章

学习目标

通过本章的学习,了解物流的概念、物流的起源及发展历程,以及供应链的运作模式;了解物流设施设备及相关技术;学会分析电子商务物流运营模式;了解跨境电子商务物流方式。

教学要求

知识模块	知识单元	相关知识点
物流概述	(1) 物流的概念 (2) 电子商务与物流 (3) 供应链管理	(1) 物流的概念、发展、分类 (2) 电子商务与物流的关系 (3) 供应链的概念 (4) 供应链结构 (5) 供应链管理发展趋势
物流技术	(1) 物流仓储技术 (2) 物流信息技术	(1) 仓储技术、仓储机器人技术 (2) 条形码、二维码 (3) 射频识别技术的原理、组成、特点与应用 (4) GIS 技术、GPS 技术
电子商务物流	电子商务物流模式	(1) 自营物流 (2) 第三方物流 (3) 第四方物流 (4) 物流联盟
跨境电子商务物流	(1) 跨境电子商务 B2B 物流 (2) 跨境电子商务 B2C 物流	(1) B2B 物流方式 (2) B2C 物流方式 (3) 海外仓

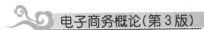

思维导图

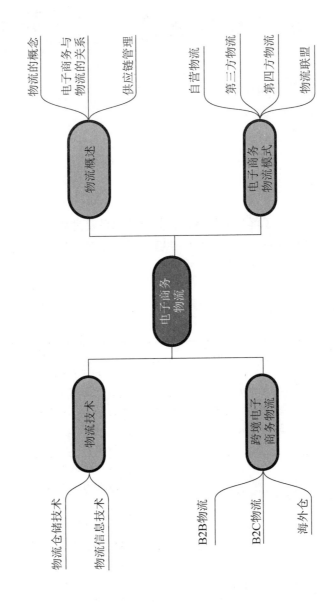

第8章　电子商务物流

章前导读

物流与电子商务密不可分，其包含的环节很多，影响范围很大，冷链与"最后一公里"问题曾一度成为生鲜电商发展与电商服务满意度的关键，跨境电商发展也在很大程度上依赖于国际物流。2018年1月，国务院办公厅发布了《关于推进电子商务与快递物流协同发展的意见》，以先进技术为支撑，以物流一体化和信息化为主线的现代物流业成为国内的十大产业之一。本章将对电子商务环境下的物流的概念、发展、物流技术、物流模式及供应链管理等方面的知识进行介绍，并专门用一节介绍跨境电子商务的物流模式。

引例

京东货物配送流程

京东商城1.5万平方米的仓库内，1.8万余种货品并没有按产品类别摆放，而是根据销量分区摆放。最畅销的货品摆放在靠近通道的货架上。

京东库房里，分拣区靠近库房的一端，几名员工忙着将推车上的货品按照订单明细分拣到20个框里。在分拣区的后面，两张大长条桌上摆放着4台计算机，扫描员将分拣好的货品扫描条形码，再输入订单号，确认货品无误后送往发票开具区。扫描和开具发票完成后，货品被送到打包区。打包员用塑料袋、泡沫和纸箱将货品裹好封严。每位打包员也有一台计算机，每完成一次打包，就要往系统里输入一次自己的编号和货品订单号。北京城内的货品基本是由京东自己的配送队伍送货，一般当日或次日送到，为了节约成本，采用两层塑料袋包装。而交由第三方承运方托运的货品，则需要在原有包装外，加垫两层泡沫板，加裹一层纸箱，再用胶条封死。"这些货要送往山东、湖北，路上要走几天，所以要包得结实一点，以免路上被损坏。"整个过程类似于流水线作业，经历"订单打印—出库—扫描—打印发票—打包—发货"几个步骤，每个步骤由专人负责。

资料来源：新京报。

8.1 电子商务物流的基本概念

8.1.1 物流概述

随着电子商务的飞速发展，物流在电子商务中的重要性越来越被人们所关注。通过互联网，客户可以直接面对销售商并获得个性化服务，但电子商务的"零距离"很难被带入流通领域，物流成为阻碍电子商务发展的瓶颈。如何实现高效、便捷、高速的物流配送，是当前电子商务相关企业亟待解决的关键问题之一。

物流概述

1. 物流的概念

"物流"一词最早是由美国学者阿奇·萧于1915年提出的。他在《市场流通中的若干问题》一书中指出,"物流是与创造需求不同的一个问题""物资经过时间或空间的转移会产生附加价值"。此时的物流被称为 Physical Distribution,国内翻译为"实体分配"。

到第二次世界大战时,围绕军火等战争物资供应,美国研究和建立了后勤管理(Logistics Management)理论。当时的 Logistics 一词的核心是将战时物资的生产、采购、运输、配给等活动作为一个整体来进行部署,以求对战争物资补给的费用更低、速度更快、服务更好。

20 世纪 70 年代后,日本以物流管理(Logistics Management)一词来描述在社会生产过程中,物质资料实体流动管理中的基本原理和科学方法,对物流活动进行计划、组织、指挥、协调、控制和监督,使各项物流活动实现最佳的协调与配合,以降低物流成本,提高物流效率和经济效益。

我国在 20 世纪 80 年代初直接从日本引入"物流"一词。我国的国家标准《物流术语》(GB/T 18354—2021)中给出的物流定义是:根据实际需要,将运输、存储、装卸、搬运、包装、流通加工、配送、信息处理等基本功能实施有机结合,使物品从供应地向接收地进行实体流动的过程。

2. 对物流的解释

物流是集现代运输、仓储管理、产品流通加工、配送、客户服务及信息网络于一体的综合服务业务。它具有需求预测、客户管理服务、库存控制、订单处理、物资采购等 16 项功能。

对于物流,有许多解释,主要有以下几种。

(1) 物流是一个控制原材料、制成品、产成品和信息的系统。

(2) 从供应开始经各种中间环节的转让及拥有而到达最终消费者手中的实物运动,以此实现组织的明确目标。

(3) 物流是指物质实体从供应者向需求者的物理移动,它由一系列创造时间价值和空间价值的经济活动组成,是运输、保管、配送、包装、装卸、流通加工及物流信息处理等多项基本活动的统一体。

尽管现在对物流的解释不一,但就现代物流的实质内涵而言,它应包括以下四个主要方面。

(1) 实质流动(原材料、半成品及产成品的运输)。

(2) 实质存储(原材料、半成品及产成品的存储)。

(3) 信息流通(相关信息)。

(4) 管理协调(对物流活动进行计划、实施和有效控制的过程)。

3. 物流的分类

物流活动在社会经济领域中无处不在,对于不同领域的物流,虽然存在相同的基本功能单元,但由于物流的对象、目的、范围和范畴的不同,形成了不同的物流类型。按照物流系统中商品的运动方式、空间范围、研究对象、物流的特殊性等,可以对物流系统进行分类,具体如图 8.1 所示。

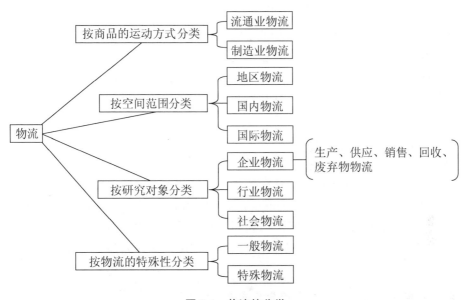

图 8.1 物流的分类

企业物流是在企业经营范围内，由生产或服务活动所形成的物流系统，是企业内部的物品实体流动。企业作为一个经济实体，是为社会提供产品或某些服务的。从企业角度研究与之有关的物流活动，是具体的、微观的物流活动的典型领域。其又可以分为以下几种具体的物流活动。

(1) 企业生产物流。企业在生产工艺中的物流活动。这种物流活动是与整个生产工艺过程伴生的，实际上已构成了生产工艺过程的一部分。对企业生产物流的研究和优化，可以大大缩短生产周期，节约劳动力。

(2) 企业供应物流。企业为保证本身生产的节奏，不断组织原材料、零部件、燃料、辅助材料供应的物流活动。这种物流活动对企业进行正常、高效的生产起着重要作用。当今企业竞争的关键是如何降低这一物流过程的成本。为此，企业供应物流就必须解决有效的供应网络、供应方式、零库存等问题。

(3) 企业销售物流。企业为保证本身的经营效益，不断将产品所有权伴随销售活动转给用户的物流活动。在现代社会中，市场是一个完全的买方市场，销售物流活动带有很强的服务性，需要人们研究送货方式、包装水平、运输路线等，并采取各种诸如少批量、多批次，定时、定量配送等特殊的物流方式达到目的，因而其研究领域很广泛。

(4) 企业回收物流。企业在生产、供应、销售活动中总会产生各种余料和废料，这些东西的回收会伴随物流活动整个过程；而且，在一个企业中，如果回收物品处理不当，往往会影响生产环境，甚至影响产品的质量，也会占用很大空间，造成浪费。

(5) 企业废弃物物流。对企业排放的废弃物进行运输、装卸、处理等的物流活动。

8.1.2 电子商务与物流的关系

电子商务的迅速发展促进了交易方式的创新，这种创新集中体现在商品的流通过程中，并由此引起流通模式的变革。物流环节是电子商务中实现商务目的的最终保障。

1. 电子商务促进物流技术的大发展

首先，全球化电子商务的出现，加速了物流系统的多国化。它从不同的国家收集所需要的资源，再加工后向各国出口，实现信息共享，使物流管理和生产企业更紧密地联系起来。其次，电子商务发展促使物流系统信息化。物流的管理系统、操作流程、信息反馈系统都要求信息化、电子化和一体化，建立网络化的物流信息系统。在内部网和外部网中确立良好的信息处理和传输系统，使客户、收货人与各仓储、运输公司等做好准备，使商品在几乎不停留的情况下快速流动，直达客户指定的目的地。大型配送公司大多建立有效客户反应(Efficient Customer Response，ECR)系统和准时生产(Just In Time，JIT)系统。

在企业间的供求关系中建立一个高效的物流管理模式，包括订货入口、生产计划、物料需求计划(Materials Requirements Planning，MRP)等。该模式的特点是将企业、银行、海关、税务、物流配送、商检、认证机构和网络服务连成一体化的电子商务系统，使企业的非生产成本大幅度降低，逐步提高生产周期的精度，库存大幅度减少，供求关系更趋合理。

2. 物流是电子商务的重要组成部分与保障

除了数字商品和服务(如各种电子出版物、信息咨询服务等)可以直接通过网络传输的方式进行配送外，大多数商品和服务都需要经由物理方式实现物的流动。但由于一系列机械化、自动化工具的应用，准确、及时的物流信息对物流过程的监控，将使物流的流动速度加快、准确率提高，能有效地减少库存，缩短生产周期。

电子商务业务流程由收集产品/服务信息、发现产品/服务信息、信息比较和选择、订购、付款、配送、产品接收、售后服务与技术支持等环节组成。其中"配送、产品接收"是物流业务，是实现电子商务的重要环节和基本保障。

8.1.3 供应链管理

1. 供应链的概念

供应链(Supply Chain)是指在生产及流通过程中，围绕核心企业的核心产品或服务，由所涉及的原材料供应商、制造商、分销商、仓储和配送中心、零售商直到最终用户等形成的网链结构，如图8.2所示。

图8.2 供应链结构示意图

供应链具有以下特点。

(1) 以客户为中心,满足用户需求为出发点,重视服务质量和客户满意度,来规划供应链的运作流程,为最终用户提供所需产品或服务。

(2) 一条供应链上必定存在一个核心企业,通过供应链的有效运作使物流、信息流、价值流达到最优化。供应链不同于行业链的概念,行业链是宏观层面的,一个行业链可能存在该行业的龙头企业,也可能没有;而供应链是微观层次的,没有无核心企业的供应链。

(3) 网链关系强调以合作关系为纽带,但供应链上成员企业的关联类型并非都是一样的,合作性质也不尽相同,需要兼顾销售商、客户、供应商的多重复杂关系。既有与关键成员企业的战略性合作关系,也有竞争性合作关系,还有与非关键成员企业的传统交易型供货关系。

(4) 供应链的实质是集成化管理,供应链管理要求企业充分利用网络技术和信息技术,对传统的业务流程进行重组,实现企业之间的集成化管理。

2. 供应链结构

(1) 直链结构。供应链结构中最简单的形式是直链结构。在供应链核心企业的上游供应环节,一个上一级的结点成员企业只与一个相邻下一级的成员企业相互联结;在核心企业的下游分销环节,一个下一级的结点成员企业只与一个相邻上一级的成员企业相互联结。这样联结而成的供应链是一个直链结构的供应链。假定 A 为原材料供应商,B 为零件生产商,C 为产品制造商,D 为分销商,E 为最终用户,图 8.3 所示为供应链的直链结构。它把商家都抽象成一个个的点,称为结点,并用字母或数字表示。结点以一定的方式和顺序连接成一串,构成一条简易的供应链。

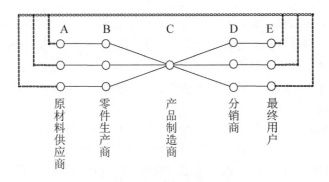

图 8.3 供应链的直链结构

(2) 网链结构。供应链中的成员企业并非都只与一个上游成员企业和一个下游成员企业相互联结,而是都至少与一个上游成员企业和一个下游成员企业相互联结。一个上一级的成员企业可能与多个下一级的成员企业相互联结,一个下一级的成员企业也可能与多个上一级的成员企业相互联结,这样联结而成的供应链是一个网链结构的供应链。例如,存在某一产品制造商的专有零件生产商的多对多供应关系,也存在专卖的分销商的多对多分销关系,共同构成网链结构,如图 8.4 所示。

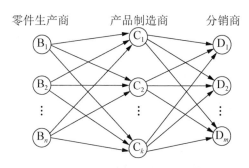

图 8.4 供应链的网链结构

(3) 虚拟企业。虚拟企业是供应链网络中一些独立企业为了共同的利益和目标在一定时间内结成的相互协作的利益共同体。虚拟企业组建和存在的目的就是获取相互协作等而产生的效益，是企业之间的动态联盟，一旦该目的完成或利益不存在，虚拟企业即不复存在。也就是说，在一定时间内，把为了共同利益而合作的几家企业看成供应链网络上的一家企业，这家企业就是虚拟企业。由此可见，虚拟企业并不是实际意义上存在的企业，而是为了设计或研究方便假设的一个企业。成员企业可以集中精力发展其关键资源、核心能力，成员企业之间进行优势互补，共担风险，共享利益，创造出高弹性的竞争优势。这不仅有利于增强企业的核心竞争力和抗风险能力，而且还提高了市场竞争的理性，促进整个社会资源的优化配置。在虚拟企业中，传统的企业边界被打破，计算机网络保证了内部成员快速准确地共享信息，做出快速的反应，是企业之间相互联系、紧密合作的主要技术手段。

3. 供应链管理发展趋势

20 世纪 90 年代以来，一方面由于市场的全球化使竞争越来越激烈，迫使企业不断降低物流成本；另一方面消费者对产品的个性化要求不断增多，又迫使企业不断提高产品开发能力，大幅缩短研制周期。在这样的背景下，人们提出供需协调和快速响应市场需求的运作理念，推行精细化和敏捷性供应链运作模式。随着电子商务的发展，在线定制成为趋势，对供应商、生产商、分销商和零售商提出了"零时间"的要求，供应链开始向电子化、全球化、敏捷化和绿色化方向发展。

(1) 电子化供应链。电子商务的发展不仅改变了企业的经营模式和竞争环境，而且还影响着企业之间的交易和协作方式，E 化供应链管理(E-Supply Chain Management)，即电子化供应链就是在这样的背景下产生的。它是企业和合作伙伴之间通过采用互联网或其他电子信息技术，实现相关各方信息系统的对接，创建一个无缝的、自动的供应链，消除整个供应链网络上不必要的运作和消耗，促进供应链向动态的、虚拟的、全球网络化的方向发展。

(2) 全球化供应链。随着经济全球化的不断发展，不同国家和地区的不同技术优势与研发能力，以及全球范围内生产销售的成本驱动，促进了供应链全球化的形成及发展。全球化供应链以现代网络信息技术为支撑，是现代网络信息技术发展与跨国战略联盟思想发展的结晶。依托外部网/内部网环境建立各类信息技术平台，将成为供应链管理发展中最重要的技术支持，是全球化供应链发展的基本条件。全球化供应链是一个动态的系统结构，通过全球虚拟企业组成涉及不同地域甚至不同国家的供应商、制造商、分销商等合作伙伴在内的动态组织，以适应这种复杂的供应、生产及销售关系。

(3) 敏捷化供应链。敏捷制造是一种面向21世纪的制造战略和现代生产模式。基于外部网/内部网的全球动态联盟、虚拟企业和敏捷制造已成为制造业变革的大趋势。敏捷化供应链以企业增强对变化莫测的市场需求的适应能力为导向，根据动态联盟的形成和解体，进行快速的重构和调整，以促进企业之间的合作和企业生产模式的转变，提高大型企业集团的综合管理水平和经济效益。敏捷化供应链支持迅速结盟、结盟后动态联盟的优化运行和平稳解体，各结盟企业能根据敏捷化和动态联盟的要求方便地进行组织、管理和生产计划的调整。实施敏捷化供应链需要基于网络的集成信息系统、科学管理决策方法，以及高效的决策支持系统。

(4) 绿色化供应链。1996年，美国密歇根州立大学的制造研究协会在美国国家科学基金会的资助下，进行了"环境负责制造"(Environmentally Responsible Manufacturing，ERM)研究，第一次提出了绿色化供应链的概念。绿色化供应链是在供应链的基础上综合考虑环境的影响，其目的是使产品在原料获取、加工、包装、存储、运输、使用到报废处理的整个过程中，注重对环境的保护，从而促进经济与环境的协调发展。

绿色化供应链的管理体系主要包括绿色设计，绿色材料，绿色供应过程，绿色生产，绿色销售、包装、运输和使用，以及产品废弃阶段的绿色处理。今后对于绿色化供应链的研究主要体现在建立绿色化供应链系统的理论体系，进行绿色化供应链的决策支持技术、运作和管理技术、集成技术等的研究上。

 案例 8-1

沃尔玛的集成化电子商务供应链管理策略

沃尔玛是一家美国的世界性连锁企业，有8500家门店，分布于全球15个国家。沃尔玛主要有沃尔玛购物广场、山姆会员店、沃尔玛商店、沃尔玛社区店等几种营业方式。沃尔玛神话般的成功历史的根源其实是那句朴实但难以实现的标语——天天平价，始终如一。而这一口号的实现最主要原因是强调成本低廉性和市场响应性的有机统一，严格控制供应链每一环节的成本，进行响应性和营利性的平衡，从而可以以最低价格及时提供商品，争取到尽可能多的消费者。

沃尔玛有集中配送中心，可以为其供应商减少送货时间，避免向上百家商场送货之苦，集中配送中心是沃尔玛物品配送体系的心脏。集中配送中心大多有庞大的面积，有的超过10万平方米，以保证商品及时出现在货架上。沃尔玛与上游供应商信息共享，也就是沃尔玛的快速响应(Quick Response，QR)供应链管理策略。这是20世纪70年代后期美国零售商、服装制造商及纺织品供应商开发的整体业务概念，目的是减少原材料到销售点的时间和整个供应链上的库存，最大限度地提高供应链的运作效率。最重要的指标是有效客户反应，最终目标是建立一个高效反应和以客户需求为基础的系统，使零售商及供应商以业务伙伴的方式合作，提高供应链的效率。

如此庞大的运作规模和货量要求有先进的信息技术，订单、出货清单等均由计算机系统来处理。信息系统与沃尔玛商场的执行管理人员相连，可以自动下单补货，监控整个供应链的运作情况，保障在配送中心和各商场内快速处理货物。例如，运用条形码技术和激光扫描设备确保每小时上千箱的基本货物处理速度，另外管理几百套同时运行的与供应商集成的系统程序，还可以由无线传递设备从仓库直接向仓储系统传输数据，这些都可以实现全面自动化。

沃尔玛在 1983 年开始使用终端销售系统，1985 年建立 EDI 系统，1986 年开始与 Seminole 公司和 Milliken 公司建立垂直型 QR 系统，提高订货速度和准确性，减少作业成本。沃尔玛与其他商家一起成立 VICS 委员会，协调行业统一的 EDI 系统和商品识别标准。沃尔玛利用 EDI 系统向供应商传送终端销售数据，使供应商快速了解销售情况，调整生产计划和物料采购计划；供应商用 EDI 系统在发货前向沃尔玛传送发货清单，当沃尔玛接收货物时，扫描条形码，读取的信息与计算机进货清单核对，简化验收作业；沃尔玛利用电子支付系统向供应商支付货款，然后将进货清单与终端销售数据自动比较，迅速获知商品库存信息，从而压缩库存。

借助信息系统，沃尔玛把零售店商品的进货和库存管理的职能转移给供应商(生产厂家)，由供应商对沃尔玛的流通库存进行管理与控制，即采用供应商管理库存(Vendor Managed Inventories，VMI)方式，这样沃尔玛与供应商共同管理运营流通中心，而且流通中心保管的商品所有权属于供应商。

供应商则可以借助沃尔玛的终端销售和进货清单数据进行分析，把握商品销售和库存情况，在此基础上，决定生产时间、生产商品种类、补货时间等，发货信息也预先电子化传送到沃尔玛，从而可以实现多批次、小数量连续补货。

沃尔玛的供应链管理，减少了沃尔玛和整个供应链的库存；节省了作业成本；在事先得知供应商促销计划和生产计划的条件下，能以较低的价格进货。可以说，沃尔玛不是将物流管理一味地作为成本中心加以缩减，而是将其不断改造更新成为企业的核心竞争力，最终成为企业的第三利润来源，其实质就是利润中心管理模式的改变。

8.2 物流技术

物流技术贯穿物流活动的全过程，是同物流活动相关的所有专业技术的总称。物流技术的发展是同物流多样化需求相适应的，其水平的高低，直接影响物流活动各项功能的完善和有效实施，关系物流活动及物流服务效率的高低。按物流职能不同，可以将物流技术划分为运输、仓储、流通加工、包装、装卸搬运、配送及信息等技术。另外，也可以按技术构成不同，将物流技术划分为硬件技术(材料、机械设备和设施等)、软件技术(规划、策略、评价等)和现代信息技术(计算机网络、EDI、自动化等)。传统物流下，机械设备和设施是物流技术的核心，很多先进物流技术的应用都是通过物流机械设备和设施来实现的。但随着时代的发展，人们对信息的重视程度越来越高，再加上电子商务的发展，要求物流与信息流实现在线或离线的高度集成，使得信息技术逐渐成为物流技术的主导，因此，现代物流技术的核心可以归结为物流设备和设施与信息技术的结合体。

限于篇幅，本节只对物流仓储技术和物流信息技术必需的几个支撑，如仓储机器人技术、条形码技术、二维码技术、射频识别技术、地理信息系统及全球定位系统等自动化技术进行介绍。

物流仓储技术

8.2.1 物流仓储技术

仓储是现代物流的一个重要组成部分，是物流活动的基础要素。为了保持社会再生产过程的持续进行，必须通过在仓库中存储一定量的物资，以满足一定时间内社会生产和消费的需要。

仓储技术是指仓储作业中所采用的各种技术。它是提升仓储作业效率的保证，同时也是仓储企业能力大小与仓储质量高低的直接反映。本节主要阐述仓储技术的构成，仓库的基本设施及设备，货架、仓储保管、仓储机器人等技术。

1. 仓储技术的构成

仓储技术可以分为软件技术和硬件技术。软件技术主要包括一些理论、预测、优化与决策、设计、评价，以及仓储标准化等；硬件技术则涉及各种机械设备、设施、运输工具、信息设备等。高效的仓储服务需要两种技术相互支撑，共同发展。另外，仓储技术还可以分为货架技术、存储技术、自动分拣技术、库存控制技术等。这些技术构成一个有机的整体，相互联系，相互作用，共同为仓库系统服务。

2. 仓库设施及设备

现代仓库的主要设备包括存储容器、存储设备、搬运设备、拣选设备、流通加工设备及其他设备等。现代仓库越来越具有机械化的特点。因此，现代仓库发展水平的高低与仓库设备的机械化水平高低有直接的关系。

仓储机械设备主要是指在仓库内部使用的机械及设备，主要包括搬运机械(如叉车)、辅助设备(如托盘)、保管设备(如货架)等。有的仓库还有分拣、计量、包装等设施和设备。

(1) 搬运机械主要包括装卸货物的机械、库内搬运转移场地的机械、堆码机械等。

(2) 辅助设备主要包括托盘、叉车附属部件、吊具和索具等。

(3) 仓库中的保管设备主要是货架。利用货架堆放货物，能提高仓库的空间利用率。

3. 货架技术

货架(Goods Shell)是用立柱、隔板或横梁等组成的立体存储物品的设施。货架在物流系统中占有非常重要的地位，随着物流量日益增加和自动化仓库的增多，货架的数量也越来越多，并且要求其功能丰富，能实现自动化和机械化的要求。

(1) 货架的功能。

货架在现代物流活动中起着十分重要的作用，仓库管理要实现现代化，与货架的种类、功能有直接的关系。货架主要具有以下作用及功能。

① 货架具有框架式结构，可充分利用仓库空间，提高库容利用率，扩大仓库存储能力。
② 存入货架中的货物互不挤压，物资损耗小，可起到保护物资、减少货物损失的作用。
③ 货架中的货物存取方便，便于清点及计量，可做到先进先出。
④ 保证存储货物的质量，可以采取防潮、防尘、防盗、防破坏等物品存储技术或措施，以提高物资存储质量。
⑤ 很多新型货架的结构及功能有利于实现仓库的机械化及自动化管理。

(2) 货架的分类。

货架的种类很多，按照不同的划分方式可分成不同的类型。根据货架的结构特点，可以将其分为层格架、抽屉式、悬臂式等；根据货架的承重力，可以将其分为重型、中型和轻型；根据货架的运动状态，可以将其分为固定式、移动式、旋转式。下面根据货架的运动状态对货架的类型进行简单阐述。

① 固定式货架。固定式货架又可分为以下几种。

a．横梁式货架。其特点为存取快捷、方便，保证任何物品都先进先出，无叉车类型限制，取货速度较快，空间利用率为30%～50%(由叉车类型决定)。

b．通廊式货架。其特点为高密度存储，先进后出，部分按单取货，取货速度一般，储货净空间占仓库的60%。

c．重力式货架。重力式货架是高密度、高效率的存储货物理想之选，采用自由出入式设计，具有极高的存货流转率，良好的地面利用率，按单取货，取货快捷，储货净空间占仓库的60%。

d．阁楼式货架。阁楼式货架是用货架做楼面支撑，可设计成多层楼层(通常2～3层)，设置有楼梯和货物提升电梯等，适用于库房较高，货物轻小，人工存取。储货量大的情况下使用提升机和液压升降平台。

e．托盘货架。托盘货架用于存储单元化托盘货物，配以巷道式堆垛机及其他储运机械进行作业。高层货架多采用整体式结构，一般是由型钢焊接的货架片(带托盘)，通过水平、垂直拉杆，以及横梁等构件连接起来。

f．悬臂式货架。悬臂式货架适用于保管钢材、钢管等长形物料，以及轮胎等中空的圆形物料。一般货架前端设有立柱，前伸的悬臂具有结构轻巧、载重力好的特点。也可以增加隔板，来存放小件物品，特别适合空间小、高度低的库房，管理方便。

g．贯通式货架。贯通式货架又称驶入式货架。这是一种取消位于各排货架之间的巷道，将货架合并在一起，使同一层、同一列的货物互相贯通，这使得贯通式货架在同样的空间内比通常的托盘货架几乎多出一倍的存储能力。货物存取从货架同一侧进出，"先存后取，后取先存"。前移式叉车可方便地驶入货架中间存取货物。驶入式货架投资成本相对较低，适用于横向尺寸较大、品种较少、数量较多且货物存取模式可预定的情况，常用来存储大批相同类型货物。由于其存储密度大，对地面空间利用率较高，常用在冷库等存储空间成本较高的地方。

② 移动式货架。移动式货架易控制，安全可靠。每排货架都有一个电机驱动，由装置于货架下的滚轮沿铺设于地面上的轨道移动。其突出的优点是提高了空间利用率，一组货架只需一条通道；而固定式托盘货架的一条通道，只服务于通道内两侧的两排货架。所以在相同的空间内，移动式货架的存储能力比一般固定式货架高得多。

a．敞开式移动货架。敞开式移动货架的传动机构设置于货架底座内，操作盘设置于货架端部，外形简洁，操作方便。货架的前后设有安全分控开关，一旦遇到障碍物整个货架立即停止。

b．封闭式移动货架。当不需要存取货物时，各货架移动到一起后，全部封闭，并可全部锁住。在各货架接口处装有橡皮封口，也称为封闭式货架。

③ 旋转式货架。旋转式货架设有电力驱动装置(驱动部分可设于货架上部，也可设于货架底座内)。货架沿着由两个直线段和两个曲线段组成的环形轨道运行，由开关或用小型电子计算机操纵。存取货物时，由控制盘按钮输入货物所在的货格编号，该货格则以最近的距离自动旋转至拣货点停止，拣货路线短，效率高。旋转式货架又可分为水平旋转、立式旋转和分层水平旋转等类型。

(3) 货架的选型。

在选择货架时,一般需要遵循实用性、低成本高效益、安全可靠、追求技术先进四条原则。具体选择货架时,企业常采用以下方案。

① 改造原有仓库货架。如果采用这种方案,货架应尽量采用中低层托盘式货架,以便逐步实现机械化作业。为提高库房容量,也可采用阁楼式货架。

② 新建立体化仓库货架。如果是自动化程度一般的小型新建仓库,可选择托盘式、重力式或移动式货架;而对于自动化程度较高的大型高层立体化仓库,则可选择托盘式或旋转式货架,便于自动控制的实现。

4. 仓储保管技术

仓储系统是供应和消费之间的中间环节,起到产销之间的缓冲和平衡作用。其内部作业过程一般分为入库、存储、拣货、发货等。其中存储是仓储最基本的作业流程,要对该流程进行严格管理。做好物品的保管将对整个仓储系统的服务水平起到决定性作用。

仓储保管技术主要是根据存储物品的特性,在保证所存物品的品质和数量的前提下,依据一定的管理规则,在一定的时期内把物品存放在一定场所所采用的方法和技术。

(1) 仓储分区。

存储商品时应该根据商品的自然属性,考虑仓库的设备条件,按照商品的类别,把仓库划分为若干货区,再将货区分成若干单位,编成顺序号。在分类分区的基础上,按号存储商品,实行分类存放、分区管理、对号入座。

(2) 仓储堆码。

堆码是指根据物品的性质、形状、重量等因素,结合仓库的存储条件,将物品堆码成一定货垛的过程。仓储堆码是仓储保管作业中技术性较强的作业,主要从以下几个方面来达到合理、牢固、定量、整齐、节约、方便等要求。

① 堆码距离设计。物品堆码要做到货堆之间、货垛之间保持一定的距离,留有合适大小的通道,一是利于物品堆放过程中的散热,二是利于物品的搬运、盘点和保养。

② 堆码方法。根据物品本身的特性,以及存放货架的特点,可以采取不同的堆码方法。常见的方法有重叠式、纵横交错式、压缝式、宝塔式、鱼鳞式、通风式、行列式、牵制式、截住式等。

5. 仓储机器人技术

仓储机器人属于工业机器人的范畴,是指应用在仓储环节,可通过接受指令或系统预先设置的程序,自动执行货物转移、搬运等操作的机器装置。仓储机器人作为智慧物流的重要组成部分,顺应了新时代的发展需求,成为物流行业在解决高度依赖人工、业务高峰期分拣能力有限等瓶颈问题的突破口。

根据应用场景的不同,仓储机器人可分为自动导引车、码垛机器人、分拣机器人、自主移动机器人、轨道式导引车五大类。

(1) 自动导引车(Automated Guided Vehicle,AGV)是一种具备高性能的智能化物流搬运设备,主要用于货物的搬运和移动。自动导引车可分为有轨导引车和无轨导引车。自动导引车运用的核心技术包括传感器技术、导航技术、伺服驱动技术、系统集成技术等。

(2) 码垛机器人是一种用来堆叠货品，或者执行装箱、出货等物流任务的机器设备。每台码垛机器人都携带独立的机器人控制系统，能够根据不同货物进行不同形状的堆叠。码垛机器人搬运重物作业的速度和质量远远高于人工，具有负重高、频率高、灵活性高的优势。按照运动坐标形式分类，码垛机器人可分为直角坐标式机器人、关节式机器人和极坐标式机器人。

(3) 分拣机器人是一种可以快速进行货物分拣的机器设备。分拣机器人可利用图像识别系统分辨物品形状，用机械手抓取物品，然后放到指定位置，实现货物的快速分拣。分拣机器人运用的核心技术包括传感器、物镜、图像识别系统、多功能机械手。

(4) 自主移动机器人(Autonomous Mobile Robot，AMR)与AGV相比，具有更强的智能化导航能力。AMR能够利用相机、内在传感器、扫描仪探测周围环境，规划最优路径；具有更加优越的自主操作灵活性，通过简单的软件调整即可自由调整运输路线。

(5) 轨道式导引车(Rail Guided Vehicle，RGV)是一种智能仓储设备，可以配合叉车、堆垛机、穿梭母车运行，实现自动化立体仓库存取，适用于密集存储货架区域，具有运行速度快、灵活性强、操作简单等特点。

8.2.2 物流信息技术

物流信息技术包含计算机网络通信技术、自动识别技术、数据传输和跟踪技术。限于篇幅，下面对自动识别技术和跟踪技术所涉及的条形码、二维码、射频识别、GPS和GIS技术进行简单阐述。

自动识别技术是信息数据自动读取、自动输入计算机的重要方法和手段，它是以计算机技术和通信技术的发展为基础的综合性科学技术。自动识别技术近几十年来在全球范围内得到了迅猛发展，初步形成了一个包括条形码、磁卡技术、光学字符识别、系统集成化、射频识别、声音识别及视觉识别等，集计算机、光、机电、通信技术为一体的高新技术。尤其是以条形码技术为首的自动识别技术，因其输入速度快、准确率高、成本低、可靠性强等原因，发展十分迅速。现已广泛应用于物流的各个环节。

1. 条形码技术

条形码(简称条码)技术最早产生于20世纪20年代，诞生于西屋电气公司的实验室。一位名叫约翰·克莫德(John Kermode)的发明家"异想天开"地想对邮政单据实现自动分拣，那时，对电子技术应用方面的每一个设想都让人感到非常新奇。他想在信封上做条码标记，条码中的信息是收信人的地址，就像今天的邮政编码一样。为此，克莫德发明了最早的条码标识。

条码的码制多种多样，美国统一代码协会(Uniform Code Council，UCC)创造性地采用12位数字表示商品统一代码(Universal Production Code，UPC)，并在开放贸易中得以应用，欧洲物品编码协会(European Article Numbering Association，EAN)，即早期的国际物品编码协会开发了兼容UCC的13位数字编码。

2005年，UCC与EAN合并为国际物品编码协会GS1，为在全球范围内标识货物、服务、资产和位置提供了准确的编码。GTIN是GS1发行的公司前缀号和唯一的产品号，标识单个产品的全球贸易商品编号。零售商品的标识代码主要采用 GTIN 的三种数据结构，即 EAN/UCC-13、EAN/UCC-8 和 UCC-12。

根据国际物品编码协会与美国统一代码协会达成的协议，自 2005 年 1 月 1 日起，北美地区也统一采用 GTIN-13 作为零售商品的标识代码。但截至今日还有部分零售商使用的数据文件不能与 GTIN-13 兼容，所以产品销往美国和加拿大市场的厂商可根据客户需要，向编码中心申请 UPC 条码。

条码是由一组按特定规则排列的条、空，及其对应的数字或字符组成的表示一定信息的符号。条码中的条、空分别由深浅不同且满足一定光学对比度要求的两种颜色(常为黑、白色)表示。这组条、空和相应的字符代表相同的信息。这种由条、空组成的数据编码很容易译成二进制和十进制数。这些条、空可以有各种不同的组合方法，从而构成不同的图形符号，即各种符号体系，也称码制，适用于不同的场合。

(1) 商品条码。

商品条码是在流通领域中用于标识商品的全球通用的条码。分为标准版商品条码(13 位)和缩短版商品条码(8 位)。商品条码的左、右侧空白区表示条码识读的开始、结束。商品条码的尺寸用放大系数表示，由于条码扫描器只能扫描一定长度的条码，因此，国家标准《商品条码 零售商品编码与条码表示》(GB 12904—2008)规定放大系数必须在 0.80～2.00 范围内选择。在应用中，商品条码的左、右侧空白区不得小于标准要求，同时空白区中不能有字符、图形、污损、划痕等，以保证条码能够正确被识读。GB 12904—2008 对条码的颜色搭配进行了严格规定：商品条码的识读是通过分辨条、空的边界和宽窄来实现的，因此，要求条与空的颜色反差越大越好。条色应采用深色，空色应采用浅色。因此白色作空，黑色作条是较理想的颜色搭配。

(2) 物流条码。

物流条码是用于商品单元标识的条码。商品单元由消费单元、储运单元和货运单元组成。因此，物流条码中包含商品条码、储运单元条码和货运单元条码。

其中，储运单元条码是专门表示储运单元代码的一种条码，常用于搬运、仓储、订货和运输过程中，一般由消费单元组成的商品包装单元构成。在储运单元条码中，又分为定量储运单元(由定量消费单元组成的储运单元)和变量储运单元(由变量消费单元组成的储运单元)。

① 定量储运单元一般采用 13 位或 14 位数字编码。当定量储运单元同时又是定量消费单元时，应按照定量消费单元进行编码，如电冰箱等家用电器，其定量储运单元的编码等同于通用商品编码。定量储运单元代码结构如表 8-1 所示。

表 8-1 定量储运单元代码结构

定量储运单元包装指示符	定量储运单元代码(不含校验码)	校验码
V	$X_1X_2X_3X_4X_5X_6X_7X_8X_9X_{10}X_{11}X_{12}$	C

表 8-1 中的指示符 V 用于表示定量储运单元的不同包装，取值范围是 1～8。定量储运单元代码的条码标识可用 14 位交叉二五条码(ITF-14)，也可用 14 位 EAN-128 条码标识。当定量储运单元同时又是消费单元时，应使用 EAN-13 条码表示。

② 变量储运单元由 14 位数字的主代码和 6 位数字的附加码组成。变量储运单元代码结构如表 8-2 所示。

表 8-2 变量储运单元代码结构

主代码			附加码	
变量储运单元指示符	变量储运单元代码(不含校验码)	校验码	商品数量	校验码
LI	$X_1X_2X_3X_4X_5X_6X_7X_8X_9X_{10}X_{11}X_{12}$	C_1	$Q_1Q_2Q_3Q_4Q_5$	C_2

表 8-2 中的指示符 LI 表示在主代码后面有附加码，取值为 9。厂商识别代码是标识厂商的代码。厂商识别代码一般取第 $X_1 \sim X_8$ 位，商品项目代码取第 $X_9 \sim X_{12}$ 位。当 $X_1X_2X_3$ 取值 690 或 691 时，厂商识别代码取第 $X_1 \sim X_7$ 位，商品项目代码取第 $X_8 \sim X_{12}$ 位。商品项目代码组成储运单元的产品种类。附加码 $Q_1 \sim Q_5$ 是指包含在变量储运单元内，按确定的基本计量单位(如千克、米等)计量取得的商品数量。附加码的校验码 C_2 的计算方法参见国家标准。变量储运单元的主代码用 ITF-14 条码标识，附加码用 ITF-6(6 位交叉二五条码)标识。变量储运单元主代码和附加码也可以用 EAN-128 码标识。

物流条码具有全球唯一单元标识(按 EAN/UCC 规范编码，不会出现重码)；用于供应链的全过程，实现全球物流信息共享；可表示的信息多，具有信息可变性和易维护性等特性。物流条码所标识的物品信息内容主要有两部分：固定项目标识，如厂商信息、产品编码信息等；动态项目标识，如系列货运包装箱代码信息、生产日期、有效期、批号、数量、参考项目、位置码、特殊应用(医疗保健等)及内部使用信息等。物流条码典型应用有以下几种。

a．销售信息系统。在商品上贴上条码就能快速、准确地利用计算机进行销售和配送管理。

b．库存系统。在库存物资上应用条码，尤其是规格包装、集装、托盘货物上，入库时自动扫描读入计算机系统，出库则和销售信息系统条码应用一样。

c．分货拣选系统。在配送方式和仓库出货时，采用分货、拣选方式，需快速处理大量的货物时，由于在每件物品的外包装上都印有条码，因此利用条码技术便可以自动进行分货拣选，并实现有关的管理。

目前，条码技术在很多领域采用了二维条码，用来解决一维条码的信息存储量小、过度依赖条码数据库等问题。

2．二维码技术

一维条码的最大数据长度通常不超过 15 个字符，故多用于存放关键索引值，仅可作为一种数据标识，不能对产品进行描述，需通过网络到数据库抓取更多的数据项，因此在缺乏网络或数据库的情况下，一维条码便失去意义。

二维条码是在水平和垂直方向的二维空间存储信息的条码，简称二维码。它是用某种特定的几何图形按一定规律在平面(二维方向上)分布的黑白相间的图形记录数据符号信息的；在代码编制上巧妙地利用构成计算机内部逻辑基础的"0""1"比特流的概念，使用若干个与二进制相对应的几何形体来表示文本信息，通过图像输入设备或光电扫描设备自动识读以实现信息自动处理。它具有条码技术的一些共性：每种码制都有其特定的字符集；每个字符都占有一定的宽度；具有一定的校验功能等。同时还具有对不同行的信息自动识别功能及处理图形旋转变化等特点。

(1) 二维码码制。

二维码也有许多不同的码制，通常可分为以下三种(图 8.5)。

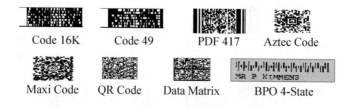

图 8.5　二维码码制

① 线性堆叠式二维码。这是在一维条码编码原理的基础上，将多个一维条码在纵向堆叠而成的。典型的码制有 Code 16K、Code 49、PDF 417 等。

② 矩阵式二维码。这是在一个矩形空间通过黑、白像素在矩阵中的不同分布进行编码。典型的码制有 Aztec Code、Maxi Code、QR Code、Data Matrix。

③ 邮政码。通过不同长度的条进行编码，主要用于邮件编码，如 BPO 4-State。

(2) 二维码的优势。

① 数据容量大。相对于一维条码极低的存储量，由于高密度编码，二维码能存储更多信息。

② 编码范围广。二维码可以把图片、声音、文字、指纹等可以数字化的信息进行编码；可以表示多种语言文字。

③ 容错能力强，具有纠错能力。二维码的纠错功能是通过将局部信息反复表示(冗余)来完成的。例如，在 PDF 417 码中，某一行除了包含本行的信息外，还有一些反映其他位置上的字符(错误纠正码)的信息。这样，即便当二维码的局部遭到损坏，也能够通过存在于其他位置的错误纠正码将信息复原出来，即使在被污损 50%的情况下，仍然能够识读。一维条码的译码错误率为百万分之二左右，二维码的译码错误率不超过千万分之一，译码可靠性极高。

④ 信息可加密。二维码具有多重防伪特性，它可以采用密码防伪、软件加密，以及利用所包含的信息，如指纹、照片等进行防伪，因此具有极强的保密防伪性能。

⑤ 采集速度快。识读速度在 300ms 以下。

⑥ 成本低，易制作，持久耐用。

⑦ 条码符号形状、尺寸大小比例可变。

⑧ 二维码可以使用激光或 CCD 阅读器识读。

(3) 二维码标准化在我国的发展。

1997 年，PDF 417 成为中国国家标准 GB/T 17172—1997。

2000 年，QR Code 成为中国国家标准 GB/T 18284—2000。

汉信码作为中国第一个拥有自主知识产权的国家标准码制，于 2007 年 8 月 23 日正式被颁布为中国国家标准 GB/T 21049—2007。

旭感公司的 GM、CM 码已被选为我国二维条码的国家标准，成为国内唯一拥有自主知识产权的条码行业标准。

(4) 一维条码和二维码的区别。

① 外观上，一维条码是由纵向黑条和白条组成，黑白相间而且条纹的粗细不同，通常条纹下还会有英文字母或阿拉伯数字；二维码通常为方形结构，不单有横向和纵向的条纹，还会有多边形的图案(图 8.6)。

(a) 一维条码　　　　(b) 二维码

图 8.6　一维条码和二维码外观上的区别

② 作用功能上，一维条码可以识别商品的基本信息，如商品名称、价格等，但不能提供商品更详细的信息，要调用更多的信息，需要数据库的进一步配合；二维码不但具备识别功能，而且还可显示更详细的商品内容，如衣服，不但可以显示衣服名称和价格，还可以显示采用的是什么材料，每种材料占的百分比，衣服尺码，以及一些洗涤注意事项等，无须数据库的配合，简单方便。

(5) 二维码的应用。

① 运输行业的应用。一个典型的运输业务过程通常经历供给商—货运代理，货运代理—货运公司，货运公司—客户等几个过程，在每个过程中都涉及发货单据的处置。发货单据含有大量的信息，包括发货人信息、收货人信息、货物清单、运输方式等。单据处置的前提是数据的输入，人工输入的方式存在效率低、过失率高的问题，已不能适应现代运输业的请求。

二维码在这方面提供了一个很好的处理计划，将单据的内容编制成一个二维码，打印在发货单据上，在运输业务的各个环节运用二维码阅读器扫描二维码，信息便输入到计算机管理系统中，既快速又精确。

② 身份辨认卡的应用。例如，美国国防部曾经在军人身份卡上印制 PDF 417 码，包括持卡人的姓名、军衔、照片和其他个人信息，用于重要场所的进出管理及医院就诊管理。

该项应用的优点在于数据采集的实时性及防伪性，低成本，即使卡片损坏也能阅读。

③ 文件和表格应用。例如，日本 Seimei 保险公司的每个经纪人在会晤客户时都带着笔记本电脑。每张保单和协议都在电脑中制作并打印出来。当经纪人回到办公室后需要将保单数据输入到公司的主机中。为了保证数据输入的准确性和高效率，在制作保单的同时将保单内容编制成一个二维码，打印在单据上，这样就能够运用二维码阅读器将数据输入主机。

其他相似的应用还有海关报关单、税务申报单、政府部门的各类申请表等。

④ 资产跟踪。例如，美国管道公司在各地有各种类型的管道需要维护。为了跟踪每个管道，该公司将管道的编号、位置、制造厂商、长度、等级、尺寸及其他信息编制成一个二维码，制成标签后贴在管道上。当管道被移走或安装时，操作员扫描标签上的二维码，数据库信息就能得到及时更新。

此外，工厂能够采用二维码跟踪生产设备；医院和诊所也能够采用二维码跟踪医疗器械。

⑤ 质量追踪与追溯。使用二维码可以实现物料流通的实时跟踪和追溯。例如，青岛市农业农村局推出了基于二维码的农产品质量安全追溯监管平台，产品涵盖蔬菜、水果、茶叶、粮油、食用菌等，通过手机扫描产品包装上的二维码，就能够了解产品的生产、检测、流通等信息。

给猪牛羊佩戴二维码耳标，其饲养、运输、屠宰、加工、储藏、运输、销售等各环节的信息都可实现有源可溯。二维码耳标与传统物理耳标相比，增加了全面的信息存储功能。在可追溯体系中，猪牛羊的养殖免疫、产地检疫和屠宰检疫等环节都可以通过二维码阅读器将各种信息输入二维码耳标中。

⑥ 签到与票务。只要给来宾发送一个含有来宾手机号码、身份证号等信息的二维码，来宾签到时，只需扫描二维码即可签到，省去了通过纸质入场券签到的复杂手续，提高了签到的效率。乘客通过网络购买车票，输入购票信息后通过电子支付，即可完成车票的购买，稍后手机会收到二维码电子车票，乘客凭该二维码即可到客运站换票或直接检票登车。

⑦ 移动电商。用户可以通过扫码直接下单购物；在优惠促销方面，用户可以通过扫码下载电子优惠券和抽奖；在会员管理方面，用户可以通过扫码获取电子会员卡、VIP服务等。

例如，支付宝、聚划算联手分众传媒推出手机二维码支付技术，所有在分众上的支付宝广告只需要扫描二维码就可以在手机上实现购物；腾讯也推出了基于手机端的微信会员卡，用户只需用手机扫描商家的二维码，就能获得一张存储于微信中的电子会员卡，可以随时享受商家提供的会员折扣服务。

当然，二维码在应用中也存在一些缺陷，如容易复制所以防伪难度高，二维码也成为手机病毒、钓鱼网站传播的新渠道。

8.2.3 射频识别技术

1. 射频识别的工作原理

射频识别(Radio Frequency Identification，RFID)技术兴起于20世纪90年代，是一项利用射频信号交变磁场或电磁场实现无接触信息传递，并通过所传递的信息达到识别目标物的技术。射频识别系统具有以下优点：无须接触，识别距离比光学系统远；射频卡具有读写能力、不易损坏、数据存储量大；防伪能力强等特点。

射频识别的工作过程如图 8.7 所示,可以分为以下四步。

(1) 阅读器通过发射天线发送一定频率的射频信号,当射频卡进入发射天线工作区域时产生感应电流,射频卡获得能量被激活。

(2) 射频卡将自身编码等信息通过卡内置天线发送出去。

(3) 系统接收天线接收到从射频卡发送来的载波信号,经天线调节器传送到阅读器,阅读器对接收的信号进行解调和解码,然后送到后台计算机系统进行相关处理。

(4) 后台计算机系统根据逻辑运算判断该卡的合法性,针对不同的设定进行相应的处理和控制,发出指令信号控制执行机构操作。

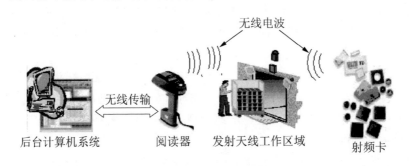

图 8.7 射频识别的工作过程

2. 射频识别系统组成

射频识别系统主要由电子标签、阅读器、天线及后台计算机系统四部分组成。

(1) 电子标签(简称标签,Tag)即射频卡,由耦合元件及芯片组成。标签含有内置天线,用于与射频天线之间进行通信,主要是在接收到阅读器的无线电波后,将其内部的资料回传给阅读器。按供给能量方式的不同可分为主动式标签和被动式标签。主动式标签内含电源,可用于供给标签信号的接收和发射之用;被动式标签内部没有电源,其信号的接收和发射主要靠阅读器发射的能量来完成。

(2) 阅读器(Reader)是通过发射天线发送无线电波并读取(在读写卡中还可以写入)标签信息的设备。它将读取的信息提供给应用程序进行物件识别工作。

(3) 天线(Antenna)用于在标签和阅读器之间传递无线电波。有些系统还通过阅读器的 RS 232 或 RS 485 接口与外部计算机(上位机主系统)连接,进行数据交换。

(4) 后台计算机系统根据逻辑运算判断该标签的合法性,针对不同的设定进行相应的处理和控制,发出指令信号控制执行下一步操作。

3. 射频识别系统的特点

射频识别系统的产生无疑对现代化的生产和物流都起到巨大的推动作用,具有拥有唯一识别码(可防伪)、非接触式读写,以及可同时读取多个标签(依频段不同有异)等优点;但同时也存在一些不足,如容易受干扰、成本较高、识别有方向性、国内外开放频段不一、部分低频晶片已经被破解(主要应用于门禁和停车场)会有被复制的风险等。

案例 8-2

RFID 在仓储拣货系统中的应用

基于 RFID 的仓储拣货作业过程如图 8.8 所示。该系统通过 RFID 盘点系统来完成货物的进货验收、向标签中写入货物资料、贴标签、入库，以及最终上架等操作，整个过程自动进行，效率很高。该系统还能自动连接报警系统，通过实时读取标签中的货物状态信息，达到监控货物的目的。

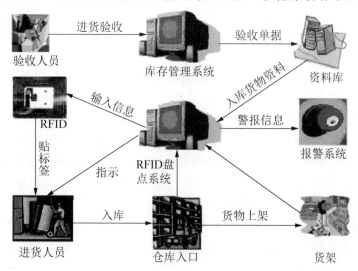

图 8.8　基于 RFID 的仓储拣货作业过程

4. 射频识别技术在物流中的应用

在车辆和货物上贴上标签，并且每辆货车都配备 GPS 接收机和 GSM 信息终端。发货时，将车辆和货物的基本信息通过阅读器存入运输调度中心信息数据库中，同时将司机的身份信息也存入该数据库中。中华人民共和国第二代居民身份证应用了 RFID 技术，在第二代身份证中增加了一枚非接触式 IC 芯片，将持证人的照片和身份项目内容等信息数字化后加密存入芯片，这些信息可以通过阅读器判读，所以可以通过阅读器直接将司机的身份信息存入运输调度中心信息数据库中，非常方便。与此同时，阅读器全部部署在运输货物的车辆上，在运输途中，阅读器每隔一段固定的时间就以一定的频率自动扫描车辆和货物的标签，并将扫描的信息存入车载 GSM 信息终端，同时将司机的身份信息和通过 GPS 技术获得的车辆位置信息也存入车载 GSM 信息终端，再通过 GSM 通信系统将所有采集的信息传回运输调度中心，送入中心信息数据库中。以地理信息系统为基础的信息系统平台，统一管理中心信息数据库。该平台将收集到的信息与数据库中存在的发货时的原始信息进行比较，包括司机的信息和车辆的信息是否匹配、车辆和货物的信息是否匹配，一旦三者之间有任何不匹配，说明该车货物出现了问题，必须采取应急措施。如果信息完全匹配，则将新的车辆位置信息存入中心信息数据库中，以做货物追踪之用，通过不断地扫描修正，运输调度中心可以掌握车辆、货物、司机的实时信息。货物运输防盗系统结构如图 8.9 所示。

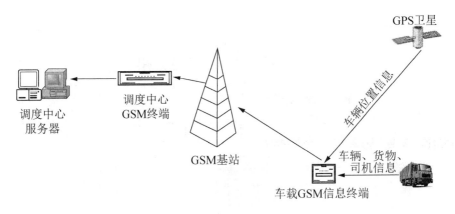

图 8.9　货物运输防盗系统结构

8.2.4　地理信息系统

地理信息系统(Geographic Information System，GIS)是 20 世纪 60 年代发展起来的地理学研究成果，是多种学科交叉的产物。它以地理空间数据为基础，采用地理模型分析方法，适时地提供多种空间和动态的地理信息，是一种为地理研究和地理决策服务的计算机系统。GIS 的基本功能是将表格型数据(无论它来自数据库、电子表格文件还是直接在系统中输入)转换为地理图形显示，然后对显示结果进行浏览、操作和分析。其显示范围可以从洲际地图到非常详细的街区地图，显示对象包括人口、销售情况、运输线路及其他内容。

1. GIS 的特征

GIS 具有采集、管理、分析与输出多种地理空间信息的能力，具有空间性和动态性。

简单来说，GIS 是整个地球或部分区域的资源、环境在计算机中的缩影。严格来说，GIS 是反映人们赖以生存的现实世界的现状与变迁的各类空间数据，以及描述这些空间数据特征的属性，在计算机软件和硬件的支持下，以一定的格式输入、存储、检索、显示和综合分析应用的技术系统。它是以采集、存储、管理、处理分析和描述整个或部分地球表面(包括大气层在内)与空间和地理分布有关的数据的空间信息系统。

2. GIS 的组成

GIS 由五个主要组成部分：硬件、软件、数据、人员和方法。其中，硬件是 GIS 所依赖的计算机；软件提供 GIS 所需的存储、分析和显示地理信息的功能；数据在 GIS 中最重要。地理数据和相关的表格数据可以自己采集或从商业数据提供者处购买。GIS 将空间数据和来自其他数据源的数据集成在一起，而且可以使用那些被大多数公司用来组织和保存数据的数据库管理系统来管理空间数据。

3. GIS 在物流中的应用

GIS 在物流中的应用，主要是指利用 GIS 强大的地理数据功能来完善物流分析技术。国外公司已经开发出利用 GIS 为物流分析提供专门分析的工具软件。

完整的 GIS 物流分析软件集成了车辆路线模型、网络物流模型、分配集合模型和设施定位模型等。

(1) 车辆路线模型用于解决一个起始点、多个终点的货物运输中，如何降低物流作业费用，并保证服务质量的问题，包括决定使用多少辆车、每辆车的行驶路线等。

(2) 网络物流模型用于解决寻求最有效的分配货物路径问题，也就是物流网点布局问题。例如，将货物从 n 个仓库运往 m 个商店，每个商店都有固定的需求量，因此需要确定由哪个仓库提货送给哪个商店的运输费用最小。

(3) 分配集合模型可以根据各个要素的相似点把同一层上的所有或部分要素分为几个组，用以解决确定服务范围和销售市场范围等问题。例如，某一公司要设立 x 个分销点，要求这些分销点要覆盖某一地区，并且要使每个分销点的顾客数目大致相等。

(4) 设施定位模型用于确定一个或多个设施的位置。在物流系统中，仓库和运输路线共同组成了物流网络，仓库处于网络的结点上，结点决定路线。如何根据供求的实际需要并结合经济效益等原则，在既定区域内设立多少个仓库、每个仓库的位置、每个仓库的规模，以及仓库之间的物流关系等，运用该模型均能很容易地得到解决。

8.2.5 全球定位系统

全球定位系统(Global Positioning System，GPS)的含义是利用导航卫星进行授时和测距的全球卫星定位系统。最早的 GPS 是由美国国防部为彻底解决海上、空中、陆地运载工具的精确导向和定位而研制的，于 1973 年开始建造，直到 1993 年才建成。美国的 GPS 由 24 颗卫星组成，这 24 颗卫星分布在高度为两万千米的 6 个轨道上绕地球飞行。每个轨道上有 4 颗卫星，在地球上的任何地点、任何时刻都可以接收来自 4 颗卫星的信号。除此之外，还有以下几个全球定位系统。

(1) 欧盟"伽利略"卫星导航系统。欧盟于 1999 年首次公布"伽利略"卫星导航系统计划，其目的是摆脱欧洲对美国全球定位系统的依赖，打破垄断。

(2) 俄罗斯"格洛纳斯"卫星导航系统。"格洛纳斯"卫星导航系统项目启动于 20 世纪 70 年代。该系统需要有 18 颗卫星才可满足继续为俄罗斯提供导航服务的需求，至少需要 24 颗卫星才能提供全球导航服务。

(3) 中国北斗卫星导航系统。2003 年 5 月 25 日 0 时 34 分，中国在西昌卫星发射中心用"长征三号甲"运载火箭，成功地将第三颗"北斗一号"导航卫星送入太空，前两颗"北斗一号"导航卫星分别于 2000 年 10 月 31 日和 12 月 21 日发射升空，运行至今导航定位系统工作稳定，状态良好。2020 年 6 月 23 日，北斗三号最后一颗组网卫星发射升空，这标志着北斗卫星导航系统星座部署全面完成。

GPS 的工作原理是基于卫星的距离修正。用户通过测量到太空各个可视卫星的距离来计算自己的当前位置，卫星的作用相当于精确的已知参考点。每颗卫星时刻发布其位置和时间数据信号，用户接收机可以测量每颗卫星到接收机的时间延迟，根据信号传输的速度就可以计算出接收机到不同卫星的距离。同时接收到至少 4 颗卫星的数据时，就可以算出自己的三维坐标、速度和时间。

1. GPS 的组成

GPS 由三大子系统组成：空间卫星系统、地面监控系统及用户接收系统。

(1) 空间卫星系统。

空间卫星系统由平均分布在 6 个轨道平面上的 24 颗高轨道工作卫星构成，各轨道平面相对于地球赤道平面呈 55°，轨道平面间距 60°。在每一轨道平面内，各卫星间距差 90°，任一轨道上的卫星比西侧相邻轨道上的相应卫星超前 30°。事实上，空间卫星系统的卫星数要超过 24 颗，以便及时更换老化或损坏的卫星，保障系统正常工作。空间卫星系统能保证在地球上任一地点向使用者提供 4 颗以上的可视卫星。

(2) 地面监控系统。

GPS 的地面监控部分主要由分布在全球的卫星监测站、主控站、备用主控站和信息注入站组成。监测站负责自动测量气温、气压、相对湿度(水气压)等气象数据，监测 GPS 卫星伪距，并将这些数据记录、编辑、平滑和压缩后传送给主控站；主控站负责管理、协调整个地面监控系统的工作，它根据各监测站报送的信息计算、预报卫星轨道和卫星钟差改正参数，再按规定格式编制成导航电文送往信息注入站，当卫星出现故障时负责修复或启用备用件以维持其正常工作；备用主控站的作用和主控站完全一样，当某些特殊情况发生时启用；信息注入站则是将接收到的导航电文存储在计算机中，当卫星通过其上空时，再用大口径发射天线将这些导航电文和其他命令分别"注入"卫星。其中，导航电文指由卫星向用户播发的一组反映卫星在空间的运行轨道、卫星钟差改正参数、电离层延迟修正参数及卫星的工作状态等信息的二进制代码。

(3) 用户接收系统。

用户接收系统主要是 GPS 信号接收机，其任务是能够捕获按一定卫星高度截止角所选择的待测卫星的信号并跟踪这些卫星的运行，对所接收到的 GPS 信号进行变换、放大和处理，以便测量出 GPS 信号从卫星到接收机天线的传播时间，解译出 GPS 卫星所发送的导航电文，实时地计算出监测站的三维位置，甚至三维速度和时间。

GPS 卫星发送的导航定位信号是一种可供无数用户共享的信息资源。对于陆地、海洋和空间的广大用户来说，只要其拥有能够接收、跟踪、变换和测量 GPS 信号的接收设备，即 GPS 信号接收机，就可以在任何时候用 GPS 信号进行导航定位测量。根据使用目的，不同用户要求的 GPS 信号接收机也各有差异。目前世界上已有几十家厂家生产 GPS，接收机产品也有几百种。

2. GPS 的特点

GPS 主要具有以下特点。

(1) 定位精度高。应用实践已经证明 GPS 相对定位精度很高，民用领域的 GPS 精度也可以达到 10m 以内。

(2) 全天候作业。目前 GPS 观测可在一天 24 小时内的任何时间进行，不受天气影响，功能多、应用广。

(3) 高效率。随着 GPS 系统的不断完善、软件的不断更新，目前 20km 以内相对静态定位仅需 15～20 分钟；快速静态相对定位测量时，当每个流动站与基准站相距在 15km 以内时，流动站观测时间只需 1～2 分钟，然后可随时定位，每站观测只需几秒。

GPS 测量不要求测站之间互相通视，只需测站上空开阔即可，因此，可节省大量的建造费用。由于无须点间通视，点位位置可根据需要选择，可稀可密，使选点工作更为灵活。

(4) 操作简便。随着 GPS 信号接收机的不断改进，其自动化程度越来越高，有的已达"傻瓜化"的程度；接收机的体积越来越小，质量越来越轻，极大地减轻了测量工作者的劳动强度。

从以上这些特点可以看出，GPS 系统不仅可用于测量、导航，还可用于测速、测时。其测速的精度可达 0.1m/s，测时的精度可达几十毫微秒，其应用领域不断扩大。

3．GPS 的用途

GPS 最初是为军方提供精确定位而建立的。军用 GPS 产品可以用来确定并跟踪在野外行进中的士兵和装备的坐标，给海上的军舰导航，为军用飞机提供位置和导航信息等。

目前 GPS 的应用已十分广泛，可以应用 GPS 进行海陆空导弹的制导、大地测量和工程测量的精密定位、时间的传递和速度的测量等。GPS 已经用于建立高精度的全国性的大地测量控制网，测定全球性的地球动态参数；用于建立大地测量基准，进行高精度的海岛陆地联测，以及海洋测绘；用于监测地球板块运动状态和地壳形变；用于工程测量，成为建立城市与工程控制网的主要手段；用于测定航空航天摄影瞬间的相机位置，实现仅有少量地面控制或无地面控制的航测快速成图，从而引发地理信息系统、全球环境遥感监测的技术革命。

许多商业和政府机构也使用 GPS 来跟踪车辆位置，这一般需要借助无线通信技术。一些 GPS 信号接收机集成了收音机、无线电话和移动数据终端来适应车队管理的需要。

在物流领域 GPS 主要具有以下应用。

(1) 用于车辆监控管理。

该系统是将 GPS 技术、GIS 技术和现代通信技术综合在一起的高科技系统。其主要功能是将任何装有 GPS 信号接收机的移动目标的动态位置(经度、纬度、高度)、时间、状态等信息，实时地通过无线通信网络传至监控中心，再通过 GIS 查询所在位置的道路状况和环境情况等信息。

(2) 用于铁路运输管理。

我国铁路开发基于 GPS 的管理信息系统，可以通过 GPS 和计算机网络实时收集全路列车、机车、车辆、集装箱及所运货物的动态信息，可实现列车、货物追踪管理。铁路部门运用这项技术可大大提高其路网及运营的透明度，为货主提供更高质量的服务。

8.3 电子商务物流模式

电子商务物流模式

所谓物流模式就是根据需要构建相应的物流管理系统，形成有目的、有方向的物流网络。电子商务的物流模式，可以根据其经营主体和经营方式的不同来分类，主要可以分成自营物流、第三方物流、第四方物流甚至第五方物流，以及物流联盟。

8.3.1 自营物流

自营物流是指生产企业借助自身的物质条件自行组织的物流活动，但它的主要经济来源不在于物流。自营物流是企业物流模式的一种。从商品交易过程来看，站在供需双方的立场上，自营物流可以分为供方自营和需方自营两种，也就是第一方与第二方。供需双方可能是生产企业与流通企业，生产企业自营物流称为第一方物流，流通企业自营物流称为第二方物流。但供需双方也可能都是生产企业，或都是流通企业，所以有人主张不要人为地把第一方物流、第二方物流固定化、公式化。第一方物流、第二方物流，以及后面提到的第三方物流是一个客观存在的物流运作模式。也有相关领域的学者提出第四方物流(即专门提供物流解决方案与管理第三方物流企业的物流企业)和第五方物流(从事物流业务培训的一方)。

8.3.2 第三方物流

1. TPL 的概念

随着市场竞争的加剧，以及对效率的追求，使得在组织之间的社会劳动分工日趋细化。企业为了提高自己的核心竞争力，降低成本，增加企业发展的柔性，越来越愿意将自己不熟悉的业务分包给其他社会组织承担。在这种趋势下，一些原来从事与物流相关的运输企业、仓储企业、货代企业开始拓展自己的传统业务，进入物流领域，逐步成长为能够提供部分或全部物流服务的企业。把这种服务称为第三方物流(Third Party Logistics，TPL)，从事这种服务的企业称为第三方物流企业。第三方物流企业同货主企业的关系应该是密切的、长期的合作关系，而不是零星的业务往来。通过第三方物流企业提供的物流服务，有助于促进货主企业的物流效率和物流合理化，故 TPL 又称合同物流。

2. TPL 的特征

(1) 信息化。

信息技术的发展是第三方物流出现的必要条件。信息技术实现了数据的快速、准确传递，提高了物流过程中各环节的自动化水平，使订货、保管、包装、运输、流通加工实现一体化，企业可以更方便地使用信息技术与物流企业进行交流与协作；同时，软件技术的迅速发展，使得物流成本不再是"雾里看花"，还能有效管理物流渠道中的商流。常用于支撑第三方物流的主要技术有实现信息快速交换的 EDI 技术、实现资金快速支付的 EFT 技术、实现信息快速输入的条形码技术和 RFID 技术、实现物流过程控制的 GPS 技术和 GIS 技术，以及实现网络交易的电子商务技术等。

(2) 合同化。

第三方物流有别于传统的外协服务，外协服务只限于一项或一系列分散的物流功能，如运输公司提供运输服务、仓储公司提供仓储等。第三方物流则是根据合同条款规定的要求，是长期的，而不是临时要求，提供多功能，甚至全方位的物流服务。

(3) 专业化。

第三方物流服务的对象一般都较少，只有一家或数家服务时间较长，往往长达几年，不同于公共物流服务——"往来都是客"。由于这些企业熟悉市场运作，拥有专门的物流设施和信息手段，同时又有专业人才，可以提供专业化物流服务，因此第三方物流是专业化的物流机构。

(4) 个性化。

因为第三方物流服务对象的业务流程千差万别，而物流、信息流是随业务流程一起流动的，因而要求第三方物流的服务应按照客户的业务流程来定制。这也表明物流服务要体现各服务需求方的个性化营销的个性化物流需要。

(5) 灵活性强。

第三方物流配送是以合同方式建立物流服务者与用户的关系，因此，使用起来非常灵活。物流需求方仅需向第三方物流企业支付服务费用，而不需要自己内部维持物流基础设施来满足这些需求。尤其对于那些业务量呈现季节性变化的公司来讲，外包物流对公司盈利的影响就更为明显。因此，对物流需求方而言，选择第三方物流模式具有灵活性强的特点。

3. TPL 与物流一体化

物流一体化是物流产业化的发展形式，必须以第三方物流充分发育和完善为基础。物流一体化的实质是一个物流管理的问题。即专业化物流管理人员和技术人员，充分利用专业化物流设备、设施，发挥专业化物流运作的管理经验，以求取得整体最优的效果。同时，物流一体化的趋势为第三方物流的发展提供了良好的发展环境和巨大的市场需求。

8.3.3 第四方物流

电子商务及信息技术的发展给不断变革的物流模式提供了保障与活力，当业界刚刚认同第三方物流的同时，一种基于提供综合的供应链解决方案的物流理念——第四方物流(Fourth Party Logistics，4PL)又悄然出现。

现在人们所说的第四方物流，是指从事物流服务业务的社会组织，不需要自己直接具备承担物资物理移动的能力，而是借助于自己所拥有的信息技术和实现物流的充分的需求和供给信息，并加上对于物流运作胜人一筹的理解所开展的物流服务。这种业务与现有的货运代理业务十分相像，故也可以称为物流代理业务。

1. 4PL 的特点

与第三方物流注重实际操作相比，第四方物流更多地关注整个供应链的物流活动，这种差别主要体现在以下两个方面，并形成第四方物流独有的特点。

(1) 4PL 提供一整套完善的供应链解决方案。

第四方物流通过对企业客户所处供应链的整个系统或行业物流的整个系统进行详细分析后提出具有客观指导意义的解决方案。第四方物流服务供应商本身并不能单独完成这个方案，而是要通过物流公司、技术公司等多类公司的协助才能将方案得以实施。

第三方物流服务供应商能够为企业客户提供相对于企业的全局最优，却不能提供相对于行业或供应链的全局最优，因此第四方物流服务供应商就需要先对现有资源和物流运作流程进行整合和再造，从而达到解决方案所预期的目标。第四方物流服务供应商的管理过程一般涉及四个层次，即再造、变革、实施和执行。

(2) 4PL 通过其对整个供应链产生影响的能力来增加价值。

第四方物流服务供应商可以通过物流运作的流程再造，使整个物流系统的流程更合理、效率更高，从而将产生的利益在供应链的各个环节之间进行平衡，使每个环节的企业客户都可以受益。第四方物流服务供应商对整个供应链所具有的影响能力直接决定了其经营的好坏，也就是说，第四方物流除了具有强有力的人才、资金和技术以外，还应该具有与一系列服务供应商建立合作关系的能力。

2. 4PL 的运作模式

从第四方物流服务供应商与第三方物流服务供应商之间关系的不同，可以将第四方物流运作模式划分以下三种。

(1) 协同运作模式。

协同运作模式下，第四方物流与第三方物流共同开发市场，双方一般以合同方式进行协作或以战略联盟的形式合作。即第四方物流服务供应商不直接与企业客户接触，而是通过第三方物流服务供应商，实施其提出的供应链解决方案、再造的物流运作流程等。这就意味着，在双方合作过程中，第四方物流向第三方物流提供技术支持、供应链管理决策、市场准入能力及项目管理能力等服务。

(2) 方案集成商模式。

第四方物流是企业客户与第三方物流企业之间联系的桥梁，是和所有第三方物流服务供应商及其他服务供应商联系的中心。在这种模式下，第四方物流作为方案集成商除了提出供应链管理的可行性解决方案外，还要对第三方物流资源进行整合，并统一规划为企业客户提供服务。

(3) 行业创新者模式。

行业创新者模式与方案集成商模式都是作为第三方物流服务供应商和企业客户之间联系的纽带，将物流运作的两端连接起来。但两者又有根本的不同：前者是为同一行业的多个企业客户提供物流管理服务，而后者只为某一个企业客户提供物流管理服务。

该种模式下，第四方物流提供行业整体供应链解决方案，这样可以使第四方物流运作的规模更大程度地得到扩大，以整合整个供应链的职能为重点。

8.3.4 物流联盟

由于国内网络覆盖广，物流成本低，信息化程度高，经营理念和服务化水平高的专业物流企业不多，企业客户往往难以在众多物流企业中选出一家各方面都符合本企业物流业务需求的合作方来实现物流配送，物流联盟就是在这种大背景下应运而生的。

物流联盟是指企业在物流方面通过签署合同形成优势互补、要素双向或多向流动、相互信任、共担风险、共享收益的物流伙伴关系。物流联盟的形式为我国电子商务企业组建物流配送体系提出了新的方向。电子商务企业可以在不同地域内选择合适的物流代理公司，通过计算机网络技术将居于各地的仓库、配送中心凭借网络系统连接起来，使之成为"虚拟联盟"，通过各物流代理企业商流、物流信息之间的共享及一系列的决策支持技术进行统一调度和管理，使得物流服务半径和货物集散空间变大，从而实现对消费者的配送。这一虚拟联盟对企业间物流技术、企业组织结构等都要求较高。电子商务企业应建立联盟伙伴之间的评估与淘汰机制,不断优化联盟内的资源优化组合。该方式对解决我国企业的物流配送的跨区域合作、整个物流系统资源优化配置具有重要作用。

随着我国物流产业大经济环境的改善,专业物流企业对自身进行全新的变革,全国性物流配送网络体系的构建,适应于物流全部外包的社会环境亦将逐步形成。该模式对于双方之间战略合作机制、利益分配机制、信息共享机制等提出了新的挑战。

8.4 跨境电子商务物流

近年来,中国的跨境电子商务在 B2B 与 B2C 领域都发展飞速。物流是跨境电子商务的重要环节,与国内物流相比也更为关键。

8.4.1 跨境电子商务 B2B 物流

跨境电子商务(简称跨境电商)B2B 物流的方式主要有海运、空运、铁路运输、国际专线,以及用于投递样品为主的国际快递。主要跨境物流方式比较见表 8-3。

表 8-3 主要跨境物流方式比较

物流方式	运输速度	可预测性	成本	运输量	物流网络	风险
海运	慢	不准确	低	最大	四通八达	大
空运	最快	准时	高	小	航线限制	较大
铁路运输	较快	准时	中	较大	四通八达	小
国际专线	快	准时	较高	较大	专线建设	较小

不同的物流方式各有优缺点,选择的主要参考因素如下。

(1) 运输时间。海运从出发地到目的地的时间远远长于空运。

(2) 可预测性。无论是海运还是空运都会受到自然因素的影响从而导致延误。准确的预测有助于海外分销商为客户提供一个准确的产品到货时间。

(3) 成本。国际运输价格通常取决于运输服务的成本和货物的价值。为了降低成本,货运企业可以结成联盟,协商合作运输。同时,为了减少总成本和时间,也可以选择性地使用混合运输的方式。

(4) 非经济因素。政府参与在协助运输业发展的同时也对企业造成了困扰。一些物流企业或被政府收购,或依赖政府补助。因此,其他企业不得不服从政府施加的压力,即使有更好的选择也必须使用国内运输公司。

国际专线是物流行业内用于区分国内专线,以及全球性的国际快递服务、传统的国际空运代理、国际海运散货拼箱服务的一种称谓。目前中国物流行业的行政机关及相关协会组织并没有对"国际专线"进行任何的定义及解释。因为国际专线仅仅是特定行业群体彼此约定俗成的一种说法,其本身并非一个概念,而是一种服务产品的描述。

例如,深圳的国际快递代理商互联易速递有限公司,通过整合全球资源,与海外快递公司合作,将货物在国内分拣,直飞航班进行清关和配送,是 PayPal、贝通网、慧聪网等知名电子商务网站推荐的国际专线快递公司。互联易速递有限公司目前开通的专线有中俄专线、中澳专线、中美专线、欧洲专线、中东专线等。国际专线操作灵活,时效快,服务稳定,全程物流跟踪信息,适合运送高价值、时效要求高的物品,大部分地区无须收取偏远地区附加费。其主要优势就是通关能力强,可以跟踪,价格便宜等。

8.4.2 跨境电子商务 B2C 物流

跨境电商 B2C 物流的方式可以大致分为两类,一类是头程,另一类是尾程。头程是跨境电商卖家选择何种方式将商品从中国运到目的地所在国。尾程是跨境电商卖家选择何种目的地所在国本土的快递方式将商品送到消费者的手上。跨境电商 B2C 物流分类如图 8.10 所示。

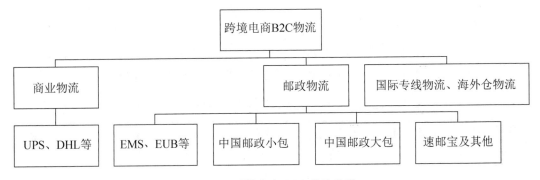

图 8.10 跨境电商 B2C 物流分类

跨境电商卖家头程一般选择以下物流方式。
① 商业物流:FedEx、UPS、DHL。
② 邮政物流:邮政小包。
③ 国际专线物流:美国专线、欧洲专线。

跨境电商卖家尾程一般选择 UPS、FedEx、DHL 等国际快递公司。

不管是头程还是尾程,跨境电商卖家想降低运费,只能在头程、尾程两边进行沟通协商。一方面优化店铺,促进销量,增加体量,才有降低成本的资本;另一方面在头程与尾程的物流服务供应商之间斡旋,争取达到较低的运输成本。

1. 邮政物流

邮政物流包含以下多种方式。

(1) 中国邮政小包(China Post Air Mail)又称邮政小包、中邮小包、航空小包,以及其他以收寄地命名的小包(如"北京小包")。目前跨境电商物流还是以邮政的发货渠道为主。

邮政小包网络覆盖全球。据不完全统计,中国出口跨境电商 70%的包裹都是通过邮政系统投递的。其中,中国邮政小包占据 50%左右。

邮政小包成本低廉。相比国际快递,邮政小包价格便宜,适合发体积大、重量小的货物,正常时效 3~7 个工作日。

(2) 其他邮政小包。其他国家和地区也推出各自的邮政小包,如新加坡邮政小包、瑞士邮政小包等。

不同邮政小包各自具有不同的优势,如瑞典小包的欧洲线路的时效较快,但价格较高。各邮政小包对比如表 8-4 所示。

表 8-4 邮政小包对比

邮政小包	价格优势	时效	丢包率	邮寄范围
中国邮政小包	大	较低;不稳定	高	大部分国家和地区
新加坡邮政小包	较大	较高;稳定	低	大部分国家和地区
德国、比利时、瑞士、荷兰等邮政小包	较小	较高;稳定	低	主要面向欧洲国家
瑞典、马来西亚邮政小包	高	较低;不稳定	中	主要面向亚太、欧洲地区

新加坡邮政小包(Singapore Post 4PX)支持发往全球 238 个国家和地区,可发带电商品,价格适中,是目前常见的手机、平板电脑等含锂电池商品的运输渠道。运费根据包裹重量按克计费,10g 起重,每个单件包裹限重在 2kg 以内;时效快,可从深圳、香港、北京、上海四个口岸城市同步直航至新加坡再转寄到全球多个国家。

速优宝—芬兰邮政小包是由速卖通和芬兰邮政针对 2kg 以下小件物品推出的特快物流服务,分为挂号小包和经济小包,运送范围为俄罗斯及白俄罗斯全境邮局可到达区域。寄往俄罗斯和白俄罗斯的价格较其他专线具有明显的价格优势;时效有保障,包裹寄出后大部分在 35 天可以投递。

(3) 邮政特快专递服务(Express Mail Service,EMS)。EMS 是各国邮政开办的一项特殊邮政业务。该业务在各国邮政、海关、航空等部门均享有优先处理权,能以高速度、高质量为用户传递国际紧急信函、文件资料、金融票据、商品货样等各类文件资料和物品,同时提供多种形式的邮件跟踪查询服务。

EMS 网络强大,寄往南美及俄罗斯等地有绝对优势;不用提供商业发票即可清关,具有优先通关的权利;价格合理,适宜发小件且对时效要求不高的货物;通关不过的货物可以免费退回。但 EMS 相比商业物流速度偏慢。

(4) ePacket 又称 e 邮宝,简称 EUB,是中国邮政速递物流旗下的国际电子商务业务。

EUB 是中国邮政为适应国际电子商务寄递市场的需要,为我国电商卖家量身定制的一款经济型国际邮递产品。目前,该业务可为我国电商卖家提供发向美国、加拿大、英国、法国和澳大利亚的包裹寄递服务。

(5) 速邮宝(经济小包)。线上发货速邮宝——经济小包(Ez Post OM Plus)是在北京市商委的支持和主导下,由速卖通和北京物流骨干企业针对 2kg 以下、订单金额 7 美元以下小件物品推出的北京口岸出口精品物流服务。目前已开通 25 个国家,覆盖俄罗斯、巴西、美国、西班牙等在内的 25 个国家市场。

(6) 中国邮政大包(China Post Air Parcel)又称航空大包或中邮大包,适合邮寄重量较重(超过 2kg)且体积较大的包裹,可寄达全球 200 多个国家。此渠道全程航空运输,可以到达世界各地,只要有邮局的地方都可以到达。其价格低廉,清关能力强,对时效性要求不高且重量稍重的货物,可选择此方式发货。

2. 商业物流

常用的商业物流方式包括 TNT、UPS、FedEx、DHL、Toll、顺丰速运等。不同的国际快递公司具有不同的渠道，在价格、服务、时效上都有所不同。

(1) TNT。TNT 集团是全球领先的快递邮政服务供应商，总部位于荷兰，在欧洲和亚洲可提供高效的递送网络。拥有超过 26610 辆货车与 40 架飞机，以及欧洲最大空陆联运快递网络，每天递送百万件包裹、文件和托盘货物。TNT 在欧洲、中东、非洲、亚太和美洲地区运营航空和公路运输网络，实现门到门的递送服务。TNT 快递一般货物在发货次日即可实现网上追踪，全程时效为 3~5 天，TNT 经济型快递服务时效为 5~7 天。可通过网站进行跟踪查询。

(2) UPS。UPS 在 1907 年作为一家信使公司成立于美国华盛顿州西雅图，是一家全球性的公司，同时提供运输、物流与电子商务服务。UPS 有四种快递方式：全球特快加急(UPS Worldwide Express Plus)；全球特快(UPS Worldwide Express)；全球速快(UPS Worldwide Saver)，即红单；全球快捷(UPS Worldwide Expedited)，即蓝单。

(3) FedEx。FedEx(Federal Express，联邦快递)是全球最具规模的快递运输公司，总部设于美国田纳西州。其为全球超过 235 个国家和地区提供隔夜快递、地面快递、重型货物运送、文件复印及物流服务。

(4) DHL。DHL 是全球知名的邮递和物流集团，在全球拥有将近 34 个销售办事处和 44 个邮件处理中心，可寄达 220 个国家和地区。

(5) Toll。Toll 是 Toll Global Express 公司旗下的一项快递业务。Toll 到澳大利亚，以及泰国、越南等亚洲地区价格较有优势。

(6) 顺丰速运。顺丰速运是我国一家主要经营国际、国内快递业务的企业。顺丰目前已开通美国、日本、韩国、新加坡、马来西亚、泰国、越南、澳大利亚等国家的快递服务。顺丰速运的优势主要体现为国内服务网点分布广，收派件队伍人员服务意识强，服务队伍庞大，价格有一定竞争力；劣势主要表现在开通的国际线路少。

3. 国际专线物流

(1) Special Line-YW。Special Line-YW 即航空专线—燕文，又称燕文专线，是北京燕文物流公司旗下的一项国际物流业务。燕文专线目前已开通美国、澳大利亚、中东、南美、俄罗斯、印度尼西亚等地的专线，正常情况下 16~35 天到达目的地，特殊情况下 35~60 天到达目的地。

(2) Russian Air。Russian Air 即俄速通，是由黑龙江俄速通国际物流有限公司提供的中俄航空小包专线服务，是通过国内快速集货、航空干线直飞，在俄罗斯通过俄罗斯邮政或当地落地配进行快速配送的物流专线的合称。俄速通渠道实效快速稳定，提供全程物流跟踪服务，80%以上的包裹可在 25 天内到达买家目的地邮局。

(3) Aramex 快递。Aramex 快递即中外运安迈世，可通达中东、北非、南亚等地的 20 多个国家，在当地具有很大优势，提供全球范围的综合物流和运输解决方案。

(4) 中俄快递-SPSR。中俄快递-SPSR 的服务商 SPSR Express 是俄罗斯最优秀的商业物流公司,也是俄罗斯跨境电子商务行业的领军企业。中俄快递-SPSR 面向速卖通卖家提供经北京、香港、上海等地出境的多条快递线路,运送范围为俄罗斯全境。

国际专线物流价格一般要比商业物流低一些。在时效上,国际专线物流稍慢于商业物流,但比邮政包裹快很多。燕文物流的俄罗斯专线与俄罗斯合作伙伴实现系统内部互联,一单到底,全程无缝可视化跟踪;印度尼西亚专线使用服务稳定、可靠的邮政小包服务,到达印度尼西亚的平均时效优于其他小包。俄速通的价格更加优惠,交寄也更便利,深圳、广州、金华、义乌、杭州、宁波、上海、苏州、北京、无锡、温州一件起免费上门揽收;邮件丢失或损毁时提供赔偿,商家可在线发起投诉。除此之外,还有网易速达、中环运、永利通达等公司提供国际专线物流方案。

8.4.3 海外仓

海外仓又称海外仓储,是指跨境电商卖家在海外预先建设或租赁仓库,以空运、海运、陆运或国际多式联运的方式先把货品运达仓库,然后通过互联网接到客户订单后,直接从海外仓进行货品分拣、包装、配送和发货。海外仓的建设可以让出口企业将货物批量发送至国外仓库,实现该国本地销售,本地配送。确切来说,海外仓应该包括头程运输、仓储管理和本地配送三个部分。

头程运输是我国商家通过海运、空运、陆运或联运将商品运送至海外仓库;仓储管理是我国商家通过物流信息系统,远程操作海外仓储货物,实时管理库存;本地配送是海外仓储中心根据订单信息,通过当地邮政或快递将商品配送给客户。

2015 年 5 月,商务部在发布的《"互联网+流通"行动计划》中鼓励电商平台和出口企业通过建设海外仓布局境外物流体系。

海外仓为跨境电商卖家实现在销售目的地的货物仓储、分拣、包装和配送的一站式控制与管理服务。因此具有以下优势。

(1) 降低物流成本。从海外仓发货,物流成本远远低于从中国境内发货,特别是体积大、重量大、价值高的"三高"产品,以及品牌商品、低值易消耗品等。

(2) 加快物流时效。由于缩短了运输时间,因此缩短了卖家的回款周期。很多平台严格要求妥投后放款,因此海外仓可以帮助卖家将发货到收到货物周期从原先的 10~50 天缩短到 2~8 天。某些区域,海外仓发货可能只比当地卖家慢 1~2 天,有时甚至比当地卖家还要快,大大提高了客户体验,减少因物流而引起的纠纷,从而更快回款。

(3) 提升客户满意度。这不仅体现在配送时效快上,更可以帮助客户收到货物后能轻松实现退换货,降低因物流问题引起的退货损失,使买家的售后服务得到了更多保障。客户好评率的提高,则可以提高产品曝光率,提升店铺的销量。

(4) 有利于卖家开拓市场。海外仓的发货支持使商户的仓储管理更偏向于自动化,为卖家提供了巨大的优势,既可以节省发货、存储、管理的时间成本,也避免了因为商家个人而产生的订单问题,在销售品类的选择上也更加灵活。这些都为零售商扩大业务、实现产品多样化、开拓国际市场提供了有力的支撑。

海外仓已经成为跨境电商缓解物流压力的必然趋势,也正在成为中国跨境电商巨头们争相角逐的"砝码"。如今,电商大佬们在海外建仓方面,也纷纷开始发力。例如,大龙网在乌克兰、俄罗斯等国家建立海外仓后，与印度最大的物流供应商 DTDC 达成合作，在印度搭建起海外仓储中心。

本 章 小 结

本章从物流概念的起源及发展谈起，探讨了物流与电子商务的关系，并介绍了在电子商务发展中的物流管理和供应链管理发展趋势，以及在电子商务发展大环境下的物流技术发展，最后结合跨境电商的发展，介绍了跨境电商的 B2B 和 B2C 物流方式。

 案例研讨

又要"退群"？美国威胁与万国邮政联盟分手

2019 年 9 月 21 日，彭博新闻社网站发表文章称，美国正考虑退出万国邮政联盟。文章称，白宫贸易顾问纳瓦罗下周将率代表团前往日内瓦，试图改革已有 145 年历史的全球邮政政策协调体系。他称这一体系给予了美国企业不公正待遇。

这可能会使美国寄送和接收包裹的过程陷入混乱。

纳瓦罗在英国《金融时报》的一篇评论文章中写道：小到柬埔寨，大到中国，这些国家的制造商从本国向纽约寄送小包裹时支付的费用，比美国制造商从洛杉矶向纽约寄送包裹的费用还要低。纳瓦罗认为，美国邮政局应该单方重新计算它为寄往美国的信件和小包裹而向其他国家支付的份额。

如果万国邮政联盟的 192 个成员批准美国针对万国邮政联盟现行制度发起的两项修正案中的任何一项，那么都可能会提高中国电商企业的成本，同时给联邦快递公司、联合包裹运送服务公司等美国企业带来好处。如果美国退出万国邮政联盟，那么美国邮政局将无法再使用作为全球邮递体系基础的法律、规章和技术框架。美国必须与所有国家迅速达成双边协议，以确保邮件的国际运输。

资料来源：新浪网。

案例思考：

1. 你认为美国这个举动是针对谁？原因是什么？
2. 如果美国退出万国邮政联盟，你认为对中国的跨境电商有什么影响？
3. 中国和中国的电商企业该如何应对？

关键术语

供应链管理(Supply Chain Management，SCM)
地理信息系统(Geographic Information System，GIS)
全球定位系统(Global Positioning System，GPS)
第三方物流(Third Party Logistics，TPL)
第四方物流(Fourth Party Logistics，4PL)

思考与练习

一、选择题

1. ( )作为电子商务"三流"之中最为特殊的一种,是指物质实体的流动过程,具体指运输、存储、配送、装卸、保管、物流信息管理等活动。
   A. 物流　　　　B. 信息流　　　　C. 资金流　　　　D. 商流
2. ( )是指由物流劳务的供方、需方之外的一方去完成物流服务的物流运作方式。
   A. 第三方物流　　B. 虚拟物流　　C. 电子物流　　D. 物流管理
3. ( )不属于电子商务物流技术。
   A. 射频识别技术　　　　　　　B. 地理信息系统技术
   C. 条形码技术　　　　　　　　D. 网络商店建设技术
4. 供应链管理的目的是( )。
   A. 既提高服务水平又降低物流总成本
   B. 只提高服务水平
   C. 单纯降低物流总成本
   D. 以上答案都不是
5. 跨境 B2B 电商物流方式的选择因素有( )。
   A. 运输时间　　B. 可预测性　　C. 成本　　D. 非经济因素

二、思考和讨论题

1. 讨论物流与电子商务之间的关系。
2. 简述 GPS 的组成。
3. 比较条形码和二维码的区别。
4. 比较第三方物流和第四方物流的特点。
5. 讨论供应链管理理论对企业的意义。

三、实践题

查找和比较跨境 B2C 电商物流各种方式(如邮政小包、国际快递等)的成本和特点。并讨论一家打算做东南亚市场的跨境电商初创企业应该选择哪种物流方式。

应用篇　第 3 篇

第 9 章　电子商务模式
第 10 章　网络营销

第 9 章 电子商务模式

学习目标

通过本章的学习,掌握近几十年发展中不同阶段的电子商务模式,从基于专用网的 EDI 电子商务模式,到基于传统互联网的以 B2C/B2B 为主的电子商务模式,再到基于移动互联网的移动电子商务模式和社交电子商务模式。通过本章的学习,了解 EDI 的原理及其应用,学会 B2C 电子商务模式选择,了解 B2B 电子商务模式分类,掌握跨境电子商务模式与发展,掌握移动电子商务特性与发展,了解社交电子商务的发展趋势。

教学要求

知识模块	知识单元	相关知识点
电子商务模式	电子商务的特征和分类	(1) 电子商务的特征 (2) 电子商务的分类
	基于专用网的 EDI 电子商务模式	(1) EDI 的定义及其原理 (2) EDI 的产生和发展 (3) EDI 的应用及其效益 (4) EDI 的未来发展趋势
	基于传统互联网的电子商务模式	(1) B2C 电子商务模式 (2) B2B 电子商务模式 (3) 跨境电子商务模式
	基于移动互联网的电子商务模式	(1) 移动电子商务模式 (2) 社交电子商务模式

思维导图

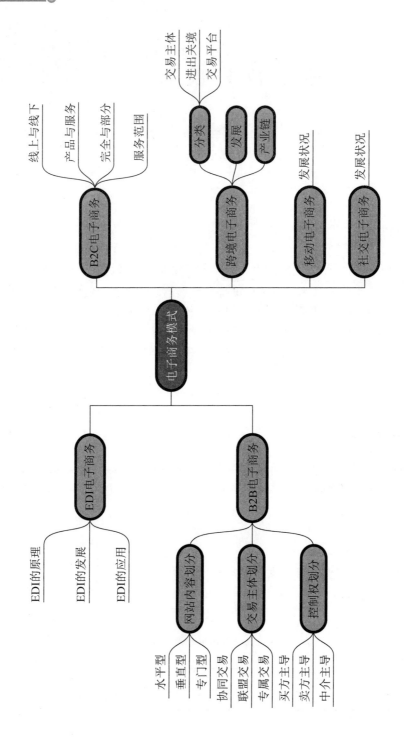

第 9 章　电子商务模式

> **章前导读**
>
> 电子商务有着与传统商务完全不同的特征，把握这些特征，可以更好地理解和应用电子商务。本章根据时间脉络对电子商务模式进行介绍，首先介绍基于专用网的电子商务的早期应用——EDI；其次介绍基于传统互联网的电子商务模式，如 B2C 和 B2B；最后重点介绍未来电子商务的发展——基于移动互联网的移动电子商务和社交电子商务。

引例

云集社交电商

云集是云集共享科技有限公司旗下的电商平台品牌，旗下产品主打社交驱动的会员电商平台。2015 年 5 月，云集 App 正式上线。

云集 App 提供在手机端开店的服务，为平台上的店主提供美妆、母婴、健康食品等上万种货源。在云集开微店需要被邀请再注册开店，用户可寻找身边的云集店主，受邀请加入云集微店。云集所有商品不需要打款，不需要压货，店主出售商品后即可获得佣金，云集专属物流中心统一发货。平台上生动有趣的文案和图片，可以一键复制保存，分享到各大社交平台。

2019 年 5 月，云集在美国纳斯达克上市，发行价为 11 美元。2019 年 9 月，云集入选 2018 年零售百强名单。2020 年 12 月，云集被授予 "浙江制造拓市场最具影响力电商平台" 称号。不过云集也曾遭遇挫折。浙江省工商局网站公布的 2017 浙江 "红盾网剑" 专项执法行动十大典型案例中，就包括对云集微店涉嫌网络传销的处罚。

资料来源：历趣网。

从基于专用网的 EDI 电子商务模式，到基于互联网的 B2B、B2C 等电子商务模式，再到借助移动互联网的移动电子商务和社交电子商务模式，电子商务的模式随着科技的发展也在不断创新。

9.1　电子商务的特征和分类

9.1.1　电子商务的特征

电子商务不仅是打开一个新的在线销售渠道，它还带来商业模式转型和提高交易效率；它通过降低成本并与客户、供应商和合作伙伴建立更紧密、反应更迅速的关系来推动企业收入和利润的增加；而且电子商务能够在增加收入的同时建立起客户忠诚度，通过提高订单处理效率降低成本。

相比传统商务模式，电子商务具有以下特征。

1. 虚拟性

电子商务是基于网络的，而网络最突出的特点就是虚拟性，所以电子商务也具有很强的虚拟性。在电子商务活动中，买方看不到卖方的实际店面和商品，只能看到卖方的网站或卖方在交易平台发布的销售信息，而这一切都是虚拟的。

2. 直接性

在网络中，搜索成本较低，并且网络的平等性决定了所有的企业在网上都有相同的被搜索概率和成本。在传统商务中，为了保证商品顺利到达消费者手中，渠道必须是多层次的，但在网络中，用户可以方便地找到企业并进行交易，因此多层次的渠道中间商被取消，商品或服务从直接生产者到最终消费者之间的距离越来越短。传统中间商在不断消失，这种现象被称为非中介化(Disintermediation)；另外，提供服务或管理的电子中间商(Electronic Intermediation)开始出现并生存下来，而且可能走向繁荣，这种现象又被称为再中介化(Reintermediation)。

3. 便利性

电子商务的迅速发展必将使传统的商务活动形式发生新的变化，借助互联网，从采购到商品销售的全过程都将采用电子化。消费者通过互联网只要动动手就可以进入网络商场浏览、采购各类商品，而且还能得到在线服务；商家可以在网上与客户联系，利用网络进行货款结算服务；政府也可以方便地进行电子招标和政府采购等工作。

电子商务还可以让企业更方便地通过电子商务平台在数据库中记录下每次客户的访问方式、企业销售过程、购买形式和购货动态，从中可以分析客户对产品的偏好，了解客户需求，以便改进自己的销售及服务方式。

4. 高效性

进入电子商务时代后，消费者的消费行为和消费需求将发生根本性的变化。由于选择范围的显著扩大，消费者可以在短时间内通过网络从大量的供应商中反复比较，找到理想的供应商，而不必像传统商务那样要花费大量的时间、精力去"货比三家"；消费者的消费行为将变得更加理智，对商品的价格可以精心比较，不再因为不了解行情而上当受骗；消费需求将变得更加多样化、个性化，消费者可直接参与生产和商业流通，向商家和生产厂家主动表达自己对某种产品的要求，定制化生产将变得越来越普遍。

9.1.2 电子商务模式的分类

1. 按交易主体不同划分

按交易主体不同，电子商务模式可分为 B2B、B2C、B2G、C2C、G2C、C2B 等，在第 1 章中已对此进行了探讨。

2. 按交易客体不同划分

按交易客体不同，电子商务模式可分为有形商品与无形商品的电子商务，在第 1 章中也进行了探讨。在线服务作为广义无形商品的一种,是目前网络中广泛提供的一种电子交易对象。

3. 按交易中介不同划分

按交易中介不同,电子商务模式可分为以下两类。

(1) 直接交易。

直接交易是没有中间商的电子交易方式。生产企业通过网络直接将商品销售给用户,如海尔等。此外,经营着离线商店的零售商业也可以采取这种销售模式,如沃尔玛等。

(2) 中介交易。

中介交易是通过网上商品交易中心进行交易的交易方式。网上商品交易中心的作用是将各种供求信息按类别进行划分,可以免去交易双方在网络上的搜索时间,有的商品交易中心还可以进行交易自动撮合。这类中介被称为第三方交易平台,如淘宝、亚马逊、唯品会等。网络中间商取代传统渠道,它是一种建立在互联网经济下的全新营销模式。

4. 按交易实现平台不同划分

按交易实现平台不同,电子商务模式可分为电子商店(Electronic Store)交易模式和电子商厦(Electronic Shopping Mall)交易模式。

在现实世界中,商厦是商店的集合,商店是商厦独立的渠道商。这里把电子商店定义为由单个商店来处理交易项目的电子渠道商;而电子商厦则是由多个电子商店来处理交易项目的电子渠道商或中间商。两者的区分标准是独立商店的数量。在这种模式中,还可以按商店或商厦提供的商品和服务的不同分为通用的电子商厦/商店(Generalized E-Mall/Store)与专用的电子商厦/商店(Specialized E-Mall/Store)。通用的电子商厦/商店指的是提供不同种类的商品,如在线百货商店;专用的电子商厦/商店则提供专门的产品。

按照不同标准还可以划分不同的电子商务模式,如按照交易是否出入境,可以分为境内电商与跨境电商。另外,在移动互联网不断普及,社交网络成为重要流量入口时,社交电商也快速增长。随着商业模式不断创新,一些创新电商模式也层出不穷,如网红电商、众筹电商等。

9.2 基于专用网的 EDI 电子商务模式

9.2.1 EDI 的定义及其原理

20 世纪 60 年代,随着网络技术和计算机技术的发展,基于专用网的 EDI 交易形式开始在各国兴起。

1. EDI 的定义

EDI 即电子数据交换,是指将组织内部及贸易伙伴之间的商业文档和信息,以直接读取的结构化的信息形式在计算机之间通过专用网传输,这些信息的接收者可以直接处理信息。

EDI 电子商务

EDI 是商业贸易伙伴之间,将按标准、协议规范化和格式化的信息通过增值网络,在计算机系统之间进行自动交换和处理。

2. EDI 的原理

EDI 的原理如图 9.1 所示。

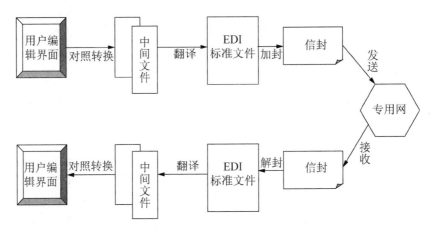

图 9.1 EDI 的原理

在图 9.1 中,用户在现有的计算机应用系统上进行信息的编辑处理,然后通过 EDI 转换软件将原始单据格式转换为中间文件,再通过翻译软件转换为 EDI 标准文件,最后在文件外层加上通信交换信封,通过通信软件发送到增值服务网络或直接传给对方用户;对方用户则进行相反的处理过程,将收到的信息转换为对方用户计算机应用系统能够接收的文件格式进行收阅处理。

3. EDI 的组成要素

(1) 通信网络是 EDI 实现的基础与支撑环境。

EDI 通信网络的连接方式主要分为两类(图 9.2):一类是直接连接方式,用于在贸易伙伴数量较少的情况下,有点对点连接方式、一点对多点连接方式、多点对多点连接方式;另一类是增值网络方式,是利用类似于邮局的第三方网络公司,为发送者、接收者维护邮箱,并提供存储转送、格式转换、安全管理等功能的连接方式。利用建立在公用分组网基础上的增值网络(Value Added Network,VAN)作为 EDI 通信网络环境,通过 X.400 消息处理系统进行 EDI 报文传送,推动了 EDI 跨地区、跨行业的全球性应用。中国公用电子数据交换网(CHINAEDI)由北京、广州、天津、上海、青岛、深圳等 13 个结点组成。各结点之间以系统内部的 OTX 协议经分组网互连,与国外 EDI 网采用 X.400 协议相连。全网实行一级交换,在北京设有全国网管中心。用户终端可通过电话网、分组网、数字数据网、帧中继网、中国公用计算机互联网、综合业务数字网等方式接入 EDI 系统。

第 9 章 电子商务模式

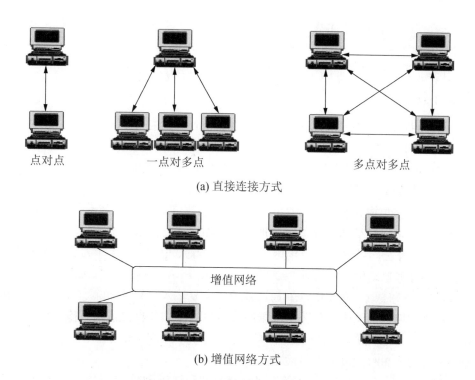

图 9.2 EDI 通信网络的连接方式

(2) 计算机硬件、专用软件组成的应用系统是 EDI 实现的前提条件。

EDI 用户建立计算机应用系统的硬件有计算机、调制解调器等；软件由转换软件、翻译软件和通信软件等组成。

在 EDI 系统中，系统接口非常重要，它是 EDI 系统与现有业务处理系统的有机集成，即 EDI 与其他应用系统的接口。该接口要保证原始数据经过 EDI 翻译后可以顺利通过网络传送给指定的接收者。

(3) EDI 标准化是实现 EDI 的关键。

EDI 报文是由计算机直接处理的数据，因此，对于报文的数据格式必须予以统一，否则计算机将无法直接读取。随着使用范围的国际化，EDI 标准已经有了统一的国际标准。目前最广泛应用的 EDI 国际标准是 UN/EDIFACT。

9.2.2 EDI 的应用及其效益

1. EDI 的应用

(1) 运输业。EDI 能最大程度地利用设备、仓位，为订货代理提供高层次和快捷服务，使其获得更多收益。

(2) 零售业、制造业和仓储业。EDI 可消除生产、销售过程中无直接作用的商务活动，减少数据反复录入、库存数据来回传送与转换，提高货物提取及周转率，增加资金流动性。

(3) 通关与报关。EDI 能加速货物通关，提高对外服务能力，减轻海关业务压力，防止人为弊端，实现货物通关自动化和国际贸易无纸化。

(4) 金融保险和商检。EDI 能简化手续，降低成本，实现快速可靠的支付，能降低影响转账工作所需时间和费用，增加可运用资金比例，加快资金的流动。

(5) 贸易业。无纸贸易提高了国内外贸易的竞争能力。

2. EDI 的效益

EDI 的应用可以给企业带来许多好处，具体的效益体现在以下几点。

(1) 节省成本。

节省的成本包括单据处理成本、人事成本、库存成本等。例如，美国汽车制造业用了 EDI 后，每辆汽车的成本下降了 200 美元。

① 消除了纸张单据成本。自 1992 年 1 月加拿大启用 EDI 清关以来，一年就消除了 1 亿份海关单据。EDI 可以减少和消除单据处理成本，如因重复输入、不正确输入导致的错误单据等。加拿大一家公司统计，它每年可以节省 2.5 万张发票中的 4 千万次按键敲击。美国国防部在单证处理自动化方面投资 7900 万美元，在 10 年中得到了 12 亿美元的回报。

② 降低了人事成本。采用 EDI 后，消除重复输入数据，消除了人工核对，因此降低了人事成本。例如，美国一家公司由于减少了单据操作和免去了人工核对，仅财会部门就减少了人事成本 60 万美元；美国数字设备公司 1991 年 80%的订单、发票和支付通过 EDI 处理，节省了 30%的采购人员成本。

③ 库存成本大幅度降低。EDI 缩短了交易时间和订货周期，同时减少了订货周期中的不确定性。据美国 Navistar 国际公司报道，在开通 EDI 的头 18 个月，它们减少了 1/3 的库存，约 1.67 亿美元。利用 EDI 进行 JIT 管理，最终能实现零库存。

④ 其他成本降低。例如，减少差错带来的成本降低、减少银行贷款带来的贸易成本降低等。

(2) 改进管理。

EDI 支持许多系统的执行，如 MRP 系统、JIT 系统等。美国福特汽车公司把 EDI 看作调节 JIT 的关键，EDI 可以帮助改善生产进程表的稳定性，使整个生产过程顺利进行，生产管理有条不紊，不会停工待料，也不需要庞大的仓库存储大量部件。据统计，一个汽车座椅的制造商，从 EDI 接到订单到座椅被装上汽车，只需 3 个半小时，这 3 个半小时内包括了一个完整的制造循环的过程。该汽车座椅制造商每周收到一份今后 12 周的汽车产量的预告，每天收到一份今后 10 天的生产进度表，这些都是通过 EDI 传递的，在收到生产进度表后，这两份文件就在 MRP 系统中运转，并产生一份 EDI 订单，这份订单将被送到它的供货商那里。

EDI 为用户及时提供高准确度的信息，确保了各成员协同工作，大大提高了用户的操作质量和服务质量，从而改进内部管理。使用 EDI 还能提高工作效率，EDI 消除了大量处理单据的日常工作，为人们腾出时间用于更有效的工作。

(3) 改善客户关系。

EDI 能提高文件处理的速度、简化中间环节，使内部运作过程更合理，可以极大地提高对客户的服务水平；EDI 的快速响应能力，能实实在在地提高销售量；EDI 的快速传递订单的能力，使用户能迅速调整其在市场的位置。

(4) 提高市场竞争力。

EDI可以有效提高企业的国际市场竞争力，EDI使企业与制造商的关系更加密切，同时改善了国际贸易单据的流通。

应用EDI不仅为企业带来经济效益，同时也为整个社会带来经济效益。

① EDI可以实现无纸贸易，提高贸易效率。EDI可以加快贸易循环，加快信息流、物流与资金流的运转，同时降低社会或政府组织的成本。据联合国贸发会统计，直接成本和文书工作成本占国际贸易总值的10%。

② EDI还引起贸易方式的变革，促进了生产、流通领域经营体制的改革。EDI改变了贸易方式，使贸易伙伴之间建立更密切的关系，增加了贸易的机会，提高企业对市场变化的应变能力，促使企业进行业务流程重组。EDI使产供销及最终用户更合理有效地进行流程管理和资金管理，从而带来了这些领域的经营体制的改革。

③ EDI对整个国家和地区带来了发展优势。EDI的应用提高整个国家的运行效率，为国家带来战略性优势；EDI应用降低行业、政府、整个国家的总体成本或中间成本，从而发挥了经济效益优势；EDI应用带来竞争优势，使国家在国际上的总体竞争地位提高。正是在这些优势的综合作用下，EDI为国家带来了发展优势，促进了整个国家的发展。

9.2.3　EDI的发展——历史与未来

1. EDI的标准发展

(1) 产业标准阶段(1970—1978年)。

20世纪70年代，美国运输行业公司联合，成立运输数据协调委员会(Transportation Data Coordinating Committee，TDCC)，目的是开发一种传输运输行业文件的共同语言或标准。1975年公布第一个标准，继TDCC后，零售业标准UCS、仓储业标准WINS相继公布。

(2) 国家标准阶段(1979—1984年)。

商业交往日常交易的对象并不局限在同一行业或产业之间，因此在1979年，美国国家标准协会授权ASCX12委员会依据TDCC标准，开发建立跨行业的EDI国家标准——ANSI X12；与此同时，受联合国授权，由联合国欧洲经济理事会第四工作组UN/ECE/WP.4负责制定EDI标准——GT-DI。

(3) 国际通用标准阶段(1985—1989年)。

20世纪80年代中期，欧洲国家及澳大利亚、韩国、新加坡等国家都在许多领域推广应用EDI，并纷纷制定各自标准，标准之间互不统一，无法进行国际交流，因此在联合国的支持和协助下，两大标准在广泛接触与合作后，仍由UN/ECE/WP.4制定国际性EDI标准——UN/EDIFACT标准，并在各国得到普遍应用。

(4) 基于互联网的EDI应用技术标准不断完善和发展阶段(1990年至今)。

20世纪90年代初，全球贸易竞争日趋激烈，EDI在国际贸易活动中的作用越来越显著，EDI的广泛应用，对以往国际贸易法规形成了强大的冲击。

2. EDI 在各地的发展历史

EDI 在欧洲、北美、大洋洲及亚太地区等都有相当普遍的应用。

(1) 美国。

EDI 最初在 20 世纪 60 年代后期被引进美国运输业。1968 年，美国银行联合进行无纸交换金融信息——EFT。1972 年，第一个自动票据交换所系统成立。1975 年，TDCC 发布了第一个 EDI 行业标准。1988 年，美国已有 5000 家公司利用 EDI，且前 100 强大型企业均已使用 EDI，前 500 家企业中有 65%使用了 EDI。1997 年 1 月，美国政府采购开始使用 EDI 方式。1998 年，美国应用 EDI 的企业超过 5 万家，建成全国 EDI 贸易服务网络，公司生产率提高，每份文件的处理成本从 5 美元降至 0.8 美元，贸易与通关文件审批时间由 24 小时缩短为 15 分钟。20 世纪 90 年代中期以来，由于"信息高速公路"计划的大力实施和互联网技术的迅猛发展，美国应用 EDI 的企业数量增势才明显趋缓。

(2) 欧洲。

欧共体委员会自 20 世纪 80 年代建立贸易电子数据交换系统，到现在西欧各国的 EDI 应用相当普遍，存在许多行业性的 EDI 网络。1987 年，英国、荷兰、德国的十几家码头与船公司成立了船舶规划信息发展小组(Ship Planning Message Development Group，SMDG)协会，实现船图、船期的 EDI。荷兰鹿特丹港的 EDI 服务系统用户除港口企业外，还有制造商、装卸企业、铁路服务代理、货运代理等 180 多家公司，该系统除了用于报关外，还用于处理运输指令、国际铁路运单、装运通知、装货清单、货物进出门等信息，每天可处理 2000 条信息。德国汉堡港海运 EDI 中心始建于 1983 年，其用户有 200 多家，其中货代 115 家，船代 54 家，理货 7 家，码头 15 家，其他(海关、铁路和港务局等)16 家。1983 年，法国勒阿佛尔港建立了 EDI 系统，它主要用来服务货运代理商，后来由于运行非常成功，很快所有的贸易部门和港务局都使用了该系统。比利时安特卫普港的信息控制系统 APICS 是 1989 年 4 月投入使用的，它是安特卫普港务局的信息处理系统，被广泛应用于船舶到港、离港计划及控制港口的水路交通。

20 世纪 80 年代后期，欧共体为适应欧洲经济一体化及全欧单一市场的趋势，耗资 3680 万欧元，着手建立一项名为 TEDIS 的贸易电子数据交换系统的项目。其任务是建立起一个系统框架，将行业 EDI 与跨行业 EDI 合而为一，促进欧洲经济的发展。

(3) 日本和新加坡。

亚太地区的电子信息技术及互联网普及率相对落后于欧美国家，亚洲国家已积极开展了基本网络建设工作，迎接 EDI 的到来，在这方面，日本和新加坡走在最前面。

日本的 EDI 用户大约有 5 万个，其中最多的是销售行业的公司或机构。它们建立了电子订货系统，采购、订货报关、结算货款、信息发布都使用了 EDI。

新加坡的 EDI 起步较晚，但速度较快。从 1989 年开始，新加坡投资 2.5 亿美元，仅用一年的时间就建立了一个全国性跨行业的 EDI 网络——TRADE NET，用来促进贸易发展，当年就有 40%的贸易申报工作在该网络上以 EDI 方式进行。TRADE NET 与其他国家的 EDI 网络互连，使各国的贸易资料能够共享，此外，用户还可在网络上得到有关资料库的服务，如国家及港口代码、货物分类、进出口管制项目、外汇汇率、港口数据库、船期、飞机航班表、贸易统计数据等。随着 TRADE NET 的成功运行，新加坡又进一步将 EDI 应用推广到其他与贸易相关的行业。实现与港口网络的互连，使贸易网络的用户可以直接进行电子订舱、预定港口设施等。同时新加坡政府还在网上建立了一套完整的贸易电子数据服务系统，包括商业信息的商业网络和提供法律帮助的法律网络，两者都为用户提供大量的信息，帮助用户发现商业机会和在做商业决策时当机立断。

据新加坡有关方面统计，在使用了 TRADE NET 系统以后，新加坡贸易企业总体生产力提高了 30%，成本降低了 50%，提高了新加坡贸易企业、运输业及贸易运输代理业的国际竞争力。该系统运行以来，已为新加坡政府和商业企业节省了数十亿新加坡元的费用。

(4) 中国。

全球性的 EDI 浪潮也影响到我国。我国是 1990 年引入 EDI 概念的，成立了中国促进 EDI 应用协调小组来促进 EDI 的应用。我国已决定采用 UN/EDIFACT 标准，并发展自己的子集。1992 年 5 月，在北京召开的 EDI 战略与标准化研讨会拟定了《中国 EDI 发展战略与总体规划建议(草案)》。

外经贸部于 1990 年和 1991 年分别召开第一届中文 EDI 标准研讨会和无纸化贸易战略与技术研讨会，并把 EDI 列入"八五"重点应用项目。1995 年 11 月，我国外经贸网络网点在北京中心成立，它运用现代化计算机网络系统和现代通信技术，积极开拓外经贸领域内的 EDI 应用。外经贸部有四个 EDI 项目被批准为国家"八五"科技攻关项目：外经贸计算中心的国家外贸许可证 EDI 系统，中国对外贸易运输总公司的中国外运海运/空运管理 EDI 系统，中国化工进出口总公司的中化财务、石油、橡胶贸易 EDI 系统。中国海关在 EDI 应用方面的步伐较快，实现了报关自动化系统，以及电子口岸的建立。

3. EDI 的未来发展

(1) 传统 EDI 存在的问题。

EDI 的运行费用相当高，这是阻碍 EDI 发展的重要原因。这些费用包括系统集成费、入网费、传输线路租用费或信息传输费等。EDI 系统一般是针对每个企业专门开发的，由于不同企业往往根据自身需要对标准进行选择，所以还需要复杂的转换与翻译软件。

(2) EDI 与互联网的结合。

费用是中小企业实现 EDI 贸易的重要障碍，而互联网的使用可以解决这一问题。但由于互联网是开放的公用网络，因此在互联网上实现 EDI 交易要充分考虑安全问题，保证信息传输的保密性和完整性，防止非法用户对系统资源或系统服务的访问和利用等。目前已经尝试的结合方式有以下四种。

① Internet Mail 方式。用互联网服务提供商的网络接入代替增值网络，价格能便宜许多，其最大弊病是安全性差，当然也可以用私有增强邮件 PEM 和 PGP 解决安全问题。

② Standard IC 方式，如 OBI。OBI 是一组针对大量的、低价格的交易定义的简洁的消息，并使其成为标准。

③ XML/EDI 方式。XML 是 HTML 的变体，可以表明页面的数据代表什么内容，从而突破了 HTML 固定标记集合的约束。

④ Web-EDI 方式。其目标是减少中小企业的费用，允许中小企业通过浏览器和接入互

联网来执行 EDI 交换。较大的企业针对每个 EDI 报文开发或购买相应的 Web 表单，改造适合自己的译文，发布到网上，表单成为 EDI 系统的接口。较小的企业登录到 Web 站点，选择自己感兴趣的表单填写，提交到服务器并转换成 EDI 标准格式。大企业承担了所有实现 EDI 的费用，但获得低出错率，而小企业则只需一个浏览器和接入互联网，就能实现与大企业的 EDI 交换。

9.3 基于传统互联网的电子商务模式

20 世纪 90 年代开始，开放的互联网在全球快速发展，各个国家的不同网络相继接入互联网，一些电子商务转向开放的互联网上。1995 年亚马逊网站的推出，更是这一趋势的代表性事件。基于以个人计算机为主要终端的传统互联网，电子商务出现了许多创新模式，而 B2C 和 B2B 就是其中的代表。

9.3.1 B2C 电子商务模式

B2C 电子商务已经成为十分成熟的电子商务模式。开展 B2C 电子商务时企业需要考虑以下方面。

1. 无实体店和有实体店的选择

企业开展 B2C 电子商务面临的选择之一是是否建立实体店，实体店对于企业来说提高了运营成本，但同时也解决了物流等一系列问题。

例如，网上书店的竞争正变得日益激烈，很多企业正在进行新的市场定位(如定位于二手书、技术类书籍、儿童书籍等)，在定位时应考虑是否需要实体店来支撑网上商店。

案例 9-1

亚马逊和 Barnes & Noble

1994 年由杰夫·贝佐斯创立的亚马逊(Amazon.com)今天已经成为互联网零售业的巨头。亚马逊在最初 5 年内几乎没有盈利，营业收入大部分投入到了网站的技术升级和物流配送体系的建设，一度引起股东的抱怨。2001 年的第 4 季度，亚马逊首次实现了盈利，当季营收超过 10 亿美元，净利润约 500 万美元。成立之初，亚马逊定位于成为"地球上最大的书店"。1997 年以后，借助于已经较为成熟的销售平台和物流配送网络，亚马逊开始提供更为丰富的商品选择，目标是成为"最大的综合网络零售商"。2001 年以后，亚马逊开始不断开放自己的网络平台，推广第三方开放平台，从而从一个网络零售商转变为网络服务提供商。亚马逊公司的网站主域名 Amazon.com 在 2008 年全年的访客数量至少达到 6.15 亿次，是当年沃尔玛超市门店顾客数量的两倍，2015 亚马逊美国站的日均访问达到 3310 万次，总访问量达到 9.25 亿次。截至 2018 年 4 月，亚马逊金牌会员用户数超过 1 亿。而 2020 年以来的新冠肺炎疫情，更是让亚马逊 Prime Video 全球用户数达到 2 亿。

Barnes & Noble 于 1873 年在纽约创立，是美国最大的传统连锁书店。它在美国 50 个州拥有 680 多家零售店，经营产品包含数字媒体、教育和内容产品，具体有音乐、玩具、图画小说、游戏、平板电脑、杂志和报纸等。在亚马逊这一强大竞争对手冲击下，1997 年，Barnes & Noble 通过与 Lycos 搜索引擎的合作，在网上开始自己的反击，很快在网上书市中获得 15%的市场份额。1999 年，Barnes & Noble 正式在网上建立网上书店，并获得 Ingram 公司的技术支持。表 9-1 是亚马逊和 Barnes & Noble 两家公司的比较。

表 9-1 是亚马逊和 Barnes & Noble 两家公司的比较

比较项目		亚马逊	Barnes & Noble
经营方式	员工	只有几百人	几万人
	店铺	店铺少	1000 多家分店
	租金	每年不过几百万美元	上亿美元
	产品数量	多达 300 多万种	总共 20 多万种
	商品库存比	如果 Barnes & Noble 为 100%，亚马逊则只为 20%	
	库存天数	最短为 0，最多 15 天	最短 60 天，最长达 180 天
经营指标	存货周转比例	2%	30%
	存货周转次数	每年周转 24 次	只有 3 次
	长期资本	固定资产投资少、租金低	对长期资本的要求非常高
	现金流量	现金流量高	现金流量低
资金运作方式		书售出后 46 天才向书商支付	预先支付或售后立刻支付

今天，许多媒体将同时线上和线下交易的模式称为 O2O(Online to Offline)，即将线下商务的机会与互联网结合在一起，让互联网成为线下交易的前台。这样线下服务就可以通过线上来揽客，消费者可以在线上筛选服务和结算。

2. 完全直销和部分直销的选择

企业采用直销模式时是选择全部业务在线处理的完全直销，还是部分业务在线处理、部分业务线下处理的部分直销，也是企业在选择商业模式时需要考虑的重要问题。

例如，戴尔公司就是一个采用完全直销的案例，当然能顺利开展直销模式需要克服一些管理上的难题，戴尔主要依赖早期的电话直销的丰富经验，其他企业也可以结合自身资源优势开展完全或部分直销。

案例 9-2

福特汽车的部分直销

一般来说，在网上接单可以跳过汽车销售商，进而减少销售费用，增加企业利润。但是，汽车厂家不能完全抛弃汽车销售商，因为很多客户不想在网上购买汽车。在这种情况下，把汽车销售商作为合作伙伴是一种合理的选择。

例如，福特汽车厂商在网上接到订单以后，就把订单转给有库存的最近的汽车销售商，由汽车销售商给顾客发货。但这样厂商必须知道汽车销售商的库存情况。

客户登录福特网站，选择汽车样式、外观、内饰等，网上销售系统会提供汽车的价格等信息，以便客户决定最后配置；福特会搜索附近的汽车销售商，并把汽车的购买信息传给汽车销售商；汽车销售商会跟客户联系，商谈价格与汽车配置，最后签订合同并发货。

3. 产品销售和在线客户服务的选择

企业在网络上是提供产品的销售，还是只提供产品的售后或配套服务，也是企业开展B2C电子商务时需要考虑的。

企业网站除了可以进行产品销售，另一个主要功能是在线客户服务。提供在线客户服务是伴随在线销售而出现的，它既给在线销售的产品提供服务，也给非在线销售的产品提供服务。例如，惠普公司的服务及支持主页提供软件支持、硬件支持、咨询、客户培训等服务，据报道，其65%的客户服务是在网上完成的；思科公司投资2000万元建设基于互联网的客户服务系统，为其节省了5亿元的服务支持费用。

4. 以宣传为主和以交易为主的选择

很多百货商店和折扣店都在网上建立了电子商店，一开始这些网站的主要目的是进行广告宣传，以便把客户吸引到实体店，但现在很多网站也接受在线订单和在线支付。

案例 9-3

JCPenney 和沃尔玛的电子商店

JCPenney是一家知名的百货商店，有1200家实体商店。它的网站定位主要是为实体店的客户提供服务(在网上为客户提供产品目录)。以前主要为客户提供纸质商品目录，不但费用投入较大，而且维护困难，通过电子商店很好地解决了这个问题。

在1998年，沃尔玛在网上提供超过80000种商品，分布在世界各地的主要分店，如英国的Marks & Spencer、法国的La Redoute、日本的Jusco等都开设了电子商店。但是沃尔玛的电子商店之路并非一帆风顺。例如，2005年沃尔玛曾因为成本太高和履约困难，取消了在网上服装的销售，但在2008年，又重新恢复，而且在沃尔玛网站购买的任何一款服装，如果不合适，可以到其任何一家实体店退换。

资料来源：浙江服装网。

一个现实的问题是：这些电子商店能为客户创造额外的价值吗？是否降低了价格、减少了购物时间、提供不易在实体店找到的商品、使客户购物更方便？如果没有这些好处，客户是不会被吸引到电子商店来购物的，还是会去实体店购物。但是许多百货商店即使在网上没多少销售额，还是会提供电子服务，因为它可以作为一个广告渠道。

5. 服务覆盖范围的选择

在线销售和服务的覆盖范围也是B2C电子商务模式中的重要选择，尽管互联网具有无边界性，可以覆盖全球市场，但是在实际运营过程中，由于各种因素的限制，如产品保鲜、服务网络的地理限制、配送费用的快速增长等原因，销售活动还是受到一定的限制，提供区域性服务可能也是很好的选择。

案例 9-4

Peapod 公司的区域性电子商务

Peapod 公司是一家网上超市，为客户提供广泛的产品选择及本地的配送服务。1989 年成立的 Peapod 为其客户提供送货到家的服务。到 1998 年，Peapod 在芝加哥等十几个美国城市的超市里提供这种服务，服务对象超过 103000 人，它的商业信条是"为忙碌的人购物提供帮助"。1996 年 Peapod 公司在纳斯达克成功上市。

Peapod 公司的网站中提供商品图片、客户的历史购买记录、食品烹饪法以鼓励客户重复购买。平时较忙的客户在线订货，附近的伙伴超市负责选货并在 90 分钟之内或约定的时间把货送到客户家里。30 分钟以内的送货需要额外加钱。整个处理和配送费用是 6.95 美元加上 5%的销售额。与其他电子商店不同的是，Peapod 还向客户收取每月 4.95 美元的会员费。尽管有这些额外的费用，但还是得到 80%以上客户的认可，因为这为他们节省了大量的时间。

6. 独立网站交易和第三方平台交易的选择

企业开展 B2C 电商业务时，可以选择自己开发网络平台面向客户进行交易，也就是自建交易网站；或者选择某一中介销售平台，在其平台上建立一个网店。两种模式各有优缺点，如果资金充足，企业也可以选择自建网站和在第三方平台同时开展电商业务。

案例 9-5

麦包包——从第三方平台为主转向独立网站为主

麦包包成立于 2007 年，是国内领先的时尚箱包网站。得益于世界范围的互联网浪潮及中国电子商务环境的成熟与飞速发展，麦包包凭借丰富的产品线、时尚的设计、优异的性价比和精准的市场定位，满足时尚女性对时尚包袋的大部分需求，迅速在电商市场占据一席之地。

麦包包较早入驻淘宝商城，并取得骄人业绩，2009 年 9 月麦包包荣获中国第六届网商大会"全球十大网商"称号。

到了 2011 年，麦包包正式推出自己的独立官方网站，不再依附于第三方平台发展将大部分交易引流到自己的官网上实现，同时还布局了移动端，实现业务的更快发展。

资料来源：麦包包官网。

以上列举了开展 B2C 电子商务可采用的类型，但无论企业选择哪一种类型，营利是最主要的需求。因此首先是解决成本控制问题，如交易量太少，达不到规模效益时造成成本问题，以及由于企业自身经营不善或客观原因造成的运营成本太高；其次是发挥电子商务快速方便的优势；最后经营者要对电子商务有一个战略性的认识，不能只想短期套利。

9.3.2 B2B 电子商务模式

1. B2B 的优势

(1) B2B 市场发展潜力大于 B2C。企业间电子交易的主体是中间产品，而企业与顾客之间交易的是最终产品，两者的交易规模相差较大。

(2) B2B 能实现双赢。买方可以在众多供应商中挑选，卖方可以了解市场需求，减少因不了解市场造成的供应错误；中小企业也有机会参与进来，降低了交易门槛。

B2B 电子商务模式

(3) B2B 交易周期短，充分改善了供应链。供应链是企业得以生存的重要商业循环系统，降低供应链的运营成本对于企业提高利润有重要影响。B2B 电子商务技术通过互联网，动态维持企业的供货、合同制造、分销、运输，和其他贸易伙伴一起建立高效的全球供应链系统；交易周期的缩短提高了企业的市场响应速度，也降低了库存的成本。

(4) B2B 提供高效的客户服务。企业不仅可以在线提供产品，还可以在线提供咨询、技术支持、订单跟踪与网络培训等服务。

 案例 9-6

通用电气公司的采购变革

在第 2 章曾举了通用电气公司照明设备分部的采购变革案例，通用电气公司在变革后所采用的模式就是一种 B2B 电子商务。

1982—1992 年，通用电气公司的材料费用增长了 16%，然而其产品价格保持平衡，后几年还略有下降。针对这种情况，通用电气公司开始着手改进它的采购系统。公司分析了采购流程，发现采购过程效率不高，包含太多的业务处理过程，没有利用公司采购量大的特点获得最好的价格，另外，每年约一百万张发票中有超过 1/4 需重新整理，因为订单、收货单、发票对不上。

1996 年，通用电气公司首先建立了在线采购系统，称为交易处理网(Trade Process Network，TPN)。现在，资源部门通过企业内部网接收各部门的采购申请，然后通过互联网把公司的招标文件传给世界各地的供应商。供应商收到招标文件后，通过 E-Mail、EDI、传真等与公司联系，核实产品的基本性能要求，然后把投标文件通过网络传给通用电气公司，公司把投标文件传给评标的专家。中标者通过网络与通用电气公司签订合同。

1. TPN 为企业带来的好处

(1) 采购工作量减少 30%，同时因为在更大的范围内采购，材料费用下降了 5%~20%。

(2) 把资源部门从繁重的事务工作中解放出来，每月至少有 6~8 天时间可以用来研究一些战略性的问题。

(3) 从供应商识别到合同签订，原来需要花费 18~23 天，现在只要 9~11 天。

(4) 由于从头到尾都用电子化的方法处理，使得发票与订单更加一致。

(5) 分布在世界各地的采购部门共享优质供应商的信息。

2. TPN 为供应商带来的好处

(1) 供应商有更多的机会在通用电气公司的各部门出现，提高了它们与通用电气公司的业务量。

(2) 公共招标平台网站与供应商联系，该网站专门用于公共采购，登记有几千家供应商。

通用电气公司的经历是一个很典型的 B2B 案例，它显示企业可以用电子商务彻底变革企业采购流程，同时也显示电子商务的多种好处及通用电气公司的两种战略：先从一个部门开始电子商务，然后推广到其他部门；用企业站点作为公共竞价场所，从而为企业创造利润。

2. B2B 的模式

按照不同的分类标准，B2B 可以分为不同模式。

(1) 按 B2B 网站内容不同分类。

① 水平型网站。这是提供某一产品及其相关产品的一系列服务的网站。该类网站的优势在于产品的互补性和便捷性。

② 垂直型网站。这是在某一行业内力求面向全范围的网站，如化工和服装等。

③ 专门型网站。这是专门提供某一类特定产品的网站，类似于专卖店。除面向企业客户外，该类网站往往成为垂直型和水平型的供应商。

(2) 按参加交易的主体不同分类。

① 协同交易。协同交易机制的建立者与拥有者是交易双方之外的第三方。

② 联盟交易。联盟交易机制是同行业内领头公司结盟，再结合电子商务技术伙伴建立。它可分为两类：采购入口网站，偏向于为买家提供服务，如航空业；供货入口网站，结合几家大供应商，供应给多家买家。

③ 专属交易。专属交易一般由一家大型企业独自建立，提供给体系内成员包括协同运作的厂商，进行交易。

(3) 按交易的控制权不同分类。

① 卖方主导市场。以卖方市场(以一个供应商为中心的推广型网站，如戴尔等)为主导是最通用的 B2B 模型，大多数制造企业的电子商店属于这种类型。这种模式的结构框架和运作过程与 B2C 十分类似。

如果某个供应商拥有足够多的忠诚客户而且订单较多，则采用供应商主导的市场也是一种可选方案。

 案例 9-7

思科在线连接

1997 年，思科总的销售额是 6.4 亿美元，其中在线销售占 1 亿美元。这些年来，思科的网站每年都在改进，从一开始为客户提供技术支持到现在成为全球最大的商业站点之一。今天思科为终端用户和经销商提供几乎所有的互联网应用服务。思科网站提供的服务包含以下内容。

(1) 客户服务。1991 年，思科开始通过互联网提供客户支持，首先应用的领域是软件下载、缺陷追踪、技术建议等。1994 年春，思科把客户服务系统放在网站上，并将其命名为思科在线连接。到 1998 年，思科的用户和经销商访问思科网站接受技术帮助、查询订单、下载软件的人次每月超过 100 万。在线服务被广泛接受，70%的客户咨询及 90%的软件更新都在线完成。

(2) 在线订货。思科实行虚拟化生产方式，所以它几乎没有库存。在思科网站建立之前，订购思科产品很费时间且程序复杂。

(3) 查询订单状态。1998 年，思科的网站每月接到大概 150000 次问题咨询，如"订单完工没有""客户等级如何划分"等问题。思科把这些问题的答案放在网站上，由客户自己来查找。另外，订单当前的状态信息也可以通过网站查询到。

思科的网站为思科带来以下利益。

(1) 减少运行费用。仅 1998 年思科节省运行费用 3.63 亿美元，占总费用的 17.5%。

(2) 增强技术支持和客户服务。70%的技术支持和客户服务是在线进行的，效率提高 2~3 倍。

(3) 减少了技术支持人员。每年大概减少技术支持人员的费用在 1.25 亿美元左右。

(4) 减少软件传递费用。客户直接从网站下载软件，每年节省传递、复制、包装费用 1.8 亿美元。另外，每年约节省产品目录和宣传资料的印刷和制作费用 5000 万美元。

② 买方主导市场。以买方市场(以一个买家为中心的采购型网站，如通用汽车等)为主导，购买者自己建立网站，邀请潜在的供应商参与投标。

在电子采购中能够快速见效的是 MRO(Maintenance, Repair and Operations，维护、维修和运营)项目的采购。所有的手工程序包括购买需求的产生、询价、邀请供应商、订单的发送、商品接收、货款支付都可以流程化和自动化。当然这时采购人员不仅要熟悉内部流程，还要会访问供应商的网站。

例如，通过在线订购，为思科和其客户节省了很多时间，提前期从 4~10 天减少到 2~3 天，订单按时交货率提高了 20%。

③ 中介主导的市场。这是建立一家电子中介企业，开办一个市场，在这个市场中，买家和卖家实现交易。这个概念跟 9.1.2 节中介绍过的基于中介的电子商厦类似。

案例 9-8

波音零部件网站——把航空公司与 300 多家零部件厂商联系起来

波音公司作为电子中介把航空公司与零部件厂商连接起来。在为航空公司提供维护零部件的过程中，波音公司起到了一个中介者的作用。

1. 用传统 EDI 进行交易

对波音公司的客户来说，备件的订购需要多个步骤。当需要的时候，航空公司的技师通知采购部门，采购部门审核以后用电话或传真发送给波音公司，这时航空公司可以不管备件是谁生产的，但波音公司得查找谁生产该备件，并要求其把备件配送到目的地(除非波音公司的仓库中正好有这种备件)。

由于备件的需要量及时间比较有规律，所以一些大的航空公司开始用增值网络与波音公司建立 EDI 连接。到 1992 年，大概有超过 10%的航空公司、超过 60%的备件订购采用 EDI 方式来进行。但因为费用较高和 EDI 的复杂性，之后使用者的数量没有多大变化。

2. 用互联网上的波音零部件网站进行交易

波音公司把互联网看作促进客户采用电子化方式订购零部件的一次机会，因为互联网的交互功能，很多客户服务功能(以前用电话处理)现在也可以在网上进行。因此 1996 年 11 月波音公司在网上推出零部件网站，方便客户核查零部件的有效性、询价、订购零部件、跟踪订单状态。不到一年，50%的客户用它进行零部件订购和客户服务咨询。在运行的第一年，零部件网站处理了 50 万个来自世界各地的咨询和业务。

波音公司同时利用网站，提供对技术图纸、支持资料的简便访问。航空维护通常在飞机到达的世界各地进行，技术人员会在世界各地飞来飞去，通常身边要带很多参考资料，有时多达几万页。针对这种情况，1996 年 2 月波音在线数据(Boeing Online Data，BOLD)投入运行，上面不仅有工程图纸，还有手册、目录和其他技术信息。之后简便维护帮助(Portable Maintenance Aid，PMA)系统投入运行，主要用于解决客户的简单问题。

3. 波音零部件网站为波音公司带来的好处

波音零部件网站的基本目标是改善客户服务，当使用的客户越来越多时，也为波音公司节省了运营费用；减少电话服务咨询，因为客户自己登录网站就可获取相应信息；零部件被退回的可能性大大降低，因为管理的错误大为减少。

4. 波音零部件网站为客户带来的好处

提高生产效率，如欧洲航空公司因为使用该网站减少飞行延误 5%～10%；减少费用，如欧洲航空公司每年因此能节省 150 万美元；节约时间，如欧洲航空公司每年对每架飞机的维护节省 1～2 天，增加收入 4300 万美元。

9.3.3 跨境电子商务模式

1. 跨境电子商务的分类

跨境电子商务(Cross-Border E-Commerce)是分属于不同国家或地区(关境)的交易主体，通过电子商务手段(平台)将传统进出口贸易中的展示、洽谈和成交环节电子化，达成交易，实现支付结算，并通过跨境物流及异地仓储送达商品、完成交易的一种国际商业活动。

按照不同的分类标准，跨境电子商务有不同的分类。

(1) 按照交易主体划分。

① B2B 跨境电商，指分属不同关境的企业对企业，通过电商平台达成交易、进行支付结算，并通过跨境物流送达商品、完成交易的一种国际商业活动，现已纳入海关一般贸易统计。典型的交易平台有敦煌网、阿里巴巴国际站、环球资源网等。

② B2C 跨境电商，指分属不同关境的企业直接面向消费者开展在线销售产品和服务，通过电商平台达成交易、进行支付结算，并通过跨境物流送达商品、完成交易的一种国际商业活动。典型的交易平台有速卖通、亚马逊、兰亭集势等。

③ C2C 跨境电商，指分属不同关境的个人卖方对个人买方开展在线销售产品和服务，由个人卖方通过第三方电商平台发布产品和服务信息，个人买方在线进行筛选，最终通过电商平台达成交易、进行支付结算，并通过跨境物流送达商品、完成交易的一种国际商业活动。典型的交易平台有天猫国际等。

(2) 按照关境分类。

① 跨境出口电商，指国内企业借助跨境电商平台与关境外企业或消费者实现交易。例如，速卖通平台让中国企业将产品卖给国外的消费者；敦煌网平台则将产品卖给国外的小微企业；阿里巴巴国际站则借助平台找到国外的大中小各类企业进行交易。

② 跨境进口电商，指企业或海淘客借助电商平台将国外产品引入国内。例如，网易考拉邀约国外品牌入驻平台，将国外产品卖给国内消费者；洋码头借助国外买手将国外商品用视频直播的方式介绍给国内买家；小红书则通过社区模式帮助国外消费者向国内海淘客分享国外购物经验和产品。

(3) 按照跨境电商交易平台分类。

① 第三方开放平台。平台型电商通过在线上搭建平台，并整合物流、支付、运营等服

务资源，吸引商家入驻，为其提供跨境电商交易服务。第三方开放平台以收取商家佣金及增值服务佣金作为主要盈利模式。典型的交易平台有速卖通、敦煌网、环球资源网、阿里巴巴国际站等。

② 自营型平台。自营型电商通过在线上搭建平台，平台方整合供应商资源通过较低的进价采购商品，然后以较高的售价出售商品。自营型平台主要以商品差价作为盈利模式。典型的交易平台有兰亭集势、米兰网、大龙网等。

③ 外贸电商代运营服务商模式。服务提供商能够提供一站式电子商务解决方案，并能帮助外贸企业建立定制的个性化电子商务平台。这种平台的盈利模式是赚取企业支付的服务费用。代表企业有四海商舟、锐意企创等。

2. 跨境电子商务的发展

20 世纪末出现了帮助中小企业外贸出口的 B2B 平台，如阿里巴巴国际站、中国制造网、中国化工网等。这一阶段被称为跨境电商 1.0 阶段。这时的电商平台主要是企业信息及产品的网络展示，平台以收取会员费为盈利模式，不涉及其他交易环节。

从 2008 年开始，随着跨境支付、物流等服务水平的提高，一些面向国外消费者的中国跨境电商零售出口业务(B2C/C2C)蓬勃发展起来，如兰亭集势、速卖通等。这一阶段也被称为跨境电商 2.0 阶段。这时，跨境电商平台已经将交易、支付、物流等流程实现电子化，平台盈利模式也从收会员费改为以收取交易佣金为主，即按成交金额来收取百分点佣金。

有媒体称 2014 年为中国跨境电商元年，因为在这一年中传统零售商、海内外电商巨头、创业公司、物流服务商、供应链分销商纷纷入局跨境电商。例如，国内京东、网易等互联网公司都开创了海购板块，并将海购板块提升至战略地位；海外电商如亚马逊则进驻中国市场，并充分利用其国际化优势；中小创业公司纷纷获得融资进入跨境电商行业，如跑在一线的蜜芽、洋码头，以及后起之秀小红书都已相继走到 C 轮融资阶段。而且从 2014 年开始，海关总署发布的 56 号和 57 号文件出台，从政策监管的层面承认了跨境电子商务模式。物流供应链服务商则纷纷发挥自身行业优势，优化供应链，为行业发展保驾护航。许多资本还放眼于海外仓建设，来解决跨境电商海外仓储和物流的成本问题。各类跨境电商服务商层出不穷，围绕电商产业提供服务的企业团体不断增加，并不断细分和专业化，如运营类、拍摄设计类、推广类、快递类、培训类、咨询类、数据服务类等。此阶段跨境电商经营者已经从草根创业向工厂、外贸公司转变，且具有极强的生产设计管理能力。

3. 跨境电商与"一带一路"倡议

(1) "一带一路"倡议与跨境电商发展相辅相成。

2016 年，"十三五"国家信息化规划首次提出网上丝绸之路建设优先行动，作为我国未来五年的优先战略重点行动。网上丝绸之路是由中国与"一带一路"沿线各国，加强网络互联、信息互通所形成多领域、多层次基于"互联网+"的信息经济带。

中国"一带一路"倡议将打破传统贸易壁垒，有效促进沿线国家发展共赢，给中小企业带来大量贸易机会。这一倡议将有助于通过网上丝绸之路建设，推动沿线国家跨境电商领域进一步深入发展。反过来，跨境电商合作可以更好地实现"一带一路"沿线国家贸易畅通，更好地惠及当地民众。

"一带一路"倡议还促进了中国与其他国家在跨境电商方面达成合作协议，如 2016 年 6 月中国与东盟七国签署《中国—东盟跨境电商平台运营与管理机制备忘录》，2016 年 11 月与智利签署《中国商务部与智利外交部关于电子商务领域合作的谅解备忘录》等。而跨境电商的合作，也增强了中国与"一带一路"沿线国家的连接强度。

(2) 跨境电商连接指数。

跨境电商连接指数(E-Commerce Connectivity Index，ECI)用来反映中国与"一带一路"沿线国家在跨境电商贸易方面的连接紧密程度。出口指数越高，表示该国购买"中国制造"的商品越多；进口指数越高，表示中国消费者购买该国商品越多。"一带一路"沿线国家 2016 年 ECI 前 20 的国家如图 9.3 所示。

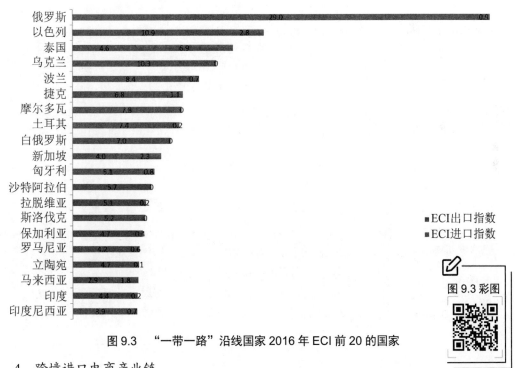

图 9.3　"一带一路"沿线国家 2016 年 ECI 前 20 的国家

4. 跨境进口电商产业链

中国的跨境进口电商的产品品类更丰富，物流模式更多样化。根据阿里平台的大数据分析，发现中国网民最喜欢购买的世界各地的产品包括：泰国的乳胶枕和香米、新加坡的精油和叶黄素、马来西亚的饼干和速溶咖啡、以色列的脱毛器、捷克的粉底液、匈牙利的巧克力、俄罗斯的糖果、菲律宾的芒果干、希腊的橄榄油、印度的地毯、斯里兰卡的红茶、阿联酋的椰枣、伊朗的藏红花、叙利亚的手工皂等。

海外品牌商、渠道商、个人卖家等借助 B2B 中间商平台、跨境进口零售商平台，在跨境进口综合支撑服务商(支付、物流、转运公司、清关、其他服务)的帮助下，将产品卖给中国消费者，产业链开始逐渐形成(图 9.4)。

根据易观国际2018年的统计数据，除了许多国外品牌商在国内海购市场有较大影响力，一些B2B交易平台，如慧聪网、跨境集市、全球购等，借助原有国际贸易优势，组织货源，实现供应链管理。

图9.4 跨境进口电商产业链

图片来源：易观国际。

跨境电商平台成为国内海购用户的主要购物渠道，主要包括以下平台。

(1) 自营主导和平台主导的从属主站型跨境电商平台。从属主站型跨境电商是主营业务为销售中国关境外商品，并且此业务没有单独 App，或者没有中国境内一级网站域名的电商企业与中国境内用户达成商品销售协议的商业行为，如唯品国际等。

(2) 自营主导和平台主导的独立型跨境电商平台。独立型跨境电商是主营业务为销售中国关境外商品，并且此业务有单独 App，或者有中国境内一级网站域名的电商企业与中国境内用户达成商品销售协议的商业行为。

自营主导和平台主导的含义为：自营主导的跨境电商是电商企业网站或 App 中所售卖的中国关境外商品，绝大部分来自该企业自行采购、自行销售，并与中国境内用户达成商品销售协议的商业行为；而平台主导的跨境电商是电商企业网站或 App 中所售卖的中国关境外商品，有较大的比例来自第三方卖家的采购和销售，并与中国境内用户达成商品销售协议的商业行为。

跨境进口电商与国内电商相比会需要更多的服务支撑，如在运输服务、金融服务、通关服务、园区仓储服务等方面。这几年在国内已经形成了服务支撑链。除此之外，在产业链上，还有许多外围服务平台，如导购返利平台、代运营平台和系统集成服务商等。可见，跨境进口电商已经形成了较为成熟的产业链。

9.4 基于移动互联网的电子商务模式

移动互联网的普及，使得移动电子商务已经成为企业新的经济增长点，也成为各电商企业争夺的目标。

9.4.1 移动电子商务模式

1. 移动电子商务的概念

同电子商务有广义和狭义的理解相同，移动电子商务(Mobile E-Commerce)也有两种理解。两者的区别主要在对商务理解范畴的不同。

广义的移动电子商务指通过移动通信网络进行数据传输，并且利用移动信息终端(如手机、掌上电脑)参与各种商业经营活动的一种新电子商务模式，它是新技术条件与新市场环境下的新电子商务形态。其包含利用移动技术和终端实现企业运营管理、移动金融应用、移动广告、移动商务重构、移动娱乐、移动库存管理和产品定位与搜索等。

狭义的移动电子商务由电子商务的概念衍生而来，是利用手机、掌上电脑等无线设备进行 B2B、B2C、O2O 等各种形式的电子交易，它涵盖了原有电子商务的一个交易过程，包括营销、销售、采购、支付、供货和客户服务。

2. 移动电子商务的特性

与传统电子商务相比，移动电子商务有不受时间、地域限制的优点。
(1) 更具开放性和包容性。
移动电子商务因为接入方式无线化，使得任何人都更容易进入网络世界，从而使网络范围延伸得更广阔、更开放；同时使网络虚拟功能更带有现实性，因而更具有包容性。而商业信息流可以随着移动设备的移动而移动，消除了时间和地域的限制，能够实现在任何地方通过无线技术直接获取所需的服务。

(2) 用户数量巨大。

移动电子商务所用的工具主要是手机、掌上电脑等移动终端设备。从移动通信终端的普及程度来看，功能强大、价格便宜的手机显然普及率更高。

(3) 服务随时随地。

随着通信设备可以移动，用户能够在任何时间、任何地点通过移动技术进行及时通信。业务人员可以随时随地获得、携带和传递业务信息，消费者也可以方便实时地获取所需的商品和服务信息。这种商务模式能更好地满足消费者对时效性的要求，特别是对于处理紧急事务具有强大的优势。

(4) 服务更具个性化。

移动环境可以完全实现消费者的个性化需求。利用用户定位的特点，移动电子商务可以通过适当的方式为用户提供特定的服务，实现传统电子商务无法实现的一些功能。例如，通过移动通信技术对用户进行定位，提供汽车驾驶导航服务、在途货物跟踪等。另外，移动用户终端更加具有专用性，对于运营商来讲，终端本身就可以作为用户身份的代表，商务信息可以直接发送给移动用户终端，增强了移动用户获取信息的个性化。

(5) 灵活的付费方式。

为了满足不同需求，移动电子商务的服务付费可通过多种方式进行，用户可直接在线转账。在移动支付技术的支持下，用户可以实现自动支付，如自动售货机、停车场计费等；半自动支付，如商店的收银柜机、出租车计费等；日常费用缴纳，如水、电、天然气等费用的缴纳等。

(6) 安全的认证机制。

由于移动终端大多是个人物品，其私人性极强，手机号码具有唯一性，手机 SIM 卡上存储的用户信息可以确定一个用户的身份。再加上移动设备中的用户个人配置，把用户的真实身份、消费身份等结合在一起，具有天然的对应性和可追踪性。用户的身份容易确认，使得移动电子商务具备安全的认证基础，相比互联网更具有安全性。

(7) 更易于技术创新。

移动电子商务领域因涉及信息、无线通信、无线接入、软件等技术，并且商务方式更多元化、复杂化，因而在此领域内很容易产生新的技术。随着中国 3G、4G 网络普及，以及 5G 的商业应用，这些新兴技术将转化成更好的产品或服务。所以移动电子商务领域将是下一个技术创新的高产地。

3. 移动电子商务的发展

移动互联网的快速发展，特别是 5G 网络即将普及，意味着移动电子商务将呈现爆发式增长。

(1) 美国。美国人的购买行为(和偏好)跨越了国界，由于对独特的产品情有独钟，美国近一半的在线购物者都向国际零售商购买商品。在美国，应用的接受度和使用度都在增长，但消费者也在国外的专卖店和零售商购买商品。

(2) 日本。2020年,日本的移动电子商务销售额增长到608亿美元。研究者认为其中一项关键驱动因素是日本政府决心到2025年将无现金支付比例提高到40%。

(3) 英国。英国是欧洲最早采纳季节性促销活动的国家,目前在通过应用和在线渠道购买日用品方面,也处于领先地位,同时显现出对移动购物的喜好。据 IMRG Capgemini 电子零售销售指数的季度数据显示,2018年智能手机成为英国消费者进行在线购买的主要设备,贡献了在线销售额的40%。

(4) 中国。中国拥有巨大的移动市场,截至2018年年底拥有12亿独立用户,规模几乎是北美地区的四倍。2018年,中国移动生态系统带来的经济总增加值为2800亿美元(约1.9万亿元人民币,占GDP的2.1%),随着4G全面成为占主导地位的移动技术,未来几年能否有效提高收入将在很大程度上取决于运营商利用5G拓展新收入来源的能力。GSMA 移动智库预测,2025年4G采用率将达到72%,而5G连接数量将达到4.6亿。

案例9-9

2018年"双11"各热门电商平台App活跃非常

"双11"已经是中国的一个重要购物节,不仅是阿里系平台,其他电商平台也参与到这一购物狂欢节。近两年,消费者已经习惯在移动端购物,图9.5是2018年"双11"各大电商平台App活跃用户下单占比情况。

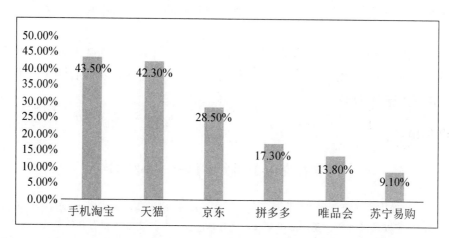

图9.5 2018年"双11"各大电商平台App活跃用户下单占比情况

资料来源:QuestMobile TRUTH 中国移动互联网数据库。

9.4.2 社交电子商务模式

社交电子商务(Network E-Commerce)是使用社交媒体、支持社会互动的网络媒体,以及客户参与以推动在线购买和销售产品和服务的电子商务模式。其通过抖音、微信等社交媒体,进行半熟人或陌生人体验式推销购物;通过多社交平台的交叉推广,进行全面的业务拓展,具有高兼容性、高效率的特性。社交电子商务的大部分交易发生在熟人之间,主要通过社群分享及推荐购买。自 2012 年以来社交电子商务迅猛发展,5 年里保持 126.7% 的年复合增长率,在 2017 年已经占整体零售电商的 9.7%。

社交电子商务可以分为平台型和个人型。

平台型社交电子商务有几种模式:一是拼团电子商务,如拼多多、淘集集、京东拼购、苏宁拼购等;二是内容社交电子商务,如小红书、花瓣网等;三是社区拼团电子商务,如你我您、邻里团、考拉精选、有好东西等;四是会员社交电子商务,如云集、贝店、环球捕手、万色城、网易推手等。同时,社交电子商务还出现了许多技术支持企业,如有赞、微盟、点点客、无敌掌柜等。

个人型社交电子商务则是个人使用社交媒体账户在社交圈内销售产品。国内一些致力于生产优质农产品的新型经营主体,由于产量较小,特别适合这种模式,基于优质产品的基础,在社交圈中借助口碑效应,以最低的成本销售产品。

社交电子商务与传统电子商务的区别如下。

(1) 获客渠道不同。传统电子商务为了获得流量,需要向电子商务平台支付广告费等,而社交电子商务的获客渠道则是社交网络。

(2) 经营方式不同。传统电子商务是通过经营产品,来满足不同人的共同需求,需要通过折扣等吸引客户,而社交电子商务则是经营用户,来满足个人的不同需求,关系和信任是社交电子商务成功的关键。

(3) 社交电子商务平台的商家通常具有更高的盈利潜力。据指数增长实验室统计,商家在社交电子商务平台上的获客成本约占商家总收益的 3%,而在传统电子商务平台则为 15%。

(4) 社交电子商务平台的商家通常具有更高的净利润率。据指数增长实验室统计,社交电子商务平台商家可以达到 11%的平均利润率,而传统电子商务平台商家的平均利润率只有 6%(扣除平台佣金后)。

 案例 9-10

内容社交电子商务案例——小红书

小红书通过社交与电子商务结合,实现了闭环。在小红书的 UGC(User Generated Content,用户生成内容)社区,用户可以通过文字、图片、视频等方式分享吃穿玩乐的生活方式,介绍美妆、服装、旅行等产品。另外还可借助明星效应(如邀请明星入驻平台,分享视频)带来海量流量。小红书的闭环如下。

消费者—社区笔记—购买商城商品—笔记分享(海外购物经验、消费经验、生活体验等)—数据积累、口碑积累等—数据选品、改善体验、提高活跃度、增强用户黏性、提升用户转化率。

本 章 小 结

本章首先讨论了电子商务的特征及分类,然后介绍基于专用网的 EDI 电子商务原理及其发展,以及传统电子商务的两种模式(即 B2C 与 B2B),重点探讨电子商务模式的选择问

第 9 章　电子商务模式

题，着重介绍 B2B 电子商务模式，还介绍了跨境电子商务，最后介绍基于移动互联网的移动电子商务和社交电子商务的发展。

关键术语

非中介化(Disintermediation)
电子中间商(Electronic Intermediation)
再中介化(Reintermediation)
电子商店(Electronic Store)
增值网络(Value Added Network，VAN)
跨境电子商务(Cross-Border E-Commerce)
移动电子商务(Mobile E-Commerce)
社交电子商务(Network E-Commerce)

案例研讨

Groupon 的发展

2008 年 11 月，Groupon 诞生于美国芝加哥，7 个月内实现盈亏平衡，一年内便有了 5000 万美元的纯收入，2009 年收入 1 亿美元，2010 年销售收入 5 亿美元。2010 年 4 月 19 日，俄罗斯投资公司 DSY 旗下财团向 Groupon 投资 1.35 亿美元。

Groupon 是团(Group)与优惠券(Coupon)的合成词。为提高曝光率，Groupon 通过购买谷歌、Facebook 的广告位及 1300 万注册用户的口碑营销，吸引了大量中小企业。例如，Groupon 帮助一家展览会售出 6561 张门票，每张 18 美元，略高于正常票价的一半，使得展览会获得 12 万美元的利润，而 Groupon 从中得到了一半的提成；再如，一家服饰销售网站通过 Groupon 推出花 25 美元获得 50 美元的礼券活动，一天内就创下 1100 万美元的营业额，共卖出约 44 万张优惠券，相当于每分钟售出约 305 张。

Groupon 模式的主要优势是每天只卖一样产品(或服务)，且每日更新、价格低廉，吸引大量的购买者，并收取供货商 50%的交易提成，是一家典型的轻资产公司。其客户有两类：一是商户；二是用户。对于许多无力支付高额广告费的中小商家或服务提供商，Groupon 提供了一个低价的宣传平台。而对于广大的用户，每天打开邮箱，可以收到全国各地的打折促销信息，激发了他们的购买欲望。拥有了几万家商户资源后，Groupon 还推出一些新功能，更好地匹配商家和用户的需求，从而提高网站的黏性。Groupon 还推出用户每邀请一个朋友注册并在 72 小时内达成一笔交易就奖励 10 美元现金的激励措施，有效形成了口碑传播，增加了网络影响力。Groupon 有 70 名写手专门负责写作，每天会产生大约 190 页的各种小故事来吸引用户的眼球；还推出一些社会化体验活动，如 28 岁的芝加哥志愿者乔什·史蒂文斯打算完全依靠 Groupon 的服务用一年的时间周游美国，并写下旅游经历放在 Groupon 网站上，如果他能完成，还将得到 10 万美元的奖金。

Groupon 模式的最大缺点是区域性强和极易被复制，由于区域性强，无法快速覆盖每个城市，因此每开拓一个城市必须派业务员寻找当地优质的服务和产品；因为商业模式容易被复制，所以模仿者众多。为了保持业内老大的地位，Groupon 进行了快速的全球拓展行动。2010 年 5 月，收购了德国团购网站 CityDeal；2011 年融资 9.5 亿美元，进入中国市场，名为高朋网。

271

案例思考：
1. 为什么团购是早期的 O2O 模式？
2. 查询资料，分析中国团购市场的"千团大战"情况。

思考与练习

一、选择题

1. 阿里巴巴的 B2B 网站属于( )。
   A．水平型网站　　B．垂直型网站　　C．专门型网站　　D．行业网站
2. ( )不属于 EDI 的特点。
   A．计算机直接处理数据　　　　　　B．传递所有文件
   C．通过专用网　　　　　　　　　　D．数据格式标准化
3. 按照参加交易主体，可以将阿里巴巴国际站归类为 ( )。
   A．协同交易　　B．联盟交易　　C．专属交易　　D．行业交易
4. 进口与出口跨境电商的分类是依据 ( )。
   A．交易主体　　B．关境　　　　C．平台　　　　D．产品与服务
5. 与传统的电子商务相比，移动电子商务更具( )。
   A．开放性　　　B．包容性　　　C．个性化　　　D．随时性

二、思考和讨论题

1. 电子商务交易有哪些与传统交易不同的特征？
2. B2C 电子商务模式对于企业来说有什么重要性？
3. B2B 电子商务有哪些优势？
4. 移动电子商务有哪些主要的应用？
5. 讨论并画出跨境进口电子商务的产业链。

三、实践题

开展一项调查：大学生人群的社交电子商务应用方式有哪些？

网络营销 第10章

学习目标

通过本章的学习,掌握网络营销的基本理论知识,掌握网络营销的新型营销理念和营销工具、营销策略,掌握网站访问统计系统和网络营销业绩评价的使用方法。

教学要求

知识模块	知识单元	相关知识点
网络营销概述	(1) 网络营销的概念 (2) 网络营销与传统营销 (3) 网络消费者的购买行为	(1) 网络营销的概念 (2) 网络营销与电子商务的关系 (3) 网络营销与传统营销的区别 (4) 网络消费者的心理与需求 (5) AIDMA 模型与 SICAS 模型
网络营销策略	(1) 网络营销的产品策略 (2) 网络营销的价格策略 (3) 网络营销的渠道策略 (4) 网络营销的促销策略 (5) 网络营销的品牌策略	(1) 产品优先选择范围 (2) 网络营销的常见价格策略 (3) 网络渠道的功能、分类和建设 (4) 网络促销形式和策略 (5) 建立和推广网络品牌的途径 (6) 4P 与 4C 区别
网络营销工具	(1) 搜索引擎 (2) 网络广告 (3) 许可电子邮件营销 (4) 网上市场调研 (5) Web 2.0 (6) 直播营销	(1) 搜索引擎原理与搜索引擎营销 (2) 网络广告的形式和特点 (3) 网络广告的计价模式 (4) 许可电子邮件营销基础 (5) 网上市场调研的方法和步骤 (6) 博客、RSS、IM、微博、微信、直播
网络营销效果评价	(1) 网站访问统计系统 (2) 网络营销效果评价	(1) 网站访问统计系统指标 (2) 网络营销效果评价的内容和流程

思维导图

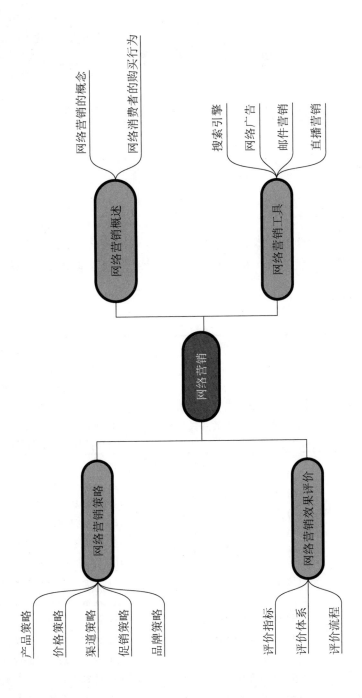

第 10 章　网络营销

章前导读

随着互联网和移动互联网的发展，网络营销已经成为企业营销战略体系的重要组成部分，网络营销的价值为越来越多的实践应用所证实，网络营销的方式也不断进化，线上线下的整合营销模式开始形成。本章将从网络营销的基本概念开始，介绍其营销策略、基本工具和效果评价等基本知识。

引例

天猫"双 11"的新媒体营销

2018 年的"双 11"，天猫通过微博、抖音、微信公众号、百度贴吧、优酷视频、网易云音乐、果壳、爱范儿、豆果美食、斗鱼直播、快看漫画、手机短信等新媒体进行了大量的营销推广，将"双 11"的各种活动通过这些渠道广而告之(图 10.1)。

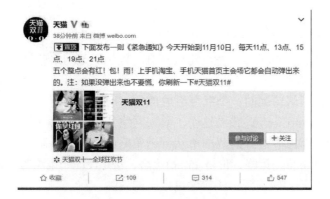

图 10.1　天猫新媒体营销

10.1　网络营销概述

10.1.1　网络营销的概念

网络营销的英文表示很多，有 Cyber Marketing、E-Marketing、Internet Marketing、Network Marketing 等。Cyber Marketing 主要指在计算机网络构成的虚拟空间进行的营销；E-Marketing 指在电子化、信息化、网络化的环境下开展的营销活动；Internet Marketing 指在互联网上开展的营销活动；Network Marketing 指在包括互联网在内的计算机网络上开展的营销活动。网络营销是企业整体营销战略的一个组成部分，它是通过互联网等基本工具创造性地满足顾客需要，实现一定的市场营销目标的一系列市场行为。

对于网络营销的理解需要区分几个重要的概念。

1. 网络营销与电子商务

网络营销与电子商务既紧密相关又存在明显区别。电子商务的核心是电子化交易，涉及交易过程的各个环节；网络营销并不是一个完整的商业交易过程，而是为了促成交易提供支持，因此网络营销是电子商务的一个重要环节。

2. 网络营销与网络销售

网络营销与网络销售两个概念之间也存在类似的关系。网络营销的目的与结果之一是网络销售，但并不是唯一的目的与结果。

(1) 网络营销的目的不限于网络销售。很多网络营销活动的目的不在于实现网上的直接销售，许多企业甚至根本不具备网络销售的基本条件。其活动目的有可能是提高企业知名度、强化企业品牌影响力、提高顾客满意度、促进线下销售等。

(2) 网络营销的结果体现在多方面，如企业品牌价值的提升、顾客服务水平的改善和信息发布渠道的拓展等，网络销售有可能只是网络营销效果的一个方面。

与此相应，网络销售只是网络营销工作内容的一个组成部分。两者既相互联系又存在明确的区别。

3. 网络营销与网络促销

网络促销也是网络营销的一个重要组成部分，但远不是网络营销的全部，不能把网络促销简单地等同于网络营销。

(1) 网络促销是网络营销的一个重要组成部分。网络促销最本质的作用是利用各种信息手段刺激消费者的购买欲望。没有这个工具，网络营销目标就没有实现的现实基础。

(2) 网络营销工作内容包含的范围单从营销策略的角度看，除了包含促销(Promotion)策略，还包含产品(Product)策略、价格(Price)策略、渠道(Place)策略等，促销只是这 4P 策略中的一个。除了促销，网络营销还包含更广义的内涵。

(3) 网络营销不只为促销。网络营销的根本目的衍生于企业的市场营销目标。企业的市场营销目标既包含短期性、阶段性的目标，如提升销售额、扩大品牌知名度、提高市场占有率等，也有长期性、战略性的目标，如不断提升品牌价值、提高顾客忠诚度、加强顾客关系等。网络促销可能是网络营销的目的之一，但显然不是唯一的目的；网络促销是网络营销的重要工具，如通过搜索引擎优化进行企业网站的推广。

4. 网络营销与传统营销

网络营销较之传统营销，从理论到方法都有了很大的变化。

(1) 营销理念的转变。营销理念从以产品为中心的 4P 理念转向以消费者为中心的 4C 理念，后面将详细展开讨论。

(2) 沟通方式的改变。网络营销则可以借助互联网利用企业网站、E-mail、网络广告、直播等方式，为用户提供更详实的产品信息并与用户即时沟通。

(3) 营销成本的不同。"虚拟店铺"没有物理空间等限制，所有推销商品的参数、性能、价格、售后服务等信息都存储在网络服务器内，其性价比要高得多。

10.1.2 网络消费者的购买行为

网络消费者的购买行为对网络营销有重要的影响。网络营销环境中,消费者既是购买者,又是一个"社会消费者",起着引导社会消费的作用。因此,网络消费者的购买行为是个人消费与社会消费交织在一起的复杂行为。

1. 网络消费者的心理动机

(1) 理智动机。网络购物者反复比较各个网上商店的商品,对所要购买商品的特点、性能、价位和使用方法,早已心中有数,也就具有较高的分析判断能力。

(2) 感情动机。感情动机是由于人的情绪和感情所引起的购买动机。一是由于喜欢、满意、快乐、好奇而激发的,因此这种购买动机一般具有冲动性、不稳定性的特点。例如,在网络上突然发现一件价格低廉的新奇产品,很容易产生冲动性的感情购买动机。二是由于人们的道德感、美感、群体感所引起的。

(3) 惠顾动机。这是基于理智、经验和感情之上的,对特定的网站、网络广告、商品产生特殊的信任与偏好而重复地、习惯性地前往访问并购买的一种动机。具有惠顾动机的网络消费者,往往是某一网站的忠实用户。他们不仅自己经常光顾这一网站,而且对众多网民也具有较大的宣传和影响功能。

2. 消费行为的转变

1898 年,美国广告学家 E.S.刘易斯最先提出了 AIDMA(Attention,Interest,Desire,Memory,Action,注意—兴趣—欲望—记忆—行动)模型,他用这一模型来描述广告在消费者购买产品的过程中所起的作用。这个模型中提出传统消费行为流程:消费者注意到商品—消费者对商品产生兴趣—消费者产生购买欲望—消费者形成记忆或留下记忆—消费者最终做出购买行动,如图 10.2 所示。

图 10.2　AIDMA 模型

进入 21 世纪,互联网越来越普及,人们的消费行为开始发生较大的变化,AIDMA 模型已不适应互联网时代的消费模式。因此提出 AISAS 模型(Attention,Interest,Search,Action,Share,注意—兴趣—搜索—行动—分享),在 AIDMA 基础上,增加了搜索、分享。消费者不愿意再接受从企业端发出的单向的产品信息和理念灌输,而是采用搜索和分享掌握消费的主动权。消费者利用互联网进行产品信息搜索,而这些信息的来源渠道不再仅是企业,更可能是另一位消费者在论坛、博客、社区等虚拟社区中分享的。

随着移动互连的全数字时代的到来,消费者相互之间的沟通变得更为容易。因此中国互联网数据中心(Data Center of China Internet,DCCI)提出了在 Web 2.0 时代和移动互连的全数字时代下的用户行为和消费触点变革模型——SICAS 模型(Sense-Interest & Interactive-Connect & Communicate-Action-Share)，具体如图 10.3 所示。

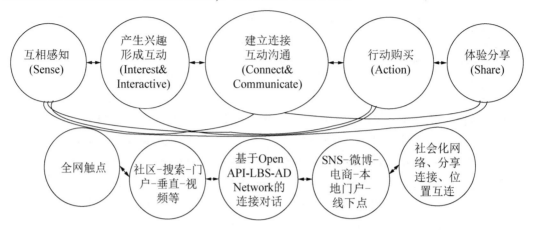

图 10.3　SICAS 模型

感知指品牌与用户之间的相互感知，也就是用户可以从哪种渠道和媒介来了解或知道产品及品牌，而互联网、传统媒体、社交网络、移动互联网等，就是感知的重要媒介。对一个致力打造自身品牌的企业而言，实现互联网、传统媒体、社交网络、移动互联网的全网感知能力非常重要，也就是要让消费者可以从各种渠道获取企业的品牌和产品信息。在感知的过程中，消费者可能产生兴趣，不过这种兴趣的培养和提高，与之前不同的是通过不断互动来实现的，这也是为什么社会化网络越来越成为最具消费影响力的源头的原因。互动建立了用户与品牌之间的连接，从而可以进行交互与沟通，因此企业必须将移动互联网和传统互联网结合，将企业运营商务平台和 App 打通，建立与用户之间由弱到强的连接。产品和品牌的信息在这样的沟通过程中得以不断强化，从而促使消费者产生消费购买的行动，用户的行为不仅发生在电子商务网站之中，O2O、App、社交网络等都可能成为购买的发起地点。但行动不是消费行为的终点，消费者在购买和体验之后，还将进行分享。消费者在社会化网络中积极分享，从而让他人接触这一产品并产生兴趣，而通过自身体验的分享带来的互动和引导，其营销价值远远大于传统广告。可见 SICAS 模型充分重视了社会化网络的作用。

无论哪种促销方式，企业营销人员都应该掌握消费者的消费模式，从而制定针对性的促销策略。

3. 网络消费需求的特点

消费心理和行为的改变，使得网络消费需求具有以下特点。

(1) 网络消费需求具有超前性和可诱导性。

在网络市场中，最先进的产品和最时尚的商品会在第一时间与消费者见面。以年轻人为主体的网络消费者通过网络可以获得这些信息。追求时尚、展现个性与发展自我的需求，必然使这些网络消费者接受这些新商品，继而带动周围消费群体，带来新一轮的消费热潮。企业应该采用多种促销手法，启发、刺激网络消费者的该类需求，诱导其将这些潜在的需要转变成现实的消费。

(2) 网络消费需求强调个性化。

在传统市场中，由于工业化和标准化生产方式的发展，使消费者的个性淹没于大量低成本、单一化的产品洪流之中；而在计算机网络交织的现代社会，消费品市场变得越来越丰富，消费者进行产品选择更多的是将个人心理感觉认同作为决策购买的先决条件，更注重个性化消费。例如，特别喜欢消费新颖的产品，即新产品或时尚类产品，并且这些产品一般来说在本地传统市场中暂时无法买到或不容易买到，以展现自己的个性和与众不同的品位。

(3) 网络消费需求具有明显的差异性。

不仅仅是消费者的个性消费使网络消费需求呈现出差异性，网络消费者因其所处的时代环境不同，也会产生不同的需求。不同的网络消费者，即便在同一需求层次上，他们的需求也会有所不同。因为网络消费者来自世界各地，有不同的国别、民族、信仰和生活习惯，因而会产生明显的需求差异性。

(4) 网络消费需求具有交叉性。

网络消费需求之间不是相互排斥的，而是具有紧密的联系，需求之间存在交叉的现象。例如，在同一张订单上，消费者可以同时购买书籍和家电产品，以满足精神和生活的需求。这种情况的出现是因为网络商店可以囊括众多品类的商品，人们在同一家网店可以浏览、挑选和购买多种商品，因为产生了较强的交叉性的购买需求。

10.2 网络营销策略

网络营销策略是企业对其内部与实现营销目标有关的各种可控因素的组合和运用。影响企业网络营销目标实现的因素是多方面的，但影响网络营销的基本因素主要有五个，即产品策略、价格策略、渠道策略、促销策略和品牌策略。前四个因为其英文单词的首字母都是 P，所以这四种营销策略组合通常也被称为 4P。除了 4P 之外，品牌策略也是网络营销的一个重要组成部分。

10.2.1 产品策略

产品策略是指企业以向目标市场提供各种适合消费需求的有形和无形产品的方式来实现其营销目标。其中包括对与产品有关的品种、规格、式样、质量、包装、特色、商标、品牌，以及各种服务措施等可控因素的组合和运用。因此这一策略需要回答几个问题：企业生产什么产品？为谁生产产品？生产多少产品？也就是说，产品策略包括产品组合、新产品开发、产品周期、品牌等内容。网络营销与传统营销一样，营销者必须以各种产品来实现企业的营销目标。

1. 产品优先选择范围

理论上说，在网络上可营销任何形式的产品和劳务。当然，也有更适合网络营销的产品，产品信息含量与产品品种、价格、方便性对消费者的重要性越强的产品越适合网络营销，如证券、图书等(图 10.4)。

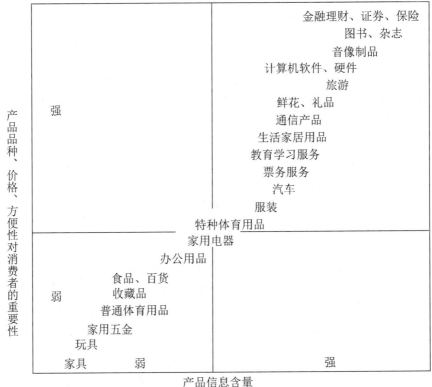

图 10.4 网络营销优先选择范围

2. 产品选择应该注意的问题

(1) 优先选择可鉴别性或标准化产品。根据信息经济学对产品的划分，产品可大致划分为两类：一类是消费者在购买时就能确定或评价其基本质量的产品，称为可鉴别性产品，如书籍、计算机等；另一类是消费者购买后才能确定其质量的产品，称为经验性产品。也可以把产品分为标准化产品或个性化产品，如服饰、食品等。可鉴别性或标准化产品的信息比较透明，消费者可以比较容易地从网络上获取足够的信息，并据此做出购买决策，而对经验性产品或个性化产品，消费者仅凭网络信息难以全面了解商品，难以做出购买决策。因此，企业应该选择可鉴别性或标准化产品进行经营。

(2) 充分考虑实物产品的营销范围及配送区域。选择适合企业资源能力的营销范围，可以取得更好的营销效果。而考虑实物产品的配送范围，是为了保证产品能在合理的物流费用范围内及时地送达消费者。

(3) 可以尝试将实体产品转变为虚拟产品开展网络营销。无形的虚拟产品不需要物流成本，购买更便捷，且更便于"病毒性"传播。例如，网上软件服务商采用"免费"策略，提供一段时间的试用，允许用户在使用一段时间后再决定是否正式购买。因此可以尝试模式创新，将产品转变为虚拟产品或服务，如音乐 CD 销售可以转变为音乐下载，公园门票可以转变为电子门票等。

10.2.2 价格策略

价格策略是指企业按照市场规律制定价格和变动价格等方式来实现其营销目标。其中包括对与定价有关的基本价格、折扣价格、津贴、付款期限、商业信用,以及各种定价方法和定价技巧等可控因素的组合和运用。企业需要在特定的定价目标指导下,依据对成本、需求及竞争等状况的研究,运用价格决策理论,对产品价格进行计算。具体包括以下几种价格策略。

1. 成本价格策略

由于网络销售的周转时间较短,所以仓储费用和销售费用相对较低,企业也能在较短时间内实现销售。目前,许多网络商品的价格采用成本加一定利润,有的甚至是零利润或负利润的模式。网站既是一个销售平台,又是一个媒体平台,虽然销售商品是零利润甚至是负利润,但通过低价策略吸引的人气可以培养网站的广告价值,从供应商支付的广告费中可以弥补此类的负差价。

2. 声誉(信用)价格策略

因为网络购物支付与物品交付的不同步,消费者对网络购物存在着种种疑虑和担心,如在网上订购的商品,质量能否得到保证、货物能否及时送到、卖家是否可靠等。对于形象、声誉、信用比较好的企业来说,在进行网络营销时,价格相应可以高一些;反之,价格可以低一些。

3. 价格折扣策略

价格折扣策略是指卖家为回报或激励购买者的某些行为,如批量购买、提前付款、淡季购买,将其产品基本价格调低,给购买者一定比例的价格优惠。具体办法有数量折扣、现金折扣、功能折扣和季节性折扣等。在网络市场中这也是一种常用的价格策略。例如,许多酒店预订网就采用了会员注册优惠的促销办法,消费者可以通过网络进行酒店客房的预定,注册登记后,会员在该系统内的所有酒店住宿均可享受一定的折扣。

4. 免费的策略

该策略在互联网上经常使用。各类企业实施免费的策略的目的不尽相同。对于网络信息服务商来说,免费是为了换取人气的增加,扩大网站的宣传效果,当网站平台成为人气很旺的重要媒体时,就可以寻找广告商和投资人,从而迅速发展壮大;对于软件制造商来说,主要是通过免费吸引消费者下载和试用,但由于试用软件的时间和功能都有一定的限制,进一步的使用就需要向软件制造商支付费用了;对于大型的工业品供应商和跨国公司来说,互联网是一个新的宣传领域,把通过互联网免费推销作为整个企业促销宣传的一部分,以保证企业在各个宣传领域中都处于领先地位。

5. 拍卖竞价策略

网上拍卖是目前发展比较快的领域,经济学家认为市场要想形成合理的价格,拍卖竞价是合理的方式。传统的英式拍卖是网上拍卖的主要形式,即厂家或店家只规定一个起拍价,由消费者通过互联网公开竞价,在规定的时间内价高者赢得该物品。目前,常见的C2C购物平台如淘宝等,都支持网上拍卖的定价形式。根据供需关系,网上拍卖竞价方式有竞价拍卖、竞价拍买和集体议价三种方式。

10.2.3 渠道策略

渠道策略是指企业以合理地选择分销渠道和组织商品流通的方式来实现其营销目标。其中包括对与分销有关的渠道覆盖面、商品流转环节、中间商、网点设置、存储运输等可控因素的组合和运用。特别是渠道模式制定、中间商的选择、协调和冲突管理等。在网络营销中,网络营销渠道的功能、分类和建设方法都与传统渠道有着较大差异。

1. 网络营销渠道的功能

与传统营销渠道一样,以互联网作为支撑的网络营销渠道不仅具备传统营销渠道的功能,同时具备订货功能、结算功能和配送功能。

(1) 订货系统。它为消费者提供产品信息,同时方便厂家获取消费者的需求信息,以求达到供求平衡。一个完善的订货系统,可以最大程度地降低库存,减少销售费用。

(2) 结算系统。消费者在购买产品后,可以用多种方式方便地进行付款,因此商家应有多种结算方式。目前流行的付款方式有信用卡、电子货币、网上转账、货到付款等。

(3) 配送系统。一般来说,产品分为有形产品和无形产品,对于无形产品如服务、软件、音乐等产品可以直接通过网上下载;对于有形产品的配送,则涉及运输和仓储问题。

2. 网络营销渠道的分类

(1) 网络直接营销渠道。这是通过互联网实现的从生产者到消费者的网络直接营销渠道,简称网上直销。企业可以直接通过互联网与消费者连接与沟通,如小米、戴尔等公司都有自建网站或App,消费者可以通过这些直销渠道购买。

(2) 网络间接营销渠道。这是在传统渠道中间融合了互联网技术,通过再中介模式,形成新型中间商。新型中间商将对传统中间商产生冲击,如家电零售企业京东转变为在互联网上开设网上商城的电商,成为新型中间商。与传统间接分销渠道有多个中间环节不同,网络间接营销渠道只需要一个中间环节。

3. 网络营销渠道的建设方法

在具体建设网络营销渠道时,还要考虑以下因素。

(1) 在选择网络营销渠道时要注意产品的特性,有些产品易于数字化,可以直接通过互联网传输;而对大多数有形产品,还必须依靠传统配送渠道来实现货物的空间移动。对于部分产品依赖的渠道,可以通过对互联网进行改造以最大程度提高渠道的效率,减少渠道运营中的人为失误和时间耽误造成的损失。

(2) 从消费者角度设计渠道。只有采用消费者比较放心、容易接受的方式才有可能吸引消费者使用网络购物,以克服网络购物不安全、不可信的感觉。例如,可采用货到付款的方式让人放心。

(3) 在选择结算方式时,应考虑目前实际发展的状况,应尽量提供多种方式方便消费者选择,同时还要考虑网络结算的安全性。

(4) 建立完善的配送系统。消费者只有看到购买的商品到家后,心里才会踏实,因此建设快速有效的配送系统是非常重要的。

10.2.4 促销策略

促销策略是指企业以利用各种信息传播手段刺激消费者的购买欲望,促进产品销售的方式来实现其营销目标。网络促销是指通过现代化的网络技术向网络虚拟市场传递有关商品和服务的信息,以刺激需求,引起消费者购买欲望和购买行为的各种活动。

1. 促销的形式

传统促销的形式主要有四种:广告、营业推广、人员推销和公共关系。网络促销是传统促销的继承和发展,其形式相应地也有四种:网络广告、网上营业推广、网站推广和关系营销。

(1) 网络广告。网络广告类型很多,根据形式不同可以分为搜索引擎关键词广告、内容相关性广告、旗帜广告、按钮广告、文字链接广告、电子邮件广告和分类广告等。

(2) 网上营业推广。网上营业推广就是利用企业自建的网上商城或其他的网站平台,采用一些短期诱因的促销方法,如价格折扣、有奖销售、样品赠送、交叉销售等,实现刺激需求、扩大销售目的的各种促销活动。

(3) 网站推广。网站推广是利用网络营销策略扩大网站的知名度,吸引尽可能多的潜在用户了解并访问网站,用户通过网站获得有关产品和企业的信息,为最终形成购买决策提供支持。网站推广的方法主要有网络广告推广、搜索引擎推广、电子邮件推广、资源合作推广、信息发布推广、病毒性营销方法推广、快捷网址推广等。每种网站推广方式都需要相应的网络推广资源,企业应该在分析用户获取网站信息的主要途径的基础上,有选择地选取合适的网站推广方案。

(4) 关系营销。关系营销是把营销活动看作一个企业与消费者、供应商、分销商、竞争者、政府机构及其他公众发生互动作用的过程,其核心是建立和发展与这些公众的良好关系。借助互联网的交互功能可以更好地吸引用户并服务用户,与更多的用户建立长期密切的关系,提高顾客长期的回报价值。

2. 促销策略

(1) 网络折扣促销。因为网络店铺不设店面,库存较少或没有,其较低的运营成本使其有能力将节省下来的费用通过折扣的形式转移给消费者,从而达到促进销售的目的。这种方式既让利于消费者,又培育了市场,有利于实现薄利多销的双赢局面。以折扣价进行网络促销是网上经常采用的方式之一。

(2) 网上积分促销。网上积分促销即消费者购买商品,商家赠送相应的有一定效用的积分,以此增加消费者重复访问或购买的次数,提高其对网站的忠诚度,如淘宝上的各类积分。

(3) 网上赠品促销。网上赠品促销在网站推广、新品试用、产品更新、品牌竞争、开辟新市场的情况下，可以起到比较好的促销效果。

(4) 网上抽奖促销。抽奖促销被广泛应用在网络上。消费者通过购买或参与其他活动可以获得抽奖机会，以此带动销售。"618"年中大促、"双11"、年货节等都会有网上抽奖等促销活动。

(5) 在线交叉营销。在线交叉营销就是在消费者浏览或购买某一商品时，网页会在显著的位置提醒或推荐其购买其他相关商品。据统计，有多达76%的在线零售商使用至少一种交叉销售方法对消费者进行促销。在网络营销中，搭配销售、满减活动也是一种交叉营销手段。

10.2.5 品牌策略

品牌(Brand)是一种名称、属性、标记、符号或设计，或者是它们的组合运用。其目的是借以辨认某个销售者的产品或服务，并使之同竞争对手的产品和服务区别开来。所谓网络品牌，是企业品牌在互联网上的存在形式。网络品牌有两方面的含义：一是通过互联网建立起来的品牌；二是互联网对既有品牌的影响。两者对品牌建设和推广的方式及侧重点有所不同，但目标是一致的，都是为了企业整体形象的创建和提升。

建立和推广网络品牌主要有以下几种途径。

(1) 企业网站。企业网站是建立和推广网络品牌的基础，在企业网站中有许多可以展示和传播品牌的机会，如网站的Logo设计、网站的域名、网页广告、公司介绍、企业新闻等。

(2) 电子邮件。企业每天都可能发送大量的电子邮件，通过电子邮件向用户传递信息，这也是传递品牌信息的一种重要手段。利用电子邮件传递品牌信息要注意使用企业的电子邮箱而不是免费邮箱或个人邮箱，电子邮件要素要齐整，电子邮件格式要统一，为电子邮件设计合适的签名档等一些要点。

(3) 网络广告。网络广告在品牌推广方面具有针对性和灵活性的特点，可以根据需要设计和投放相应的品牌广告。例如，根据不同节日设计不同的广告内容，并采用多种表现形式投放于不同的网络媒体。

(4) 利用搜索引擎。使用搜索引擎优化或付费关键词广告的方法，尽可能增加网页被搜索引擎收录的数量，并提高网页在搜索引擎结果中的排名，可以提高企业信息的曝光率和可见度。这是网络用户能够获取、了解和认知网络品牌的一个重要基础，也是网络营销一项重要的基础工作。

(5) 病毒性营销。病毒性营销是一种常用的网络品牌推广方法，它利用的是用户口碑传播的原理，使网络信息可以像病毒一样迅速蔓延，因此病毒性营销是一种高效的信息传播方式。而且，由于这种传播是用户之间自发进行的，因此几乎不需要营销费用。常见的病毒性营销的信息载体有免费音频或视频、电子书、电子贺卡、在线优惠券和免费软件等。

(6) 电子刊物和会员订阅。定期通过E-mail发布电子刊物或向注册会员发送会员活动信息，可以使用户不需要浏览网站，即可以了解企业的最新信息，对于企业的品牌形象和增进客户关系都具有重要价值。

(7) 网络社区。利用网络社区，对于大型企业，尤其是有较高品牌知名度，并且客户具有相似爱好特征的企业来说作用尤为明显。例如，大型化妆品公司、汽车公司、软件公司和房地产公司等的客户可在企业网站上获取产品知识，在网络社区里与同一品牌的消费者相互交流经验。企业可以借助网络社区发布消息，获取消费者反馈，提供更好的服务，通过建立和维护网络社区，为企业提升品牌形象。

除了以上几种建立和推广网络品牌的途径之外，还有多种对网络品牌传播有效的方法，如发布以企业为背景的成功案例、建立企业博客等。与线下的品牌建设一样，网络品牌建设也不是一蹴而就的事情。重要的是充分认识网络品牌的价值，并在各种有效的网络营销活动中兼顾网络品牌的推广和建设。

10.2.6 传统营销策略与网络营销策略的区别

随着互联网的应用不断深入，网络营销成为重要的营销方式。网络营销是以互联网为主要媒体，通过展示文字、图片、视频等营销信息和互联网的交互性来辅助营销目标实现的一种市场营销方式。也就是说，网络营销是以互联网为主要手段，为达到一定营销目的而进行的营销活动。在网络营销中，更强调消费者的主导地位，因此以生产者为导向的4P理论模型逐渐被4C理论模型替代。

1990年，美国学者罗伯特·劳特朋首次提出了用4C取代传统4P，为营销策略研究提供了新的思路。相比而言，4C更注重以消费者需求为导向，与以生产者为导向的4P相比，4C在理念上有了很大进步与发展。4C以消费者需求为导向，重新设定市场营销组合的四个基本要素：消费者(Consumer)、成本(Cost)、便利(Convenience)和沟通(Communication)。

相对于以生产者为导向的4P理论模型，4C理论模型更强调以消费者为导向，它强调企业应该把提高顾客满意度放在第一位，其次是努力降低顾客的购买成本，然后要充分注意到顾客购买过程中的便利性，而不是从企业的角度来决定销售策略，最后还应以消费者为中心实施有效的营销沟通。

(1) 消费者策略。4P中的产品被替换为消费者，重心转为满足消费者的需要，要求忘掉产品、记住消费者的需求和期望，以消费者为中心。也就是要先研究消费者的需求与欲望，然后再去生产、经营和销售消费者想要的产品。

(2) 成本策略。4P中的价格被替换为成本。忘掉价格、记住成本与顾客的费用，让顾客在成本上相对满意，就是用"成本"取代"价格"。了解顾客为满足其需要与欲求所愿意付出的成本，再去制定定价策略。

(3) 便利策略。4P中的渠道被替换为便利。因为互联网的兴起和购物方式的多样性，地理位置已经越来越不重要，忘掉地点、记住方便顾客，为其提供方便的消费通道，就是用"便利"取代"地点"，意味着制定分销策略时要尽可能让顾客方便。

(4) 沟通策略。4P中的促销被替换为交流。忘掉促销、记住与顾客沟通，培养其忠诚度，就是用"沟通"取代"促销"。传统的促销方式，无论是推动策略还是拉动策略，大都是一种强势推销，是单向的线性传播方式，从企业向消费者的信息流动，而沟通是双向的，是网状的传播方式。

10.3 网络营销工具

网络营销活动中，常用的网络营销工具包括搜索引擎、电子邮件、网络广告、即时消息、博客等，表现形式也由文字到图文并茂，再到视频，以及直播。借助这些工具，实现营销信息的发布、传递，以及与用户的交互。

10.3.1 搜索引擎

1. 搜索引擎原理

绝大多数的网民通过搜索引擎找到自己想要的网络资源，如产品信息、知识等。因此搜索引擎成为重要的网络营销工具。从工作原理来分，搜索引擎有两类：一类是纯技术型的全文搜索引擎，如 Google 和百度，它们通过爬虫从互联网提取网站的信息(以网页文字为主)，建立起数据库，并能检索与用户查询条件相匹配的记录，按一定的排列顺序返回结果；另一类搜索引擎被称为分类目录，其虽然有搜索功能，但严格意义上不能称为真正的搜索引擎，只是按目录分类的网站链接列表而已，如新浪分类目录搜索。全文搜索索引擎的工作原理如图 10.5 所示。

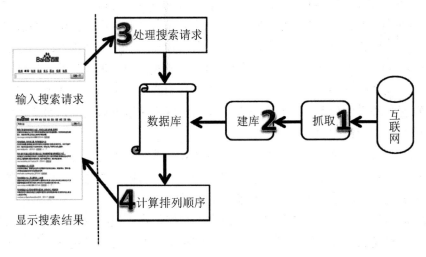

图 10.5 全文搜索引擎的工作原理

(1) 爬虫程序抓取并保存互联网上对用户有价值的资源。

爬虫程序从数据库中已知的网页开始出发，访问这些网页并抓取文件，存入数据库，并跟踪网页上的链接访问更多网页，这个过程就叫爬行。当通过链接发现有新的网址时，爬虫程序将把新的网址记录在数据库等待抓取。跟踪网页链接是爬虫程序发现新网址的基本方法。当爬虫程序挖出每一个网页的 HTML，不再有链接指向其他页面时，它就返回。互联网上的网页很多，仅中国网页数量就为千亿级别，而被爬虫程序抓取并被建立索引的网页则为百亿级别，用户能看到的网页为 10 亿级别，最后真正被点击的网页只有几亿。因此做搜索引擎推广，一方面要让搜索引擎主动抓取，多建立知名网站链接；另一方面可以主动发送网页给搜索引擎，存入数据库。

(2) 对爬虫程序抓取的网页建立数据库。

对抓取的网页进行分解及分析，记录网页及关键词信息，以表格形式存储在数据库中。网页文字内容，关键词出现的位置、字体、颜色、加粗、斜体等相关信息都有相应记录。

最简单的搜索数据库有一个含有所有关键词的记录，以及含有某个关键词的所有网页的列表。当搜索引擎创建搜索数据库时，它先检查爬虫程序发现的每个网页中的关键词，检查关键词是否在数据库中存有记录。如果有记录，就在记录的末尾加上这个网页地址；如果没有记录，就创建一个包含该网址的新记录。

(3) 处理搜索请求进行匹配。

前面两步是用户搜索前，搜索引擎所做的准备工作。用户在搜索引擎的搜索栏中输入搜索词，单击"搜索"按钮后，搜索引擎程序即对输入的搜索词进行处理。首先分析搜索请求，如中文特有的分词处理、判断是否有拼写错误或错别字、同义词处理等。然后筛选出与搜索请求相匹配的结果，用户使用的搜索词经过分词可以分为多个关键词，匹配就是从搜索数据库中找到同时包含这些关键词的网页。

(4) 对匹配出来的网页进行排序。

搜索结果大多是按照相关性来排序的，即与搜索请求相匹配的程度。而相关性是由不同要素按照一定的算法计算出来的。这些要素主要包括关键词密度(关键词在网页上出现的频率越高越好)、关键词突出度(关键词在网页上出现的位置越突出越好)、链接流行度(被其他网页链接得越多越好)。购物搜索引擎排序的要素还包括价格、评分、销售量、店铺等级等。每个搜索引擎设置的要素不同，要素所占的重要程度也不同。

2. 搜索引擎营销

搜索引擎不仅用于网站推广，在网上市场调研、竞争抵御性策略、网络品牌推广、网站优化检测、产品促销等方面也发挥着重要的作用。搜索引擎营销(Search Engine Marketing，SEM)，就是利用用户在搜索引擎检索信息的机会尽可能地将网络营销信息传递给目标受众。

基于搜索引擎原理，企业在进行搜索引擎营销时应注意以下方面。

(1) 构造适合于搜索引擎检索的网站/网页。企业在构建网站/网页时，要充分考虑搜索引擎的特点和要求，从网站结构、层次，网页格式、内容、超链接策略等方面巧妙设计，以期能构建面向搜索引擎检索程序"友好"的网络营销信息源。

(2) 使尽可能多的网页被尽可能多的搜索引擎收录。网站/网页建设如果不能被搜索引擎收录，用户便无法通过搜索引擎发现这些网站中的信息，当然也就不能实现营销信息传递的目的。另外，不依赖某一个搜索引擎，不同的搜索引擎有不同的受众群体，使网页被尽可能多的搜索引擎收录，可以增强网页的传播广度。

(3) 让网页信息出现在搜索结果中尽量靠前的位置。搜索引擎收录的网页信息很多，当用户输入某个关键词进行检索时会反馈大量的结果，如果企业信息出现的位置靠后，被用户关注的机会就大大降低，搜索引擎营销的效果也就无法保证。

(4) 以搜索结果中有限的信息获得用户关注和点击率。因为检索结果众多，用户通常不能查看检索结果中的所有信息。用户需要对搜索结果进行判断，从中筛选一些相关性最强、最能引起用户关注的信息进行点击，然后进入相应网页获得更为完整的信息。要获得用户的关注并点击，需要针对每个搜索引擎收集信息的方式进行有针对性的研究，并据此设计网页。

(5) 促使用户转化。搜索引擎营销的最终目标，是让网站的访客变为顾客。用户通过点击搜索结果而进入网站是搜索引擎营销产生效果的初步表现，用户的进一步行为决定了搜索引擎营销是否可以获得收益。而用户能否成为顾客取决于产品如何、价格如何、与竞争对手的产品相比如何等很多可控与非可控的因素，不完全取决于搜索引擎营销工作。搜索引擎营销能做的工作就是尽可能为用户获取信息提供方便，同时配合在线顾客服务、在线销售、流量统计等网络营销工具，与用户建立密切的关系，使其成为潜在顾客，或者直接购买产品。

10.3.2　网络广告

网络广告就是在互联网发布广告，通过网络传递给众多互联网用户的一种广告运作方式。而今互联网已经成为传统四大媒体(电视、广播、报纸、杂志)之后的第五大媒体，因而网络广告发挥的效用越来越重要。

1. 网络广告的形式

网络广告有很多形式，而且正处在不断发展的过程中。常见的网络广告形式有网幅广告、文本链接广告、关键词广告、分类广告、赞助式广告、电子邮件广告和富媒体广告等。

(1) 网幅广告。

网幅广告是以 GIF、JPG、Flash 等格式建立的图像文件，其定位在网页中，大多用来表现广告内容，同时还可使用 Java 等语言使其产生交互性，用 Shockwave 等插件工具增强表现力。

网幅广告最常用的是 Banner 广告，按 IAB(Interactive Advertising Bureau，美国互动广告局)规定其有四种规格：468 像素×60 像素的标准格式，也称全幅标志广告；234 像素×60 像素的半幅标志广告；120 像素×240 像素的直幅标志广告；728 像素×90 像素的宽型标志广告。

网幅广告还有一种略小的广告，称为按钮式广告(Button)，常用的按钮式广告尺寸也有四种：125 像素×125 像素，120 像素×90 像素，120 像素×60 像素，88 像素×31 像素。

除了 IAB 推荐的标准规格，很多网络媒体还自行制定了一些广告规格，如通栏广告、全屏广告等，在实际使用中，网络广告的规格更是多种多样。

(2) 文本链接广告。

文本链接广告与按钮式广告类似，但是以文本方式出现，而不是以图标方式出现。文本链接广告最大的特点是节省页面空间，可以在有限的页面空间中排列更多的广告。

(3) 关键词广告。

关键词广告是指显示在搜索结果页面的网站链接广告。它属于 CPC(Cost Per Click，按每次点击收费)广告，即按点击次数收取广告费。

关键词广告出现的位置不是固定在某些页面上，而是当有用户检索到投放广告的客户所购买的关键词时，才会出现在搜索结果页面上。关键词广告具有较高的客户定位准确度，可以提供即时的点击率效果，可以随时修改关键词，收费也比较合理，因而逐渐成为搜索引擎营销的常用形式。

基于网页内容定位的网络广告(Content-Targeted Advertising)是关键词广告的一种扩展形式，是搜索引擎营销模式的进一步延伸，广告载体不仅仅是搜索引擎的搜索结果网页，也延伸到与该搜索引擎达成合作的网站页面。例如，当用户在 Google 的合作伙伴新浪网站上浏览有关液晶电视的网页时，在网页的下部会出现一个赞助商的关键词检索链接广告区域，出现有关液晶电视的广告和链接(图 10.6)，这些广告内容是不断更新的。

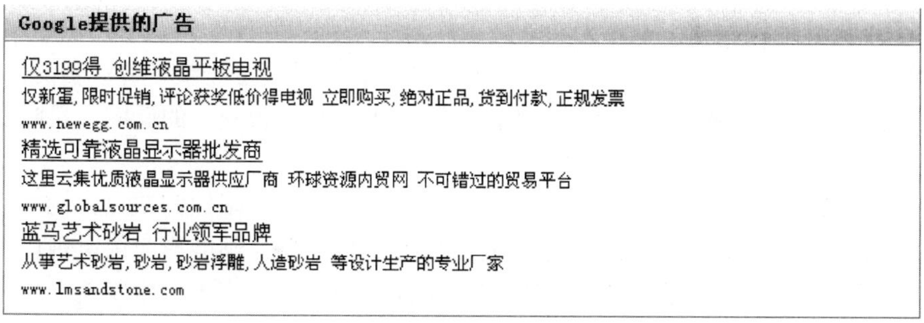

图 10.6　基于网页内容定位的网络广告

(4) 分类广告。

分类广告是报纸发展到一定阶段之后为适应市场需求的产物。在报纸版面位置相对固定的地方把广告按性质分门别类进行有规则的排列，便于读者查找。网络分类广告是一种网络广告服务形式，是传统意义上的分类广告借助互联网载体的表现，它不仅可以让企事业单位和个人商户在互联网上发布各类产品和服务信息，而且可以满足广大网民及时了解产品和服务信息的需求。

(5) 赞助式广告。

赞助式广告确切地说是一种广告投放传播的方式，而不仅是一种网络广告形式。它可能是通栏式广告或弹出式广告等，也可能是包含多种广告形式的打包计划，甚至是以冠名等方式出现的一种广告形式。常见的赞助式广告包括内容赞助式广告、栏目赞助式广告、事件赞助式广告、节日赞助式广告等。

(6) 电子邮件广告。

电子邮件广告是以电子邮件为传播载体的一种网络广告形式。电子邮件广告的内容有可能全部是广告信息，也可能在其中穿插一些实用的相关信息；发送方式可能是一次性的，也可能是多次的或定期的。通常情况下，网络用户需要事先同意加入该电子邮件广告的邮件列表中，以表示同意接收这类广告信息，才会接收到电子邮件广告，这是一种许可电子邮件营销的模式。那些未经许可而收到的电子邮件广告通常被视为垃圾邮件。

(7) 富媒体广告。

富媒体(Rich Media)广告一般指使用浏览器插件或其他脚本语言等编写的具有丰富视觉效果和交互功能的网络广告。这些效果和功能是否能实现，一方面取决于网站的服务器端设置；另一方面取决于访问者的浏览器是否能查看。一般来说，富媒体能表现更多样、更精彩的广告内容。

2. 网络广告的特点

网络广告除了具有传统广告的所有优点，还具有传统广告所无法比拟的优势。

(1) 传播范围广。网络广告覆盖范围是传统广告所望尘莫及的。

(2) 交互性强，广告投放更具针对性。网络广告可以实现互动，并让广告投放更具针对性。例如，搜索引擎关键词广告就是这方面的典型，根据受众的兴趣提供相关的广告信息；或者为用户提供个性化的产品推荐信息，如手机淘宝的"千人千面"技术。

(3) 表现力强。网络广告采用集文字、声音、影像、图像于一体的丰富表现手段，兼具报纸、电视的各种优点，更加吸引受众。

(4) 可以更好地跟踪和衡量广告的效果。广告主能监视广告的浏览量、点击率等指标，统计出有多少人看到了广告，其中有多少人对广告感兴趣从而进一步了解广告的详细信息。因此，较之传统广告，网络广告使广告主能够更好地跟踪广告受众的反应，及时了解潜在用户的情况。

当然，网络广告并不是十全十美的广告传播媒介，也有局限性和缺点。例如，受上网人数的限制，网络广告的目标群体有限；有些广告制作简单，不能形成像电视广告那样的视觉冲击力，让人产生深刻的印象；广告信息鱼龙混杂，造成广告可信度差；相应的法律法规还很欠缺，导致网络秩序还较混乱等。

3. 网络广告的计价模式

(1) 按千次曝光收费(Cost Per Mille，CPM)，是常用的网络广告计价模式之一。计算网络广告费用最科学的办法是按照有多少人看到广告来收取，按访问人次收费已经成为网络广告计费的惯例。例如，一个横幅广告的单价是 1 元/CPM，意味着每 1000 个人访问该广告就收 1 元，以此类推，10000 个人访问就收 10 元。

(2) 按每次行动收费(Cost Per Action，CPA)，即根据每个访问者对网络广告所采取的行动收费的计价模式。CPA 计价方式是按广告投放的实际效果，即按回应的有效问卷或订单来计费，而不限广告投放量。CPA 计价方式对于广告服务商而言有一定的风险，但如果广告投放成功，其收益也比 CPM 计价方式大得多。广告主为规避广告费用风险，可采用 CPA 计价模式，只有当网络用户点击广告，进入广告主网站后，才按点击次数付给广告服务商费用。

(3) 按每次点击收费(Cost Per Click，CPC)。CPC 加上点击率限制可以提高作弊的难度。CPC 也是宣传网站站点的最优方式。

(4) 按引导数收费(Cost Per Lead，CPL)，是根据每次通过网络广告产生的引导收费的计价模式。例如，广告主为访问者单击广告完成了在线表单而向广告服务商付费。CPL 常用于网络会员制营销中为联盟网站制定的佣金模式。

(5) 按成功交易次数收费(Cost Per Sale，CPS)，是根据网络广告所产生的直接销售数量而收费的一种计价模式。

10.3.3 许可电子邮件营销

电子邮件营销是在用户事先许可的前提下，通过电子邮件的方式向目标用户传递有价值信息的一种网络营销手段。电子邮件营销有三个基本因素：基于用户许可、通过电子邮件传递信息、信息对用户是有价值的。三个因素缺一不可，因此，真正意义上的电子邮件营销也就是许可电子邮件营销。

与滥发垃圾邮件不同，许可电子邮件营销减少广告对用户的滋扰、增加潜在客户定位的准确度、增强与客户的关系、提高品牌忠诚度等。许可电子邮件营销可以分为内部列表电子邮件营销和外部列表电子邮件营销，或简称内部列表和外部列表。内部列表也就是通常所说的邮件列表，是利用网站的注册用户资料(主要是电子邮件地址)开展电子邮件营销的方式，常见的形式有新闻邮件、电子刊物等；外部列表则是利用专业电子邮件营销服务商的用户电子邮件地址库来开展电子邮件营销的方式，也就是用电子邮件广告的形式向服务商的用户发送信息，自己并不拥有用户的电子邮件地址资料，也无须管理和维护这些资料。

1. 许可电子邮件营销的内容策略

(1) 主题明确。电子邮件广告的主题一定要高度集中、明确。电子邮件的篇幅有限，邮件受众的注意力和耐心更是有限，所以必须明确说明邮件的目的和用途，必须明确邮件是用于品牌推广还是促销宣传。其中邮件的标题至关重要，这决定了收件人是否会打开邮件及对于邮件的第一印象。

(2) 保持灵活性。在电子邮件营销中，发送邮件的目的，可能是为顾客提供服务，可能是为了维系和提升顾客关系，可能是为了促销商品，也可能是市场调研。邮件目的不同，内容和作用都会有所不同，所以应该保持内容的灵活性，不可以一成不变。

(3) 内容的精简性。邮件内容不宜过多，否则可能适得其反。其原因一是邮件容量有限，内容过多可能成为用户优先删除的对象；二是邮件在打开时也比较耗时，更会消耗收件人的耐心。

(4) 谨慎选择邮件的格式。邮件既可以是纯文本的格式，也可以是 HTML 格式，甚至是富媒体格式。后两者格式的邮件视觉效果比纯文本格式更好，同样的内容可能会起到更好的传播效果；但同时也存在很多弊端，如邮件过大，用户不能很快接收信息，另外有些格式的邮件在用户的客户端上可能无法正常显示等。

(5) 邮件要素要齐全。虽然说电子邮件没有统一的格式，但作为一封商业信函，至少应该参考普通商务信件的格式，包括对收件人的称呼、邮件正文、发件人签名等要素，保持礼貌，树立专业的企业形象。

2. 许可电子邮件营销应注意的问题

许可电子邮件营销曾经作为最有效的网络营销手段而被普遍看好，但近年来由于垃圾邮件泛滥等原因，电子邮件营销环境不断恶化，不仅邮件成功送达用户邮箱的比例越来越低，而且用户对于电子邮件的阅读率也在下降。垃圾邮件已经成为信息社会的一大公害。因此，在实施许可电子邮件营销时，必须高度注意以下事项。

(1) 不发送收件人事先没有提出要求或同意接收的广告、电子刊物，以及各种形式的宣传品等宣传性的电子邮件。

(2) 不隐藏发件人的身份、邮件地址、标题等信息。

(3) 不发送含有虚假的信息源、发件人、路由等信息的电子邮件。

(4) 发送包含商业广告内容的电子邮件时，应当在电子邮件标题信息前注明"广告"或"AD"字样。

(5) 电子邮件接收者明确同意接收包含商业广告内容的互联网电子邮件后，拒绝继续接收的，电子邮件发送者应当停止发送。双方另有约定的除外。

(6) 不得利用在线自动收集等手段获得他人电子邮件地址并向这些地址发送电子邮件。

阅读材料

病毒性营销

病毒性营销并非真的以传播病毒的方式开展营销，而是通过用户的口碑宣传，使信息像病毒一样传播和扩散，利用快速复制的方式传向广大受众。病毒性营销已经成为网络营销最为独特的手段，被越来越多的网站成功利用。

一个有效的病毒性营销战略可归纳为六个基本要素，其不一定包含所有要素，但是包含的要素越多，营销效果可能越好。这六个基本要素如下。

(1) 提供有价值的产品或服务。
(2) 提供无须努力地向他人传递信息的方式。
(3) 信息传递范围很容易从小向很大范围扩散。
(4) 利用公众的积极性和行为。
(5) 利用现有的通信网络。
(6) 借用他人的资源。

10.3.4 网上市场调研

市场调研(Marketing Research)是指系统地设计、收集、分析和报告与某个组织面临的特定营销问题相关的各种数据和资料，特别是消费者的需要、购买动机和购买行为等方面的市场信息，从而提出解决问题的建议，以作为营销决策的依据。

1. 网上市场调研的基本方法

(1) 网站在线调查法。

网站在线调查法是通过建立专门的调查网站或在与调查项目相关的网站下建立调研问卷来实现的。然而，网站的网上调查功能常被许多企业忽视，浪费了从顾客那里直接获得有用信息的机会。在网站上设置调查表，访问者在线填写并提交到网站服务器，这是网上调查最基本的形式，广泛地应用于各种调查活动，这实际上也是问卷调查法在互联网上的延伸。

(2) 电子邮件调查法。

采用电子邮件调查法的前提条件是已经获得被调查者的电子邮件地址。同传统调查中的邮寄调查表的原理一样，将设计好的调查表直接发送到被调查者的电子邮箱中，或者在电子邮件正文中给出一个网址链接到在线调查表页面。如果调查对象选择适当且调查表设计合理，往往可以获得相对较高的问卷回收率。这种方式在一定程度上可以对用户成分加以选择，并节约被访问者的上网时间。

(3) 网上搜索法。

网上搜索法使用搜索引擎或常规浏览方法进行资料和信息的收集。利用网上搜索可以收集到市场调研所需要的大部分二手资料，如大型咨询公司的公开性调查报告，大型企业、商业组织、学术团体、著名报刊等发布的调查资料，政府机构发布的调查统计信息等。当然，网上检索也可以获得大量的一手资料，如关于某企业或行业的最新动态、新技术的发展情况、广告、财务报告等。

(4) 专题讨论法。

专题讨论法可通过电子公告板、聊天室或邮件列表讨论组进行。其步骤如下：确定目标调研平台；识别调研平台中要加以调查的对象；确定可以讨论或准备讨论的具体话题；登录相应的讨论组，创建新的话题，让大家讨论，从而获得有用的信息。也可以在企业网站开设消费者俱乐部(如海尔网站的海尔俱乐部)，可以定期创建新的话题，让消费者讨论。传统调研方法中的专题讨论法常常由于调查人员的主观感受、调查人员的提问方式对被调查者的影响、被调查者当下的心情等诸多原因，导致调查结果出现偏差。而网上专题讨论法由于网络的言论相对自由、轻松，比较容易获得真实的信息。

2. 网上市场调研的步骤

(1) 明确问题与确定调研目标。

明确问题和确定调研目标对使用网上搜索的手段来说尤为重要。互联网是一个永无休止的信息流，因此，在开始网上市场调研前，一定要有一个清晰的目标并留心去寻找。例如：

① 谁有可能想在网上使用你的产品或服务？
② 谁是最有可能买你提供的产品或服务的客户？
③ 在你这个行业，谁已经上网？他们在干什么？
④ 你的客户对你的竞争者的印象如何？
⑤ 在公司日常的运作中，可能要受哪些法律法规的约束？如何规避？

(2) 制订调研计划。

网上市场调研的第二个步骤是制订有效的调研计划。具体来说，要确定资料来源、调查方法、调查手段和抽样方案。

① 资料来源。确定收集的是二手资料还是一手资料(原始资料)。
② 调查方法。网上市场调研可以使用专题讨论法、问卷调查法和实验法。
③ 调查手段。网上市场调研常采取在线问卷的方式进行，简单、迅速、方便。
④ 抽样方案。确定抽样单位、样本规模和抽样程序。步骤与传统的抽样步骤类似。

(3) 收集信息。

在网上进行市场调研，收集信息的方法很简单，直接在网上提交或下载即可。这与传统市场调研收集资料的方式有很大的区别。为了避免同一访问者重复提交，可以设置同一IP地址的参与次数。

在线问卷的缺点是无法保证问卷上所填信息的真实性。

(4) 分析信息。

分析信息是使用一些数据分析技术，如交叉列表分析技术、概括技术、综合指标分析法和动态分析法等，对收集到的信息进行分析。目前国际上较为通用的分析软件有 SPSS、SAS 等。网上信息的一大特征是即时呈现，很多竞争者也能从网上看到同样的信息，因此信息分析能力相当重要，它能使你在动态的变化中捕捉到商机。

(5) 撰写并提交报告。

调研活动的最后一个阶段是调研报告的撰写与提交。调研报告不是数据和信息的简单堆砌。正确的做法是把与市场营销关键决策有关的主要调查结果提炼出来，并以调查报告应具备的正规格式撰写。

3. 网上市场调研要注意的问题

(1) 关于在线调查表的设计。由于在线调查占用被访问者的时间和精力，因此在设计上应该简洁明了，尽可能减少填写表单的时间(如果一份问卷的填写需要 10 分钟以上，相信多数人没有这个耐心)，避免被访问者产生抵触情绪而拒绝填写或敷衍了事。一个优秀的调查表应该做到调查目的明确、问题容易回答，尽量采用选择性的问题，与调研目的关系不大的问题没有必要出现在问卷中。

(2) 关于样本的数量。样本数量难以保证是网上调研的局限之一。如果调研问卷投放在访问量较低的网站上，如何吸引人参与调查是一种挑战。如果网站访问量小，为了达到一定的样本数量，势必需要较长的时间；如果为了调查而加大网站推广力度或选择流量比较大的网站，需要增加不小的推广费用，可能会造成经费紧张或超出预算。

(3) 关于样本的质量。网上调研不仅受样本数量少的影响，样本分布不均衡同样可能造成调查结果误差大。由于网上调研的对象仅限于上网的用户，而网民结构也有明显的特征，主要表现在学历较高、年轻人和专业技术人员比重较大等，同时用户地理分布和不同网站的特定用户群体也是影响调查结果的不可忽视的因素。因此可以通过加大分发量，尽量使样本具有普遍性。

(4) 调研的安全问题。一方面企业要对自己的调研资料进行妥善的保护，另一方面还应该注意参与调查者的个人信息安全。由于人们担心个人信息被滥用，通常不愿在问卷调查中暴露个人信息，往往会因为涉及过多的个人信息而退出调查，为了尽量在人们不反感的情况下获取足够的信息，网上调研应尽可能避免调查最敏感的资料，如住址、个人电话、身份证号码等。如果必要，也应该在个人信息保护声明中明确告诉被调查者个人信息的应用范围和方式，以免造成误会。

(5) 关于奖项的设置。作为补偿或调动参与者的积极性，问卷调查机构一般都会提供一定的奖励措施，有些用户参与调查的目的可能只是获取奖品，甚至可能用作弊的手段来增加中奖的机会。虽然在传统的问卷调查中也会出现类似的问题，但由于网上调研无纸化的特点，为了获得参与调查的奖品，同一个用户多次填写调查表的现象常有发生，即使在技术上给予一定的限制条件，也难以杜绝，因此合理设置奖项有助于减少不真实的问卷。

10.3.5 Web 2.0 营销

相对于搜索引擎、网络广告、电子邮件等网络营销工具，Web 2.0 时代的博客、简易信息聚合、即时信息、微博、微信、直播等是比较新的概念,而今已逐渐发展成为不可或缺的网络营销工具。

1. 博客

博客的英文名称为 Blog,是继 E-mail、BBS 之后出现的网络交流方式。博客可以理解为一种通过网络表达个人思想、按照时间顺序排列,并且不断更新的出版方式。

博客是网民们通过互联网发表各种思想观点的虚拟场所。最初很多博客作者是利用互联网建立了一个发表自己特定主题或个人日志的场所,借助博客的工具,如超链接、回复交流等功能,成为具有特定粉丝群的虚拟社区。

早期的博客内容以文字为主,较多地专注艺术、摄影、视频、音乐、播客等主题。

其后一些企业开始利用博客营销,特别是与用户进行交流和互动。例如,在博客上,微软的产品经理、产品开发者、测试人员及高层主管以清楚、权威的方式和顾客直接讨论,聆听顾客的建议和想法,并追踪与合作伙伴的交易;迪士尼利用博客,使得公司依靠大量书面记录追踪节目制作和播出的历史一去不返。

博客不仅被用于发布个人的网络日志,而且也成为企业发布信息的工具,因而成为一种受欢迎的网络营销工具。

(1) 博客有助于企业塑造形象。企业博客可以成为企业发布产品信息、提高曝光率、塑造企业形象的重要窗口。博客可以让企业成为业界的意见领袖。通过在博客中真实客观地介绍行业和产品相关的知识和信息,可以让企业成为这一领域的意见领袖。反之,则可能使企业处于被动的境地。博客还可以帮助企业及时获得市场反馈。博客是互动的,博客写手与粉丝分享信息,这些反馈信息可以帮助企业发现新的成长机会和市场,获得好点子,从而开发好产品。最后博客也可以在企业内部帮助企业实现知识管理与分享、内部协同和对话、企业文化传播和团队塑造等。

(2) 博客营销有助于网站推广。借助在企业博客中添加企业网站链接的方式,可以直接为企业网站带来流量。另外,这种方式不光增加了企业网站被搜索引擎收录的机会,还增加了企业网站的链接数量,有利于提高企业网站在搜索引擎中的排名,因为一些搜索引擎会把一个网站被其他网站链接的数量和质量也作为计算排名的因素之一。

(3) 博客可以成为重要的调研工具。博客如果开通了评论功能,就可以收集到潜在用户的一些评论,借此了解用户的看法和心态。另外,也可以通过在博客发布调研问卷,吸引有兴趣的用户参与调查,这样能扩大在线调查表的投放范围,同时还可以就调查表中的问题与用户进行交流,使得网上调研更有交互性,提高网上调研的效果,同时降低调研费用。

2. 简易信息聚合

简易信息聚合(Really Simple Syndication,RSS)是一种描述其同步网站内容的格式,是目前广泛的 XML 应用之一。RSS 搭建了一个信息迅速传播的技术平台,使得每个人都成为潜在的信息提供者。发布一个 RSS 文件后,这个文件中包含的信息就能直接被其他网站调用,而且由于这些数据都是标准的 XML 格式,所以能在其他的终端和网络服务中使用。

RSS 是基于文本格式的一种 XML 文件。RSS 通常只包含简单的项目列表。一般而言,每个项目都含有一个标题，一段简单的介绍，以及一个 URL(如网页地址)。其他的信息，如日期、创建者等，都是可选项。

网络用户可以在客户端借助支持 RSS 的新闻聚合软件(如看天下阅读器、周博通 RSS 阅读器等)，在不打开网站的情况下阅读支持 RSS 输出的网站内容。

(1) RSS 的工作过程。

首先下载和安装一个 RSS 阅读器。

安装 RSS 阅读器之后，将提供 RSS 服务的网站加入 RSS 阅读器的频道即可。大部分 RSS 阅读器预设了部分频道，如新浪新闻、百度新闻等。

至于订阅 RSS 新闻的方式，最简单的就是先将 RSS 新闻的 URL 复制下来，然后运行 RSS 新闻阅读器，根据说明添加一个频道就可以了。以看天下阅读器为例，首先单击左上方的"新建频道"按钮，然后选择"从一个指定的频道 URL 中获取频道源"，最后，粘贴之前复制的 URL 并且设置一个频道名称就可以了。

(2) RSS 营销的基本方式。

① 内部 RSS 营销。所谓内部 RSS 营销，就是利用自己网站的 RSS 订阅用户资源，通过 RSS 向受众直接发送网络营销信息的方式。这种方式与电子邮件营销的邮件列表营销有点类似。

② 利用其他网站的 RSS 进行推广。这种方式与第一种方式类似，不同之处是投放的受众是其他网站的 RSS 订阅用户。

③ 通过 RSS 阅读器服务商投放广告。RSS 阅读器一般都是免费提供的，RSS 阅读器服务商借此能够拥有大批的用户。企业可以通过这些服务商将广告投放到 RSS 阅读器的使用者桌面上。通常，这些广告会嵌入阅读器界面的某一个位置，或者放在 RSS 信息摘要的后边。这种广告的效果取决于 RSS 阅读器用户的规模或某一个具体的 RSS 频道用户的数量，以及用户使用的频率和偏好等因素。

3. 即时信息

即时信息(Instant Messaging，IM)指可以在线实时交流的工具，也就是通常所说的在线聊天工具。即时信息早在 1996 年就开始流行了，当时最著名的即时信息工具为 ICQ。目前常用的即时信息工具有 QQ、微信、钉钉等。

即时信息工具在网络营销中的作用如下。

(1) 顾客服务功能。使用 IM 作为顾客服务工具，其快速响应特性让消费者感到满意。不过由于这种方式对客服人员的要求很高，占用人工也比较多，顾客服务成本会增加，随着人工智能技术的应用，一些网站的 IM 由机器人来进行服务。

(2) 产品导购功能。据统计，使用即时信息工具开展顾客服务，顾客放弃购物车的比例可以降低 20%。例如，如果顾客反复查看某种商品，显得有些犹豫不决时，虚拟导购人员可以及时弹出一个对话窗口，利用即时信息给顾客必要的介绍，这样有助于顾客做出购买决策，提高订单成功率。

(3) 网络广告媒体。由于拥有庞大的用户群体，即时信息工具已经成为主要的在线媒体之一。例如，国内用户最多的即时信息软件 QQ 就有多种广告形式，这种广告还具有容易定位、便于同时向大量在线用户发送信息的独特优势。

当然，即时消息也有其局限性，如不同即时信息工具之间难以互连互通、直接传递商业推广信息不够正规、使用即时信息工具交流信息难以保证法律效力等，企业在应用时应该注意这些问题。

4. 微博

2006年3月，由博客技术发明者埃文·威廉姆斯创建的新公司Obvious推出了微博服务。在最初阶段，这项服务只是用于向好友的手机发送文本信息。2006年3月，威廉姆斯推出Twitter，用户能用手机短信等的多种工具更新信息。Twitter的出现把世人的眼光引入一个叫微博的世界里。用户可以经由手机短信、即时信息、电子邮件、Twitter网站或Twitter客户端软件输入最多140个字符的文字更新，让用户广播自己的动态。

在中国，2007年5月，校内网创始人王兴推出独立微博网饭否网；2009年8月28日，新浪微博内测；2010年3月5日，腾讯微博正式开放；2010年3月30日，网易微博推出；2010年4月7日，搜狐微博上线。

微博营销与4C营销理念完美融合。因为微博是一种社区，更是一种自媒体。企业运用微博营销的成功案例很多，由此可以总结出一些微博营销方法。

(1) 利用微博制造话题，借助线上线下互动，实现盈利。这种方法中，内容要具有吸引力，最好图文并茂，才能吸引更多的人关注并实现更多的转发。也有业界人士提出微博营销需要做好5T：Talkers，要有发起话题者；Topics，要利用一些事件制造涟漪，吸引人关注；Tools，在工具上以微博为中心，综合运用其他媒介；Taking part，要有参与；Tracking，成功的微博营销还需要跟踪。

(2) 在微博中植入广告进行营销，也称植入式营销。植入式营销是指将产品或品牌及其代表性的视觉符号，甚至服务内容有策略地融入电影、电视节目等之中，通过场景的再现，让观众在不知不觉中留下对产品或品牌的印象，继而达到营销产品的目的。在微博中进行植入营销，可以采用微博文字植入、微博链接植入、微博图片植入、模板植入、微漫画植入、动态表情植入、微视频/音频植入等。

(3) 利用微博提供客户服务，也称微博客服营销。

(4) 利用微博进行本地化、即时化的小额交易。例如，推荐有回报，通过链接的二次消费以销售分成的方式回报；利用微博进行团购；利用微博签到功能，向用户推送签到地点附近的优惠券等。

5. 微信

随着智能手机的普及，微信成为重要的移动社交工具。微信的零资费、跨平台、实时性、私密性等特点，使其几乎渗透到所有人群。很多企业及官方机构都开始利用微信。例如，杭州出租车微信群调度，使成员平均月收入提高20%～30%；南昌市交通局官方微信账号实现微信实时路况查询；广东青联利用微信发布活动信息；招商银行微信公众账号可进行余额查询；艺龙旅行网利用微信发送旅游地名，自动返回旅游攻略数据库，发送地理位置信息即可预定当地酒店，发送"地理位置+天气"即可获取目的地天气预报，还可以通过其他指令查询票务和预定。

微信营销具有高到达率、高曝光率、高接受度、高精准度、高便利性等特点。它可以使企业面对面地向客户营销。公众账号名字可以重复，如果需要可以进行官方认证。在二维码中添加头像或 Logo 也是一个很好的品牌传播。微博营销帮助企业更好地宣传，而微信则可以与用户更好地互动。

6. 直播

直播突破了营销的表现形式，并充分体现了互动性。

直播在电商中的应用始于 2015 年洋码头购物平台，其采用买手在全球各地的跨境扫货直播方式，当时被指是一种营销噱头。2016 年，蘑菇街上线直播功能，聚美优品开通网红美妆直播，同年淘宝、京东也上线直播功能。2017 年，许多博主开始在快手、抖音等平台进行直播引流。到 2019 年，腾讯、微信、斗鱼、网易考拉等都加入了直播行列。2020 年，新冠肺炎疫情的出现更让直播营销模式成为日常，因为网民的互联网使用时长比以往增加了 21.5%。

当然，这两年也频繁发生直播翻车事件，投诉问题中假货、刷量造假、售后无门等层出不穷。这方面的治理整顿和规范立法尚待时日完善。

10.4　网络营销效果评价

对于开展网络营销的企业，在实施网络营销后，对网络营销效果进行评价是一项必不可少的工作。网络营销整体效果如何，网络营销计划的目标是否实现，除了对各种具体营销手段进行评价，还需要对网络营销效果进行综合评价。网络营销可以量化的评价标准绝大部分来自网站访问统计系统。因此，本节将首先对其进行介绍。

10.4.1　网站访问统计系统

网站访问统计系统也称网络流量统计系统。通常说的网站流量(Traffic)是指网站的访问量，网站访问统计系统是用来记录并描述访问一个网站的用户数量及用户所浏览的网页数量等指标的统计系统。常用的统计指标包括网站的独立用户数量、总用户数量(含重复访问者)、网页浏览数量、每个用户的页面浏览数量、用户在网站的平均停留时间等。

网站访问统计系统为网络营销效果评价提供了系统的参考指标，也是网络营销评价体系中最有说服力的量化指标。

1. 网站访问统计系统指标的组成

网站访问统计系统指标大致可以分为三类，每类包含若干数量的具体统计指标。

(1) 网站流量指标。

网站流量指标常用来对网站效果进行评价，主要包括以下指标。

① 独立用户数量。独立用户数量描述了网站访问者的总体状况，指在一定统计周期(如每天、每月)，每个固定的访问者只代表一个唯一的用户，无论他访问这个网站多少次。独

立用户越多，说明网站推广越有效，也意味着网络营销卓有成效，因此是最有说服力的评价指标。

② 重复用户数量。即所有独立用户在一定统计周期内访问网站次数的总和。

③ 页面浏览数量。即在一定统计周期内所有用户浏览的页面数量。如果一个用户浏览同一网页五次，那么网页浏览数就计算为五个。页面浏览数常作为网站流量的主要指标。

④ 每个用户的页面浏览数量。即在一定时间内全部页面浏览数量与所有用户数量相除的结果。该指标表明了用户对网站内容或产品信息感兴趣的程度，也就是常说的网站"黏性"。

(2) 用户行为指标。

用户行为指标主要反映用户是如何来到网站的、在网站上停留了多长时间、访问了哪些页面等，主要包括以下指标。

① 用户所使用的搜索引擎及其关键词。

② 用户来源网站(也称"来路")。即通过单击哪些网站上的链接来到本网站。

③ 用户在网站的停留时间。这是反映网站"黏性"的指标之一。

④ 用户入口页面。即用户进入网站时访问的第一个页面。

⑤ 用户页面浏览情况。即用户浏览次数排名靠前网页的相关情况，其中包含具体页面的路径、被浏览的次数等。

(3) 用户客户端信息。

用户客户端信息主要包括：用户上网设备的操作系统名称和版本；用户浏览器的名称和版本；用户计算机分辨率显示模式；用户显示器的屏幕尺寸；用户所在地理区域分布状况；用户所使用的互联网接入商。

2. 网站访问统计系统指标的获取途径

网站访问统计系统指标是最为客观评价和统计网站访问情况的工具，是每个网站运营人员必须重视、每日必看的数据统计报表，它对于网络营销活动非常重要。现阶段主要通过以下几种方式获取统计数据。

(1) 企业自购或自行开发日志分析软件进行网站访问统计。

日志分析软件是通过对网站应用服务器(Web Application Server)产生的访问日志进行数据挖掘分析而产生的网站访问统计分析报表。分析内容一般包括独立用户数量、每个用户的页面浏览数量、流量、页面访问排行等。如果是多频道的网站，还可对各频道日志进行整合分析得到频道访问排名，以了解用户对各网站频道的喜爱程度等。常见的日志分析软件有 WebTrends、AWStats 和 Webalizer 等。

这种方式的优点是可以比较准确地获取详细的网站统计信息，并且除了可能需要支付购买日志分析软件(AWStats 是免费软件)或软件开发的费用外无须其他费用；缺点是由于这些信息都出自自己的服务器，因此在向第三方提供网站访问数据时缺乏说服力。

(2) 委托第三方企业进行网站访问统计。

通过第三方企业进行网站访问统计也是一种常见的方式。这种方式的优点是无技术门槛，形式上方便、快速、不受任何限制；缺点是这种统计方式属于临时、短期性行为，不能长期、持续为企业服务，不具有常规性，这与网站访问统计分析的要求是相悖的。

(3) 使用第三方提供的在线网站访问统计服务进行网站访问统计。

目前，国内外很多网站提供免费或付费的在线网站访问统计服务，如 51yes.com、51.la、cnzz.com、google.com 等。使用这种方式需要在该服务网站上注册账号并绑定要统计网站的域名，然后将统计代码加入需要统计的网页代码中即可。

这种方式的优点是简单易行，成本低，实现速度快，向第三方提供网站访问数据时也比较有说服力；缺点是网站访问统计服务水平取决于第三方，网站信息容易泄露。

10.4.2 网络营销效果评价

许多企业并不自己构建网站，或者除了自建网站，还会通过入驻一些第三方电商平台，开设网店进行网络营销。这些平台的后台会提供尽可能详尽的数据，企业可以结合这些数据，对企业的网络营销活动进行效果评价。

以淘宝平台为例，主要包含以下数据。

(1) 流量指标，包括访客数、回访客数、浏览量、访问深度、人均浏览量、入站次数、跳失率、停留时间。

(2) 转化指标，包括注册转化率、收藏量、推车访客数、下单率、成交转化率等。

(3) 推广指标，包括点击到达率、展现量、展现时长、点击量、点击率、平均点击花费、引导成交用户数、投资回报率等。

(4) 服务指标，包括咨询访客数、咨询响应率、咨询响应时间、咨询下单率、咨询成交额、订单处理时长、物流耗时、发货准确率、退款订单率、投诉订单率等。

(5) 用户指标，包括新成交用户数、用户获取成本、成交回头客数、成交回头客占比、重复购买率、成交频次、最近成交日期、客单价。

1. 网络营销效果评价的内容

迄今为止，对网络营销活动的评估还没有一个公认的、完善的评价体系和评估标准。尽管如此，网络营销与线下营销相比，其投入产出都可以相对精确地统计和测量，更容易进行相对准确的评价。网络营销效果的评价体系主要可分为以下几个方面。

(1) 对网站设计的评价。

网站是企业在互联网上的形象化身，是开展网络营销的基础，因此应当把对网站设计的评价放在首位。

在网站设计方面，除了要对网站的结构、内容、功能、服务、网页布局、网页类型、整体风格设计、视觉效果、可信度进行评价，还要把页面下载时间、链接有效性、浏览器兼容性、使用的方便性等作为评价的内容。

(2) 对网站推广的评价。

网站推广的深度和广度决定了网站的知名度，是网站设计的专业性，尤其是网站优化水平的综合反映，也在一定程度上说明了网络营销人员为之付出的努力。网站推广评价指标主要包括网站被各主要搜索引擎收录的网页数量及其排名、获得其他网站链接的数量和质量、注册用户的数量、网站访问量、网站活跃用户的数量等。

(3) 对网站流量的评价。

网站流量代表了一定时期内访问网站的网民数量，是网站设计和网站推广两方面工作效果的综合反映。常见的网站流量指标有独立用户数量、重复用户数量、页面浏览数量、每个用户的页面浏览数量等。

2. 网络营销效果评价的流程

网络营销效果评价的一般流程通常分为以下四步。

(1) 确定网络营销目标。

网络营销目标必须有一个明确且可以测量的目标。例如，对于一个电子商务网站来说，其目标可以是一个确定的网上销售额或网站流量。当然，网络营销活动效果并不都表现为销售额或流量的增加，网站运营者需要根据情况制定出可测量的网站目标，如网络广告的点击率和转化率、电子邮件的送达率和回应率、网络优惠券的下载量和兑现量等。

(2) 计算网络营销目标的价值。

确定网络营销目标后，还要计算出目标达成时产生的价值。

如果目标是增加网上销售额，其目标价值也就是销售产品所产生的利润。如果网站目标是吸引用户订阅电子杂志，那么就要根据以往统计数字计算出电子杂志订阅者有多大比例会转化为付费用户，这些用户平均带来的利润是多少。假设每 100 个电子杂志用户中有 1 个会成为用户，平均每个用户会带来 100 元的利润，那么这 100 个电子杂志用户将产生 100 元利润。也就是说，每获得一个电子杂志订阅者的价值是 1 元。其他指标的计算方法也与此类似，都是先计算指标转化为客户的转化率，然后计算平均每次转化带来的利润。据此计算目标达成时为企业带来的价值。

(3) 记录并统计网络营销目标达成的次数。

借助网络访问统计系统或其他方法记录并统计网络营销目标达成的次数，这是对网络营销效果进行综合评价的基础。

在实施过程中最常使用的是网络访问统计系统。如果是电子商务网站，每当有用户来到付款确认页面，网络访问统计系统都会有记录，网站目标即可统计达成一次。如果有用户访问电子杂志订阅确认页面或感谢页面，网络访问统计系统也会相应记录网络营销目标达成一次。另外，还有非网络访问统计系统能够记录并统计的情况，这就要借助相应的方法来实现。例如，如果有用户打电话联系客服人员，客服人员应该询问用户是怎样知道客服电话号码的，如果是来自网站，也应该记录并统计一次成功的回应。

(4) 计算网络营销目标达成的成本。

计算网络营销目标达成的成本，最容易的方式是在点击付费计价模式下。这种模式对每次点击的费用、某一时间段的点击费用总额、点击总数，都有清晰的记录和统计，成本非常容易计算。

对大多数网络营销手段，需要根据具体情况进行估算。例如，网站流量是来自基于自然检索的搜索引擎优化(Search Engine Optimization，SEO)，那么就需要计算出外部 SEO 服务商的顾问或服务费用，以及内部配合人员的工资成本。

本 章 小 结

本章介绍了网络营销的基本概念，网络营销的产品策略、价格策略、渠道策略、促销策略和品牌策略，以及各种常见的网络营销工具，并对网络访问统计系统的常用指标及获取方法、网络营销效果评价内容及流程进行了概括和分析。

网络营销是企业整体营销战略的一个组成部分，既源于传统营销又与其存在本质的区别，其出现对传统营销的很多方面都带来了冲击。在网络消费环境中，消费者的购买行为及影响其网上购物的外在因素都体现出不同于传统消费环境的特征。网络营销策略是企业结合内部环境和营销目标等各种因素的网络营销策略的组合。

网络营销工具很多，包括搜索引擎、电子邮件、网络广告、即时信息、博客、微博、直播等。借助于这些工具，实现营销信息的发布、传递，以及与用户之间的互动。在实施网络营销后，对网络营销效果进行评价是一项必不可少的工作。网络营销整体效果如何，网络营销计划的目标是否实现，除了对各种具体营销手段进行评价，还需要对网络营销效果进行综合评价。

阅读材料

众 筹 平 台

作为专注于做音乐垂直类众筹的网站，乐童音乐在音乐众筹、音乐周边的实物预售等方面取得了不小的成绩，在业内颇有名气。同时，乐童音乐也在股权众筹平台原始会成功融资。

而原始会除了乐童音乐之外，还帮助其他许多企业成功融资。公开资料显示，截至 2019 年 6 月，原始会的合作创业项目已有 2000 多个，投资人超过 1000 位，成功融资的项目已有 8 个，融资额已经超过 1 亿元。原始会 CEO 陶烨表示，基于互联网的优势，众筹最终也会把传统线下融资改为线上融资。在这个平台上，互联网投融资双方，可以在海量信息中快速配对，快速找到买家和卖家。

除了通过众筹融资外，有的企业已经开始用众筹方式进行推广。例如，crazybaby 通过众筹方式销售其一款音箱产品，又通过众筹方式推出第二款无线耳机产品。通过众筹推广模式，该企业不仅创立了品牌效应，还实现了产品规模化定制销售。

资料来源：央广网。

关键术语

按每次行动收费(Cost Per Action，CPA)

按每次点击收费(Cost Per Click，CPC)

按千次曝光收费(Cost Per Mille，CPM)

按引导数收费(Cost Per Lead，CPL)

按成功交易次数收费(Cost Per Sale，CPS)

搜索引擎营销(Search Engine Marketing，SEM)

第 10 章 网络营销

案例研讨

网红营销方向跳出传统，虚拟人物亦加入网红大军

随着互联网技术的发展，以及用户对新奇事物的渴求，大众逐渐把注意力从真实存在的人转移到了虚拟创造的形象上，而这些新的形象，也在逐渐崛起为新一代的网红(图 10.7)。

相比于现实人物，虚拟人物以其特有的可塑性和趣味性大大增加了自身的传播速度和认知程度。而其自身形式和内容的多样性也赋予了其强大的营销能力，博得了广大广告主的青睐。

《一禅小和尚》是由苏州大禹网络所原创的一部网络 IP，主人公一禅是一个 6 岁的小男孩。通过各种形式的内容为观众呈现出人性的美好和善良。其微博粉丝数达到 350 万个，动画全网播放量超 3.5 亿次，漫画在有妖气网站的点击量高达 1500 万次。

作为小米首款 AI 音箱的唤醒词，小爱同学拥有自己的二次元虚拟形象，并在小米相关设备上线。因其"本体"为人工智能，所以通过超强的互动性及智能性吸引了许多粉丝的关注。

身为中国虚拟人物第一人，洛天依以 15 岁、单纯冒失的形象闯入人们的视线，随后爆红于网络，成为现象级虚拟偶像，并成功登上 2016—2017 年湖南卫视跨年晚会。2017 年年终其还在上海梅赛德斯—奔驰文化中心举办了自己的第一场演唱会，7000 余张门票售卖一空。

(a)

(b)

(c)

图 10.7 虚拟人物形象

案例思考：
1. 分析网红营销的优劣势。
2. 分析虚拟人物加入网红营销的原因。

思考与练习

一、选择题

1. 4P 通常是指四种常见的营销策略组合，(　　)属于 4P。
   A．产品策略　　　B．价格策略　　　C．渠道策略　　　D．管理策略
2. 对网络营销效果的评价体系通常包括(　　)。
   A．对网站设计的评价　　　　　　B．对网站推广的评价
   C．对网站流量的评价　　　　　　D．对网站内容的评价
3. 纯技术型的全文搜索引擎包括(　　)。
   A．Google　　　　　　　　　　B．新浪分类目录
   C．百度　　　　　　　　　　　D．阿里巴巴

4．常见的网络广告计价模式包括(　　)。
   A．CPA　　　　B．CPM　　　　C．CPC　　　　D．CPL
5．淘宝平台的流量指标包括(　　)。
   A．浏览量　　　B．跳失率　　　C．回访客数　　D．下单率

二、思考和讨论题

1．网络消费需求的特点有哪些？
2．比较 4P 和 4C 促销策略的不同。
3．比较 CPA、CPC、CPM 各自的特点。
4．网络营销效果评价可以用哪些指标？
5．梳理网上市场调研的步骤。

三、实践题

1．登录 http://www.alexa.com(世界网站排名中心)网站，分析你感兴趣的网站的排名并对提升其排名提出具体方案。

2．设计一份网上调研问卷，可在问卷星网站上设计，完成一次网上市场调研。

参 考 文 献

程国全,2020.物流技术与装备[M].3版.北京:高等教育出版社.
陈晓琴,2009.浅析移动电子商务[J].科学咨询(决策管理)(1):70-71.
晨曦,2011.说说物联网那些事情[J].今日科苑(20):54-59.
戴庚先,2009.电子商务概论[M].2版.北京:电子工业出版社.
丁继锋,2010.技术创新中路径依赖的成因及破解分析[J].技术经济与管理研究(5):42-45.
冯英健,2007.网络营销基础与实践[M].3版.北京:清华大学出版社.
范玉明,2013.电影营销模式发展研究[J].商业经济(3):65-66.
郭懿美,蔡庆辉,2013.电子商务法[M].3版.厦门:厦门大学出版社.
郭全中,2013.二维码的现状与未来[J].新闻与写作(7):22-25.
黄中鼎,2016.现代物流管理[M].3版.上海:复旦大学出版社.
黄京华,2001.电子商务教程[M].北京:清华大学出版社.
黄敏学,2017.电子商务[M].5版.北京:高等教育出版社.
蒋文杰,田雨,2006.电子商务实用教程[M].杭州:浙江大学出版社.
柯新生,王晓佳,2016.网络支付与结算[M].3版.北京:电子工业出版社.
劳帼龄,2007.电子商务安全与管理[M].2版.北京:高等教育出版社
李琪,钟诚,2004.电子商务安全[M].重庆:重庆大学出版社.
李洪心,马刚,2007.银行电子商务与网络支付[M].北京:机械工业出版社.
李琪,2004.电子商务概论[M].北京:高等教育出版社.
陆振光,常晋义,2005.电子商务[M].2版.北京:中国电力出版社.
兰宜生,2001.电子商务物流管理[M].北京:中国财政经济出版社.
卢国志,董兴林,杨磊,2005.新编电子商务与物流[M].北京:北京大学出版社.
刘宏盈,唐羽佳,2013.旅游产品微博营销策略研究[J].商业研究(2):212-216.
李安华,2006.电子商务概论[M].成都:四川大学出版社.
李富荣,张萍,赵素芹,2002.电子商务中的法律问题探析[J].陕西经贸学院学报(6):70-72.
李江,2006.法律:安全电子商务的重要保障[J].中国科技信息(9):174-175.
李新安,2005.数据库技术发展前景展望[J].山东电力高等专科学校学报(2):40-43.
明均仁,2008.电子商务概论[M].武汉:华中科技大学出版社.
缪启军,2005.电子商务概论[M].上海:立信会计出版社.
孟小峰,周龙骧,王珊,2004.数据库技术发展趋势[J].软件学报,15(12):1822-1836.
孟祥武,胡勋,王立才,等,2013.移动推荐系统及其应用[J].软件学报,24(1):91-108.
倪志伟,2006.现代物流技术[M].北京:中国物资出版社.
潘勇,2007.电子商务市场中信任战略的建立与实施:基于案例的分析[J].商业经济与管理(2):184-187.
祁明,2006.电子商务安全与保密[M].2版.北京:高等教育出版社.
秦成德,2008.电子商务法教程[M].西安:西安交通大学出版社.
宋华,2004.电子商务物流与电子供应链管理[M].北京:中国人民大学出版社.
邵晓峰,张存禄,李美燕,2006.供应链管理[M].北京:机械工业出版社.
王飞,康晓博,2006.基于第三方支付平台的银行卡网上支付模式研究[J].华南金融电脑(10):56-59.
吴应良,2006.电子商务概论[M].广州:华南理工大学出版社.
魏国辰,2007.现代物流技术与实务[M].北京:中国物资出版社.
汪群,韩翔,肖煜,2004.企业商务电子化物流管理[M].北京:科学出版社.

吴戈，2006．电子商务概论[M]．北京：中国铁道出版社．

王相林，2008．IPv6 技术：新一代网络技术[M]．北京：机械工业出版社．

肖德琴，2003．电子商务安全保密技术与应用[M]．广州：华南理工大学出版社．

谢家平，2008．供应链管理[M]．上海：上海财经大学出版社．

徐祥征，曹忠民，2006．大学计算机网络公共基础教程[M]．北京：清华大学出版社．

谢希仁，2017．计算机网络[M]．7 版．北京：电子工业出版社．

夏海涛，詹志强，2003．新一代网络管理技术[M]．北京：北京邮电大学出版社．

杨立钒，万以娴，2020．电子商务安全与电子支付[M]．4 版．北京：机械工业出版社．

杨雪雁，2018．跨境电子商务[M]．北京：电子工业出版社．

张宽海，2014．网上支付与结算[M]．2 版．北京：高等教育出版社．

张卓其，史明坤，2002．网上支付与网上金融服务[M]．大连：东北财经大学出版社．

周曙东，2011．电子商务概论[M]．3 版．南京：东南大学出版社．

周苏，王文，王硕苹，2012．移动商务[M]．北京：中国铁道出版社．

周莹，郗亚坤，2008．物流仓储技术基础[M]．哈尔滨：哈尔滨工业大学出版社．

张忠林，2006．电子商务概论[M]．北京：机械工业出版社．

卓骏，2005．网络营销[M]．北京：清华大学出版社．

周绍安，2002．电子商务及其基本法律问题[J]．华北航天工业学院学报(2)：22-24．

周忠海，2000．电子商务法导论[M]．北京：北京邮电大学出版社．

赵莉莉，王引斌，2005．浅谈数据库系统的发展[J]．科技情报开发与经济(14)：221-223．

赵爱琴，朱景焕，2012．企业微博营销效果评估研究[J]．江苏商论(1)：89-92．